Diogenes Taschenbuch 23441

detebe

JOACHIM RINGELNATZ (eigtl. Hans Bötticher), geboren 1883 in Wurzen, bereiste als Seemann nach seinem Rausschmiß aus dem Gymnasium 22 Länder. 1909 entdeckte er in München das Künstlerlokal ›Simplicissimus‹ und der ›Simpl‹ ihn: Er wurde zum Hausdichter und begann Songs in der Tradition Villons, Groteskgedichte und zarteste Balladen zu veröffentlichen. Nach dem Ersten Weltkrieg trug der Leutnant a.D. als Kabarettist seine Gedichte in ganz Deutschland vor. 1933 erhielt Ringelnatz Auftrittsverbot, er verarmte und starb im Jahr darauf an einer Lungenkrankheit.

Joachim Ringelnatz

Als Mariner im Krieg

Diogenes

Nachweis am Schluß des Bandes
Covermotiv: Joachim Ringelnatz als Einjährig-Freiwilliger der Kaiserlichen Marine, 1904
Foto aus: Joachim Ringelnatz, ›Matrosen‹, Internationale Bibliothek GmbH, Berlin 1928

Veröffentlicht als Diogenes Taschenbuch, 2004

info@diogenes.ch · www.diogenes.ch
In Fragen zur Produktsicherheit (GPSR):
truepages UG (haftungsbeschränkt)
Westermühlstraße 29, 80469 München
info@truepages.de
ASR / 19 / 852 / 4
ISBN 978 3 257 23441 1

Inhalt

Alles ist anders. – Wer kennt? Wer hält?
Lebe doch jedermann,
Wie's ihm gefällt,
Nach dem, was er tragen kann.

Erstes Kapitel

EINBERUFUNG UND KASERNE

Ich weinte, während ich mein Testament schrieb. Es wurde ein ausführliches und in der Form korrektes Schreiben, darin ich Tante Michel, bei der ich wohnte, zur Universalerbin meiner sichtbaren wie auch unsichtbaren Hinterlassenschaft sowie meiner Schulden einsetzte. Falls Tante Selma nicht mehr lebte, sollten meine Eltern diese Erbschaft übernehmen.

Ich sprach dann in bewegten Worten über meine Stellung zum Tode und über mein bisheriges, vielfarbiges Leben, deutete an, wie oft ich Hunger gelitten und kein Obdach gehabt hatte, und was für schöne Pläne in mir gewesen wären. Ich erklärte, daß ich mir bewußt sei, auch viel Böses getan zu haben und bat alle Betroffenen und Gott, mir zu verzeihen.

Tante Selma ersuchte ich, nach einer beigefügten Liste gewisse Andenken an gewisse, mir teure Menschen zu verteilen. „Das Buch ‚Aus der alten Fabrik' an Eichhörnchen ... einen Ring an Wanjka ... auch eine Kleinigkeit an Meta Seidler in Hamburg" usw.

Ferner fertigte ich eine zweite Liste an: Welchen Personen ich noch wieviel Geld schuldete (es waren insgesamt 318 Mark) und bat Tante Selma, wenn sie es vermöchte, auch das zu regeln.

Mein Testament schloß mit dem Wunsche, daß die Gottheit, an die ich glaubte und die ich persönlich mit keiner kirchlichen Verbildlichung identifizieren könnte, meinen Angehörigen und meinen Freunden gnädig sein möchte.

Ich weinte noch, als ich das Manuskript kuvertierte, versiegelte und ins Geheimfach meiner altmodischen Truhe verschloß.

Denn nun war wirklich der Krieg erklärt. Ich dachte an Kriegsromantik und Heldentod, und meine Brust war bis an den Rand mit Begeisterung und Abenteuerlust gefüllt.

Nachts traf ich Freunde in der Torggelstube, denen ich mitteilte, daß ich mich nach der Instruktion zwar erst am zweiten Mobilmachungstage in Augsburg zu stellen hätte, daß ich aber es so lange nicht aushielte und deshalb schon morgen führe. Ich war der erste in der Tischgesellschaft dort, der in den Krieg zog. Alle staunten mich an, und der Anarchist Mühsam führte mich zu Frank Wedekind und sagte begeistert: „Du, Wedekind, der geht morgen in den Krieg!"

Danach wurde ich aber in eine Schlägerei mit einem Korpsstudenten vom Nebentisch verwickelt. Er hatte mißgünstig unser Gespräch belauscht, und indem er das Gehörte nun boshaft verdrehte, behauptete er laut: Ich triebe englandfreundliche Politik. Der Wirt bat mich beiseite, zwei herbeigeholte Schutzleute verhafteten mich und führten mich in ein Auto. Unterwegs schenkten sie meiner ehrlichen und entrüsteten Erklärung jedoch Glauben und entließen mich unter der Bedingung, daß ich nicht in jene Weinstube zurückkehren würde.

Ich packte am nächsten Tage ein paar nötigste Reisesachen in ein Köfferchen und war ganz allein in Selmas Wohnung, denn die Tante weilte derzeit zur Kur im Ötztal. Und weil mich niemand zur Bahn brachte, mir aber in meiner sentimentalen Stimmung nach etwas Abschiedsherzlichkeit verlangte, betrat ich noch einmal den Laden meiner Zigarettenfrau. Auch fing ich noch den Briefboten ab, der mir Geld und ein Schreiben von meinem Vater brachte.

„Leipzig, den 1. August 1914. – Geliebter Gustav, Schicke Dir gleichzeitig mit diesem Briefe – zunächst 30 Mark per Postanweisung, bitte umgehend mir wissen zu lassen, ob Du mehr brauchst (was sehr möglich), dann erhältst Du sofort weiteres. (Bitte schreib es offen und ungeniert!!) Eine furchtbare Katastrophe bricht herein, ob durch die Dummheit oder die Falschheit des Zaren ist zur Zeit nicht klar. Begeisterung kann man bei solch einem schweren Fall die Stimmung, die allerorts (auch hier) in Deutschland herrscht, kaum nennen, aber das Gefühl der Treue für den Bundesgenossen und der männlichen Empörung für den niederträchtigen Friedensstörer ist auch etwas Schönes und Gewaltiges, alle Bedenken Wegfegendes.

Ich hoffe sehr, mein geliebter Junge, daß Du durch Deine Füße freikommst. Hermann und Hans Mitter sind beide, als Offiziere, bereits im Begriff einzupacken und sich zu stellen. Dem alten Mitter geht es sehr nahe, und auch Otti weint.

Die Lage bringt furchtbare Veränderungen hervor, und es ist noch gar nicht abzusehen, was alles daraus erfolgen wird.

Ich umarme und küsse Dich, mein lieber Gustav!

Dein Pa."

Der Zug nach Augsburg war überfüllt. Es machte einen seltsamen, großen Eindruck, so viel Menschen ernst und um einen allgemeinen Gedanken beschäftigt zu sehen, Leute, die einander ohne Worte innig zugrüßten, aus allen Provinzen zusammengeströmte Deutsche, die höflich zueinander waren, jeden Streit vermieden und sich alle als ein einig Volk fühlten. Nichts Gleichgültiges, nichts Läppisches wurde gesprochen. Allenthalben hörte man ruhige gütige Worte, klare Auskünfte, knappe Berichte von Neuigkeiten.

In Augsburg bezog ich ein kleines Hotel und besah mir aus Geld, Freiheit und Unbekanntsein heraus das öffentliche Treiben. Die ganze Bevölkerung verkehrte in den Straßen und Gaststätten wie familiär. Man scharte sich um Plakatsäulen, die dauernd mit Meldungen über neue Fortschritte beklebt wurden. Eine arme Frau sprach mit einem reichen Herrn über die bevorstehende Teuerung. Stündlich tauchten neue Gerüchte auf. Man hatte einen französischen Flieger bei Nürnberg gefangen. In München waren aufrührerische Leute erschossen worden. Die Russen waren bereits in deutsches Gebiet eingedrungen.

Etwas wie ein Gruseln ging durch alle, und auch die ruhigdenkendsten Leute waren tief ergriffen von dem Gedanken des Weltbrandes.

Abends saß ich im „Grünen Haus" bei Moselwein und redete mir als Ahnung ein, daß ich meine Freunde und Verwandten nimmer wiedersehen würde. Wie gut, daß ich alles noch geordnet, mein Testament gemacht und auf dem Leihhaus meine Pfänder eingelöst hatte.

Demonstrationen, Jubelhymnen auf den Krieg und den Dreibund, Laufereien um Paß und Ausweise, Zweifel, ob wir losschlagen würden oder nicht, schlaflose Nächte. – Es lag eine Zeit voll Spannung und Aufregung hinter mir. Ich war blaß, hatte starken Husten, und bei der Schlägerei in der Torggelstube hatte ich mir Finger verstaucht. Zudem war ich etwas traurig darüber, daß ich Anno 1904 als Einjähriger auf die Reserveoffizierslaufbahn verzichten mußte, weil mir das nötige Geld fehlte; nun würde ich als Unteroffizier gewiß unter viel rohes Volk geraten.

Indessen der Wein im „Grünen Haus" war gut. Das erste Glas den Eltern und Geschwistern! Das zweite Tante Selma! Das dritte für Eichhörnchen; das liebe Mädchen hatte mir von dem knappen Salär, das sie als Hauslehrerin bezog, noch tags zuvor Reisegeld gesandt.

Am Nebentisch saß ein Offizier in Uniform. Ich erkannte in ihm einen Arzt, mit dem ich früher oft vergnügt gezecht hatte. Erfreut eilte ich auf ihn zu, wünschte ihm guten Waffengang und erzählte, daß auch ich morgen – allerdings nur als Unteroffizier – er erwiderte kühl und lud mich nicht an seinen Tisch.

Plötzlich draußen anhaltendes, brausendes Vivatrufen. Einige Abteilungen Infanterie und Kavallerie zogen aus, alle neu und blank ausgerüstet, mit herrlichen Pferden. Gott mit ihnen! Eine große Zeit! dachte ich und bestellte noch eine Flasche „Wachenheimer Luginsland".

Das Lokal füllte sich mit Offizieren, die alle Gesellschaft, mindestens jeder eine Dame bei sich hatten. Meine Einsamkeit und der Wein stimmten mich etwas kritisch. Ich trat hinaus in die warme Sommernacht. Überall nationale Lieder. Aus einem Kaffeehaus wurde ein junger Mann geworfen, den die Menge draußen mit Füßen und Stöcken jämmerlich zurichtete, weil er bei einer Ovation sich nicht vom Stuhle erhoben hatte.

Nach unruhiger Nacht begab ich mich pünktlich zur Sängerhalle am Stadtgarten. Ich zeigte meine Papiere, und weil daraus hervorging, daß ich seinerzeit als Bootsmannsmaat entlassen war, wurde ich durch eine Armbinde als Zugführer gekennzeichnet. Etwa tausend ehemalige Mariner waren zusammengeströmt, Matrosendivision, Seebataillon, Maschinenpersonal usw. Sie sollten um zehn Uhr nach dem Norden abtransportiert werden. Nur wer „partout krank" wäre, sollte sich melden. Nur einer tats. Selterwasser in Flaschen und einpapierte Frühstücksbrote wurden verkauft. Dann formierten wir uns zu einem langen Zug. Vorm Bahnhof kam Erna Krall auf mich zu und marschierte neben mir her. Ein grauhaariger Herr besorgte mir auf meine Bitte eilfertig eine Postkarte. Jemand anderes war glücklich, mir mit Zündhölzern eine Gefälligkeit zu erweisen.

Ich ward als Führer einem Kupee zugeteilt, das achtundvierzig Menschen enthielt, rote, verbrannte, größtenteils tätowierte Gestalten. Einige hatten ihre ehemaligen Uniformen an; wir anderen in Zivilkleidern sahen aus wie Leute aus dem Asyl für Obdachlose. Auf jeder Station wiederholte sich dasselbe: Unsere Leute ließen sich nicht halten, sondern stürmten über Geleise und Wagen, über Zäune und Mauern in die Stadt, und obwohl nirgends alkoholische Getränke verabfolgt wurden, kehrten doch alle mit Bier zurück. Mehrere tausend bayrische Bierkrüge reisten gen Norden. Einmal kam es zu einem Krach. Ein Offizier befahl einem Manne, der sechs Maß Bier anbrachte, diese in den Sand auszugießen. Anfangs weigerte der Mann sich. Einige Kameraden riefen ihm zu: „Tu es doch!“ Da tat er es. Aber erst als der Offizier ihm den Verlust reichlich bezahlte, legte sich die Erregung über den Vorfall, der mehr Aufsehen machte als die Nachrichten, die in Würzburg verteilt und multipliziert wurden: daß die russische Ostseeflotte vernichtet und daß Peter von Serbien mit zwanzigtausend Mann gefangen sei.

Mit Kreide wurde Peter am Galgen auf die Außenwand des Waggons gezeichnet und darunter geschrieben: „Die serbischen Raben mögen nun Peterchen fressen samt seinen Läusen!“ Um das Bild hingen wir Speckschwarten. Andere Wagen dekorierten wir mit Tannengrün.

Unsere Fahrt war ein strapaziöser Triumphzug. Auf jedem Bahnhof empfing uns eine Hurra rufende Menge, und wir gaben aus unserem Viehwagen Hurra zurück oder sangen mit total heiseren Stimmen die wenigen Zeilen, die wir von unserem Marinelied wußten „Stolz weht die Flagge ...“. Dabei ward unaufhörlich nach Bier, Limonade und Zeitungen verlangt. Aus allen Dörfern, die wir passierten, von allen Landstraßen, aus den Feldern, überall winkten uns Mädchen und Feldarbeiter zu; alte Frauen weinten, daß mir selbst mitunter die Augen feucht wurden. Aber die meisten von uns begriffen das nur halb und lachten und witzelten. Nur wenn man sie nach ihren zurückgelassenen Frauen und Kindern ausfragte, wurden sie für Momente ernst.

An der Bahnstrecke entlang standen ergraute Landsturmleute mit Gewehr als Wachen, oft Vater und Sohn zusammen. Uns ward bekannt gegeben: Wer den Bahnkörper beschädigt, wird sofort erschossen.

Lange Züge entgegengesetzter Richtung mit Militär, Kanonen und Pferden donnerten an uns vorbei, und das Hurra war ein kurzer, gigantischer Schrei. Im Fenster neben mir saß ein Mann, der durchaus die Beine an die Luft hängen wollte, so daß ich vor jedem Tunnel um ihn bangte. Als abends eine allgemeine Müdigkeit einsetzte, legte ein ungeschlachter Kerl seinen Kopf in meinen Schoß wie ein Kind. Auf den Stationen gab es nun ein aufgeregtes Durcheinander. Nirgends war Licht. Im Dunkel lief alles mit Blechtassen herum und rief nach Kaffee. Ich bat einen Zivilisten, für mich Kognak zu besorgen, weil uns kein Alkohol verabreicht wurde. Er brachte Kognak und weigerte sich, Bezahlung dafür zu nehmen.

Und weiter gings. Unsere Lampe war ausgebrannt. Ich saß lange draußen auf der Plattform, rauchte eine Zigarette nach der andern und sann, während der Qualm der Lokomotive mir Mund, Nase und Augen mit Ruß füllte. Mein Husten ward elefantisch, und meine Stimme ging auf Urlaub. So kriegte ich kein „Danke" heraus, als ein langer Bursche, der mit dem Kopf in meiner Achselhöhle lag und mit den Beinen irgendwo oben hing, mir plötzlich drei Bonbons in den Mund schob.

Allerorts brachte man uns neue Gerüchte zu. Leute waren erschossen, weil sie einen Bahntunnel sprengen wollten. „Hier war soeben vor unserer Ankunft eine sonderbar verschleierte Frau den Berg hinauf geflüchtet und wurde nun verfolgt." Man hörte das heimlich schauernd und schlief wieder ein. Wenn der eine einschlief, ward ein anderer gerade einmal wach und warf irgendein Scherzwort in die Stille. „Bildet mal einen Satz mit Weißwürst", rief ein Bayer in seinem Dialekt und gab gleich selbst die Lösung: „Wer weiß würst du mich wiedersehen?" Jemand wollte ein Lied anstimmen, aber alle Lieder waren schon abgesungen, wir waren schon elf Stunden unterwegs. Ein anderer fragte, wie wir in Wilhelmshaven verteilt würden, ob wir gleich auf Schiffe kämen usw. Aber keiner wußte mehr als der andere oder mehr als nichts. Und bis Wilhelmshaven waren mindestens noch elf Stunden, man schnarchte weiter. Ich rechnete mir aus, daß ich seit ungefähr einer Woche auch nicht einmal so geschlafen und gegessen hatte, wie es ein normaler Mensch benötigt. Trotzdem – vor Aufregung – spürte ich weder Hunger noch Müdigkeit.

Der Transport führende Offizier kam keinen Moment zur Ruhe. Er tat mir leid, ich bot ihm meine Hilfe an. Er bat mich nur, ihm etwas Trinkwasser zu besorgen. „Durst!" schrie es aus allen Mündern, aus allen Augen und aus den Tausenden von leeren Maßkrügen.

In vielen Gegenden waren – hieß es – als Frauen, zumal als Nonnen, verkleidete Spione verhaftet.

In Bebra war ich ausgetreten und fand meinen Zug nicht wieder. Aber schon ziemlich abgestumpft und abgespannt setzte ich mich in den Warteraum, schrieb dort Tagebuch und hörte gleichzeitig mit wachsender Bissigkeit auf ein recht blasiertes Zivilistengespräch. Auf einmal vernahm ich drei Hurras. „Ist das Marine?"

frug eine Stimme. „Ja!“ Ich sprang, ohne meine Zeche zu bezahlen, aus dem Fenster, sah einen rollenden Zug und erreichte mit einem kühnen Sprung den letzten Wagen. Als ich beim nächsten Halt mein Abteil aufsuchte, brachte mir meine Mannschaft eine Ovation.

Sie hatten ihren Waggon inzwischen mit einem Sielrohr armiert, durch das sie leere Selterwasserflaschen schossen. Der ganze Zug war mit Tannenkränzen und Girlanden und die Lokomotive über und über mit Bierseideln behängt. In Göttingen reichte uns eine alte Dame Tee. „Welch schöner Zug, wie Sie ihn bekränzten!“ sagte sie zu mir. „Welch schöner Zug von Ihnen, uns zu kredenzen!“ erwiderte ich. Als ich später einem Deckoffizier von dieser meiner schlagfertigen Antwort stolz berichtete, meinte er, ich sei sehr dumm. Wir waren insgesamt keine sehr geistige Gesellschaft, die anwachsenden Kreideaufschriften auf den Zugwänden zeugten davon.

In Niederhofen ward einer unserer Leute wahnsinnig. In Wunsdorf bei Hannover verteilten Damen Erfrischungen. Ich schenkte einem hübschen, bezopften Mädchen ein seidenes Tuch, notierte mir ihre Adresse Elly Meyer, Wunsdorf bei Hannover, Südstraße 3 und verabredete, das seidene Tuch – wenn ich zurückkehren sollte – gegen zwei Küsse nicht wieder einzulösen. Eine alte Dame drückte herzzerbrechend weinend mir die Hand: „Schlagen Sie diese Russen!“

Wir fuhren durch entzückende Wälder und Täler. Die Vogelbeeren leuchteten und erinnerten mich wehmütig an Burg Lauenstein.

Unsere Gespräche drehten sich vornehmlich um Vermutungen über unser Schicksal in Wilhelmshaven. Doch auch unsere Offiziere wußten nichts darüber. An jeder kleinsten Station hielten wir, und wenn uns auch jedesmal von der Bevölkerung Präsente gereicht wurden, so verbrauchten wir doch noch viel Geld für Zigaretten, Bonbons, Getränke und Ansichtskarten.

Als wir in Nienburg lagen, lief ein anderer Zug ein, der von Bremen kommend österreichische Soldaten nach der französischen Grenze beförderte. Plötzlich verbreitete sich das Gerücht, ein russischer Spion hielte sich in diesem Zuge versteckt. Im Nu hatten wir tausend Mariner uns mit Steinen und Brettern bewaffnet und stürmten den Zug unter Ausrufung wildester Wut. Alle Wagen wurden außen, innen, oben und unten durchsucht. „Hier ist er!“

Alles raste nach hinten. „Hier ist er!“ Alles raste nach vorn. Und dann fanden sie ihn unter der Lokomotive. Während er hervorgezogen wurde, bekam er schon blutige Schläge auf den Kopf, bis er sich als einer unserer eigenen Leute erwies. Er war von der einen Seite suchend unter die Lokomotive gekrochen, und von der andern Seite hatte man ihn als Spion hervorgeholt.

Der Bahnhof Oldenburg bereitete uns einen eindrucksvollen Empfang. Schöne, große Frauen überschütteten uns mit Aufmerksamkeiten. Unsere Bayern, besonders diejenigen, die noch kurze Wichs trugen, sangen ihnen zum Dank Schnadahüpfel oder melancholische Heimatlieder und tanzten Schuhplattler vor. Wieder sprach und tröstete ich, so gut ich vermochte, eine schluchzende alte Dame, die drei Söhne und den Mann an die Front gegeben hatte.

Wir fuhren nicht, wir schlichen. Man hatte Angst vor Sabotagen durch Spione. Endlich tauchte Wilhelmshaven auf. „Morgenrot ...“ stimmten wir an, und ein Virtuose verstand es, dazu die Trompete zu imitieren. Doch der Gedanke: Jetzt kommen wir alle an Bord! frischte die abgespannten Gesichter auf.

Wie enttäuscht waren wir, als unser Zug in weitem Bogen um die Stadt nach der düsteren Kaserne geführt wurde, wo schon tausende Leute wie wir in Zivilkleidern seit einem, seit zwei, sogar drei Tagen warteten, ohne erfahren zu können, was aus ihnen würde. Sie schimpften darüber, daß auch in bezug auf Verpflegung, Schlafdecken usw. kein Mensch sich um sie kümmerte. Mich deprimierte am meisten die Mitteilung eines Obermaats, daß die Seewehr – wozu ich gehörte – überhaupt nicht auf Schiffe käme. Ich hatte mir vorgenommen, gleich anfangs um einen besonders gefährlichen und hohe Anforderungen stellenden Posten zu bitten. Nun irrte ich bedrückt mit den anderen durch die stinkenden Schuppen, wo die Leute dicht an dicht im Stroh lagen und dann wieder in dem sumpfigen Hof herum, auf dem klägliche Waschkübel mit schmutzigem, fettigem Waschwasser standen. Darin wusch auch ich mich endlich und trocknete mich mit meinem Nachthemd ab.

Unter all den bunten Gerüchten, die dort kursierten, erregte die Nachricht von Englands Kriegserklärung unser höchstes Interesse, hatten wir doch einen höllischen Respekt vor der englischen Flotte.

In Wilhelmshaven und Umgebung waren Brot und die wichtigsten Lebensmittel ausgegangen. Ich schloß mich unbemerkt einigen Leuten an, die eine Kneipe wußten, wo es wenigstens Fisch gab.

Zurückgekehrt, mußten wir wieder einmal antreten, abzählen, warten, wieder auseinandertreten und weiter warten, ohne daß sich irgend etwas für uns änderte. Derweilen trafen immer neue Mannschaftstransporte ein. Das Bild dieser Massen lud gewiß zu malerischen und anderen reizvollen Betrachtungen ein, aber wir hatten keinen Sinn dafür. Wir hatten seit drei Tagen nicht Kleider, Strümpfe und Schuhe gewechselt, noch ein Bett gesehen; wir waren ungeduldig und murrten über das unsinnige Stehen und Warten. Infolge des langen Sitzens im ratternden Bahnwagen standen meine Beckenknochen wie Schmetterlingsflügel ab. Auch mein Fußleiden, ein Ekzem, das mir seit Jahren zu schaffen machte, hatte sich verschlimmert, und ich fürchtete, was mein Vater erhoffte, daß man mich wegen dieser Krankheit für dienstuntauglich erklären würde. Als wir aber schließlich durch ein Bad zur ärztlichen Untersuchung kamen, ward ich, und wurden, soweit ich das verfolgte, nach kurzem Abklopfen alle für tauglich befunden, darunter Leute, die soeben erst von der Ruhr und Pest genesen waren. Würde ich nun auf ein Schiff kommen?

Auch in den Büros der Kaserne herrschte ein grelles Durcheinander. Treppauf, treppab. Türen klappten, Befehle und Telephongespräche überstürzten sich, und die jungen, rosigen Schreibstubenmatrosen hatten es heiß damit, die verwickelten Paßangelegenheiten zu entwirren. Von und nach den Bekleidungsämtern und Proviantämtern wogten Berge von blauen Hosen, Kommißbroten, Schuhwerk und anderem. Es war kaum zu begreifen, daß das alles an Fäden lief.

Wir wurden instruiert, wie man sich feindlichen Luftschiffen und Flugzeugen gegenüber zu verhalten hätte. In den Straßen durfte kein Licht brennen. Auf den Dächern standen Posten, die des Nachts häufig auf angebliche Flieger schossen und offenbar sehr gern schossen.

Endlich standen im Hof ein paar tausend Mariner, ausgerüstet bereit, an Bord zu gehen. Ein kurzer Gottesdienst; die Musik spielte einen Choral. Dann flogen die Kleidersäcke auf Handwagen, und ab marschierten die Beneideten.

Wir, die wir von Augsburg kamen, wurden nun getrennt und eingekleidet. Ich kriegte eine Hose, die Kilometer zu lang und zu weit war, und Stiefel, die mich an der Ferse drückten. Aber alles Jammern half nichts, die Schuster und Schneider waren schon unabsehbar überhäuft mit Reparaturaufträgen. So erfand ich eine

List nach der andern, um zu einer neuen Hose, später auch noch zu einer neuen Jacke zu kommen. Viele andere Leute begingen ähnliche Schwindeleien, denn die Bekleidungsstellen hatten für Kontrolle keine Zeit. Meine jämmerlich zugerichteten Zivilkleider mußte ich verpacken und mit der Adresse meiner Eltern abgeben. Ich legte einen herzlichen Abschiedsbrief an Vater und Mutter bei, in welchem ich fragte, ob mein Bruder auch eingezogen sei und ob ich etwas Geld bekommen könnte.

Mit einem Dutzend anderer Leute wurde ich der dritten Kompanie zugewiesen. Man gab uns eine Kasernenstube mit Betten. Da wir aber in diesen Betten noch schlafende Fremdlinge fanden, die sich partout nicht aufwecken ließen, und weil wir kurz zuvor pro Mann zwei Mark als Ersatz für unsere Reisespesen erhalten hatten, so eilten wir zur Kantine, wo ich mir Grog und Malzbonbons gegen meinen Mammut-Husten kaufte und mich mit Notizbüchern versah. Auch traf ich dort Kameraden, die mich aus München oder das eine oder andere Gedicht von mir aus Zeitschriften kannten.

Ich hatte mir mit der Begründung, meine Hose bei einem Zivilschneider abändern zu lassen, einen Passierschein verschafft, den ich zu einem Dauerpaß fälschte. Damit verließ ich abends die Kaserne, wo ich sowieso weder Bett noch Decke noch einen Tisch bekam.

Zwei Damen, die mit ihren Kindern belegte Brote als Liebesgaben zu unseren Soldaten brachten, erklärten sich auf meine Anfrage bereit, mir in der Stadt ein Zimmer zu vermieten. Sie führten mich zum Lehrer Mechau in Rüstringen, der mir in einem Klassenzimmer der Schule ein Lager bereitete und mich vortrefflich bewirtete. Morgens schlich ich mich dann wieder in die Kaserne. Herr Mechau nahm keine Bezahlung von mir. Der Schneider, der meine Hose kürzte, nahm keine Bezahlung. Eine Dame, die sich erboten hatte, mir die Namenläppchen in mein Unterzeug einzunähen, lehnte ebenfalls jede Vergütung ab. Im Gegenteil, alle diese Leute bewirteten und beschenkten mich noch obendrein und führten mich zu neuen Gönnern. Ganz anders erging es uns Mannschaften in den Wirtshäusern. Dort war ein Matrose oder ein Maat eben nur einer von Tausenden, ein „Kuli". Ob einer hinzukam oder wegblieb, war dem Wirt gleich, sein Geschäft florierte wie nie zuvor.

An meinem Geburtstage wollte ich eine stille, gute Flasche Wein trinken und dabei möglichst nicht unter Matrosen sein, deren

Kriegsgeschwätz mir auf die Dauer doch langweilig wurde. Ich erkundigte mich bei einem Schutzmann, wo das vornehmste Weinhaus wäre. Er nannte mir Trokadero, fügte aber mit einer entsprechenden Handbewegung hinzu: „Das ist viel zu fein für euch Kulis!“

Als ich abends zur Kaserne zurückkehrte, ward ich vom Posten angehalten und zur Wache gebracht, weil ich die Parole nicht wußte und man meine Paßfälschung erkannte. Indessen war weder Zeit noch Raum da, die vielen Paßschwindler einzusperren, und so entließ man mich, nachdem man meinen Passierschein zerrissen hatte. Ich schlich mich auf das Zimmer der dritten Kompanie. Da fand ich alle Betten und auch jeden Fleck am Boden mit Schlafenden belegt. Plötzlich rief einer derselben mir zu: „Bist du's?“ „Ja“, flüsterte ich. Er lüftete einen Zipfel seiner Decke und sagte müde: „Komm her! Ich habe zwei Decken für uns ergattert.“ Schnell warf ich Hose und Hemd ab und kroch zu ihm unter die Decke, mich des knappen Raumes wegen eng an ihn anschmiegend. „Ach“, rief er enttäuscht, „ich dachte, du wärst der Signalmaat von der Wettin.“ Ich schnarchte. Leider lagen wir am Fenster, wo es scheußlich zog. Ich feuerte Salven grünen Hustens in die Nachbarschaft. Am nächsten Morgen ward Antreten zum Appell gepfiffen und gerufen. Jedermann fürchtete, zum Kohlenschaufeln oder zum Exerzieren abkommandiert zu werden. Jedermann versuchte, sich irgendwie beiseite zu drücken. Die, denen das gelang, trafen sich dann im Kasino beim Grog wieder. Aber häufig wurden sie dort alle wieder ausgehoben. Die Gewieftesten aber schnallten sich ihr Seitengewehr um und schlossen sich, als wären sie im Dienst, irgendeinem Trupp an, der gerade die Kaserne verließ. Draußen, hinterm Tor, versteckten sie ihr Seitengewehr im Hosenbein und gingen spazieren. Wer hätte sich die vielen Gesichter und Namen merken können.

Ich erhielt telegraphisch fünfundzwanzig Mark mit Gruß und Kuß von den Eltern. Auch erreichte mich, was bei dem Durcheinander durchaus nicht sicher war, mein Unterzeug. Jene Dame hatte die Namenläppchen so sauber eingenäht, daß mir der Feldwebel später ein Lob erteilte. Ich rauchte vergnügt meine Shagpfeife, die ich „Lulu“ getauft hatte.

Was tat man nicht alles, um aus der Kaserne zu kommen. Man erbettelte Urlaub wegen Zahnschmerzen, wegen Haare schneiden, und wenn das nichts nützte, fand man andere Wege. Der Dienst kam besonders uns altgedienten Soldaten recht überflüssig vor. Wir wußten nicht mehr viel davon. Auch das Grüßen in der Stadt bereitete uns anfangs Schwierigkeiten. Es waren seit unserer Dienstzeit so viel neue Abzeichen eingeführt worden. Zum Glück nahmen es auch die Vorgesetzten derzeit mit der Grußpflicht nicht so genau.

Der Kasernenschlendrian machte uns alle schlapp, versauert und unzufrieden. Ich fand auch zum Schreiben weder Stimmung noch Gelegenheit. Einmal gab es in meiner Stube einen stundenlangen Streit darüber, ob ich Schriftsetzer wäre oder Schriftsteller. Als Schriftsteller hätte ich immer mit einem Notizbuch herumlaufen und dichten müssen.

Nachts schlief ich auf Stroh unter einer Treppe. Ich fühlte mich von Tag zu Tag energieloser werden und sehnte mich an Bord nach Strenge und Arbeit. Versuchte ich aber, mit solchen Wünschen mich einem der Offiziere zu nähern, so stieß ich jedesmal auf krasse, entmutigende Ablehnung. Es war nicht Zeit für individuelle Behandlung.

Immer wieder antreten, abzählen, stillstehen, während lange, nach Feldwebelschweiß riechende Listen verlesen wurden, exerzieren in der Hitze, Kohlen schaufeln oder „Wache schieben". Dazu waren auch unsere Privatgelder ausgegangen. Im Unteroffizierskasino fand ich keine Partner mehr für Schach und Billard. Man las etwas Zeitung, las über Lüttich und vom Sinken eines englischen Dampfers. Aber die Begeisterung flammte nicht auf, wir waren in unserer Mühle abgestumpft und müde und priesen einen Mann glücklich, der entlassen wurde, weil er an der linken Hand nur vier Finger hatte. Obwohl der Stabsarzt meinte, das wäre genug zum Draufhauen. Das Essen blieb sich zum Überdruß gleich. Einige reinigten ihre Blechschüsseln im Sande des Hofes, andere sah man mit dem Tischmesser auch Stiefelsohlen und Fingernägel beschneiden.

Immer neue Schübe von Zivilisten kamen an. Die armen Kerle lagen mißmutig wartend im Hof und in den Rasenanlagen herum. Die Passierscheinkontrolle war streng geregelt worden, es gab nur noch in beschränktem Maße Stadturlaub.

Der Mißmut machte sich in Anschnauzern und Zänkereien Luft, wozu oft die geringfügigsten Anlässe herhalten mußten. Beim Infanteriedienst war ein scharfer Schuß gefallen, vermutlich hatte ein Posten bei Ablösung vergessen, das Gewehr zu entladen. Ich verprügelte den kleinen Moritz, weil er auf meinem Zeugsack geschlafen und dabei mein Nähzeug zerdrückt hatte. Besonders aber spitzte sich der Kampf um ein Bett zu. Wer noch immer keins hatte, der suchte sich eins zu stehlen oder eins mit Gewalt einzunehmen, und wer eins hatte, mußte, wenn er abends in die Stadt ging, befürchten, daß es ihm gestohlen oder zum Beispiel von Leuten eingenommen wurde, die ihr Vorrecht damit begründeten, daß sie von Wache kämen, also ernsthaft Dienst verrichtet hätten und nicht, wie wir, nur Heimarbeiter und Faulenzer wären. Eines Tages wurden aber alle Betten und Spinde in unserer Stube frei, weil die für den Kreuzer Yorck bestimmte Mannschaft ausrückte. Wir waren selig, diese Kerle losgeworden zu sein, packten unsere Kleidersäcke aus und richteten uns endlich einmal ein, wie sich's gehört. Spiegel, Ansichtskarten und Photographien von Bräuten wurden angenagelt, und als wir mit allem fertig waren, kam uns der Befehl zu, sofort nach einer Stube im obersten Stock zu übersiedeln, wo es wieder keine Spinde und nur Strohsäcke gab.

Auch dem Abendurlaub waren keine Reize mehr abzugewinnen. Die wenigen Frauen in Wilhelmshaven hatten bestenfalls nur für Offiziere etwas übrig, und was sonst herumlief, waren Mariner oder Seebataillоner, daß einem der Arm vom Grüßen lahm wurde, sonst nur noch Schlachter, Papierhändler, Uniformschneider und Wirte, Leute, die größtenteils die Kulis verachteten, obwohl sie von ihnen lebten. Und niemals sah oder hörte ich etwas, was an Kunst erinnerte.

Es erwischte auch mich eines Tages, zum „Kohlen" abkommandiert zu werden. Das galt schwere und vor allem schmutzige Arbeit zu verrichten, und mir grauste davor, obwohl es Löhnungszulagen dafür gab und ich als Unteroffizier selbst weder schaufeln noch Körbe dabei zu schleppen brauchte. Brummig rückten wir nach dem Südhafen ab, wo mehrere Torpedoboote und auch große Schiffe lagen und unter den Klängen ihrer Bordkapellen Kohlen einnahmen. Wir sollten für die Straßburg arbeiten, wurden dort aber zu unserer Freude wieder weggeschickt, weil bereits andere Leute kohlten. Ganz langsam, Pfeife rauchend, Mädchen grüßend und Lieder pfeifend, marschierten wir zurück. In der Kaserne grollte ein böses Donnerwetter. Der neue Abteilungschef inspizierte und war sehr unzufrieden. Es sollten strengerer Dienst und straffere Disziplin eingeführt werden. Das war zweifelhaft nötig und wurde wohl beschleunigt, weil man einen neuen Divisionskommandeur erwartete, Herrn von Meerscheit-Hülsen. Dieser populäre Kapitän schritt am nächsten Vormittag bei Musik die peinlichst ausgerichtete Front ab und hielt hinterher eine etwas schwülstige, aber sehr anständige Rede, die mit drei Hurras auf den Kaiser endete, der ihn aus dem Zivilstand einberufen hätte. Der Kommandeur sagte unter anderem: Unsere Bekleidung, Verpflegung und Versorgung seien etwas mangelhaft, doch käme das daher, daß außer den erwarteten Mannschaften noch tausend Mann mehr sich freiwillig gestellt hätten. Hatten wir beim Antreten und Vorbereiten zum Teil gelacht und gemurrt, so stand jetzt, während dieser Ansprache, alles straff und mäuschenstill. Gewehre und Koppelzeug blitzten in der Sonne, und die windgepeitschten Mützenbänder kitzelten unsere Nacken. Dann folgte die Besichtigung der Räumlichkeiten. Herr von Meerscheit-Hülsen sagte mir, der ich als Ältester von uns Meldung zu erstatten hatte, daß unsere Stube sehr sauber und im Vergleich zu den anderen ein Paradies wäre. Seitdem hießen wir nur noch die Paradiesvögel.

Wir ließen uns noch selben Tages photographieren, und ich schrieb im Ratskeller, wo ein Stammtisch mir Wein und Radieschen spendierte, wohlgelaunte Briefe an Tante Selma und an Maulwurf.

Mein liebster Stubengenosse wurde Toni Pfeiffer, der von Beruf Rheinschiffer war und darüber witzig zu plaudern wußte, wenn wir uns in der Kantine unseren Schlafballast antranken. Es gab auch unangenehme, ja tückische Leute bei uns, und ich mußte mit Rücksicht auf ihr Alter so viel Dürftigkeiten und Dummheiten mitmachen, daß ich die erste Gelegenheit benutzte, mich freiwillig auf Torpedo-Werft-Wache zu melden.

Ich kam auf die sogenannte Alte Wache. Mit sechs Mann, die abwechselnd zwei Stunden lang mit aufgepflanztem Bajonett auf dem Pulverprahm standen, um aufzupassen, daß kein Boot dort landete. Wer nicht Parole wußte und sich verdächtig machte, auf den sollte geschossen werden. Parole war Metz.

Unser Wachtlokal enthielt zwei Pritschen, ein Pult und ein Wachtjournal, das bis zum Kriegsausbruch mit unorthographischer Gewissenhaftigkeit amüsante Protokolle über Verhaftete enthielt. Ich füllte nach Absitzen der vierundzwanzig Stunden alles aus, was ich auszufüllen hatte, und in die Rubrik „sonstige Vorfälle" schrieb ich:

Kein Feind, kein Schuß, kein Spion, kein Mord.
Man wacht und gähnt und wünscht sich an Bord.

Meine sechs Mann wurden dann in der Werftkantine ausgezeichnet verpflegt. Ich selbst erhielt Befehl, sofort neun andere Leute zu den Öltanks zu führen, weil die dortige Wache infolge Kompanie-Wirrwarrs nicht abgelöst worden war. Im Eilschritt irrten wir durch die dunklen Kais über Eisenbahnschienen, Tauwerk und Brücken, bis wir unser Wachtlokal fanden, einen unfreundlichen, weiten, mit schmutzigen Karren vollgepfropften Schuppen. Um meinen Matrosen etwas Gutes zu erweisen, begab ich mich an Bord der dort liegenden „Moltke", meldete mich beim wachthabenden Offizier und log ihm frech vor, meine Leute hätten seit zwölf Stunden nichts zu essen bekommen.

Als ich mit Wurst, Butter und zwei Broten in den Schuppen zurückkehrte, riefen mir die Zurückgebliebenen lachend entgegen, es wären inzwischen Engel dagewesen. Dabei wiesen sie auf einen Krug heißen Kaffees und auf ein Riesenbündel, das uns über hundert prima-prima belegte Butterbrote bescherte. Mädchen einer höheren Töchterschule hatten das gebracht, aber es war natürlich viel zu viel für uns zehn. So aßen wir nur einen Teil des Belages ab und warfen das andere heimlich fort. Zu einer Zeit, da schon viele andere Menschen anderswo hungerten.

An Bord der „Moltke" hatte ich mich übrigens mit höchstem Interesse umgesehen, und der Unteroffizier vom Dienst des Mitteldecks zeigte mir stolz die schußfertigen Kanonen, die vielen neuen technischen Wunder und die erstaunlichen Massen aufgestapelter Vorräte. Wie er mich auf verschlungenen Gängen durch das gewaltige Panzerschiff führte, bekam ich wieder einen mächtigen Eindruck, zumal ich mir gleichzeitig vorstellte, wie diese wertvolle schwimmende Stadt von tausenddreihundert Einwohnern durch einen einzigen Treffer in die Luft zerfliegen oder restlos ins Nimmerwiedersehen versinken könnte.

Nun saß ich die ganze Nacht in dem öden Schuppen auf einem Faß voll grüner Seife, trank Kaffee und schrieb, Lulu rauchend, mein Tagebuch. Eine einzige, von Mücken und Kohlenstaub belagerte Glühbirne gab ihr spärliches Licht dazu, nur von Zeit zu Zeit warf ein ferner Scheinwerfer für Sekunden sein blendendes Weiß herein. Sirenen heulten auf. Dumpfe Nebelhörner tuteten. Friedlich, in dicke Mäntel gehüllt, auf Holzbetten schlief die abgelöste Mannschaft. Dann erschien leise eine Patrouille auf

Rondegang. Der befehlende Steuermann beschwerte sich darüber, daß die Posten am Öltank ungenügend instruiert seien. Aber angesichts unserer Eßvorräte wurde er teilnehmend und erzählte, daß zwei Unterseeboote von uns vermißt würden.

Kaum war die Patrouille wieder fort, so haute auch ich mich aufs Ohr und erwachte erst von den Kommandos „Zu-r-r Flaggenparade", die von den Schiffen herüberklangen. Es war schönes Wetter. Die bunten Winkflaggen unterhielten sich rege von Bord zu Bord. Mehrere Schiffe liefen aus, darunter das Minenschiff Kaiser, ein ehemaliger Handelsdampfer. Noch einmal wagte ich mich auf die „Moltke", um meinen Leuten ein Extra-Mittagessen zu verschaffen.

Wir waren nun schon achtundzwanzig Stunden auf Wache, man hatte auch uns offenbar vergessen. Erst als ich dringend telephonierte, schickte man Ablösung. Abends ließ mich Toni Pfeiffer ins Kasino rufen. Er habe unermeßlich viel Geld. Er fiel mir überglücklich um den Hals und rief einmal übers andere: „Gustav, meine Kleine ist da! Niemand kann mir mein Glück abkaufen!" Seine Liebste hatte ihm Geld mitgebracht, und er hielt nun die Paradiesvögel und was sich sonst einstellte, frei.

Ein neuer Kompanieführer, ein Hauptmann vom Seebataillon, trat in Erscheinung. Er fand wenig Sympathie. Mir persönlich gefiel er besonders gut, und er hielt nach meiner Meinung auch eine hübsche, einfache Ansprache, zu einer Zeit, da man gleichzeitig die Rede eines Oberleutnants vernahm, der im Nebenraum mit superlativsten Ausdrücken und verwechseltsten Zitaten über Freiheit, 1870 und das Unrecht, das man uns gegenwärtig angetan hatte, zu ängstlichen Rekruten sprach.

Wieder gab es Streitigkeiten zwischen aktiven und inaktiven Unteroffizieren, zwischen Küchenpersonal und Gästen der Kantine. Ich flüchtete auf unsere Stube und von da – weil es hieß: hundertvierzig Mann würden zum Wachtdienst gesucht – auf den Trockenboden, darauf unters Dach, wo mich aber ein findiger Diensttuender entdeckte. Ich wurde in einen Trupp gesteckt, der zur Badeanstalt marschierte. Der Zugführer, ein ganz junger Fähnrich, geriet unterwegs in Verlegenheit, weil wir in den Straßen die unanständigsten Lieder sangen und er zu schüchtern war, uns Alten das zu verbieten.

Beim Appell wagte ich – meiner hervorstechenden Intelligenz wegen und aus Feigheit von den andern dazu aufgefordert –, mich beim Kompaniehauptmann im Namen aller Divisionsreservemaate wegen eines, die Verpflegung betreffenden Erlasses zu beschweren. Man hätte mir das als Aufwiegelung auslegen können, jedoch der Hauptmann war vernünftig und regelte die Angelegenheit zu jedermanns Genugtuung.

Von daheim bekam ich ein Paket mit Taschentüchern, Strümpfen, Seife, Zigaretten und vielem Eßbaren. Auf so viel Paradiesvögel war das zwar nur ein Tropfen auf heißen Stein, aber dafür regnete es auch damals von allen Seiten solche Tropfen. Vater teilte mir mit, daß mein Bruder Wolf im Landsturm, also vorläufig noch nicht „dabei" sei. Wolf selber schrieb:

„Mückenberg N. L. 9. 8. 14. – Alles Gute lieber Gustav! Haut sie, daß die Lappen fliegen! Lüttich unser! Belfort unser! Hurra! Haut die Bande von Engländern, daß sie das Wiederauftauchen vergessen. Unsere Gedanken weilen bei Dir. Komm' gesund und siegreich wieder heim. Dore und Hansjörg grüßen Dich. Ich beneide Dich! Herzlich umarmt Dich Dein Wolf."

Auch Tante Michel hatte aus Österreich geschrieben, eine Karte, die noch nach München gerichtet und mir nun nachgesandt war:

„Längenfeld in Tirol. – L. G.! Heute den 6. 8. 1914 erhielt ich früh Deine Karte besten Dank. Meinen Brief mit Inhalt für Besorgungen für Marie wird hoffentlich jetzt auch bei Dir angelangt sein. Gestern sandte Dir Geburtstagskartenbrief mit 5 Mark ab. Sowie der Bahnverkehr eröffnet für Privatreisende, kehre ich heim. Wer hätte gedacht, daß es einen Weltkrieg gibt. Ich hoffe Du kommst wegen Deiner Füße frei. Dein Sparkassenbuch liegt in meinem Vertikow, Schlafzimmer im zweiten Fach unter Wäsche rechts. Heute regnet es in Strömen. Bitte schließt nur ja die Korridorthüre immer zu. Mir geht es so so. Nimm doch von der Wacholdersulz Speisekammer, ist für Husten gut. Nun lebe wohl! Die Bekannten grüßen. Herzlichste Grüße von Selma. Wie schade, daß Du keinen Datum auf die Karte geschrieben. Bitte bald Antwort geben."

Ich zog nach dem Dienst mit Pfeiffer und seiner Braut durch Matrosenschenken. Sie küßte ihn fortwährend und schwur bei jedem Glas unter Tränen, daß sie sich erschießen würde, wenn sie je erführe, daß ihr Toni gefallen sei.

Am 18. August kam ich wunschgemäß auf Wache nach Mariensiel, einem Dörfchen, das eine Stunde entfernt am Ems-Jade-Kanal liegt. Wir, das hieß zwei Unteroffiziere und zwölf

Mann, wurden bei der Bäuerin Harms einquartiert und lagen dort im Pferdestall auf Stroh. Die Landschaft war schön, malerische Scheunen zwischen alten knorrigen Bäumen, liebliche Wiesen mit grasenden Herden. Ohne die Sehnsucht, endlich einmal an die Kanonen zu kommen, hätten wir uns dort nach den trüben Kasernentagen restlos glücklich gefühlt. Unser Fähnrich meinte zwar, wir kämen noch früher und mehr ins Gefecht, als uns lieb sein würde.

Die Witwe Harms empfing uns freundlich, und ich sagte ihr gleich: Wenn wir ihr bei irgendwelchen Arbeiten helfen könnten, möchte sie über uns verfügen.

Jawohl: wir könnten Kartoffeln schälen. Auch gab es eine Menge Gartenarbeit und anderes, und wir hatten Fachleute unter uns. Ich freute mich, daß diese einen Nebenverdienst fanden und legte mich selbst, zum Nachdenken, hinter das Gehöft ins Gras in die Sonne.

Es war unsere Aufgabe, mit scharf geladenem Gewehr einen zwischen Wällen und Blättergrün versteckten Pulverturm zu bewachen. Wir Unteroffiziere führten die Posten auf dunklen Wegen über eine halsbrecherische Brücke dorthin und holten sie wieder ab. Die Wälle waren mit Birnbäumen bepflanzt, und die Posten holten sich gleich mit dem Bajonett die riesigen, aber leider ganz unreifen Früchte herunter. Eine dieser Birnen verwahrte ich mir, in der Hoffnung, sie würde nachreifen.

Wir lagen angekleidet und mit Schuhen im Stroh. Die Wolldecken waren dünn, und wir froren, weil Fenster und Türen des Pferdestalles offen standen. Über uns nisteten Schwalben. Morgens kleckste eine Henne dem Trockenbodengespenst mitten ins Gesicht, – so nannten wir einen Matrosen, weil er sich regelmäßig vorm Appell auf den Trockenboden geflüchtet hatte. Sein Fluchen, die Stimmen der Haustiere und die Sonne weckten mich. Ich verschaffte mir mit Mühe Seife, wusch mich wonnig ausführlich und rückte mir zwecks Kaffee mit Zigaretten einen Stuhl zwischen die Rosenbeete des Gartens.

Aber mittags mußten wir uns schon zum zweitenmal über das Essen beklagen, und bald merkten wir, woran wir dort waren. Witwe Harms war steinreich. Sie hatte große Äcker und viel Vieh. Aber sie war herzlos geizig und verpflegte uns in einer Art, die durchaus nicht der Entschädigung entsprach, die ihr die Behörde dafür zahlte. Auch dachte sie nicht daran, sich den Matrosen, die ihr bei der Arbeit halfen, irgendwie erkenntlich zu zeigen.

Ich hatte es mir und meinen Leuten zur eisernen Pflicht eingeprägt, im Quartier dankbar, höflich und bescheiden zu sein. In diesem Falle, da wir von Tag zu Tag schlechter behandelt und obendrein ausgenutzt wurden, gab ich die gegenteilige Parole aus.

Wir entdeckten einen Zwetschgenbaum, der besonders reich mit köstlichen Früchten gesegnet war. Am Stamm hing ein Plakat mit der Aufschrift „Pflaumen nicht essen! Vergiftet! Vorsicht!" Wir lachten einander schweigend zu, und im Nu war alles heruntergefressen. Frau Harms war eine abscheuliche, ziemlich alte Dame, aber jeder meiner Leute erklärte, daß er diese Frau ob ihres schönen und reichen Gutes und in der Hoffnung auf baldiges Absterben sofort mit Freuden heiraten würde. Sie hatte zwei Mägde, eine Geistesgestörte und ein hübsches, braunverbranntes, nur leider allzu sprödes Mädchen. Wir fanden mehr Gegenliebe bei einem prächtigen Bernhardiner.

In der Dorfschenke verlor ich am Billard gegen das Trockenbodengespenst, das sonst meisterhaft spielte, aber diesmal außer Fassung war, weil es zuvor, auf Pulverwache, in der Dusterheit nach einer Kuh geschossen hatte, die auf Befragen die Parole „Mühlhausen" nicht kannte. Ich tötete sieben Fliegen mit einem Schlag, das erste Blut, das ich vergoß, und verhaftete auf Posten einen Zivilisten, der sich verdächtig herumtrieb und keine Ausweise hatte. Es war ja so schön, wenn mal etwas verdächtig war.

Übrigens mußten auch wir Unteroffiziere Posten stehen.

Die Abende und Nächte in Mariensiel schienen mir besonders schön. Die Kartoffelschäler sangen „Stürmisch die Nacht, und die See geht hoch . . .", ein Lied, das ich auswendig lernte, weil es so instinktiv richtig den Rhythmus eines Schiffes im Sturm trug. Durch den Jadekanal zogen kleine, schwere Holländerboote, die vor jeder Brücke ihre Segel einzogen und die Masten umlegten. Sie wurden selbstverständlich kontrolliert und überwacht. Die Brükken, die Bahndämme, die Übergänge – alles wurde überwacht. Seebataillon und Marine stellten die Posten. Wächter zu Fuß, zu Pferd, zu Rad, teils mit Hunden an der Kette streiften herum. Wenn ich nachts in der romantischen Allee, die zu Harms Gehöft führte, einsam, ach so gern Wache stand, und die Ronde nahte, versteckte ich mich hinter einem Baum; und dann sprang ich plötzlich hervor, riß das Schloß gefährlich knackend auf und rief die, die mich überraschen wollten und nun selbst erschrocken waren, scharf an: „Halt! Wer da? Parole oder ich schieße!"

Es trafen Leute in Mariensiel ein, die uns erzählten, daß sie an Bord der „Stralsund“ ein Gefecht mit englischen Schiffen gehabt und dabei zwei feindliche Torpedobootszerstörer vernichtet, zwei andere untauglich gemacht hätten. Diese Leute lösten uns für einen Tag ab. Der Marsch von Mariensiel nach der Kaserne kam uns recht sauer an, für Infanteristen mit viel schwerem Gepäck wäre das ein Spaziergang gewesen, und die hätten dabei herzhaft Lieder gesungen. Bei uns kam nie ein Marschgesang zustande. Wenn wirklich ein paar Matrosen ansetzten und eine Melodie mehr in sich hinein als aus sich heraus brummelten, dann machten die andern sich über sie lustig, und außerdem kannten wir nur immer den Anfang der Texte.

Ich feierte mit Toni Pfeiffer ein feuchtes Wiedersehen. Er war im Rauschzustand sehr komisch. Dann warf sich der lange Schlacks knallend auf den Bauch und schob sich in Schwimmbewegungen über den Hof. Beim Mittagessen mußte ich ihn aber oft ernsthaft korrigieren. Er warf dann mit Brotstücken um sich und gab ungeniert laute Gestänke von sich.

Nachdem geraume Zeit das Gerücht verbreitet war, die Japaner hätten den Russen den Krieg erklärt, las man auf einmal, daß sie vielmehr uns ein Ultimatum gestellt hätten. Das hieße eventuell eine Großmacht mehr gegen uns. Aber wir meinten, in solchem Falle würde sich andererseits Amerika gegen Japan erheben.

Abermals trotteten wir gen Mariensiel. Diesmal wurden wir von einem alten Obermaat geführt, der im Gruß-Reglement sichtlich unsicher war. Er erwies unterwegs infolgedessen hartnäckig überhaupt keine Ehrenbezeugung, und wenn wir ihm sagten: „Du, das war doch ein Offizier!?“, dann knurrte er jedesmal: „Ik häv keen sehn.“ Es regnete kalt, und wir dachten unbehaglich an Musterung mit verrosteten Gewehren. Einige Leute trugen noch immer Zivilschuhe. Auf den Kleiderkammern wollte das Tohuwabohu kein Ende nehmen. Natürlich ward sofort von Unterschlagungen und Verhaftungen gemunkelt.

Der braunen Magd in Mariensiel, die ich Teufel und die mich Bootsmaat Habicht nannte, streckte ich die Hand zum Gruße hin, aber das stolze Mädchen nahm sie nicht. Da brachte ich sie so zum Lachen, daß sie einen Schluck Kaffee über den Küchentisch spuckte, worauf nun ich mich stolz abwandte. Frau Harms brachte mir ein „Gedenkbuch an die Einquartierung bei Witwe Harms“, das sie auf irgendwessen Rat angelegt hatte, und bat mich, unsere

Namen, Chargen, Adressen usw. einzutragen. Ich fügte, wie die vorige Wache getan hatte, ein Verschen zu:

Sei freundlich zu dem rauhen Gast,
Den dir der Krieg ins Haus geschickt.
Wenn ihn die Kugel trifft, so hast
Du ihn auf letztem Weg erquickt.

Und wenn er siegreich heimwärts kehrt,
Dich nimmer sieht, die ihn beschenkt,
So ist schon das der Liebe wert:
Daß er stets dankbar deiner denkt.

Wir Unteroffiziere schälten auch der Wirtin einen Eimer Rüben, weil unsere Leute sich weigerten, Privatarbeit für sie zu leisten. Doch wurden die Leute auch im Dienst fauler und nachlässiger. Sie vertrugen keine Nachsicht, und wenn unser Fähnrich Zigaretten verteilte, nahmen sie das hin, als müßte es sein. Nachdem ich den Posten Hoftor beim Angeln ertappt hatte, begann ich strengere Zucht einzuführen.

Ich hatte mir diesmal einen Bettbezug mitgebracht, in den ich wie in einen Sack kroch und der mich ebenso gegen Kälte wie meine Uniform gegen Strohfusseln schützte. Auch hatte ein Vorgänger Läuse gesät. Wir badeten öfter im Kanal. Eines Nachts großer Alarm, – Werdarufe, – ein Schuß. Es sollte ein verdächtiger Mann in Hemdsärmeln gesehen worden sein. Das Resultat war Null, jedoch für einige von uns eine fidele Nacht im Lindenhof. Leider durfte die Wirtin keinen Alkohol ausschenken. Ich sprach auf dem Heimweg eine Dame an und erhielt, weil ich sie mit einem Kuß überrumpelte, eine weithin schallende Ohrfeige.

Kinder verteilten Zeitungen. U 12 war unversehrt heimgekehrt. Die Amerikaner sollten den Japsen den Krieg erklärt und in Kiautschou die amerikanische Flagge gehißt haben. Ferner war von einem großen Sieg zu Lande über die Franzosen die Rede. In den Straßen von Wilhelmshaven wurde der von Menschenmassen mit Liedern, Flaggen und Lampions abends gefeiert. Ich war traurig. Ich wollte fort. Die Leute, die mich umgaben, würden draußen im Kampfe sich größtenteils äußerst brav benehmen, aber wie sie sich jetzt hier betrugen und was sie läppisch und dumm zusammenschwatzten, dünkte mich unerträglich.

Einmal gerieten Pfeiffer und ich in die Abschiedsfeier von sieben oldenburgischen Infanteristen, die nach Belgien mit unbestimmtem Ziel abgingen. Es wurde fürchterlich gezecht. Wir ließen die Infanterie, und diese ließ uns leben, wollte aber die Franzosen verhauen. Pfeiffer tanzte zuletzt mit einer Brotschneidemaschine und wiederholte unaufhörlich:

„Meine Frau, die ißt gern Sülze.
Wenn se keine kriegt, dann brüllt se. –"

Der folgende Tag war ein nasser, war ein großer Reinigungstag, bei dem wir Seeleute – als wären wir an Bord – nicht mit Wasser sparten. Korridore und Stuben waren hoch überschwemmt, und in den Räumen darunter entstanden nasse Flecke an der Decke; zu Mittag gab es, das gehörte dazu, süßen Milchreis mit Zimt und Knoblauchwurst. Ich saß einem Freiwilligen gegenüber, der seinen siebzigsten Geburtstag feierte. „Das hätte mir einfallen sollen, nicht mitzumachen!" sagte er. Ein Kamerad reichte mir bei dieser Gelegenheit an mich gerichtete Briefe, die er seit längerer Zeit in seiner Hosentasche trug. Maulwurf schrieb besorgt um mein Leben und sandte mir zehn Mark. Ich schämte mich. Auch schien eins meiner Tagebücher, das ich, wie ich immer vorsichtshalber tat, per Eilboten nach Hause gesandt hatte, nicht angekommen zu sein, war womöglich konfisziert worden. Man hatte uns ausdrücklich verboten, über politische oder militärische Dinge zu schreiben. Die Russen sollten bis Insterburg vorgedrungen sein. Also eine Schlappe für uns!

In Vaters Brief stand unter anderem: „Gestern sind unsere Truppen in Brüssel eingezogen." ––

Gestern sind alle Japaner, die noch hier waren, verhaftet worden. Dieses schuftige Ungeziefer hat sich bis jetzt bei uns spionierend eingenistet, um nun mit einmal in schamloser Frechheit über uns herzufallen. Aber ich hoffe, die und die Engländer und die greulichen Bestien, die Belgier, kriegen ihr Fett. Franzosen und Russen kommen erst in zweiter Linie, obwohl zu hoffen, daß der erste große Streich ersteren eine unheilbare Wunde beibringen werde. – – – Ein famoser Knittelvers zirkuliert: Lieb Albion, kannst ruhig sein. Kommst auch mit in die Blutwurst 'nein! – – –"

Und wieder ging's nach Mariensiel. Aber häßliche, kleinliche Geschichten begegneten mir dort. Die Lindenwirtin wollte mich bei meiner Division verklagen, weil ich ihrer Tochter mit Erschießen gedroht hätte, wenn sie mir keinen Schnaps gäbe. Ein Scherz von mir, den die stolzbornierte, siebzehnjährige Gans in die falsche Kehle bekommen hatte. Der Teufel bei Harms war auch noch schnippischer als zuvor, und die im Gasthof Ewers untergebrachten Soldaten beschwerten sich ebenfalls über ihre Quartiergeber, die doch, wie das ganze Dorf, an uns beträchtliches Geld verdienten. Ich organisierte ein wenig unseren Widerstand. Außerdem war mein Nacken steif, und ich bekam Zahnschmerzen. Diese vielen winzigen, aber zeitlich zusammenfallenden Umstände verleideten mir den Ort mehr und mehr. Seife, Kämme, Handtücher, Schuhwichse, Bindfaden und Zündhölzer wurden kostspielige, begehrte Artikel, und die Geldsendungen aus der Heimat nahmen ab. Mir war bei einem Sprung über eine Barriere meine Uhr zerbrochen. Da ich sie auf Wache schwer entbehrte und die Reparatur viel kostete, gab ich die Sache nachträglich zu Protokoll. Ich beantragte Schadenersatz, indem ich in einer vier Seiten langen Abhandlung nach vorschriftsmäßigem Stil nachzuweisen suchte, daß der Sprung über die Barriere eine dienstliche und höchst notwendige Angelegenheit gewesen sei.

Ein herrlicher Sieg bei Metz wurde gemeldet. Drei Armeekorps geschlagen, über fünfzig Geschütze erbeutet. So erfreulich das war, mich machte es auch neidisch. Ich hatte mich inzwischen in einem förmlichen Gesuch auf ein Schiff nach der Ostsee beworben, mit der Erwähnung, daß ich im Baltikum gut Bescheid wüßte. Der Himmel mochte wissen, in welchem Papierkorb jetzt dieses Gesuch lag.

Es gab sich so, daß ich eine Nachtpatrouille erhielt, die die Wirtshäuser auf spätes unerlaubtes Ausschenken revidierte. Dabei konnte ich an dem Wirte Ewers Rache nehmen, der ein Verbot überschritten hatte und nun, als ich ihn im Nebenzimmer anschnauzte, ganz jämmerlich die Kontenance verlor. Ich zeigte ihn indessen nicht an. Und als ich den Lindenhof kontrollierte, war dort zwar nichts auszusetzen, aber ich fand insofern Genugtuung, als die Wirtin und anscheinend auch die Tochter furchtbar erschraken, wie ich mit bewaffneten Leuten so überraschend eindrang, als wollte ich meine Drohung nun wahrmachen.

Es gab frohe und idyllische Stunden in dem Dorfe dort. Morgens trieben wir Sport auf dem Hofe, stemmten oder schleuderten schwere Steine, spielten Fußball (als Ball diente eine

Konservendose) und führten mächtige Ringkämpfe auf. Abends genossen wir im Grase hingestreckt Ruhe und Harmonikawehmut. Mein Lieblingslied „La Paloma“ wurde mir zuliebe gespielt. Dann erzählte ein Matrose von seinen Erlebnissen an Bord eines Auslandkreuzers. Da hatte auf einem Ausflug ein Kapitänleutnant ein Krokodil erlegt und ließ es häuten und die Haut auf dem Achterdeck zum Trocknen ausspannen. Die Matrosen aber brachen dem Tier heimlich alle Zähne aus, um ein Andenken zu haben. Und nach Ansicht unseres Erzählers hatte das Krokodil dann ausgeschaut wie ein altes verdattertes Fischweib, und der Kapitänleutnant mußte ihm später ein künstliches Gebiß einsetzen lassen.

Aus der Richtung Wilhelmshaven drang Glockenläuten herüber; eine radelnde Ordonnanz brachte Erklärung. Belgien hatte sich ergeben. Ein riesiges Russenheer war bei Insterburg ins Netz gegangen, und deutsche Schiffe befanden sich im Kanal im Gefecht. Wir erhoben uns zu drei Hurras.

Ein Vizefeuerwerker, der den Fähnrich ablöste, hielt uns offiziöse Vorträge über die Kriegslage: – – „Durch unsere gute Küstenverteidigung haben wir erreicht, daß England uns nicht angreift. Wir können ihm, wenn es Hamburg angriffe, in den Rücken fallen. Wir haben an der englischen Ostküste Minen gelegt. (Der Feind steht an der Westküste.) Wir haben mittlere Artillerie auf unseren Dreadnoughts. England fängt jetzt erst an, sie einzurichten. Unsere Marine hat nicht soviel zu verlieren wie die ihrige. England braucht seine Flotte, weil es auf Einfuhr angewiesen ist und seine vielen Kolonien schützen muß. – –“ Wir hörten zu. Auch das wurde langweilig.

Das Verhältnis zwischen Militär und Bauern spitzte sich immer mehr zu. Diese Oldenburger waren an sich verschlossen. Sie hatten mit Marinern schon in Friedenszeiten zu tun, und diese hatten sich damals gewiß oft als Rowdys benommen. Das wirkte sich nun noch bei uns aus, die wir wirklich alle mit größter Rücksichtnahme aufgetreten waren. Nun wurden wir in unserem Unbeschäftigtsein und der daraus resultierenden Unzufriedenheit immer empfindlicher, verständnisloser und nörgelsüchtiger, und so schürte sich das wechselweise weiter zur Glut. Die böse alte Harms und ihr Gesinde verpflegten und behandelten uns immer abscheulicher, und wir schlichen heimlich in ihre Ställe, schütteten den ganzen Hafer unter die Hühner und gossen die frisch gemolkene Milch in die Schweinetröge.

Ich gab die Mariensieler Wache auf und zog vor, wieder in der Kaserne den Leuten Exerzieren, Schießen und Grüßen beizubringen.

Allerdings geriet ich dort gleich in eine hochnotpeinliche Untersuchung und in ein allgemeines Verhör. In der vierten Kompanie waren Spinde erbrochen und bestohlen worden.

Andererseits wurden gerade geeignete Leute für den Kreuzer „Pillau“ gesucht, den die Deutschen für Rußland gebaut hatten und nun gegen Rußland verwenden wollten. Jedoch ich kam wieder nicht auf die Designierungsliste.

Viel Siegesnachrichten. Eines Morgens hörten wir Geschützdonner von See her. Nachmittags lief „Frauenlob“ mit zerschossenem Schornstein und einem Seitentreffer dicht über der Wasserlinie ein. Sie sollte gemeinsam mit „Von der Tann“ zwei englische Schiffe gefangen und eingeschleppt haben. Man sprach von sieben deutschen Toten und fünfzehn Verwundeten; wir mutmaßten mehr. „Frauenlob“ war ein Schwesterschiff zur „Nymphe“, auf der ich seinerzeit als Einjähriger gedient hatte. Ferner traf die Kunde ein, die „Magdeburg“ sei in die Luft geflogen; es blieb unklar, ob durch die Russen oder durch Unglück.

Ho! Eine scharfe Brise kam auf. Außer der „Pillau“ sollten noch weitere Schiffe in Dienst gestellt werden. Gerade um diese Zeit verschlimmerte sich mein verwünschtes Fußleiden. Ich desinfizierte mit irgend was, was mir zur Hand war und worauf ich Vertrauen setzte, ich glaube, es war Petroleum.

Ich hatte ein Gedicht auf die deutschen Matrosen verfaßt. Als ich die fertige Arbeit betrachtete, nahm sie sich aus wie ein Kommißstiefel.

In der Stadt sah ich eine Menschenmenge, die auf den Transport der Opfer von „Frauenlob“ warteten. Ein Obermatrose wollte die zerrissenen Leichen auf dem blutbesudelten Deck gesehen haben, ich traute ihm nicht recht. Es wurde so viel zusammengelogen. Es wurde von Verstümmelungen, Explosionen, Abschlachtungen erzählt, es wurde von glorreichen Siegen und deutschen Heldentaten geschrieben. Wir steckten alle günstigen wie ungünstigen, alle wahren und unwahren Nachrichten mit einer gleichmäßigen Sachlichkeit ein. Auch mir kam das Merkwürdige unserer Lage nur in einsamen Stunden, etwa des Nachts auf Wache, zum Bewußtsein. Dann schwoll in mir die romantische Abenteuerlust, die mich seit meiner frühesten Kindheit begleitet und vielleicht allzuoft geleitet hatte.

Weitaus die Mehrheit der Militärs und Zivilisten waren davon überzeugt, daß wir unsere Gegner schlagen würden. Nur die Frauen sahen skeptischer und gefühlsmäßiger in die Zukunft.

Eines Nachts lagen Toni Pfeiffer, eine Postordonnanz und ich allein in unserer Stube. Die übrigen Betten standen leer; sie gehörten Leuten, die gerade auf Wache waren. Da öffnete sich die Tür. „Es gibt Einquartierung!" rief eine Stimme.

„Ausgeschlossen! Gibts nicht!" riefen wir drei, und die Postordonnanz pustete schnell die Lampe aus.

„Ach was, hier sind doch Betten frei."

„Nein! Die Leute dazu stehen Posten in Mariensiel!"

„Nur für eine Nacht," beharrte die Stimme, „es sind Leute von der Ariadne, die mit zwei Panzerkreuzern gekämpft haben. Sie sind zum Teil ganz naß, ihr Schiff ist untergegangen – –"

„Oh, das ist was anderes!" Wir sprangen aus den Betten. Die Lampe ward angezündet.

Da kamen sie schon, die Kerle. In weißen Anzügen mit Dreck und Blut bespritzt, Heizer, Matrosen, Küchenpersonal, vom Pulver schwarz punktiert, mit entzündeten Augen und von Gasen aufgedunsen. Aber sie lachten und witzelten schief, um ihr Stolzsein zu verdecken. Wir drei gaben unsere Decken, Butter, Zigaretten her, alles was wir hatten, es war nicht viel, denn wir besaßen schon lange keinen Pfennig mehr. Und dann legten die Ankömmlinge los und erzählten trotz ihrer Erschöpfung stundenlang, wobei sie einander ergänzten oder berichtigten und ihre Aufregung immer höher steigerten: Blut wie Schlamm. Furchtbares Getöse durch die krepierenden Granaten. Leute in Fetzen gerissen und Panzerplatten wie Papier gebogen. Am schlimmsten die Pulvergase und der Brandrauch. Wer nicht, wie die Leute an den Geschützen, Mundbinden trug, der litt entsetzlich. Die „Ariadne" – (sie war auch meiner „Nymphe" verschwestert, also ein längst veralteter Kasten) – sollte fünfzehn Treffer bekommen, dann sich auf die Seite und später ganz herum gedreht haben. Die Leute, die sich retteten, waren über Bord gesprungen – „Rette sich, wer kann!" – und von dem kleinen Kreuzer „Danzig" aufgenommen. Ihr Schiff sackte bald darauf ab, nachdem noch der Kommandant durch die Kuttergäste der „Danzig" gerettet war. Die beiden englischen Schiffe, welche die „Ariadne" in die Falle gelockt und vernichtet hatten, machten sich vor der „Danzig" aus dem Staube. Es waren Geschosse in das Pulverdepot und in den

Torpedoraum gedrungen, ohne diese sofort zur Explosion zu bringen. Sie verursachten zunächst nur Brände und giftige Gase, vor denen sich einige Leute dadurch retteten, daß sie sich platt auf den Boden warfen. Besonders schlimm und folgenschwer hatte die Ölfarbe gebrannt, mit der die Aufbauten an Bord verschwenderisch oft gestrichen wurden. Das war eine tragische Lehre für unsere Marine. – Einer unserer Schlafgäste hatte einen Mann sitzen sehen, der den Kopf wie verzweifelt in beide Hände gestützt hatte. Dann zeigte sich, daß dieser Kopf vollständig verkohlt war. – Das Licht erlosch plötzlich. –

Ein Ingenieur, dessen Beine mit schrecklichen Brandwunden bedeckt waren, lief noch auf die Brücke und stimmte mit anderen das Flaggenlied an. Ein Steward sah einen Seestiefel liegen, woran noch ein Stück Bein war.

Die Geretteten traten beim nächsten Mittagsappell gesondert an. Der Kompanieführer hielt eine ehrende Ansprache an sie.

Es verlautete: Auch die „Stettin“ sei dienstunfähig gemacht, sie habe fünf Volltreffer erhalten.

Jemand vom Büro teilte mir mit, ich sollte an Bord kommen. Hurra! Hurra! Ich eilte mit Pfeiffer ins Kasino, wir feierten Abschied. Er gab mir seine stehende Adresse: Anton Pfeiffer bei Friseur Vogel, Mannheim, J4^{a} ,2. Ich sollte ihn später einmal besuchen und mit seinem Kahn eine Rheinreise machen. Wir stießen darauf an, daß wir beide unsere Augen, Nase, Mund und den rechten Arm aus dem Kriege bringen möchten.

Erna Krall schrieb über meine baltische Freundin: „Wanjka Plawneck ist nicht gefangen, hat aber in dem von Spionagefurcht verrückten München eine entsetzliche Straßenszene erlebt. Man hielt sie für einen verkleideten Mann. Die Polizei hat sie vor einer Prügelei errettet und sie umgehend in die Schweiz expediert.“ – Auch ein Brief von Eichhörnchen. Darin die Stelle: „Es schmerzt mich tief, daß ich von Dir, dem Freunde, der so Vieles innig mit mir teilte, der auf Leben und Tod hinauszog, nicht ein einzig liebes, treues Wort erhalten habe! Ich weiß nicht, ob Du mir geschrieben hast; sollte es aber so sein, so danke ich Dir für Deine Zeilen, auch wenn ich sie nicht gelesen habe.“ – In einem zweiten Briefe von Eichhörnchen, ebenso lang wie der erste, stand u. a.: „– Wenn die hellen Sternenaugen am Abend über die See strahlen, dann blick nach der Küste, wo zwei andere Augen Dich grüßen, und wisse, daß ich Dich *sehr lieb* habe und Dir *treu* bin. Vielleicht beglückt

Dich dieses Bewußtsein, wenn Du in der Gefahr draußen stehst! – – Und nun Adieu mein Gustav, geliebter Freund! Vergib mir, ich bitte Dich von Herzen, wenn immer ich Dich kränkte und Dir wehe tat, wo ich in unserer Freundschaft fehlte. – Ich habe viel gelitten über die Gegensätze, die zwischen uns traten, aber über allem steht leuchtend das Edle, Gute, das Schöne und Wertvolle, das Du mir gabst, das immer bleiben wird und das ich Dir von ganzer Seele danke. – Ich will nun hoffen und beten und tapfer ausharren. – Und indem sie Dir in die lieben Augen blickt, küßt Dich Dein Eichhörnchen mit festem, treuem Händedruck."

Die Zeitschrift „Jugend" schrieb: „München, September 14. Sehr geehrter Herr! Ihr Gedicht ‚Deutsche Matrosen' wollen wir gern bringen, nur müssen Sie uns erlauben, daß wir die eine oder andere Strophe auslassen. Das Honorar von 25 Mark senden wir gleichzeitig ab. – In vorzüglicher Hochachtung Ihre ergebene Redaktion der ‚Jugend'."

Zweites Kapitel

MIT „BLEXEN" IN DER WERFT

Ich war für das 2. Jade-Sperrschiff „Blexen" bestimmt. Zunächst mußte ich aber noch von Schreibstube zu Schreibstube laufen und überall lange warten, bevor ich nähere Instruktionen, Ausweise und meine rückständige Löhnung bekam. Dabei hatte ich ein zufälliges Wiedersehen mit meinem „Gesuch betreffend Schadenersatz für Reparatur einer im Dienste beschädigten Privatuhr". Das Schreiben war vom Hauptmann unterschrieben, es wanderte nun zur Kompanie, von dort zur Division und wahrscheinlich weiter, immer weiter.

Mit anderen Schicksalsgenossen marschierte ich nach der Werft, an den beiden beschädigten Schiffen „Frauenlob" und „Stettin" vorbei zum Navigationsressort, wo wir uns meldeten und wo unsere Personalien zum unzähligsten Male aufgenommen wurden. Dann wieder durch die weitläufigen Dockanlagen, zwischen Stapeln von Fässern, Schiffsschrauben und über sauber aufgeschichtete Ankerketten hinweg, immer den schweren Zeugsack auf dem Buckel und überall nach der „Blexen" fragend. Wir fanden und beschnüffelten sie kritisch. Es war ein kleiner, wenig Vertrauen erweckender Privatschlepper, der knapp für fünf Personen Platz hatte, und wir sollten ihn mit elf Mann besetzen, nämlich dem Kommandanten, zwei Maaten (Jessen und ich), zwei Matrosen (Eichmüller und Apfelbaum), drei Maschinistenmaaten und drei Heizern. Im Logis konnten sich zwei Menschen nur mit Mühe aneinander vorbeiwinden. An Deck waren Arbeiter beschäftigt, alles war verdreckt, und außer Minenmaterial fanden wir kein Inventar an Bord. „Das gibt viel Arbeit mit Aufklaren, Waschen und Malen", sagte Jessen. Mit ihm verabredete ich, daß wir fortan zu den Leuten etwas Distanz wahren und sie auch künftig mit „Sie" anreden wollten, weil einige gleich plump vertraulich auftraten, besonders der lange und, wie ich schon gespitzt hatte, unaufrichtige und feige Apfelbaum.

Wer etwas kochen könnte, fragte der Kommandant. Apfelbaum trat vor und wurde in die niedrige, enge Küche gesteckt, wo er sich unter unserem Gelächter einrichtete. Dann fuhr ein Teil von uns mit dem Kommandanten in einer Barkasse über den Bauhafen, um Bordrequisiten zu beschaffen. Staunend und darüber unwillkürlich leise, wie auf Zehen, gingen wir durch die weiten Säle des Depots. Da war einer ganz mit Flaggen, ein anderer mit Porzellan, ein dritter mit Besenstielen und Scheuerlappen bis an die Decke angefüllt. Und wie wir die Barkasse nun mit soundsoviel Signalflaggen, Ölzeugen, Kupferkesseln, nautischen Instrumenten, Bootshaken, Pinseln, Tassen, Tellern, Farbe, Proviant und anderen Dingen beluden, die alle nagelneu und blitzeblank waren, da sagte jemand: „Das ist wie Weihnachtsbescherung." Mehrmals mußten wir mit solcher Ladung hinüber- und zurückfahren. Mir ward so seemännisch wohl zumut. Die Barkasse schaukelte in Wind und Sonne. Rings herum sah man die von Kanonen strotzenden Panzerschiffe, und aus dem geteerten Tauwerk roch ich alte Erinnerungen.

Inzwischen hatte der Koch uns Kaffee gebrüht und Speck und Butter hingestellt. Er gab mir, sicher nicht aus Sympathie, ein besonders großes Stück und machte mir auch vor, wie ich auf meiner Bootsmannspfeife blasen müßte. Aber ich vermochte nur klägliche und blamable Töne zu erzeugen, während alle meine Kameraden auf demselben Instrument die festgelegten, vielen Signale wie Lerchen trillerten.

Ich richtete meine unglaubhaft schmale und kurze Koje ein, eine Decke pfropfte ich zusammengerollt zu Kopfende unter die

Matratze. Am Fußende war ein Tragbrettchen angebracht. Dorthin legte ich mein Wichtigstes: Uhr, Börse, Bordmesser und Spindschlüssel. Mein kleiner Spind war so vollgepfropft, daß ich ihn nur mit Hilfe von Fußtritten schließen konnte. Aber nicht alle Leute bekamen Koje und Spind, für einige wurden Matratzen auf den Boden gelegt, für andere Hängematten aufgehängt.

Bevor wir Urlaub bis zehn Uhr erhielten, gab mir der Kommandant noch den mich ehrenden Auftrag, am nächsten Morgen Punkt 8 Uhr die Flaggenparade vorzunehmen. Außerdem wurden wir wieder einmal ermahnt, nicht über maritime Verhältnisse oder Vorgänge zu sprechen. Diese Instruktion war diesmal besonders aktuell. Täglich kursierten neue schlimme Nachrichten über die Flotte. Ein Torpedoboot war gesunken, und der Kreuzer „Mainz" und die „Köln" wurden vermißt. In der Stadt herrschte große Besorgnis darüber. Vor der Wilhelmshavener Zeitung warteten Menschenmengen, ich sah Tränen und sprach Zivilisten, die Angehörige an Bord der vermißten Schiffe hatten.

Und nachts schlief ich nun wirklich seit Jahren wieder einmal an Bord, in der Stickluft eines überfüllten Logis. Auf dem Tisch klebte und flackerte eine Kerze. Ein höllisches, an Maschinengewehre erinnerndes Geknatter ließ das ganze Schiff erzittern. Oben an Deck wurden Nieten mit Preßluft eingeschlagen. Die Arbeiter mit ihren schlangenartigen Instrumenten, von aufgeregten Fackeln beleuchtet, boten ein seltsames Bild.

Morgens brachten wir die Flaggenparade rechtzeitig und nach vorgeschriebenem Zeremoniell zustande, obwohl nicht ohne Schwierigkeit, denn der Flaggenstock achtern paßte nicht in seine Ringe und der Kommandantenwimpel hatte sich in die Gaffel verwickelt, es brauchte viel Zeit, Mühe und Meinungsverschiedenheit, um ihn zu klarieren. Dann wuschen wir Deck und schälten Kartoffeln.

„Können Sie morsen? Können Sie winken?" fragte mich der Kommandant, als er an Bord kam.

„Ich habe es gelernt, aber das meiste vergessen", erwiderte ich.

Wir waren alle Reservisten. Niemand verstand sein Metier noch perfekt. Ein Matrose fragte den andern verlegen, wie Buchstabe Quatsch (also Q) in der Flaggensprache oder wie Uli in der Winkflaggensprache hieße, oder wie der Anruf beim Morsen wäre. Die Maschinistenmaate suchten nach Ventilen oder betasteten verwirrt ihre Maschine. Auch der Kommandant war unsicher.

Dabei sollten wir um zwölf Uhr in See gehen. Es war noch kein Geschütz, es waren weder Ferngläser noch Kompaß noch Karten an Bord. Die Nietenarbeiter hämmerten ebenfalls weiter. Das zog sich denn auch noch mehrere Tage so hin. Es wurde weiteres Bordmaterial von der Werft geholt, Öl, Petroleum, Seife, Lichter, Draht, Lampenzylinder, Korkwesten, Streichhölzer und Gewehre.

Abends auf Urlaub eilte ich zu Pfeiffer in die Kaserne und besuchte bordstolz und anhänglich auch andere Bekannte. Nachts konnte ich nicht einschlafen über dem fieberhaften Nietengeknatter und weil ich noch nicht an die Kakerlaken gewöhnt war, die in den Kojen, Spinden und Eßgeschirren wimmelten. Zudem brachte die Wolle meiner Kommißstrümpfe meine Füße zum Jucken und das Jucken zum Kratzen und das Kratzen zur Entzündung. Ich stieg an Deck und nahm dem erfreuten Jessen die Wache von zwei bis vier Uhr ab, in welcher Zeit ich dann tausend Kilo Speck verzehrte. Am nächsten Abend übernahm Jessen dafür freiwillig meine Wache unter der Bedingung, daß ich ihm Priemtabak aus der Kaserne mitbrächte. Ich fand dort einen Brief von Tante Selma vor, ein früherer, der einen Geldschein enthielt, war verlorengegangen. Ich hatte mein Tagebuch, soweit es geführt war, mit an Land genommen, weil es mir an Bord zu gefährdet schien. Ich wollte es zur Aufbewahrung, beziehungsweise Weiterbeförderung Herrn Knaup übergeben, einem liebenswürdigen Gönner am Stammtisch im Ratskeller.

Der stille, verträgliche Jessen gefiel mir gut. Er war ein Gutsbesitzer aus der Nähe von Flensburg und sprach leichter dänisch als deutsch. Auf „Blexen“ war ihm die Funktion eines Bootsmannes zugefallen. Ich hatte die nautischen Instrumente, das Signalmaterial und die Lampen zu betreuen. Meine Hauptstütze dabei wurde ein Matrose Binneweis, der früher einmal Dienstmann und noch früher Couleurdiener gewesen war. Er suchte mir immer mit akademischen Redewendungen zu imponieren. Im Hafen, wo wir lagen, war jederzeit ein interessanter Betrieb. Auf den großen Schiffen spielte Musik, und dann lief die „Chemnitz“ ein, ein großer Handelsdampfer, der jetzt durch die Rote-Kreuz-Flagge und durch einen breiten grünen Streifen um den weißen Leib als Sanitätsschiff gekennzeichnet war. Indessen wartete viel Arbeit auf uns alle. In meinem Ruderhaus lagen Wurfleinen, Lotleinen, Signalleinen wie Spaghetti durcheinander. Immer neues Zeug kam hinzu, Taljen, Raketen, Megaphone und Kisten mit Gewehr- oder

Geschützmunition, letztere trugen zum Teil die Aufschrift „Für Ariadne". Zu spät! Das Geschütz selber, eine Revolverkanone, traf endlich ein. Vier Mann hatten ihre Not, die Lafette über das schmale Laufbrett von Land an Bord zu bringen. Als ihnen aber dann mit dem viel schwereren Geschützrohr das gleiche Manöver gar nicht gelingen wollte, ergriff plötzlich der lange Apfelbaum mit seinen riesigen Pratzen die schwere Last und trug sie ganz allein hinüber. Und dieser starke Mann hatte Angst vorm Totgeschossenwerden und drückte sich vor jeder schwereren Arbeit. Er hatte sich zum Koch gemeldet, weil er da an der Freßquelle saß und nebenbei einen einträglichen Handel mit Schnaps und Zigaretten betreiben konnte. Vom Kochen hatte er keine Ahnung. So schmeichlerisch er nach allen Seiten war, so durchschauten wir ihn doch bald, und einige, die besonders erbost oder auch neidisch auf ihn waren, wischten ihm gelegentlich eins aus. Es gab überhaupt bald kreuz und quer Quängeleien. Die Heizer und die Maschinistenmaate zankten sich, weil in der Maschine nichts klappte. Auch waren neue Leute zu der bisherigen Schiffsbesatzung eingetroffen, aber vorläufig wieder weggeschickt worden, weil die Grandis – (so war der Spitzname für die Zivilarbeiter) – noch keine neuen Kojen eingebaut hatten. Und als auch das besorgt war, und die Leute endlich einzogen, gab es sofort Differenzen darüber, wer die beste und wer welche Koje bekäme. Vizesteuermann Kaiser, unser Kommandant, fand in seiner freundlichen Geduld einen Ausweg, indem er uns Decksmaaten – es war ein dritter hinzugekommen, der die Artillerie leiten sollte –, die Messe überließ. Dort gab es bequeme und saubere Kojen, wo einem die Kakerlaken nicht nachts ins Maul fielen. Als ich das Ruderhaus geschrubbt, alle Messsingteile vom Grünspan gereinigt und sauber poliert und die Lampen getrimmt hatte, sagte mir ein Ingenieur oder Oberingenieur oder – – ach, wer kannte sich in den Werftuniformen aus. Da gab es silberne und goldene, dicke und dünne Streifen, großes Eichenlaub und kleines Eichenlaub, silberne, goldene, einzelne oder gekreuzte Anker, Sammetkragen, Achselstücke, Säbel, Dolche, Kokarden und Sterne – – da sagte mir also solch ein unbestimmbarer, aber sichtlich orientierter Herr, wir würden wahrscheinlich das eben aufgetakelte und eingerichtete Schiff wieder abtakeln und außer Dienst stellen müssen, weil ein Kessel leck wäre. Das hieße also, daß alle unsere Mühe umsonst gewesen wäre und wir wieder zurück in die Kaserne müßten. Diese

Nachricht war zwar nicht verbürgt, aber sie nahm uns die Freude am weiteren Arbeiten. Wir gingen, sobald und so lange wir konnten, an Land. Dort saßen wir in den Kneipen in unserer einzigen „Garnitur blau", die gar nicht mehr von Kohlenstaub, Rost-, Öl- und Teerflecken zu reinigen war, tranken eine billige Tasse Kaffee und versteckten dabei unsere verhornten und zerfressenen Hände. Wir hörten auf die vorbeimarschierenden Musikkapellen und ließen uns von Wichtigtuern Wahres, Halbwahres und Erlogenes einschwatzen.

Man war in Wilhelmshaven entrüstet über die Flottenleitung, weil die großen Schiffe untätig im Hafen geblieben waren, während „Ariadne", „Mainz", „Köln" und „Frauenlob" draußen gekämpft hatten. Man sprach davon, daß verschiedene Admirale abgehen müßten und daß der erzürnte Kaiser gestern inkognito in der Stadt gewesen sei. Es waren Massengräber ausgeworfen für die Leichen, die täglich am Nordseestrand antrieben und die nach ihrer Erkennungsmarke meist als Leute der „Köln" identifiziert wurden. – Im Osten: Sechzigtausend Russen gefangen. Wieviel Russen gab es überhaupt? Und die Engländer hatten den Lloyddampfer Kaiser Wilhelm der Große in einem spanischen Hafen völkerrechtswidrig versenkt.

Wer von uns kein Geld mehr für Wirtshäuser hatte, der kletterte und wanderte wenigstens in den Werftanlagen herum, wo donnernde Werkstätten Massenartikel hervorhexten, wo sich dickste Eisenplatten unter leichtem Händedruck bogen oder spalteten und Riesenkräne ungeheure Lasten federleicht emporhoben. Die Trockendocks und die dort freigesetzten Schiffe mit ihren riesigen Ausmaßen, die vielartigen Drehbrücken, Poller und Trossen, das war für uns Sachverständige höchst interessant.

Ich schrieb auch meine Briefe, die der Zensur wegen vorsichtig abgefaßt werden mußten, stets an Land, denn in der Messe mangelte es an Platz und Licht, zumal Jessen abends seine Hängematte quer durch den Raum hängte.

Am Tage nach der Sedanfeier schenkte man uns die Nachricht, daß die Deutschen zehn französische Armeekorps geschlagen hätten. Aber ich war schlechter Laune. Ich hatte morgens, als ich mich wusch, ein Faß grüne Seife mit einem Faß Maschinenfett verwechselt und mich darüber geärgert, daß sich die Seife nicht auflöste, hingegen mein Körper abscheulich schmierig wurde. Dann riß mir im Ruderhaus eine Leine und meine frisch gewaschenen Hemden und Strümpfe fielen in Ruß und Farbe. Außerdem besaß ich keinen Heller mehr, und da kam nun von Eichhörnchen ein Telegramm, in dem das goldene Mädchen anfragte, wohin sie mir Geld senden könnte, selbst aber vergaß, ihre eigene Adresse anzugeben. Den Postordonnanzen traute ich nicht. Sie waren unordentlich, und es wurden Fälle von Unterschlagungen bekannt. Ich ging mittags an Land, um mir von Pfeiffer drei Mark zu holen, die ich ihm geliehen hatte, denn ich wußte, daß er inzwischen Geld von seiner Liebsten erhalten hatte. Jedoch ich traf ihn nicht an. Er war mit noch jemandem nach dem Kirchhof geschickt, wo die Särge derjenigen Ariadneleute aufgebrochen wurden, die keine Erkennungsmarken getragen hatten. Man wollte versuchen, ihre Persönlichkeit nach Tätowierungen und sonstigen Merkmalen festzustellen. Ich fand überhaupt keine Bekannten mehr in der Kaserne. Die letzten waren mit einem Trupp freiwilliger, lediger Leute „für eine besondere Sache" abgerückt. Es hieß, sie würden zunächst nach Berlin, und von dort in Zivilkleidern nach der Türkei befördert. Donnerwetter! Das wäre doch nun wieder etwas für mich gewesen! Ich kehrte sehr verstimmt an Bord zurück, wo ein Matrosenartillerist vor seinen angegruselten Kameraden erzählte, wie er einmal als Posten in einer dunklen Nacht auf einen Gaul geschossen hätte, den er nicht sah, sondern nur hörte, und der immer ging, wenn er ging und stehen blieb, wenn er stehen blieb. Ich schimpfte dazwischen über die schlechte Luft und über die Klosettverhältnisse an Bord und schleuderte dann meine geborstenen Zivilschuhe mit lächerlichem Krach unter die Bank. Bei dieser Gelegenheit entdeckte ich eine Kiste mit Verbandzeug, das ich gerade sehr für meine wunden Füße benötigte. Außerdem enthielt die Kiste verschiedene mir unbekannte Salben, von denen ich mir auch eine gute Verwendung versprach, denn ich gedachte, meinem bisher kahlen Gesicht einen Schnurr- und Spitzbart zuzulegen, den ich in ungarischer Husarenweise zwirbeln wollte.

Am andern Morgen erlebte ich noch eine kleine Überraschung. Weil ich mir keinen Brotbelag mehr kaufen konnte und andererseits einen Widerwillen gegen Margarine hatte, biß ich die Mariensieler Birne an. Sie war ganz ausgereift und eine köstliche Edelfrucht. Ich verzehrte sie heimlich unten in der Kettenlast, damit ich mit niemandem zu teilen brauchte.

Nachts zwölf Uhr, als ich als Posten eben eine dicke Ratte mit dem Seitengewehr aufspießte, die sich über die Laufplanke an Deck schleichen wollte, kam der Kommandant zurück. Ich übergab ihm einen Eilbrief vom Sperrkommandanten. Er bestätigte die Nachricht, daß „Blexen“ zwecks Kesselreparatur in die Werft müßte, und daß die Besatzung auf „Konkurrenz“ übersiedeln sollte.

„Konkurrenz“ war zwar größer als „Blexen“, aber ein uralter, vielleicht der älteste Schlepper. Er hatte tags zuvor längsseits von uns festgemacht, und wir hatten über den unmodernen, verwanzten Kasten gewitzelt. Nun mußten wir uns mit sauren Gesichtern dort einrichten. Wir begannen mit einer gründlichen Reinigung des Achterlogis. Mein Dienstmannmatrose hielt mir gleich zwei Korkwesten unter die Nase, die von Wanzen strotzten. Ich warf sie ohne Kommentar über Bord.

Wir säuberten und bemalten das ganze Fahrzeug, dann kam ein neuer Befehl: „Konkurrenz“ würde von anderen Leuten besetzt werden. Sobald diese aus Emden einträfen, sollten wir wieder auf „Blexen“ ziehen.

Ich ersuchte unseren Zahlmeister, der auf dem Leitschiff „Glückauf“ hauste, um einen Vorschuß, indem ich vorgab, zwei Brüder zu haben, von denen der eine invalid, der andere im Felde sei. Diese Lüge kam aber dort zu häufig vor; der Zahlmeister wies mich lachend ab.

Wir machten eine Probefahrt mit „Konkurrenz“. Ich stand neben dem Kommandanten auf dem Signalstand, lauschte auf die Kommandos, die er an Deck oder durchs Sprachrohr in die Maschine rief und verfolgte dabei auf der Karte unseren Kurs. Steuermann Kaiser ermahnte mich, gut aufzupassen, da ich später manchmal die Führung allein übernehmen müßte. Er hielt mich für einen geprüften Steuermann der Handelsmarine. Ich hatte es aber dort nur bis zum Vollmatrosen gebracht und war sogar durch ein später aufgekommenes Gesetz wegen ungenügender Sehschärfe von der Steuermannslaufbahn ausgeschlossen. Jetzt hütete ich mich aber, Kaisers Irrtum aufzuklären, sondern gab mir nur Mühe, auf alles zu achten.

Der zweiundfünfzigjährige Schlepper drehte schlecht und war im Hafen schwierig zu steuern, aber draußen hielt er gut Kurs und lief schnell. Wir signalisierten einen Lotsen herbei, der uns Instruktionen gab und dann vorausfuhr. Es galt Boje rot und Boje Z an Backbord, hierauf Boje 21, später das innere Sperrschiff an Steuerbord zu lassen, verschiedene Signalkegel und Flaggen oder nachts gewisse Lichter zu beachten usw. usw., vor allen Dingen aber die auf den Geheimkarten eingezeichneten Minenfelder zu meiden. Herr Kaiser war wie die meisten dieser kleinen Hilfsbootkommandanten nur sehr mangelhaft unterrichtet und hatte um so mehr Mühe, seiner Verantwortlichkeit nachzukommen.

Die Sonne schien warm, doch fuhr eine tüchtige Brise kühlend in meinen Hemdausschnitt, und es gab allerlei zu sehen. Da lagen große Kriegsschiffe verankert mit ausgespannten Torpedoabwehrnetzen. Torpedobootsflottillen in Kiellinie qualmten finster vorbei. Ich sah auch zum ersten Male ein Unterseeboot. Auf der Rückfahrt leisteten wir einem anderen manövrierunfähig gewordenen Sperrfahrzeug Hilfe und schleppten es durch die Schleusen ein.

Wir waren müde und hungrig, als wir wieder auf „Blexen" anlangten. Dort gab es gleich Verdrießlichkeiten. Wir hatten Schweinebraten zu erwarten, aber nun behaupteten unsere Leute: das Schwein sei der Koch selber, den Braten habe er selbst gefressen, und wir bekämen – wie immer – nur Gewürznelken vorgesetzt. Sie wagten nicht recht, sich beim Steuermann zu beschweren, weil dieser die gleiche Kost aß und in seiner Gutmütigkeit nichts monierte. Da fuhr denn ich mit einem berechtigten Donnerwetter in den frechen, ferkelhaften Apfelbaum.

Aber auch den Steuermann sah ich an diesem Abend einmal sehr böse, weil der kopflose Werftbürokratismus uns noch lange keine Ruhe gab, indem er die „Blexen" ganz sinnlos von einem Liegeplatz zum andern verholen ließ. Ich stahl vorher noch ein Stahltau, einen Handschrubber und ein Waschbrett von „Konkurrenz", für „Blexen" wertvolle Gegenstände.

An Land fand ich viel Post vor. Ein Telegramm von meinem geliebten Freunde Dolch. Tante Selma schrieb unter anderem, ob ich nicht einmal ihren Vetter, Herrn Marineintendanturrat Hugo Bruhn, Kirchreihe 27 in Rüstringen aufsuchen möchte. Was mochte wohl ein Intendanturrat sein? Aber vielleicht konnte er mir dazu verhelfen, daß ich bald auf ein größeres Schiff, ich meinte, früher in Gefahr und Abenteuer käme. Denn dieser Wunsch beherrschte mich unentwegt, und ich war gerade drauf und dran gewesen, unvorschriftsmäßiger- und strafbarerweise mich deswegen direkt auf einem Panzerschiff zu melden.

Pfeiffer war wieder nicht in der Kaserne, hatte mir auch keine Nachricht hinterlassen, was mich sehr verstimmte, weil ich doch kein Geld besaß und deswegen den weiten Weg von der Werft her zu Fuß zurückgelegt hatte. Ich suchte ihn nun in allen Kneipen, fand ihn schließlich und machte ihm Vorwürfe. Er gab mir fünf Mark. Wir stießen an, speisten reichlich, betranken uns mit andern Matrosen, und alles war gut. An Bord schrieb ich dann noch Tagebuch und wusch meinen Exerzierkragen, der morgen beim Herrn Intendanturrat meine Anständigkeit herausreißen sollte. Denn an meinen schwieligen Händen und dem fleckigen Anzug war nichts zu ändern, und auch die Stirnfalten meiner plumpen Bordschuhe ließen sich nicht glätten.

Danach ging ich glücklich allein und darüber alle Müdigkeit vergessend meine Nachtwache an Deck. Ich aß ein Brot mit kalter Kartoffel belegt. Der Vollmond sah zu. Auf „Glückauf" warfen Sonnenbrenner ihr Grell auf hämmernde, schweißende und zimmernde Leute. Anderswo brannte ein Schmiedefeuer. Dazwischen und drum herum glitten durch tiefes Dunkel noch tiefere Schatten. Trotz des Dröhnens und Knatterns der Hämmer herrschte doch gleichzeitig Ruhe, und mitunter drangen sachliche Rufe vom anderen Ufer des Bauhafens herüber, die aus irgendwelchem Grunde so schön und auch traurig klangen.

Den Sonntag genossen wir hauptsächlich im Nichtstun. Ich hatte noch einen Piratenzug nach „Konkurrenz" unternommen und verschiedene Schüsseln sowie Farbe und Pinsel ergattert. Dann legte ich mich ins Ruderhaus auf den Lampenkasten, deckte mich mit der Flagge Otto zu und politisierte mit den Kameraden. Meine Kameraden waren der Meinung, wir würden spätestens zu Weihnachten wieder bei Muttern sein. Ich behauptete dagegen, daß sich der Krieg und die Friedensverhandlungen mindestens bis März hinziehen würden. Wir einigten uns schließlich in der Resolution, daß wir alle nichts wissen könnten und dumm wie Bohnenstroh wären. Dann besuchten uns ein paar Leute eines anderen Bootes. Die berichteten von belgischen Greueltaten und von zwei deutschen Fischdampfern, welche sich losgerissen hatten und auf ein Minenfeld geraten waren. Dann brachte die Postordonnanz mir ein langes Telegramm von Eichhörnchen sowie ein Paar gestrickte Pulswärmer aus einem Eisenacher Mädchenpensionat. Dann beschwerte sich die Mannschaft bei mir über den Koch, der von Bord gegangen war, ohne für Mittagessen und Kaffee zu sorgen. Ich brach die Kombüse auf und verteilte mit großen Händen, was ich an Speck und anderem fand.

Zum Abendessen war ich von Herrn Intendanturrat eingeladen. Darauf freute ich mich, denn ich hatte lange nicht mich mit einem gebildeten Menschen unterhalten. Herr Bruhn sah aus wie eine vertrocknete Kartoffel, war ein pedantischer und nervöser Junggeselle und bewohnte ein ostasiatisch möbliertes Häuschen. Während ich im unklaren darüber, ob, beziehungsweise wie weit ich ihm gegenüber mich militärisch benehmen müßte, sehr wenig und unsicher sprach und das Tischtuch mit Suppe bekleckste, erklärte er mir seine dienstliche Tätigkeit. Verwaltungsgeschäfte, die Ankauf, Schlachten und Verkonservierung von Viehherden, Abfindung von Hinterbliebenen der Kriegsgefallenen, Verbuchung des mit Schiffen versunkenen Materials und Ähnliches betrafen. Ich war froh, als ich mich gegen zehn Uhr in einer wahrscheinlich sehr komisch ungeschickten Form verabschiedet hatte.

Das Leben zwischen Tauwerk, Masten und Schiffseisernem war mir eigentlich doch recht schnell wieder zur Gewohnheit geworden. Viele in Jahren vergessene Kenntnisse und Fertigkeiten waren mir mit eins wieder aufgelebt. Wir arbeiteten mit höchstem Eifer, denn „Blexen“ sollte nun wirklich bald auslaufen und mußte bis dahin in sauberem und seetüchtigem Zustand sein. Da gab es die langwierigsten Laufereien, um einen kleinen Docht für die Lampe des Maschinentelegraphen zu besorgen. Überhaupt war das Schwierigste, die zuständige Werkstatt oder das richtige Lager in der Werft zu ermitteln und die erforderlichen Ausweispapiere und Auslieferungsstempel zu erhalten. Aber wenn das geglückt war, erhielt man auch die herrlichsten Dinge oder wurden die kompliziertesten Gegenstände in zauberhafter Geschwindigkeit hergestellt. So erhielt unser Koch einen großen, verzinkten Proviantspind, der für jede Köchin eine Seligkeit bedeutet hätte. Apfelbaum versaute diese Seligkeit im Nu.

Jessen bemalte sein Schiff außenbords und innenbords. Der Obermaat polierte seine Kanone wie ein Kleinod. Ich machte aus dem Ruderhaus ein Schmuckkästchen, und zwar ziemlich allein, denn mein Dienstmannmatrose begleitete die Arbeiten mehr mit akademisch sein sollenden Reden. Ich strich die Wände weiß, machte das Ruderrad und die Holzvertäfelung mit Leinöl und Schellack glänzend und putzte Messing, Zink und Glas. Das Material dazu erbettelten oder besorgten wir in den Werkstätten und auf fremden Schiffen. War ich anfangs enttäuscht, weil der

Kommandant niemals meinen Eifer lobte, so merkte ich doch bald, daß er in seiner verschlossenen Art überhaupt nie, weder für noch gegen, mehr als das Notwendige sprach.

Als wir Maate die Zimmermannsspuren aus der Messe entfernt hatten und ich meinen Spind und meine Koje tadellos sauber eingerichtet wußte, da fühlte ich mich im Bereich dieses Doppelbesitzes viel glücklicher als je zuvor in der vornehmsten Behausung, als beispielsweise seinerzeit in meinem Empirezimmer bei dem Fürsten in Schlesien.

Wer von uns noch Geld besaß, versorgte sich nun auch mit Privatvorräten, mit Schnaps, Kau- und Rauchtabak. Ich hatte aber kein Geld mehr. Nach dem Inhalt einer Karte von meinen Eltern hatten mich eine Postanweisung und mehrere Briefe verfehlt, irrten wer weiß wo herum oder waren unterschlagen. Jemand in der Kaserne schenkte mir eine Nummer vom Simplizissimus; ich stellte mit Genugtuung fest, daß diese Zeitschrift der Zeit gemäß eine patriotische Tendenz angenommen hatte. Ich las auch ganz ernst ein Extrablatt betreffend den Protest des Kaisers an Präsident Wilson bezüglich der belgischen Grausamkeiten. Ich hatte früher einmal besonders schlimme Erfahrungen in Belgien gemacht und haßte seitdem die Belgier wie kein anderes Volk.

Unser Dampfkessel war repariert und geprüft, „Blexen" war bereit zum Auslaufen.

Drittes Kapitel

IN SEE AUF „BLEXEN" UND „VULKAN"

Nun lag unser Boot draußen verankert auf Vorposten. Ich hockte in einer schmierigen Hose und mit beschmierten Händen auf meiner Koje unter der Back und badete mein Herz in einem achtundzwanzig Seiten langen Brief von Eichhörnchen. Auf dem Tisch flackerte eine Kerze, die ich durch den aufrecht gestellten Sozialen Volkskalender von 1913 nach zwei Seiten abgeblendet hatte. Denn nicht das zarteste Lichtscheinchen durfte aus dem Schiff dringen. Eichhörnchen schrieb, ich möchte nicht tollkühn sein, sondern an meine Zukunft, an meine Kunst denken. Meine Kunst, was war das schon! Ich dachte viel mehr und dann sehr deprimiert daran, daß ich wohl nun den ganzen Krieg über auf diesem harmlosen Sperrfahrzeug zubringen würde, ohne je an den Feind zu kommen. Vorläufig war allerdings alles, was ich bei viel Arbeit und wenig Schlaf sah, verrichten und lernen mußte, eigenartig und interessant. Und mit der Kasernen- und Werftzeit verglichen ein guter Fortschritt. Ich war auch im großen und ganzen zufrieden, als ich so auf meiner Seegrasmatratze schaukelte und Eichhörnchens überschwengliche, innige Reden las, die das Postboot abends in unsere kalte, rauhe oder rohe Abgeschiedenheit gebracht hatte.

Dann ging ich mit dem naseweisen, schlanken Matrosen Eichmüller Deckwache. Er an Steuerbord, ich an Backbord. Wir mußten auf alle ein- oder auslaufenden Schiffe aufpassen; besonders befürchtete man feindliche Torpedoboote und Unterseeboote. Den sich nähernden Schiffen hatten wir mit vielfachen Anrufen, unter Anwendung vielfacher Apparate auf den Zahn zu fühlen. Laternen, Raketen, Blink- und sonsterlei Signale kamen in Betracht. Dabei war die Wasserfläche in weitem Umkreis, unsere Ankerkette, waren Bänke, Bojen, Strömungen, Minen, Kompaß, Wind, Schüsse von draußen und Mitteilungen anderer Schiffe zu beachten, die in gewisser Entfernung von uns lagen. Vor allem standen wir mit unserem Führerboot „Glückauf" in stetem Signalverkehr. Dort residierte der strenge Sperrkommandant. Die umliegenden Forts waren leicht zu alarmieren, und unsere Kanone blieb immer schußbereit. Der Wachtdienst machte mir das meiste Vergnügen.

Sonst mußte ich viel herumlaufen, bald auf die Brücke klettern, bald hier oder dort die Leute kontrollieren, die zum Teil wenig seemännische Erfahrung hatten oder sich gern um die Arbeit drückten; dann wieder an den Maschinentelegraphen oder an die Flaggen oder an Bord von anderen Fahrzeugen, die längsseit kamen, um irgendwas abzugeben oder überzunehmen.

Tag und Nacht abwechselnd vier Stunden Dienst, vier Stunden Schlaf. Aber in die Schlafzeit fielen die Mahlzeiten, das Sichwaschen, die Zeugwäsche, das Zeugflicken, überhaupt alle privaten Angelegenheiten. Es war gerade kein einfacher Dienst. Schon was wir in bezug auf Signale und Vorschriften in kurzer Zeit beherrschen sollten, kam mehreren Sprachen gleich.

Ich war meiner Augen wegen sehr in Sorge. Ich sah keineswegs schlecht, aber ich sah nicht so scharf in die Ferne, wie die meisten von uns. Wenn ich neben dem Kommandanten auf der Brücke oder neben Stüben, unserem besten, erfahrensten Seemann, am Ruder stand und ein auftauchendes Schiff später entdeckte als sie, dann war ich ganz unglücklich. Denn ich hütete mich, diese Augenschwäche einzugestehen und riskierte lieber, für unachtsam zu gelten, weil ich die übertriebene Angst hegte, man könnte mich nachträglich für borddienstuntauglich erklären. Dabei ersetzte ich durch verdoppelte und begeisterte Aufmerksamkeit zweifellos das Manko meiner Sehkraft.

Das Schwein, den Koch Apfelbaum, wurden wir endlich los; wir vertauschten ihn gegen einen neuen Koch, nachdem er zum Schluß noch den größten Teil unserer Kantinengelder versoffen hatte. Von mir war er einmal darüber ertappt worden, wie er Rotkohl in der Kaffeemühle zerkleinerte, da hätte ich beinahe wieder ein gutes Wort für ihn eingelegt.

Kaum waren meine gequetschten Finger wieder heil, so fiel ich, als wir das Schiff zu der gefürchteten Kohlenübernahme herrichteten, in eine Bunkerluke und prallte so heftig auf, daß mir eine Zeitlang übel war. Da ich aber im übrigen mit einigen Schrammen davonkam, so war ich zufrieden, auf anständige Art vom Kohlen ausgeschlossen zu sein. Schlimmer stand es um mein Fußleiden, seitdem ich oft stundenlang in nassen Schuhen und Strümpfen stak.

Durch den Lotsen erfuhren wir Neuigkeiten, darunter die Geschichte von den Deutschen, die sich gefangen auf einem englischen Boot befanden, das auf eine von ihnen gelegte Minensperre lief, die aber nicht warnten und nichts verrieten, sondern sich opferten. „Blexen“ löste sich mit den anderen Booten ab. Waren wir heute Vorpostenboot, so lagen wir morgen als verfügbares Freiboot neben „Glückauf“, und übermorgen waren wir vielleicht inneres oder äußeres Sperrschiff. Manchmal gab es Eßzulagen, für jedermann ein Stückchen Sülzwurst. Oh! Und immer wieder wurden Übungsstunden im Signalisieren angesetzt. Das Winken machte mir Spaß. Ich beherrschte den einen Teil davon, das Geben, so gut, daß ich mir sogar eine Geheimschrift daraus konstruierte, mit der ich von nun an in meinen Tagebüchern zensurbedrohte Notizen schrieb. Aber gegen das Morsen nahm ich eine Abwehrstellung ein, wie etwa gegen Stenographie, die mir ebenfalls als eine seelenlose, langweilige und zeitvergeudende Angelegenheit vorkam.

Ich hielt Eichmüllern eine pädagogische Rede: Er sollte doch sein rabautziges Wesen lassen und nicht über alles und jedes nörgeln, er sei doch der Jüngste. Eichmüllern schienen meine Ermahnungen seltsam nahezugehen. Er sackte wie zerknirscht zusammen und gluckste und druckste, als ob er in Tränen ausbrechen wollte. Aber plötzlich merkte ich, daß er nur seekrank war. Ich ließ den komischen Teufel ablösen und durfte mich selbst ein paar Stunden schlafen legen, allerdings in Kleidern. Wir lagen dicht am Minenfeld. Der Wind stand dorthin, so daß wir, wenn das Tau riß, mit dem wir am Dampfer „Seeadler" hingen, wahrscheinlich bald gen Petrus geflogen wären.

Ich wollte indessen nicht schlafen. Der leitende Maschinistenmaat, den wir um seine Einzelkabine beneideten, bot mir zwei Rudolf-Stratz-Bände an, die einzigen Bücher an Bord. Ich zog aber vor, Briefe zu beantworten. Alle, die mir schrieben, verlangten ausführliche Antwort, ohne zu ahnen, wie wenig Zeit wir dazu hatten, und wie schwierig es war, bei der schlechten Beleuchtung in gebückter Haltung und womöglich im Geschaukel des Seegangs mit plumpen Hornhänden Briefe zu schreiben.

Meine Eltern bat ich, mir Streichhölzer, Wurst, Zwirn und Malzbonbons zu senden. Die Wellen klatschten an die Bordwand. Jessen und der Obermaat schnarchten und dünsteten. Ein in meiner Tinte ersoffener Kakerlak geriet mir in die Feder. Ich klebte ihn auf mein Ölzeug, das neben meiner Koje seemännisch duftete. Die nächste Deckwache im Regen würde ihn ins Meer befördern. Dann erwachte der Obermaat über mir und schimpfte. Die Decksbohlen waren nicht dicht, und so fiel ihm von Zeit zu Zeit ein Wassertropfen ins Gesicht. Das Schiff schweute. Wind und See schwollen an.

Abermals nahm ich Eichhörnchens Briefe vor. Aber an gewissen Stellen, wo sie vom Krieg und von deutscher Unbezwingbarkeit und Ähnlichem sprach, wich meine Meinung allzusehr von der ihrigen ab, und da ich wußte, daß in diesem Punkte mit ihr ebensowenig zu disputieren war wie mit meinem Vater, und weil ich mich außerdem nach strengster Vorschrift in Briefen oder Tagebüchern über so etwas nicht auslassen durfte, so legte ich mein Schreibzeug beiseite und schickte mich an, eine Unterhose zu flicken. Doch gewisse Geräusche veranlaßten mich, an Deck zu eilen. Ein Fairplaydampfer legte an. Laute Rufe – eine Wurfleine flog zu uns – Gischt spritzte auf – Korkfender quietschten – und eine Order wurde herübergereicht. Wir sollten morgen Routineboot sein. Sehr angenehm, denn da kamen wir auf ein paar Stunden in den Hafen.

Es ward Sturm. Hohe Wellen warfen uns unterwegs hin und her und schlugen über Deck. Da war es nicht so einfach, bei den anderen Schiffen anzulegen, denen wir Wasser, Proviant und Post besorgten. Einmal stieß denn auch „Blexens“ Nase mit einem peinlichen Bums auf „Seeadler“. Der Maat in der Maschine behauptete, ich habe den Telegraphen falsch bedient. Ich behauptete, er habe volle Kraft vorwärts statt rückwärts gefahren. Der Steuermann erteilte einen Rüffel so diskret, daß dieser wie an eine dritte unbekannte Größe gerichtet schien. Wir hatten Löhnung erhalten, und ich fand im Hafen Gelegenheit, vier Stücken Zwetschenkuchen mit Schlagrahm herunterzuschlingen und auf heimlichen Umwegen Verschiedenerlei für mich und meine Kameraden einzukaufen. Als ich einem Offizier auf Sperrschiff „Franz“ eine Bestellung überbrachte, lag auf dem Tisch dort eine Nummer der „Jugend“. Ich nahm die Hacken zusammen und sagte militärisch: „Ich bitte Herrn Leutnant um die ‚Jugend‘.“

„So?“ sagte er erstaunt, „Sonderinteressen? Na dann nehmen Sie sie.“

Auf der Rückfahrt begegneten wir der einlaufenden Flotte. Voran fuhr „Markgraf“, ein neues Schiff, das seine Probefahrt machte und vorläufig nur mit Zivilisten besetzt war. Deshalb dippte es sogar vor uns die Flagge. Wir betrachteten die Panzer mit Sachkenntnis und Neugier, zählten die Geschütze, lasen die auf und nieder sausenden und hin und her springenden Signale ab und stellten fest, daß sich der Admiral Lanz auf der „Ostfriesland“ befand. Die Flotte unternahm jetzt öfters Ausflüge, offenbar zur Beruhigung der Bevölkerung. Auch mußten die nichtansässigen Frauen und Bräute Wilhelmshaven verlassen.

An Deck von „Seeadler“ wuschen sich von der Abendsonne vergoldet lauter nackte, tätowierte Leute, welche dabei die Lorelei sangen.

Wir dampften sofort weiter auf Vorposten. Der Sturm nahm weiter zu. Wir versteckten uns, wo es anging, vor den überschießenden Wassern hinters Ruderhaus, und einmal liefen wir auf Grund. Es war aber Sand, wir kamen wieder frei. Dann: Lampen klar! – Loten! Wieder loten! – Fall Anker! Stüben ward dabei ein nettes Stück Fingerfleisch abgequetscht. Ich verband ihn sauber, und um mich etwas wichtig zu machen, träufelte ich, weil ich in der Apotheke nichts Besseres fand, etwas Hoffmannstropfen auf die Wunde.

Nachts auf Wache empfand ich dankbar, wie viel zu gut es mir erging, während mich meine Angehörigen bedauerten. In solcher Stimmung redete ich herzlich auf den ewig griesgrämigen Eichmüller ein und traktierte ihn mit Wurst und Zigaretten. Die Nacht war so romantisch. Gespenstische Schatten, Torpedoboote, huschten vorbei, darauf glitt ein schmaler Silberstreifen durchs Wasser mit einem Turm.

Wir schwitzten und froren im Ölzeug am Ruder, am Lot, am Ankerspill und an den Tauen. Die im engen Maschinen- und Heizraum hatten bei dem „Blexen"-Hexentanz ebenfalls keinen leichten Stand. Manche, an der Spitze der Kommandant, waren jämmerlich seekrank. Als ich außenbords am Bug die Talje aus dem Anker hakte, weichte mich eine salzige See durch und durch ein. Da schmeckte denn mein Pfeifchen doppelt gut. An der jämmerlichen und doch komisch harmlosen, aber nun im Krieg oft wieder gefährlichen Seekrankheit hatte ich nie zu leiden. Aber Herr Kaiser zum Beispiel saß bei schwerer See völlig erledigt und apathisch in seiner Kabine, und keine Macht und keine Gefahr hätte diesen sonst so tüchtigen Seemann und pflichtgetreuen Soldaten dann an Deck bewegen können.

Gar zu gern hätte ich meine Mandoline oder ein Schachspiel an Bord gehabt. Der Maschinistenobermaat wäre mein Partner gewesen. Vom Kommandanten abgesehen, war er der Gebildeteste, das heißt, ich darf ja nicht den Dienstmannmatrosen vergessen, der seine vornehmen und wohlgesetzten Manieren selber nicht unter den Scheffel stellte.

Wir brachten einen Kutter mit Matrosenartilleristen nach Schillig. Dort ankerten wir nicht, sondern setzten uns einfach auf Schlick. Die Artilleristen sollten während der Ebbe Markbojen setzen. Wir lachten sie ob ihrer Wasserscheu aus. Als wir sie dann nach Wilhelmshaven zurückschleppten, hofften wir ein Stündchen an Land gehen zu dürfen. Wir mußten aber an Bord bleiben und blickten, während wir die vom Salzwasser angegriffenen Gewehre reinigten, schmachtend nach den auf dem Pier lustwandelnden Matrosenbräuten und nach den stolzen Offiziersdamen, die aus Autos stiegen. Das Wetter war diesig, als wir wieder ablegten. Die Bojen waren kaum noch zu erkennen, wir mußten den Kompaß zu

Hilfe nehmen. Wir hatten gerade unter Schwierigkeiten am Heck von „Seeadler" festgemacht, als wir angerufen wurden. Wir sollten nachsehen, was da zirka 20 Meter voraus im Wasser triebe und wie ein fremdes Unterseeboot aussähe. Wir warfen die Leine los und dampften neugierig nach jener Stelle, nahmen uns vor, wenn es ein Unterseeboot wäre, dasselbe zu rammen. Ja, da trieb etwas – zwei senkrecht aus dem Wasser ragende Rohre. Periskope eines Unterseebootes? – Verdammt nochmal! – Man durfte sich andererseits nicht blamieren. Volle Kraft voraus! – Hart Backbord! – Halbe Kraft zurück! Stop! (Denn um den Befehl, statt des Wortes „Stop" das deutsche Wort „Halt" zu gebrauchen, kümmerten wir uns höchstens im theoretischen Unterricht.) Und nun fischten wir das treibende Etwas heraus. Es war ein alter Marinemantel, dem das Futter und die Knöpfe abgetrennt waren, und dessen Ärmel infolge irgendwelcher physikalischen Gesetze senkrecht aus dem Wasser gestanden hatten. Wir lachten uns aus und trösteten uns. Die bewegte See bot oftmals solche Täuschungen. Und besser zu viel Vorsicht als zu wenig.

Bei der Abendmusterung wurde der Tagesbefehl verlesen. Vier Mann der Sperrfahrzeugdivision waren mit drei Tagen Mittelarrest bestraft worden, weil sie über Urlaub geblieben waren, usw. Ein Passus verbot die Veröffentlichung von Soldatenbriefen. „Das gilt besonders unserem Schriftsteller", sagte der Steuermann, auf mich deutend.

Nachdem ich eine Zeitlang ergebnislos eine Angel ausgeworfen hatte, spielte ich ausnahmsweise einmal mit den Matrosen Karten, aber so intensiv, daß ich nachts träumte, wir wären auf eine Mine gelaufen und in die Luft geflogen, spielten aber trotzdem immer weiter Karten. Den Gedanken, auf ein Mine zu geraten, malten wir uns auch in wachem Zustand oft aus, er lag ja so nahe wie die Minen selbst. Viel Ruhm war bei unserer Sperrfahrzeugdivision – wie bei all den winzigen Booten, die mit Minen zu tun hatten – nicht zu ernten. Wer in die Luft flog, konnte meistens nichts mehr erzählen, und wer nicht flog, hatte nichts Kriegerisches zu berichten; denn mit dem Feinde ins Gefecht zu kommen, war nicht unsere Aufgabe, im Gegenteil, wir hätten dabei sehr schnell sehr schlecht abgeschnitten.

Der Signalgast schenkte mir eine neuste Zeitung, „Oh! was wird nicht alles zusammengelogen", hatte er oder ein anderer darauf geschrieben. Dieser Signalgast war ein Drückeberger, aber ein flinker, geschmeidiger Bursche. Ein „Schlenkpäkchen", nannten wir solche Leute, die in allem eine gewisse Gerissenheit hatten und sich, obwohl nachlässig, doch mit einem scharmanten Schmiß kleideten. Dieser Signalgast trug seinen Mützendeckel schief, hatte ein schräges Gesicht und schöne Tätowierungen. Er war mir sympathischer, als ich bei seinem fragwürdigen Charakter mir anmerken lassen durfte. Ja, was ward nicht alles zusammengelogen, und wie wirr wurden dadurch die verschiedenen, unorientierten Meinungen verschoben. Was in den Briefen stand, die aus der Heimat an uns – oder nur von mir zu reden – an mich gelangten, klang oft so ärgerlich unecht. Da wurde ich wegen der mir drohenden Gefahren beklagt, da wurde von furchtbaren Völkermorden und vom Haß gegen England gesprochen. Wieviel trauriger fand ich die kleinen Falschheiten, Schmeicheleien und Eifersüchteleien unter uns selber. Wir Seeleute haßten die Engländer nicht. Wir hatten früher in scharfer, aber ehrlicher Konkurrenz mit ihnen gestanden, und jetzt suchten wir sie selbstverständlich soviel als möglich zu schädigen, aber wir achteten sie, und soviel bekannt ward, bezeugten wir den Gefangenen oder Schiffbrüchigen dieselbe Ritterlichkeit und Hilfsbereitschaft, die die Engländer uns gegenüber bewiesen. Hüben wie drüben gab es Ausnahmen oder Verkennungen, und die wurden durch Irrtümer entstellt, und aus dem Entstellten machten dann Leichtgläubigkeit oder Verlogenheit etwas folgenschwer Schlimmes.

Ob wir die Türken wohl noch für uns gewinnen würden?

Das Barometer fiel. Unsere kleinen Schiffchen rollten und jumpten schon toll genug. Das Siegfriedgeschwader passierte uns, aber diese schweren Küstenpanzer, deren Typ längst veraltet war, weil er dem Feinde zu viel Zielfläche bot, trotzten dem Wetter viel leichter als wir.

Die wilde „Blexen" rief mir Erinnerungen an Sturmfahrten auf ähnlichen Kauffahrteischiffen wach; besonders gedachte ich eines kleinen englischen Fischdampfers, auf dem ich als Matrose eine derbe, erlebnisreiche Zeit verlebt hatte. Jetzt galt unsere Besorgnis besonders den Ankerketten, beziehungsweise Schiffstauen. Es war schon verteufelt kalt. Ich wollte mich vor dem Winter abhärten und trug darum noch die Brust frei. Aber wenn ich so neben dem Kommandanten auf der Brücke am Telegraphen stand und durch die geöffneten Klappfenster der heulende Nordwest und von Zeit zu Zeit ein harter Schwall Wasser herein, über uns und in meinen Hemdausschnitt drang, dann war das recht ungemütlich.

Auf den Sturm folgte Nebel, das rechte Wetter für englische Vorstöße. Wir hörten alsbald von Helgoland her heftiges Schießen. Sofort verschwand die Vorpostenkette unserer Schlachtschiffe, die bis zur Weser hin sichtbar waren. Aber sie kehrten enttäuschend bald zurück.

Ein paar Tage später gab es eine Sturmnacht, da hatte „Blexen", von Wilhelmshaven kommend, in der Dunkelheit den Weg verfehlt und mußte schließlich, nicht wissend wo, vor Anker gehen. Wir schliefen zu Unrecht mit bösem Gewissen, aber mit Recht sehr schnell ein. Ich hatte die erste Wache. Ein Gewitter blitzte über uns. Ein Scheinwerferstrahl – vermutlich vom „Glückauf" – strich über die grollende See und blieb sekundenlang auf uns haften, was auf mich so wirkte, als hätte der Sperrkommandant „Aha!" gerufen. Dann verzogen sich die dunklen Wolken; Blinkfeuer und die Konturen verstreuter Schiffe wurden wahrnehmbar. Dann traten die Sterne deutlich hervor, und in Südsüdost zeigte sich ein langgeschweifter Meteor.

Schon wenige Tage danach erlebten wir vor der Geniusbank einen Sturm, der alle bisherigen an Stärke übertraf, und mit dem, wie wir beobachteten, auch die größten Schiffe schwer zu ringen hatten. Wir steckten an Kette heraus, was wir nur hatten, aber die langen Wellen strafften sie und dann knackte es unheilvoll. Bei uns an Bord warteten drei erkrankte Matrosen, die an Land zum Arzt sollten. Sie sahen hundselend aus, aber wir konnten sie nicht loswerden; es war unmöglich, sich bei solchem Unwetter einem andern Schiff zu nähern. Wir waren alle käsebleich und ernst. Meer und Himmel schienen ein einziges, wogendes, zischendes, heulendes Grau. Immer wieder waren wir sekundenlang ganz in Wasserwirbel gehüllt. Wir hielten aus. Wir mußten ja aushalten. Wir sangen sogar auf der Brücke und auf Deckswache, obwohl unsere Lieder nicht so leicht fröhlich klangen, wie sie gedacht waren.

Als Sperrschiff hißten wir bei Tag zwei aus Rohr und Draht geflochtene Kegel, bei Nacht große, farbige Laternen. Diese wurden mit Petroleum gespeist. Und sie an Deck bei solchen Sturm und Regen anzuzünden, war ein viele Schachteln Zündhölzer kostendes Kunststück und keine Arbeit für Nervöse.

Es drohte die Gefahr, daß wir auf die Bank trieben. Wir sahen ununterbrochen angestrengt nach allen Seiten aus. Tatsächlich veränderte sich, nach den wenigen Bojen, die wir peilen konnten, unsere Lage merklich. Der Obermaat meldete es dem Kommandanten. Aber dieser lag wie tot in seiner Koje. Nach einiger Zeit ging ich hinunter: „Herr Steuermann, der Anker faßt nicht. Wir treiben den Bojen zu. ‚Merkur' und ein anderes Boot sind bereits Anker hoch westlich unter Küste gedampft." Doch der seekranke Steuermann nahm keine Notiz von meinem Bericht und erst, als ich ihm später ein drittes Mal dringend Meldung erstattete, erhob er sich und wankte an Deck. „Bootsmaat Hester, gehen Sie mit an den Anker!" rief er mir mißmutig zu. Wir wanden mit Mühe den Anker hoch, mußten uns dabei mit Armen und Beinen festklammern und feststemmen, um von den wuchtig herüberschlagenden Wassermassen nicht fortgespült zu werden. Das war die Stunde, da man einen Kautabak zu schätzen wußte. Unser tapferer Stüben wurde von einem Brecher gegen die Bordwand gestoßen, als er die Ankertalje außenbords einschäkeln wollte, und wäre, da der Kommandant in seiner Benommenheit bei diesem Manöver volle Kraft fuhr, weggerissen worden, wenn Jessen und ich ihn nicht im letzten Moment noch gefaßt hätten.

„Es ist ja höchste Zeit!" rief mir der Steuermann vorwurfsvoll zu. „Wir sind ja schon dicht vor der Bank!"

„Jawohl," gab ich gekränkt zurück, „ich habe das auch gemeldet."

Wir schimpften nun über den Sperrkommandanten, der sich gar nicht um uns zu kümmern schien. Und ohne Order von ihm zu haben, steuerten wir nun, unaufhörlich von mächtigen Brechern erschüttert, Wilhelmshaven zu. Das Wasser stand zwei Fuß hoch an Deck, und darin schwammen Korkwesten, Mützen und Suppentöpfe, rumms nach Links und rumms nach Rechts. Trotz Ölzeugs waren wir alle bis auf die Haut naß.

Im Fluthafen trafen wir unsere Schwesterboote an, die sich alle selbständig dorthin geflüchtet hatten. Kommandanten und Mannschaften tauschten, vergnügt, in Sicherheit zu sein, ihre Erlebnisse aus. Der Schlepper „Pegu" hatte den Anker verloren und war um Haaresbreite an den Minen vorbeigetrieben. Dem „Mars" war das Geschützpodest zertrümmert; die Kanone hing schief auf der Seite. Bei uns war der Unteroffiziersraum voll Wasser; auch die Koje des Obermaschinistenmaates war zum Aquarium verwandelt, darin sich Tassen, Löffel, Bilder und eine Weckuhr ausgetummelt hatten. Die boshaft Neidischen unter uns freuten sich darüber, denn der

Obermaschinistenmaat besaß als einziger ein Federbett. Unsere Hängelampe hing nur mehr an einer Angel. Die eisernen Staken der Topplaterne pendelten in der Luft, unser Geschütz hatte sich gesenkt. Alles tropfte und troff.

Eins von den Lazarettschiffen war aufgelaufen. Im Hafen trieb eine Menge weggeschwemmter voller Bierfässer herum. Es meldeten sich Lotsen bei uns, die nach dem draußengebliebenen Führerschiff gebracht werden wollten. Die Kommandanten schlugen das lachend ab. Vorläufig aßen wir erst einmal ordentlich zu Mittag; und besprachen dabei, wie die Löwen schlingend, hübsch biergemütlich den überstandenen Äquinoktialsturm. Dem Obermaschinistenmaat waren zwei fremde Fässer Bier an den Fingern kleben geblieben, so fühlten wir uns bald für alle Strapazen reichlich entschädigt. Natürlich gab es nun Arbeit genug, das Verwüstete wieder aufzuklaren. So war mein Gewehr zum Beispiel, das ich noch vor drei Tagen gereinigt und dick mit Vaseline und Margarine eingeschmiert hatte, völlig verrostet. Nachmittags legte ich mich in nassen Kleidern in mein nasses Bett, deckte mich mit dem nassen Ölmantel zu und schlief, während von oben permanent Wasser auf mich tropfte, wie gestorben. An solches nasses Schlafen waren wir gewöhnt. Aber daß es nicht immer ohne Folgen blieb, war vielen von uns anzusehen, so dem hohlwangigen Maschinistenmaat und auch Eichmüller. Bei mir meldete sich auch sofort wieder der Husten. Im übrigen war ich aber eine lange gegerbte, zähe Haut.

Was alle Boote gefürchtet hatten, traf nur für unsere besonders kleine „Blexen" ein. Wir mußten wieder hinaus.

Da ich auf der Brücke stand, hörte ich die Gespräche zwischen Lotsen und Kommandanten, die aktueller und glaubwürdiger klangen, als das Gewäsch der Mannschaften. Danach sollte eine Granate auf „Frauenlob" mitschiffs eingedrungen sein, zwei Leute zerquetscht haben und, ohne zu explodieren, auf demselben Wege, wie sie gekommen, auch wieder herausgeflogen sein. Hm! Hm! – „Eichmüller," sagte ich zu diesem, „merke dir: es ist viel klüger, sich mit sich selbst als sich mit andern zu unterhalten." Mein aufgezwungener Mitwachgänger nickte stur, rülpste und sagte: „Ja."

Es gelang uns, mittels Wurfleinen Proviantkisten und Postsäcke auf „Glückauf" zu befördern und selbst Sendungen zu übernehmen. Wir erhielten Befehl, ins Emdener Fahrwasser zu dampfen. Leicht gesagt und schwer getan. Finsternis herrschte. Durch den peitschenden Regen einerseits und die Maschinenwärme andererseits liefen die Fenster des Ruderhauses und die Kompaßscheibe immer wieder an. Auf der Brücke war es für vier Personen hinderlich eng. Loten! – Elf Meter – Volle Kraft – Stop – Rückwärts – Acht Meter – Langsam – Die Lampen anzünden! Dafür war ich verantwortlich. Es mußte schnell und nach außen nicht sichtbar geschehen. Aber diesmal ging alles schief. Das Öl brannte schlecht. Ein Glaszylinder nach dem andern ging entzwei. Der Sturm oder die überspritzenden Seen löschten das eben Entzündete wieder aus. Dann hatte ich wieder die Streichhölzer verlegt und stieß mich, im Dunkeln tappend, an einem Bolzen, und dabei trug uns das Schiff ruhelos bald himmelwärts, bald schwindelnd talab. Kommandos unterbrachen die Arbeit. Klar zum Anker! – Fall Anker – Fünfzehn Faden Kette – vier Meter Tiefe – Ruder zehn Grad Backbord! Auf das Landblinkfeuer zu – Mehr Steuerbord – Boje voraus! –

Endlich lagen wir gut. Ich warf mich erschöpft in einem noch etwas trockenen Winkel nieder, neben mir der Kommandant. Er gab mir noch einige dienstliche Instruktionen und schloß mit dem Seufzer: „Das ist ein Leben!“ – „Ja,“ antwortete ich, „und wenn der Krieg zu Ende ist, haben wir nichts vom Feind gemerkt, und man sieht uns scheel an.“ – „Nein, Hester,“ erwiderte er, „wir haben das Unsrige –“ Wahrscheinlich wollte er noch „getan“ sagen, aber er schlief schon. In diesem Augenblick rief die Wache, daß wir trieben und wieder auf elf Meter ins Fahrwasser geraten wären. Also alle Mann an Deck, Kette einholen und Neues suchen und neue Manöver. Weil ich Mittelwache hatte, schickte mich der Kommandant zur Koje. Er duldete auch nicht, daß ich freiwillig an Deck blieb. Bevor ich mich hinlegte, schrieb ich noch bei einem Lichtschimmerchen Tagebuch. Neben mir phantasierte Jessen im Schlaf. Er hielt dänische Reden, die mir, ich weiß nicht warum, sehr deutschfeindlich vorkamen.

So fuhren wir Tag für Tag, auch Sonntags und nachts, im Regen und Wind. Die Kriegsflagge an der Gaffel war zerfetzt und vom Ruß geschwärzt wie die Pulverflagge. Meine Seestiefel verloren durch das künstliche Trocknen und wieder Naßwerden und wieder Trocknen ihre Fasson und waren auch nicht durch Tran mehr zu erweichen, so daß sie mir die Füße blutig scheuerten. Nachts fröstelte einem. An Land kamen wir nur selten. Unsere „Blexen“

war so leck und beschädigt, daß wir die Hoffnung hegten, bald einmal zwecks Reparatur in die Werft zu kommen. Nachts im Ruderhaus war ich, allein für mich, am glücklichsten. Da konnte ich grübeln und schreiben und lesen. Ich hatte mir eine Beleuchtung konstruiert, die, von außen nicht bemerkbar, nur mein Notizbuch oder die Zeitung beleuchtete. Die Briefe, die ich schrieb, strotzten, wie ich erfuhr, von Schreibfehlern. Aber sie waren auch immer in Eile und Müdigkeit geschrieben, vielleicht verdarb auch das seltsame Gemisch von Seemannssprache, Plattdeutsch und anderen Dialekten, das wir an Bord redeten, die Orthographie. Auf dem Ruderhaus lag eine rote Rakete, die auf besondere Weise zu entzünden war. Sie sollte losgelassen werden, wenn wir ein feindliches Schiff bemerkten, und sie hätte dann die ganze Küste alarmiert, die sofort in langen Strichen Schrapnellfeuer eröffnet hätte. Uns wurde nie klar, auf welche Weise dann unsere eigenen Boote von diesem Schrapnellfeuer verschont geblieben wären.

Es kamen wieder ruhige und sonnige Tage. Im Wasser trieben Wrackstücke und Teile von Schiffsladungen. Besonders große Balken, die einerseits eine Gefahr für die Schiffe und andererseits wertvolles Holz waren, fischten wir heraus, eine der angenehmeren Abwechslungen, zu denen auch das Übungsschießen mit der Kanone oder mit Gewehren nach einer schwimmenden Scheibe gehörte.

Ich bekam wieder Pakete von Haus und von Maulwurf und von Eichhörnchen. Das Eßbare teilte ich mit allen. Die Pulswärmer schenkte ich Stüben, und mit den verwelkten Sträußen und mit der Photographie meines Schwagers Hermann, der als feldgrauer Offizier ritt, schmückte ich meine Kojenwand.

Vor dem Kriege hatte ich mir wenig aus Süßigkeiten gemacht, jetzt war das ganz anders. Wenn ich an Land kam, schwelgte ich in Schlagsahne und Zwetschenkuchen, und an Bord erfand ich mir eine Art Bonbons aus Kakao, Hoffmannstropfen und Migränezucker.

Kleine Zwischenfälle gab es immer. Durch Schuld des Lotsen rannten wir eine Dampfpinasse an, deren Wert wir auf fünfzigtausend Mark schätzten. Wir hatten mit einem Scheibenfloß Verdruß, das wir einschleppten, das aber von der Strömung unter unser Boot gerissen wurde, wobei Jessen beinahe ums Leben kam. Wir kamen so nach und nach beinahe alle einmal ums Leben. Ein

Doppeldecker flog über uns und ging dann im schönen Gleitflug aufs Wasser nieder; das war doch eine ganz andere Waffe als unsere langweiligen Sperrfahrzeuge oder die von den übrigen Marinern das „Filzlausgeschwader" genannten Suchboote. Wir beneideten auch die tapfere Infanterie, die schneidige Kavallerie, die heldenhaften Pioniere. Wir, oder wenigstens ein Teil von uns, beneideten alle anderen Waffengattungen.

Abends in Wilhelmshaven schossen wir wie losgelassene Eber an Land. Ich las – das tat man schon allgemein so – zwischen den Zeitungszeilen. Die „Möwe" war gesunken. Reims war wieder in französischen Händen. Als ich nachts zurückkam, hatte ich gehörig einen in der Krone. Ich sprach eine hübsche Dame, die aus einem Parterrefenster schaute, so an: „Auf wen warten Sie? Sind Sie verheiratet? Haben Sie Blumen gern?"

Da inzwischen Ebbe eingetreten war, lag „Blexen" jetzt so tief unter der Mole, daß ich nur mit Hilfe einer Leiter an Bord gelangen konnte, was bei meinem Zustand sehr langsam gelang. Unterwegs, also mitten auf der steilen Leiter, fiel mir ein Auftrag ein, den mir der Kommandant schon vor einer Woche erteilt und den ich immer wieder vergessen hatte. Ich sollte feststellen, ob die Matrosen Sturm und Schulz katholisch oder protestantisch wären. Ich rief nun laut den Sturm und den Schulz, und sie kamen, waren aber auch so bezecht, daß wir uns absolut nicht verstanden. Sturm meinte, er sollte das Abendmahl bekommen und forschte immer nach dem Becher.

Nach dem Malheur mit der Dampfpinasse überstrichen wir jetzt heimlich den am Bug in goldenen Lettern prangenden Namen „Blexen" mit schwarzer Farbe, damit wir in künftigen ähnlichen Fällen uns unerkannt aus dem Staube machen könnten. Um die Matrosen etwas zu entlasten, teilten wir Unteroffiziere uns freiwillig in die nächtlichen Hafenwachen. Neben mir lag zufällig der Dampfer „Hansa", der seinerzeit im Frieden den Dampfer „Primus" mit fünfhundert Passagieren zum Sinken gebracht hatte und dadurch indirekt daran schuld war, daß mir die Steuermannslaufbahn verschlossen wurde. Man hatte das Unglück damals auf einen Augenfehler des Kommandanten zurückgeführt und betreffs der Sehschärfe plötzlich so strenge Forderungen zum Gesetz erhoben, daß sogar alte erfahrene Kapitäne mit einem Schlage stellungslos wurden. Jetzt war die „Hansa" Lazarettschiff, und der Posten davor erzählte mir, daß alle Wilhelmshavener Krankenhäuser überfüllt wären.

Auf dem Marktplatz erkannte ich am nächsten Morgen vor einer Blumenbude die Dame, die ich nachts angesprochen hatte. Ich kaufte ihr ein Sträußchen und sagte: „Merken Sie nun, warum ich Sie gestern gefragt habe, ob Sie Blumen gern haben?“ Pfeiffer traf ich an, wie er in hellster Freude seine feldgraue Ausrüstung betrachtete, mit der er andern Tags gleich vielen anderen der dort in der Kaserne herumlungernden Matrosen nach Belgien abrücken sollte. Außerdem war er zum Obermaaten befördert worden, wohl seiner unerschütterlichen Ruhe wegen, die als „Gesetztheit“ geschätzt wurde. Ich eilte auf seinen Rat hin sofort zum Personalbüro A und bat ebenfalls um Beförderung zum Obermaaten, was nämlich mit einer geringen Erhöhung meiner geringen Löhnung verbunden gewesen wäre. Es hieß, ich sollte mich dieserhalb an meinen Kommandanten wenden. Da ich das ohne besondere Begründung nicht konnte, nun aber einmal auf dem Büro war, bat ich, wenigstens auf ein größeres, ins direkte Gefecht kommende Schiff versetzt zu werden. Mein Name wurde vornotiert. Er war schon oft vornotiert.

Auslaufend geriet „Blexen“ einer heimkehrenden T-Flottille in die Quere. Der Chef des Führerbootes stellte erzürnt den Namen unseres Kommandanten fest. Der war ziemlich bedrückt. Nach unsrer aller Ansicht traf ihn zwar kein Verschulden, aber er würde doch eine Zigarre vom Sperrkommandanten bekommen, denn er war kein Redner und verstand es nicht, sein Recht und unsere Rechte zu verteidigen.

Unsere arme „Blexen“ als kleinstes Schiffchen mit seinem guten, anständigen Kommandanten wurde immer als Mädchen für alles und für alle ausgenutzt. Wir wurden bei hoher Dünung von Boot zu Boot geschickt, mußten dann auf einem verankerten Scheibenfloß die Leinwand reparieren, und als wir das, mit nackten Füßen auf dem nassen Holz hin und her glitschend, mühselig erledigt hatten, geriet hinterher das Floß in unsere Schiffsschraube und wurde in Splitter und Fetzen zermahlen. Und der Steuermann holte sich auf „Glückauf“ seine „dicke Zigarre“, und wir wurden – es war ein freier Sonntag – mit Zimmerleuten nach Wilhelmshaven gesandt, um ein neues Floß dort herzustellen. Zwar halfen wir uns, indem wir im Hafen ein fertiges, nagelneues, irgendwo angeschlossenes Floß mit List und Kraft stahlen, und um die Zeit der Selbstherstellung vorzutäuschen, durften wir nun sogar noch drei Stunden an Land gehen.

Bei jedem Tod- und Teufelwetter schickte der Sperrkommandant unsere Nußschale herum, daß sogar die Lotsen manchmal den Kopf schüttelten. Wir mußten alle losen Dinge festbinden, Bö über Bö, Brecher über Brecher drangen auf uns ein, bis unsere derben Hände von der Nässe waschfrauenweich wurden und unsere Bärte mit einer Salzschicht bedeckt waren. Schon hatte der Sturm unsere Kriegsflagge und unsere Mützenbänder um ein Drittel ausgefranst. Dem Sperrkommandanten bereitete es eine offensichtliche Freude, Herrn Kaiser besonders schwierige Aufträge zu geben, denen „Blexen" eigentlich nicht gewachsen war. Er sträubte sich auch zähe dagegen, unser Schiff in die Werft zu entlassen, obwohl ihm gemeldet war, daß sich eine Stahlleine in dessen Schraube verwickelt hatte.

Es gab Strapazen, Verwickelungen, Enttäuschungen, Entbehrungen, Überraschungen, Freuden und Genüsse in Duodez.

Dafür, daß uns alle möglichen Aufträge schikanös aufgehalst wurden, entschädigten wir Mannschaften uns wenigstens insofern, als wir gelegentlich das eine oder andere nützliche für uns stahlen, eine Leberwurst aus einer Massenproviantsendung oder ein gut verwendbares Brett oder einen Topf Farbe.

Es zog schauderhaft im Unteroffiziersraum; durch einen Ventilator blies mir der Wind nachts gerade auf die Schulter. Ich bekam Rheuma und Zahnschmerzen.

Eine Serie Taschentücher ward mir weggeweht, und daß Dichten nicht zum Hosenflicken paßt, merkte ich zu spät, nachdem ich meine Hose versehentlich nach außen gesäumt hatte.

Wenn ich von Zeit zu Zeit endlich wieder einmal an Land kam, fühlte ich mich einsam. Da war kein Mädchen, kein Freund, kein einigermaßen gütiger Mensch zu finden, kein Theater, kein Konzert, und ich freute mich beinahe dann, wieder in das enge Einfamilienhaus „Blexen" und in Regen, Sturm, Nässe, Kälte hinauszukommen.

Schöne Nacht. Der Komet stand noch immer am Himmel. Am Horizont stiegen weiße, rote und grüne Raketen auf. An Backbord auf dem Eisendeck dröhnten Eichmüllers schlapsige Tritte, und an Steuerbord hörte man einen Heizer den Koch anlügen. Ich betrachtete im Ruderhaus ein brennendes Restchen Kerze; die oberste Stearinfläche mit ihren weißen Stalakmiten und Vertiefungen glich einer Polarlandschaft in Miniatur.

Wir brachten die stolze Botschaft von Land, daß U 9 drei englische Panzerkreuzer in Grund gebohrt hätte. Und am nächsten Mittag fuhr U 9 an uns vorüber. Der Kommandant von „Seeadler“ ließ seine und unsere Mannschaften antreten, und wir brachten dem siegreichen Unterseeboot drei Hurras aus, die von drüben erwidert wurden. Auch die großen Schiffe empfingen das U-Boot mit Hurras und mit Musik, und wir sahen durch die Ferngläser, wie Admiral Lanz in einer Pinasse vom Flaggschiff nach U 9 fuhr und jedem Mann die Hand drückte. Ich pfropfte mir dabei das Maul mit Quarkkuchen voll, den ich in einem Liebespaket vorgefunden hatte. Aber er schmeckte mir nicht, ich war ganz krank vor Neid. Auch Lektüre hatte ich erhalten, so die Seeschlacht bei Tsuschima, ferner „Jena oder Sedan“, ein Buch, gegen das ich voreingenommen war und das ich vorläufig einmal mit Steuermann Kaiser gegen ein Buch über den Kronprinzen eintauschte.

Verschiedene Blätter brachten geschmacklose Schilderungen der Affäre U 9, indem sie die Feinde als die „hilflosen Offiziere in Unterhosen“ lächerlich machten.

Post: Der Bruder meines Schwagers, Hans Mitter, war bei Châlons gefallen. Ein Brief von Eichhörnchen, die nicht begreifen wollte, daß Freundschaft und Korrespondenz ganz voneinander unabhängige Begriffe waren. Sie teilte mir mit, daß unser gemeinsamer junger Freund Fritz Dannenberg gefallen sei.

Der Obermaschinistenmaat erzählte eine wahre Geschichte aus seinem Vaterhause. Er hatte ein gefülltes Waschbecken in die Klosettöffnung gesetzt, das dort genau hineinpaßte, damit sich sein Bruder in der Dunkelheit hineinplazieren sollte. Und dann hatte sich aber statt des Bruders die alte Mutter des Obermaschinistenmaates in die Nässe vertieft.

Jessens Lieblingsbeschäftigung war das Deckwaschen. Wir packten ihm heimlich den Wasserschlauch in sein Bett.

Ich ging beim Mondschein sechs Kilometer weit spazieren, das heißt: hin und her auf dem schwankenden Deck, was ich infolge meiner krummen Beine vorzüglich konnte. Die Wolken bildeten eine Laokoon-Gruppe. – „Sieh mal, Jessen, diese Kerls mit Riesenschlangen. Und gestern der große Regenbogen am Himmel wie ein Tor. Kannst du dir vorstellen, daß durch dieses Tor die Kriegsgefallenen ziehen nach dem Kometen oder nach dem Monde?“

„Nee.“ Jessen grinste.

„Jessen, siehst du gar nicht, wie verschieden und immer schön die Meereslandschaften sind, die uns stündlich umgeben? Oder die Möwen, die so vornehm fremd kreisen, sich plötzlich mit stillen Flügeln vom Winde weit abtragen lassen oder bis dicht über die Wasserfläche abstürzen; um im letzten Moment schon wieder aufflatternd, einen Bissen aus den Wellen zu erhaschen? Diese Möwen, die auf dem Wasser schaukelnd, von der Sonne beleuchtet, wie Lichter strahlen?“

„Das ist sehr schön,“ sagte Jessen und griff nach dem Wasserschlauch, „aber ein Schnaps wäre mir jetzt lieber.“

„Mir auch“, gestand ich.

Der Dienstmannmatrose riet mir, doch einmal etwas auf Weddigen zu dichten, und als ich nach kurzer Zeit aufsagte:

Hört, was ich Frohes singe:
Juchhei!
Der Kapitänleutnant Weddigen
Schien gar nicht mehr zu sättigen,
Sprach: Aller guten Dinge
Sind drei.

Da gewann ich sehr an Respekt und mußte das allen aufschreiben.

Im Kettenbunker, wo auch der eiserne Bestand an Proviant lag, war eine Ratte beobachtet worden. Wir pumpten den ganzen Raum voll Wasser, und da mußte das arme Vieh schließlich heraus und wurde unter wildem Gejohle jämmerlich erschlagen.

Die Löhnung war ausbezahlt worden. Der lustige Heizer Tünnes zeterte laut, weil er das Geld hier auf See nicht an den Mann bringen könnte. Auf Befehl wurde eine Kollekte zugunsten des Roten Kreuzes veranstaltet.

Auf dem Lokus wurde ich, als ich Hindenburgs neueste Siege las, hinterrücks von einer Woge besiegt. Zum Abendessen blieben die versprochenen Kartoffelpuffer aus, weil das Wasser einen halben Meter hoch in der Küche stand und zweimal das Feuer ausgelöscht hatte. Die Lotsenflagge war in der Takelage verwickelt. Eichmüller kletterte empor. Das Stag brach. Eichmüller stürzte herab, blieb aber unverletzt. Er kletterte nun auf die Brüstung des Signalstandes. Das Schiff legte sich über. Eichmüller wäre in die Binsen gegangen, wenn ich ihn nicht noch glücklich aufgefangen hätte. Ich rief dem Signalgast zu, er sollte am Mast hochklettern, aber er weigerte sich feig. Da enterte ich selber hoch und klarierte die Flagge. Der Steuermann hatte den Vorfall bemerkt und schalt auf den Signalgast: „Wie können Sie sich weigern! Wissen Sie nicht, wie Achtungsverletzung im Kriege bestraft wird? Und schämen Sie sich nicht, als Seemann so bange zu sein, daß ein alter Bootsmaat Ihnen was vormachen muß?“

Ich hatte ein früher einmal von mir verfaßtes Novellenbuch besorgt und es dem Kommandanten geschenkt. Nun ärgerte ich mich, weil ich das aus Eitelkeit getan hatte.

Das nächste Mal an Land begegnete ich unserem Heizer Tünnes und dem Koch. Letzterer war im Unterhemd, das Oberhemd hatte er verkauft. Die beiden sangen mitten auf der belebten Straße laut und betrunken „Der Papst lebt herrlich in der Welt“. Sie grüßten aber militärisch korrekt, und als ich ihnen zulächelte, kam Tünnes auf mich zu und verehrte mir seinen rheinisch-blonden Voll- und Schnurrbart, den er sich soeben hatte abnehmen lassen und eigentlich seiner Braut senden wollte. Ich lud eine Dame in ein Café ein, bekam aber den typisch Wilhelmshavener Korb. „Ich mit einem Kuli?“ Als ich mit Wurstpaketen und mit der Nachricht, Antwerpen sei gefallen, wieder an der Nassau-Brücke eintraf, war mein Schiff weg. Vom andern Ufer rief mir jemand zu: „Blexen“ sollte außer Dienst stellen und sei deshalb in die Werft eingelaufen. Wir bekämen ein neues Schiff. Neu war immer erfreulich.

Auf tausend Irrwegen, mit tausend Fragen, über tausend Büros, Beamte und Arbeiter entdeckte ich endlich in einem Mastenwald „Blexen“ neben einem großen Seeschlepper „Vulkan“. Diesen Seeschlepper sollten wir übernehmen. Meine Kameraden waren bereits eifrig im Gange, das Inventar und unsere Privatsachen hinüberzubringen. „Vulkans“ Zivilbesatzung wurde mit Fragen bestürmt. Wie läuft das Schiff? Leckt es in den Kojen? Habt ihr Wanzen an Bord? Es war ja für uns eine bedeutungsvolle Sache, ein Schiff aufzugeben und ein neues zu beziehen. Wo werde ich schlafen, frug jeder, und jeder sah sich das Material und die Räumlichkeit für seine Sonderbestimmung an. Hier war natürlich alles besser. Hier waren drei Zylinder in der Maschine. Hier war eine Kommandobrücke und oben eine Lotsenkajüte und achtern ein großer Salon mit plüschgepolsterten Bänken, das würde unser Unteroffiziersraum werden. Daneben eine bequeme Kabine für den Steuermann, eine Pantry für den Koch, zwei Klosetts, davon eins für Munition und Segeltuch, und für mich eine Lampenkammer. Unter Deck gab es einen Raum für Trossen und schweres Takelwerk; es war sogar ein Rettungsboot vorhanden. Ja, mit diesem Schlepper würden wir getrost um Kap Horn fahren. Jeder von uns fühlte sich in ein Paradies versetzt. Wir Unteroffiziere feierten das nachts in einer Spelunke, um eine gemeinsame Braut herum, Anni, die Vulkangöttin genannt.

So ideal, wie wir die Platzverteilung uns ausgemalt hatten, kam es nun aber nicht. Es gab Enttäuschungen und Brummen und Murren, obwohl wir eigentlich Ursache hatten, recht dankbar zu sein. Ich kam mit Jessen in eine Kabine, die etwa vier Quadratmeter maß. Er, als Älterer, bekam die richtige Koje; ich schlief auf einer kurzen Plüschbank, und meine darüber hinausragenden Beine mußte ich in eine Art offenen Kasten stecken. Dafür wurde ich durch ein Kommodenfach entschädigt. Wenn ich das Kommodenfach herausziehen wollte, mußte Jessen erst an Deck gehen. Wenn Jessen ins Bett kroch, mußte ich mich ganz platt an die Wand drücken. Beim ersten großen Reinigen gab es beglückende Funde, absichtlich oder versehentlich zurückgelassene Gegenstände in Winkeln und Spinden; Teller, Löffel, ein Kalender, ein Kleiderbügel, ein Kamm. Das war wie im Märchenland. Besonders Flaschen wurden geradezu erregt hervorgezogen, dann unter allgemeiner Spannung berochen. Gilka stand darauf. Und Leinöl war darin. Der Heizer Tünnes trank alle Flaschen ungeprüft aus. Ich hatte das Glück, Rizinus-Öl zu erwischen, damit wollte ich meine Seestiefel weich machen.

Neben uns, leer, zerschrammt, zerschunden und verbeult, lag unsere „Blexen“. Sie sollte nach einer Emdener Minensuch-Division gehen, aber der Oberleutnant, der sie dorthin bringen sollte, weigerte sich, das gebrechliche Fahrzeug zu übernehmen. Wir hatten Leute unter uns, die schon in Zivil und als Schiffer solche Fahrzeuge wie „Blexen“ und „Vulkan“ gefahren hatten. So konnten wir ungefähr berechnen, welche Unsummen das Chartern, Indienststellen und Außerdienststellen dem Staat kosten würde, und welche Verwirrungen zu Friedensschluß bei Zurückgabe der Boote entstehen mußten.

Jessen hatte Geburtstag. Ich weckte verabredetermaßen die Matrosen, und wir brachten ihm, den Wasserschlauch in der Hand, eine Ovation.

Noch ein letztes Mal sahen wir „Blexen“, von fremden Matrosen hinausbugsiert. Ich stellte traurige Betrachtungen an, und dabei ward mir etwas anderes klar, nämlich, daß sich alle Schiffe und alle echten Seeleute entzaubern, bevor sie in ihren Hafen zurückkehren.

Der Obermaschinistenmaat war an Land gegangen, um sich von der „Vulkan“-Braut zu verabschieden. Außerdem besorgte er unsere Post. Für mich war eine Bierkarte mit Unterschrift von Max Halbe, und Süßigkeiten vom Pazifisten Quidde dabei, ferner eine neue Pfeife, die ich Apollo benamste.

„Vulkan“ lief aus, lief zirka zwölf Seemeilen. Eine allgemeine Nervosität lag auf uns. Jeder war jemandem böse, ich dem Kommandanten, der mich, als er das merkte, zu einem Schnaps einlud.

So ging's, so geht's. Bald waren wir auf dem großen „Vulkan“ unzufriedener als auf der kleinen „Blexen“.

Es schien, als wäre der Kommandant ein anderer geworden. Er aß nicht mehr mit uns gemeinsam, sondern in seinem Salon, hatte sich ein eigenes Klosett reserviert, was uns sehr beleidigte, und schlug auf einmal einen strengeren Befehlston an.

Als wir uns von den Dukdalben an der Mole die Pfahlmuscheln absammelten, die ein gutes Gericht mit Zwiebelsoße gaben, kam ich mit einem Heizer ins Gespräch. „Böttger heißen Sie?“ fragte ich, „leben Ihre Eltern in Kurland?“

„Ja,“ antwortete er, „woher kennen Sie die?“

„Ich saß einmal vor mehreren Jahren in Riga in einem Eisenbahnzug zwischen lauter Russen. Neben mir ließ sich schweigend ein älteres Ehepaar nieder. Das war in der Nacht vom Dezember auf Januar. Ich wußte, daß der Zug Punkt zwölf Uhr abfahren mußte. Das war, nach deutscher Zeit gerechnet, die Silvesterstunde. Als nun die Bahn sich in Bewegung setzte, da hätte ich aus einem Gefühl von Einsamkeit und Heimweh heraus so gern laut ‚Prost Neujahr‘ gerufen. In diesem Moment küßte der schweigsame Herr die schweigsame Dame und sagte leise und innig: ‚Gutes neues Jahr!‘ Da wurde ich mit ihnen bekannt und habe sie oft später besucht.“

Einmal weckte mich der Koch mit folgendem Geflüster: „Bootsmaat, Feuer an Bord – –“ Wirklich, die Kombüse brannte, aber wir löschten das Feuer rasch. Die See war spiegelglatt, nur als die „Pillau“ in voller Fahrt vorüberdampfte, rüttelte uns ihre Bugwelle hoch. Es war so, als hätte ein vorbeirennender Mann uns einen Stoß mit dem Ellenbogen versetzt und dabei gerufen: „Platz da, ihr Faulenzer, ich hab' Wichtiges vor!“

Man erzählte, daß die Marinebrigade beim Sturm auf Antwerpen jedes Kommando ignoriert und sich mit tapferster, aber auch ganz unsinnig-blinder Wut auf den Feind gestürzt hätte. Da war sicher mein Pfeiffer dabei.

Mutter hatte mir meine Mandoline gesandt. Ich konnte nur wenige Lieder darauf klimpern, jetzt, mit meinen steifen Arbeitsfingern gings noch schlechter. Auch hatte das Instrument einen Sprung bekommen, aber es zierte unsere Kabine, und auf einem der bunten Bänder war von Maulwurf ein Maulwurf eingestickt. Und dann spielte ich, die Matrosen sangen dazu, unser Leiblied „Seemannslos“ von Adolf Martell. Wer mochte wohl dieser Martell sein, lebte er noch? Ahnte er, wie populär dieses Lied geworden war?

Erna Krall schrieb mir über ihre Tätigkeit als Krankenschwester; sie beklagte sich über ihre Großmutter, die sie immer schon um zehn Uhr zu Bett schickte. Ach hätte ich doch eine Großmutter, die mich um zehn Uhr zu Bett schickte.

Ins Tagebuch notierte ich mir: Jessen. Sehr eifrig. Bastelt zu jeder Tageszeit an Deck herum und schielt dabei häufig nach der Brücke, ob man's bemerkt. Nach einem Malheur aus dem Wasser gezogen, sah er aus wie ein Seehund, der gleich niesen wird. – – – Obermaat Eibel trägt immer eine Bartbinde und ein schlechtes Gewissen, was er durch gelegentliche Anfälle von Arbeitswut verbergen möchte. „Kann ich Ihnen helfen?“ fragte er dann, und wenn man „Ja“ antwortet, entfernt er sich eilig.

Maschinistenmaat Witzmann, kleinlicher, pedantischer Spießer, spricht Sächsisch und hat eine Heidenangst davor, daß wir auf das zirka achtzig Meter von uns entfernte Minenfeld geraten könnten. Ich überbringe ihm immer eiligst, was ich von Explosionsunfällen in der Stadt oder vom Lotsen höre. – – – Der hohe Sperrkommandant, Kapitänleutnant Rusch, schlank, ruhig, mit einem ewigen maliziösen Lächeln im Gesicht, ununterbrochen streng. – – – Obermaschinistenmaat Schaffrot, sehr geschickter Techniker, lustig, derb, unvornehm, ungebildet. – – – Matrose Stüben, rothaarig und dick, sieht aus wie ein Riesenschweinchen, ist aber unser bester und zuverlässigster Seemann. – – –

Auch auf „Vulkan“ leckten die Kojen und schlossen die Bullaugen schlecht. Ich war Tag und Nacht naß; mir hätten Flossen wachsen können.

Der Kommandant vom Fahrzeug „Rote Sand“ war so unbeliebt, daß wir uns laut amüsierten, als sein Boot mit einem Fischdampfer kollidierte und sich dabei den Steuerbordbug eindrückte. Doch kamen bei allen anderen Booten ebenfalls von Zeit zu Zeit mehr oder weniger schlimme Zusammenstöße vor, was jedesmal ein langes Nachspiel von Zank und Verdruß hatte.

Es zirkulierte eine Liste, jeder sollte eintragen, was er an Schuhwerk und Kleidungsstücken notwendig brauchte. Ich schrieb nur hin „Zwei Obermaatenabzeichen“ und unterstrich das „Ober“, um den Wink noch deutlicher zu machen.

„Bootsmaat,“ brummte Eichmüller nachts auf Wache, „dort ist ein Licht.“ Ich folgte seinem Finger und sagte dann: „Nein, das ist Meeresphosphor.“ Schweigend gingen wir weiter, jeder auf seiner Seite, mit gleichmäßigen schnellen Schritten und in unförmige Wachmäntel gehüllt. „Eichmüller,“ sagte ich nach einer Weile, „hast du die Schüsse gehört?“

„Das ist der Dienstmann,“ erklärte Eichmüller gähnend, „der klopft auf den Tisch; die spielen unten Karten.“ Darauf wurde ich zum Steuermann gerufen. Der sagte: „Ich habe eine Meldung über Sie gemacht“, und schob mir ein Schriftstück hin. Ich las: „Ich halte den Bootsmaat Hester für geeignet zur Beförderung . . . K. Kaiser.“ Ich dankte militärisch, strahlte Glück und empfing noch eine Zigarette und Befehle. So kam ich wieder an Deck. Es war eine kalte Nacht. Am Mast schlug das Tauwerk, und an die Schiffswand planschte, rauschte und zischte das Wasser. Aber mir war wohl zumut, und in dieser Stimmung redete ich immer aufs neue auf Eichmüller ein, obwohl ich klüger getan hätte, meine Worte an ein Waschfaß oder an ein Dampfrohr zu richten. „Denke dir: Portugal geht nun auch gegen uns. Das wäre ja an sich nicht schlimm, aber es liegen noch etwa 200 deutsche Schiffe in portugiesischen Häfen.“ Um zwei Uhr wurde ich abgelöst. Der mürrisch Ablösende kam mit den gotteslästerlichsten Flüchen auf Krieg und Seefahrt an Deck. Ich vergnügter Abgelöster tröstete ihn: „Laß gut sein! Im April singen wir unser altes Reservistenlied

Zum letztenmal hab' ich an Bord geschlafen,
Zum letztenmal die Hängematt gezurrt . . .“

Dann übergab ich die Instruktionen: „Ruder zehn Steuerbord – der Wind dreht, das Schiff wird gleich schwojen – sechs Uhr Dampf auf – sechs Uhr dreißig Wecken – Anruf Dora – Antwort Richard.“

Nach dreizehn Tagen kam ich wieder an Land und hatte mit dem Obermaat Proviant einzukaufen. Wir fuhren im strömenden Regen mit einem geborgten Schlachterwagen in gestrecktem Galopp. Ich hielt ein Tüte im Arm, die, als sie aufweichte, rohe Eier fallen ließ. Der Obermaat hielt Semmeln auf seinem Schoß, die, je nässer sie wurden, desto größer wurden.

Ein Heizer von „Diomedes" war wahnsinnig geworden. Er hatte sich plötzlich geweigert, in den „tiefen" Heizraum zu gehen, war später in der Werft desertiert und – obwohl der Posten auf ihn geschossen hatte – entkommen.

Wenn wir uns auf See amüsierten, dann geschah es mit Kartenspiel, unanständigen Späßen und Schabernack. Schaffrot hatte mir heimlich Salz in den Tee getan. Ich mischte die Barthaare von Tünnes in seinen Tabak. Einmal versuchte ich einen Vorleseabend zu arrangieren und las leichtverständliche Balladen von Münchhausen vor, aber was nützt der Kuh selbst solches Muskat.

Wir sahen viel Seehunde und Schweinsfische. Zugvögel ruhten sich auf uns Insel aus.

Es kamen Nebeltage. Wir mußten dann häufig Torpedoboote heraus- oder hereinlotsen, und die Nebelglocke klang den ganzen Tag. Meine kupfernen Lampen, früh geputzt, waren abends schon wieder grünspanig, und ich wünschte mir, so viel Butter zu besitzen, wie ich Putzpomade verbrauchte.

Dann ging ich wieder einmal stundenlang in einer dunklen Nacht Wache. Es war ganz still. Nur in der Rudermaschine knackte, brodelte und klapperte es geheimnisvoll. Schaffrot kam aus der Maschine, und wir setzten einen Suppenwürfel unter Dampf, weil wir nicht Kochgelegenheit hatten. Plötzlich hörten wir ein Platschen im Wasser, klang so, wie wenn ein Hund gegen den Strom paddelt. Gemeinsam fischten wir aus dem Wasser einen abgekämpften, grauen Vogel, etwa so groß wie ein Huhn, ohne Schwimmhäute und mit einem langen geraden Schnabel. Im Nu gerieten wir in Streit, wem das Tier nun gehörte, mir oder Schaffrot. Da dieser aber gerade in die Maschine gerufen wurde, schob ich das erstarrte Tier mit dem Fuß unter einen Stoß an Deck aufgestapelter Bretter, um es nach Beendigung meiner Wache mitzunehmen. „Wo ist der Vogel?" schrie der Obermaat zurückkehrend. „Ich hab ihn wieder über Bord geworfen." – – „Du lügst!" Schaffrot suchte und fand den Vogel und bettete ihn sogleich in seine Koje. Dort erholte er sich innerhalb einer Stunde, war aber derweilen ausgelaufen, so daß Schaffrots Bett durchnäßt war.

Wir wußten alle nicht, was das für ein seltener Vogel war, aber wir tauften ihn Anni in Erinnerung an die „Vulkan"-Braut. Anni wurde in den warmen Maschinenraum gebracht. Dort sprang sie sofort in die Ölbilge. Ein Heizer zog sie heraus und legte die Öltriefende in eine Kiste voll weißer Putzwolle. Diese Kiste verließ sie als Schwan, denn die Putzwolle blieb an dem Öl kleben. Deshalb wurde Anni jetzt mittels Bürste und Seifenwasser abgescheuert, und weil wir Angst hatten, sie möchte wieder in die Bilge fallen, steckten wir sie in eine Rolle Linoleum. Da paßte sie genau hinein, und die Öffnungen vorn und hinten wurden durch Ziegelsteine so versperrt, daß nur der Kopf heraussehen konnte, Versuchsweise stopften wir dann ihr hintereinander Kartoffeln, Leberwurst, Brot und Steckrüben in den Schnabel, was sie aber alles von vorn wiedergab. Abermals freigelassen, jedoch gewissenhaft beaufsichtigt, fand sie dennoch Gelegenheit, in den Kohlenbunker zu entkommen, wo sie, als das Schiff überlegte, verschüttet wurde. Eine Rettungsexpedition grub sie aus. Sie sah sehr schwarz und traurig aus und siechte dahin. Als sie nicht mehr auf den Beinen stehen konnte, warfen wir sie mitleidig ins Feuerloch in die lodernden Flammen.

Wir hatten Anni geliebt, und sie war uns eine sehr angenehme Abwechslung in der Monotonie da draußen gewesen. Diese Monotonie mußte Menschen, die wie wir so dicht und primitiv zusammenhausten, verderben. Wir wurden untereinander und zu Untergebenen von Tag zu Tag reizbarer und gehässiger. Man schikanierte von oben bis unten, und das lief wieder zurück wie der Schlag ans Hängetau.

Seit einiger Zeit war der Kommandant plötzlich sehr kühl zu mir. Ich bekam nicht heraus, weshalb.

Wolfgang schrieb, mein Schwager Hermann sei verwundet nach Hause geschickt und habe das Eiserne Kreuz erhalten. Von Onkel Martin war endlich ein Brief aus Manila eingetroffen. In den Zeitungen fragte man: wie wohl deutsche Minen in die Irische See gekommen wären. Wir wußten, das war eine Tat der „Berlin". Ich hatte noch vor kurzem mit einem Manne der „Berlin" über diesen Plan gesprochen. Auch von der „Emden" hörten wir Rühmliches und Erfreuliches. Auch in Wilhelmshaven schien etwas in Gang zu kommen. Alle großen Schiffe und die Torpedobootflottillen waren herausgegangen. Sie hatten ihre Barkassen und Pinassen bei unsrer Sperrfahrzeugdivision zurückgelassen. Beim Auslaufen hatte die Musik an Land gespielt. Nachts mußten wir doppelte Wache gehen.

Der Leutnant von Raichert kam an Bord. Zu mir! Ich sollte ihm innerhalb von drei Tagen ein Potpourrilied auf den Geburtstag des Kommandanten von Sperrschiff „Franz" dichten. Das Lied sollte von der „Glückauf"-Kapelle gespielt und von den Offizieren gesungen werden. Ich erhielt die entsprechenden Unterlagen. Das Geburtstagskind war ein fünfzigjähriger Leutnant, der älteste Leutnant in der Marine.

Ich konnte Herrn von Raichert das nicht abschlagen, aber ich war gerade so verbittert über die Öde des Dienstes, über die ungerechte Verteilung der Arbeit und über das kühle Verhalten des Steuermanns mir gegenüber. So saß ich denn abends müde und gallig in meiner Kabine und quälte mich mit dieser albernen Gelegenheitsdichtung ab. Aber meine zersprungenen Hände taten weh, und dann störte mich Jessen, indem er mir andauernd von der Schweinekartoffel „Präsident Krüger" vorschwärmte. Ich floh in die Lampenkammer, aber dort hockte schon Eichmüller, und der erzählte mir, in seiner nuschelnden, verdrossenen Sprechweise, er habe soeben geträumt, daß der Sperrkommandant für ihn Zeugwäsche gemacht habe. Und ob ich auch Wanzen habe, und ob ich wüßte, daß wir morgen zum Impfen müßten. Und ... und ... und

Am nächsten Tag brachte ich das Gedicht doch zustande und lieferte es verabredeterweise an unseren Steuermann ab. Er bot mir eine Zigarre an. Da wagte ich die Frage, ob er eigentlich etwas gegen mich habe. Er antwortete nicht, war aber seitdem wieder freundlich zu mir.

Die Flotte war noch immer draußen. Gegen drei Uhr hörten wir lebhaftes Schießen, aber das konnte ja auch Manöver sein. Dann hieß es, ein Torpedoboot sei bei Schillig – also dort, wo „Glückauf" lag – auf unsere eigenen Minen gelaufen. Wir erhielten Befehl, sofort ein Sanitätsschiff durch die Sperre zu lotsen, konnten dann aber in dem dicken Nebel das Schiff nicht finden. Der Auftrag war ernst, es gab infolge unserer Aufregung ein Durcheinander. Dann kam uns der Befehl, langsam nach Schillig zu dampfen und nach treibenden Minen zu suchen, eventuell solche mit unserer Kanone abzuschießen. Geschütz klar. Wir fuhren los. Außer dem unten Dienst versehenden Personal stand alles an Deck, am Bug, auf der Brücke, einige in den Wanten. Wir spähten mit äußerst gespannten Augen in den Nebel. Dauernd wurde die Glocke geschlagen und in Sekundenabständen die Dampfpfeife gezogen, diese dicht hinter mir, so daß bei jedem ihrer stoßenden Töne irgendwelche Häute in meinem Kopf und in meinem Magen vibrierten.

„Da! – Drei Strich an Backbord!“ War das eine Mine? – Nein, es war eine Matratze.

Tut! Tut! Kling! Kling! Kling! Von verschiedenen Seiten her erklang jetzt das Heulen von Torpedobootssirenen.

Da! – Wir fischten eine Korkweste auf. Sie war „Glückauf“ gezeichnet. Bald darauf eine zweite, die gehörte zu einem Torpedoboot, vermutlich zu dem, das in die Luft geflogen war. Und nun sichteten wir viele schwimmende Korkwesten und Hängematten und ein Buch und Balken und Matratzen. Und das Wasser war von nun an mit einer Ölschicht bedeckt. Wir suchten diese Gegend ab, holten eine Mütze heraus, die ich an mich nahm, und die die Inschrift „S.M.S. Yorck“ trug. „Yorck“? „Yorck“ war ein großer Kreuzer. Aber Matrosen trugen manchmal noch ihre früheren oder geliehene Mützenbänder. Bald fischten wir weitere Mützen heraus, auf allen stand „Yorck“. Sollte „Yorck“ verunglückt sein, das Schiff, auf das ich einmal kommen sollte und damals zu meinem Schmerz nicht kam.

Wir spähten und lauschten und verloren im Nebel die Orientierung, waren selbst in Minengefahr. Endlich tauchte „Glückauf“ aus dem Nebel. Zwei Fahrzeuge und Beiboote lagen an seiner Seite. In einem Peilboot sahen wir Menschen an Deck, die nur mit Unterzeug bekleidet oder in Decken gehüllt waren, Gerettete. Wir fuhren längsseit von „Merkur“, auf dessen Deck es von Geretteten wimmelte. Die erzählten uns, die „Yorck“ sei um zehn Uhr mit dem Bug auf eine Mine und unmittelbar danach mit dem Heck auf eine zweite Mine gestoßen, habe sich sofort auf die Seite gelegt und darauf ganz umgedreht, kieloberst. Die Matrosen waren gerade klar zum Ankern gewesen, so war es einem Teil gelungen, gegen die Wendung des Schiffes kletternd, sich auf die Kielfläche zu retten, die aus dem Wasser herausragte.

„Merkur“ und „Saturn“ hatten eine Menge Lebende, Verwundete und Tote aus dem Wasser gezogen. So war auch der Kommandant gerettet, dem es wohl sehr übel zumut sein mochte, zumal er – so erzählte man mir – schon einmal bei Helgoland ein

Torpedoboot in Grund gefahren hatte. Auch der erste Offizier war gerettet. Ich sah ihn mit verbundener Hand an Deck stehen, ein jüngerer Offizier machte ihm die Hosenklappe zu.

Die Besatzung der „Yorck" betrug neunhundert Mann. Davon waren schätzungsweise fünfhundert tot – oder –

Bald sahen wir das Wrack aus dem Nebel tauchen, ein gigantischer roter Walfischrücken, auf dem Leute von „Glückauf" und anderen Fahrzeugen kletterten. Die wollten Sprengstoff anbringen, ein Loch in den Rumpf sprengen, in dessen Innern vielleicht trotz der Gase, der Hitze, der Dämpfe und Brände noch Menschen lebten.

„Glückauf" hatte seine Flagge auf Halbmast gesetzt. Spät abends traf eine Werftbarkasse ein mit ernsten graubärtigen Zivilarbeitern, die sich Korkwesten angelegt hatten, und Bergungsgeräte, Schneidemaschinen usw. mitbrachten. „Vulkan" sollte diese Barkasse nach dem Wrack oder doch möglichst in dessen Nähe bringen. Das war nicht ungefährlich, da unser Boot zirka dreieinhalb Meter Tiefgang hatte. „Klarmachen zum Sterben!" rief Tünnes. Aber einige von uns benahmen sich wirklich sehr furchtsam. Obermaat Eibel hielt sich vorsichtig nur auf dem Hinterdeck auf.

Sämtliche herbeigeeilten Kriegsschiffe richteten ihre Scheinwerfer auf das Wrack, das sich in dieser Beleuchtung seltsam romantisch von der Dunkelheit abhob. Über der Gruppe von Arbeitern und Matrosen, die am Kiel arbeiteten, stand ein Lichtgebilde, das einem Regenbogen ähnelte, und die Boote, die von und nach dem Wrack verkehrten, gerieten bald in tiefste Schatten, bald in grellste Helle. In einem dieser Boote saß ein Admiral, daneben der Kommandant der „Yorck", ein bleicher, verstörter Mann, der unser aller Mitleid erregte. Ein anderes Boot schaffte einen bewußtlosen Mann weg. Der war nicht etwa aus dem Rumpf herausgeholt, wie wir erst dachten, sondern es war ein Arbeiter, der nur einmal hineingeschaut hatte.

„Vulkan" wurde spät noch ausgeschickt, um ein Unterseeboot anzuhalten und dieses aufzufordern, seine Erkennungssignale zu geben. Der Kommandant des Unterseebootes fluchte nicht schlecht über unsre grünschnablige Nußschale, feuerte aber doch die verlangten bunten Raketen ab. Da wir dann gleich weiter, auf Position fuhren, ergaben sich für mich achtzehn Stunden ununterbrochenen Dienstes. – –

Während ich an Land Proviant holte, fischte „Vulkan" eine

Leiche auf, einen alten verheirateten Matrosen. Er hatte eine Korkweste um, konnte also nicht ertrunken sein, sondern war vermutlich in dem kalten Wasser erfroren. Weil er bei der hohen Dünung nicht ins Boot zu bringen war, befestigte man eine Wurfleine an seinen Armen und schleppte ihn so nach „Luci Wrede". Er lag dabei auf dem Bauch, und durch die Fahrtwelle sträubte sich sein Haar, was sehr gruslig aussah. Auch andere Boote bargen in den nächsten Tagen noch Leichen, die mit Ebbe und Flut hin und her wanderten. Ein einlaufendes Kriegsschiff gab uns den Winkspruch: „Südlich von den Minen treiben Leichen."

Allerwärts an Land wie an Bord war der „Yorck"-Unfall Tagesgespräch. Ich hörte viele Schilderungen von Einzelheiten. Ein Obermaat suchte einen Mann zu retten, da sackte dieser mit dem Rufe „Jesus Maria, mein armes Weib!" ab. Ein Deckoffizier, den man aus dem Wasser ziehen wollte, rief abwehrend: „Nein, erst meine Kameraden, ich schwimme gut!"

Am meisten wurde natürlich die Frage debattiert: Wer trägt die Schuld an dem Unglück und wer die Verantwortung? Der Kommandant? Der Lotse? Der Erste Offizier?

Am sechsten Oktober stiegen Taucher in das Wrack, konnten aber zunächst nur Munition und einige Gerätschaften bergen. Auch Minensucher waren an der Stelle tätig. Auf „Glückauf" herrschte von Mittag an bis tief in die Nacht wildes Hallo. Dort wurde mit Musik, Gesang und donnernden Reden der Geburtstag des Kommandanten von „Franz" gefeiert. Die lärmende Fröhlichkeit der Offiziere in nächster Nähe des traurigen Wracks, das noch so viele Leichen, vielleicht noch gar abgesperrte Lebende enthielt, erregte unter den Mannschaften tiefe Entrüstung. Ich dachte nicht so schlimm darüber. Ich fand es viel unerträglicher, daß die Mannschaften in Wilhelmshaven spätestens um neun Uhr an Bord oder in der Kaserne sein mußten, während der jüngste Leutnant die ganze Nacht an Land verbringen durfte. Ich hatte kürzlich einen Matrosen beobachtet, der aus Wut über diese Bestimmung auf offener Straße einen Tobsuchtsanfall bekam und wütend gegen seine Kameraden einschlug, die ihn an Bord zu bringen und zu beruhigen suchten. Erst wollte ich mich begütigend einmischen, aber ich ließ das sein, weil er eventuell sonst mir, seinem Vorgesetzten, auch eins versetzt hätte und dafür dann schwer bestraft worden wäre.

„Vulkan" lag Seite an Seite mit „Glückauf". Ich fing manches auf aus den Festreden, die dort gehalten wurden, übergeistig war es nicht. Leutnant von Raichert rief mich von drüben an Deck, sagte, mein Potpourri hätte großen Anklang gefunden und reichte mir „vorläufig“ eine halbe Flasche Sekt über die Reeling. Ich nahm mir vor, dieses kupferberg-goldene Pullchen bis zu einer feierlichen Gelegenheit aufzuheben. Dann überlegte ich mir aber, daß, wenn wir auf eine Mine liefen, sicherlich auch diese Flasche zum Teufel ginge. So leerte ich sie abends mit Jessen, und um der Sache etwas Feierliches beizugeben, trank ich Brüderschaft mit ihm, worauf ich ihn sofort mit pöbelhaften Vorwürfen überschüttete. Weil er so unmanierlich wie eine Drecksau fräße. Wenn das Essen aufgetragen wurde, stürzte er wie ein blinder, gieriger Eber darauf los, stieß mich dabei zum Beispiel mit dem Ellenbogen ins Auge und brummte dann – anstatt sich zu entschuldigen – nur: „Uff! Uff!“ Weil er ferner nur ein Taschentuch besäße, darin er Äpfel aufbewahrte. Weil er mich bei jeder Gelegenheit absichtlich mit dem Wasserschlauch anspritzte und sich selber häufig statt mit Wasser und Seife – angeblich der Eile wegen – mit Spucke und Seife wusch.

Schaffrot gesellte sich zu uns. Er erzählte, daß er ein Gesuch um Heimatsurlaub eingereicht habe, seine Frau läge schwer krank im Hospital, und seine Kinder, auch erkrankt, wären bei fremden Leuten untergebracht. Er war sehr traurig darüber, daß er ein kleines Anhängsel verloren hatte, ein billiges Kreuzchen, das ihm seine Mutter auf dem Totenbette gab, mit der Bitte, es immer bei sich zu tragen. „Mehr habe ich von meiner Mutter nicht gehabt“, sagte er rührend. Dann berichtete er aber lustiger von einer Wanze in seiner Koje, der er auf der Spur sei, und die er „Emden“ nannte, weil sie ihm immer wieder entkam. Ich hatte eine Gegengeschichte von einer Wanze, die ich kürzlich gefangen hatte, die ich aber, weil es nicht in meiner Kabine war, sondern in Eibels, den ich nicht leiden mochte, dann wieder aussetzte. Zuletzt wurde Schaffrot sehr bezecht, und da gestand er uns, daß seine Frau eigentlich nicht im Krankenhaus, sondern auf Abwegen wäre, und da wollte er sie einmal in flagranti erwischen.

Für kurze Zeit – gestohlen und wieder weggestohlen – hatten wir einen unglaublich unedlen Hund an Bord, der auf den Namen „Bootsmann“ hörte. Wir sagten: Er unterscheidet sich von unserem anderen Bootsmann dadurch, daß der eine das Deck rein und der andere es voll macht.

Immer mehr geriet ich in den Ruf eines großen Medizinmannes, obwohl ich alles nur mit Baldrian und Borsalbe heilte, davon ich reichliche Vorräte besaß.

Als wir wieder einmal zu Ausbesserungsarbeiten in der Werft lagen, besuchte ich den hölzernen Intendanturrat Bruhn. Er sollte mir zu einem Posten auf einem größeren Schiff verhelfen. Auch wurde ich in verschiedenen Büros vorstellig; ich meldete mich zu den Fliegern, auf ein Unterseeboot und nach Flandern. Überall wurde ich mit leeren Worten abgespeist. Ich sah in dieser Beziehung gar keinen Weg mehr. Auf unseren Kommandanten konnte ich nicht zählen, er hatte weder Einfluß noch Energie dafür. Der Sperrkommandant würde mich sicher schroff abweisen. Eine höhere Instanz kannte ich nicht und hätte mich auch nicht direkt an sie wenden dürfen.

Von meiner Beförderung war auch nicht mehr die Rede. Sollte der Steuermann seinen Antrag zurückgezogen haben? Er war in letzter Zeit sehr verstimmt gewesen und hatte bald mit diesem, bald mit jenem von uns Auftritte gehabt, am meisten mit dem Maschinenpersonal. Dabei war er häufig durchaus ungerecht vorgegangen. Schaffrot hatte ihm einmal in berechtigtem Zorn sehr mutig geantwortet, nur war er dabei leider aus der militärischen Form geraten. Herr Kaiser war offenbar nervös geworden. Einerseits stand er dicht vor seiner Beförderung zum Leutnant, andererseits hatte er unglücklicherweise gerade jetzt mehrmals hintereinander Zusammenstöße mit anderen Schiffen verschuldet.

Ich hatte in den letzten Tagen eine Menge Post bekommen. Meine Eltern und Geschwister, Herr von Münchhausen, Telschow, Maulwurf, von Halm und viele andere hatten meiner gedacht. Horsmann sandte mir ein Paket Detektivromane. Eichhörnchen schickte Veilchen, sie lag schwer erkrankt zu Bett. Erna Krall beschwerte sich deprimiert über die Intrigen bei den Krankenschwestern.

Eine Karte, mit Ansicht der Kathedrale von Antwerpen, von Dolch geschrieben: „Antwerpen 4. 11. L. G. Seit fast drei Wochen auf Fort Ste Marie b. Antwerpen, vorher 14 Tage in Belgien, bes. an der holl. Grenze, herummarschiert. Hier ist eine Matrosenabteil. (Artillerie) ebenso Feuerwerker, Telegraphen- und Artilleriedetachements; von unserer Komp. 1 Zug (60 Mann). Das Fort verlassen wir nur dienstlich; einmal war ich zum Krankentransport in Antwerpen auf der Rückfahrt das erste und einzige pikante Abenteuer in der Kompaniechaise! Sonst fehlt uns nichts. Herzl. Grüße Dein Oskar D. 2. Komp. 2. B. Landw. Reg."

Doktor Höfner, Bataillonsarzt, bei Ypern verwundet und mit dem Eisernen Kreuz ausgezeichnet, schrieb unter anderem: „In einer herrlichen Mondnacht, an der Front, mitten im Granatfeuer haben wir beim Stab Ihr Matrosengedicht in der Jugend gelesen und danken Ihnen dafür." Dieser Satz erfüllte mich für einen ganzen Tag mit Zufriedenheit.

Auch ein Brief aus der Schweiz von meiner Freundin und Feindin Wanjka war da. Sie hatte viel durchgemacht und wollte nun um Griechenland herum nach Rußland zurückkehren. Sie hatte viel Angst vor ihrer Heimat, besonders vor den Letten. – Es war mir aber auch vielerlei von Briefen und Paketen entweder irgendwo gestohlen worden oder liegengeblieben.

Schöne dunkle Nächte erlebte ich auf Wache. Das Filzlausgeschwader fuhr vorbei, wechselte unterwegs seine Formation, aber man sah nicht etwa die einzelnen Boote, sondern nur ihre roten, grünen und weißen Lichter, die sich wie im Reigen verschlangen. Zwei Zeppeline gingen durch die Wolken. Und unheimliche Nächte gab's mit sonderbaren Geräuschen an der Ankerkette oder im Tauwerk, mit gespenstischen Schatten und fahlen Lichtstreifen. Und da mußten wir ein Bremer Schleppschiff anhalten. Der Lotse ging mit drei bewaffneten Matrosen hinüber, um es zu untersuchen.

Laut Bericht der Leipziger Neuesten Nachrichten brachte die Armeelinie von der Nordsee bis an die Grenze der Schweiz am sechsten November ein Hoch auf die Marine aus.

Mutter fragte an, ob wir einen Bedürftigen an Bord hätten, der keine Liebesgaben erhielte und dem sie dann eine Weihnachtsüberraschung bereiten wollte. Ich überdachte unsere fünfzehn Mann Besatzung, fand aber keinen darunter, der dessen bedürftig und dessen wert gewesen wäre, nicht mal einen, der das überhaupt verstanden hätte.

Es wurde kalt und kälter. Der erste Schnee fiel. Ich fror, besonders beim Ankerhieven und wenn ich mit nassem Tauwerk oder den steifen, obendrein splitterigen Stahlleinen zu tun hatte, bös an den Händen, und diese wurden dann so starr, daß ich bei Sonnenuntergang beim Anzünden der Lampen oft Zylinder zerbrach. Jessen hatte Frostbeulen an den Füßen, so daß er nicht mehr in die Seestiefel hineinkam.

Das Wrack der „Yorck" war durch Sprengungen und durch Sturm und Brandung ganz zerrissen. Es ragten nur noch einzelne zackige Teile aus dem Wasser.

Ob wir uns untereinander zankten oder mitsammen scherzten, jeder hatte doch die anderen satt. Jeder sehnte sich nach etwas Fernem, nach Weib und Kind oder nach Freiheit, nach seinem Zivilberuf, nach Mädchen oder Freunden oder nach Ruhm und Abenteuern. Nun hofften wir, daß bald Treibeis käme, dann mußte die Minensperre doch aufgehoben werden. Das Aufstehen fiel einem schwer, man seufzte in sich hinein. Man wurde unter soviel Ungerechtigkeiten selber ungerecht. Jessen wurden fünf Tage Urlaub bewilligt. „Ja, die Verheirateten werden immer bevorzugt", sagten die Ledigen. Jessens Frau bezog monatlich fünfzig Mark staatliche Unterstützung, obwohl er doch ein sehr reicher Bauer war. Er fand das selbst ungerecht, „aber", meinte er, „andere bekommen es ebenso ungerechterweise, warum soll ich es dann nicht mitnehmen." Über die Verteilung des Eisernen Kreuzes kreisten zahllose gehässige, oft auch witzige Anekdoten. Und während die Mannschaften darbten und im Stumpfsinn vertierten, hatten es die Offiziere – – nun ja, sie hatten es besser. Es gelangten allgemeine Liebesgabenpakete, besonders von den Hansestädten, an die Marine, manchmal auch an unsere Division, bis nach „Glückauf". Wir kleineren Boote bekamen nichts davon ab. Es kam der Schützengrabentrost auf. Wenn einer von uns sich über irgend etwas beklagte, dann ward ihm erwidert: „Was sollen erst die sagen, die jetzt in den Schützengräben liegen!" Vielleicht hatten die im Schützengraben einen ähnlichen Trost.

Petroleum, Lebensmittel, alles wurde teurer und teurer und immer rarer. Die Liebespakete enthielten schon grauenhafte Ersatzangelegenheiten, zum Beispiel Grog-Kapseln, in heißem Wasser aufzulösen. Wenn wir Routineboot waren, wurde ich meist mit zum Proviantbesorgen abgeteilt. Die schmutzigen Säcke und fettigen Waren verdarben meine Uniform, aber ich genoß dann ein bißchen Freiheit, und es geschah dann immer etwas, was sich um ein weniges von dem Tagesverlauf an Bord unterschied. Zwei Matrosenartilleristen luden mich zum Bier ein. Sie hatten bei Krupp neue Geschütze eingeschossen; die Geschosse – fünfzehn Zentner schwer – sollten achtundvierzig Kilometer weit tragen, also ein gutes Stück weit über den Kanal ins Englische. Ich sprach mit Arbeitern, die zitronengelb aussahen, weil sie in Schießbaumwolle arbeiteten. Oder ich sah, wie Mädchen aussahen, die angezogen und ohne einen zu beachten, vorübergehen. Als ich ein Schaufenster betrachtete, um Weihnachtseinkäufe zu machen, sprach mich Herr von Raichert an, zog mich in einen Tabakladen und kaufte mir eine Kiste Zigarren. Ich gratulierte ihm zur Beförderung zum Oberleutnant. Dann fuhren wir durch Sturm und Hagel mit dem Schlachterwagen, den uns der Metzger nur ungern überließ. Denn jeder von uns war betrunken, und jeder wollte kutschieren und keiner konnte es, und der Gaul hatte eine Abscheu gegen die Hafengegend. Tünnes fiel plötzlich rückwärts vom Bock in den Wagen und blieb steif in Fleisch, Zucker, Heringen und Butter liegen. Weil „Vulkan“ schon ausgelaufen war, benutzten wir „Saturn“ zur Rückfahrt, mußten allerdings frierend an Deck stehen, weil die unteren Räume gerade gegen Wanzen ausgeschwefelt wurden. In der Kombüse saß ein Matrose, der wunderschön und künstlerisch variiert pfiff. Auf „Vulkan“ stärkte ich mich an Kartoffelpuffern, die der Hund schon abgeleckt hatte, denn wir hatten wieder einen Hund gestohlen. Der wohnte in meiner Koje. Er durfte sich mir gegenüber alles erlauben, mir über Bauch und Gesicht spazieren und dabei Flöhe ansetzen, die roten Pantoffeln zernagen und in meinen Eßnapf niesen. Natürlich hatte er auf dem kalten Eisenschiff Rheumatismus bekommen, wir ächzten nachts um die Wette. Müde saß ich mit ihm in meiner kleinen Kabine, wo ich alle vier Wände vom Sitz aus mit der Hand erreichen konnte und las über die Giftmischerin Timm. Dann kehrten Jessen und Schaffrot vom Urlaub zurück. Der Bootsmann erzählte von großen Niederlagen der Deutschen in Frankreich, er hatte das von dem offenbar sehr deutschfeindlichen Pfarrer seiner Heimat. Schaffrot war bei einem ganz feinen, vornehmen Diner dabeigewesen, wo es bei jedem Gang frische Teller und frische Bestecks gab.

Morgens signalisierte man uns, wir seien abgetrieben. Eibel stürzte aufgeregt an Deck, es wäre bei dem furchtbaren Sturm ungeheuer aufzupassen! In diesem Augenblick wurde Eibel durch eine hereinbrechende Welle von oben bis unten eingeweicht. Wir lachten uns tot.

Schwere, langgezogene, bleierne Wogen rollten. Bei der Übergabe von Proviant an „Luci Wrede“ plumpsten Kartoffelsäcke ins Wasser. Futsch! Irgendeinem Tier oder einer Pflanze kamen sie doch wohl noch zugute. Es ist eigentlich gar nicht möglich, Speisen als solche aus der Welt zu schaffen. Als wir aber „Glückauf“ Postsäcke hinüberjonglierten und dabei ein Privatbrief über Bord fiel, befahl der Sperrkommandant trotz des hohen

Seeganges sofort ein Boot zu Wasser zu lassen. Stüben, Eichmüller und ich sprangen in unser Rettungsboot, das sofort vom Sturm weit abgesetzt wurde. Als wir über das Minenfeld trieben, stießen wir aus Spaß mit den Riemen ins Wasser. Nach dem Brief aber sahen wir uns nicht lange um. Der war selbstverständlich in dem gischtschäumigen Wasserchaos nicht zu finden. Nur mit Mühe pullten wir uns nach „Glückauf" zurück. Aber der Sperrkommandant hatte mir diesmal gefallen. Wir ankerten. Ich zog auf Wache, peilte Voslapfeuer West zum Norden und entdeckte dabei unsere alte „Blexen", die zwei Scheibenflöße vorbeischleppte. Dann leistete mir der Kommandant auffällig freundlich Gesellschaft, ich sah ihm an, daß er die ganze Nacht über gekotzt hatte. Es sei eine Meldung wegen der stibitzten Kartoffeln gekommen, sagte er und erteilte mir Ratschläge, wie ich die Sache vertuschen möchte. Dann verließ er mich und ich hörte ihn unten noch zu Jessen sagen: „Jessen, ich gratuliere Ihnen, Sie sind zum Obermaaten befördert."

Also der war befördert! Ich nicht. Warum nicht ich, der ich genau so eifrig wie Jessen meinen Dienst versehen hatte und dabei bei weitem militärischer war als er. Hatte der Sperrkommandant meine Beförderung abgelehnt? Oder hatte Herr Kaiser sie gar nicht beantragt? Warum deutete man mir auch gar nichts darüber an? Ein dumpfer Groll bemächtigte sich meiner; ich verbohrte mich in feindselige Träume. Jessen selbst benahm sich ebenso taktvoll wie herzlich zu mir. Ich schenkte ihm meine Obermaatenabzeichen, die er sich schmunzelnd auf die Ärmel nähte. Am nächsten Tag übergab ich dem Steuermann ein Gesuch zur Befürwortung und Weitergabe an den Sperrkommandanten. Es war vorschriftsmäßig und im üblichen Tone abgefaßt und lautete wörtlich so:

Ich bitte an den Kämpfen im Westen teilnehmen zu dürfen.

Gründe: Ich glaube dem Vaterlande am besten im Gefecht dienen zu können und besonders dafür geeignet zu sein, auch spreche ich verschiedene Sprachen und bin ledig und kampfbegeistert.

Ich war entschlossen, dieses Gesuch nötigenfalls bis zur höchsten Instanz durchzusetzen. Herr Kaiser schickte mich zum Kommandanten von „Glückauf", der schickte mich zum Durchfahrtskommandanten und so ging es weiter, und alle schimpften und nannten mein Gesuch aussichtslos. Aber ich ließ es laufen.

Einmal kam Herr Kaiser und erzählte mir von seiner Zivilstellung als vierter Steuermann auf dem Passagierdampfer „Imperator". Damals hatte er ein monatliches Gehalt von 200 Mark, jetzt bezog er das Doppelte. Mir war es gar nicht recht, daß er mich auf Wache besuchte und mir stundenlang Privates erzählte, denn erstens würde er das später wieder bereuen und zweitens fror ich sehr, weil er im Redeeifer immer so lange an einer Stelle stehen blieb.

Stüben war über Urlaub geblieben. Anstatt ihn streng zu bestrafen, wurde dafür den anderen, die nun daran waren, für lange Zeit der Urlaub gestrichen.

Gewisse Fahrzeuge begannen die Minen zu lichten. Man entschärfte diese und brachte sie ins Depot. Sie waren über und über mit Muscheln bewachsen.

Endlich kam mein Gesuch zurück. Der Sperrkommandant hatte es nicht weitergegeben, sondern mit Bleistift darauf vermerkt: „Das hat wohl jeder. Abkommandierung ausgeschlossen, jeder tut dort Dienst, wo er hingestellt wird." Außerdem ließ er mir durch den Steuermann sagen, ich sollte ihm nie wieder mit so albernen Sachen kommen.

Ich mied meine Kameraden. Ich wusch meine blaue Uniform mit Panamaspänen, und über mein Unglück tief nachsinnend, mochte ich wohl ein arg verdrossenes Gesicht ziehen. Denn Tünnes, der unter allgemeinem Gelächter splitternackt, kohlschwarz und mit einem umgehängten Küchenbeil an Deck erschien, sagte in kölnischem Dialekt: „Herr Bootsmaat sehen heute aus wie eine saure Gurke."

Ich hatte keinen Sinn mehr für Scherze. Ich hörte auch auf keine Trostworte mehr, wurde gegen alle Welt verbittert und verbissen, und was den Steuermann betraf, so schmollte ich. Es kam zu einer langen Auseinandersetzung. Nachdem Herr Kaiser mir sagte, ich könnte ohne Furcht und unmilitärisch reden, kam ich bald in Feuer. Ich schilderte, daß ich mir wie ein Verbrecher vorkäme. Ich sei mit tiefer Begeisterung in den Krieg gezogen. Ich habe die unwürdigsten Arbeiten, die kalte, viel zu kurze Koje und andere Beschwerlichkeiten ohne Murren ertragen und meinen Dienst eifrig versehen. Ich sei nicht befördert worden, obwohl ich doch eine Gehaltserhöhung besser gebrauchen könnte als mancher andere. Man hielte mich hier gefangen, ohne Urlaub; ich hätte nie Gelegenheit, einmal mit einem gebildeten Menschen zu sprechen. Für all das könnte ich doch wenigstens die Erlaubnis erwarten, ins Gefecht geschickt zu werden, zumal so viele alte Leute ins Feld müßten, die Frau und Kinder hätten und gern zurückblieben. Hier an Bord sei kein einziger, der sich in den Kampf wünschte, im Gegenteil freuten sich alle, wenn sie möglichst weit vom Schuß wären. Ich führte an, was Schaffrot und Jessen auf der Bahn von den Verwundeten gehört hatten, die durchaus nicht Lust zum Weiterkämpfen äußerten. „Ich weiß," sagte ich, „daß es schwer ist, mit einem Gesuch durchzudringen, das der Sperrkommandant verwirft, beziehungsweise mit einem feindlichen Vermerk weitergibt. Aber ich werde nicht nachgeben. Ich werde weitergehen bis zum Kaiser. Die oberste Heeresverwaltung kann nicht wollen, daß den eifrigsten Soldaten, begeisterten, kampffähigen Menschen ein Dienst aufgezwungen wird, der sie in das Gegenteil verwandeln muß. Und ich werde von Bord kommen, auch wenn der Kaiser es nicht bewilligt. Ich kann in Arrest gehen oder über Bord springen oder sonst was tun."

Der Kommandant, dem eine solche ausführliche Darstellung wohl etwas Neues war, machte ziemlich konfuse Einwendungen und suchte mich mit allgemeinen Worten zu beschwichtigen. Der Sperrkommandant sei ja im Grunde eigentlich ganz anderer Meinung. Unser Dienst sei hier trotz seiner Unansehnlichkeit viel aufreibender, verantwortungsvoller und gefährlicher, als ich mir das dächte.

Als wir uns mittags etwas aufs Ohr gehauen hatten, erfolgte eine tolle Detonation. Wir stürzten alle an Deck in der Meinung, auf eine Mine gelaufen zu sein. Aber es war nur in der Nähe eine Mine abgeschossen worden, und wir hatten unten die Schallwirkung unter Wasser besonders stark empfunden.

Draußen schien wieder dicke Luft zu sein. Torpedoflottillen liefen mit äußerster Kraft aus, ebenso „Pelikan", der Minen an Deck bereitgestellt hatte.

Ich rauchte viel und nahm vierundzwanzig Stunden lang keine Nahrung zu mir, um recht blaß auszusehen; dann meldete ich mich beim Stabsarzt krank. Teils lügend, teils wahrheitsgemäß erzählte ich von Schwindelanfällen, krampfartigen Magenschmerzen und Flimmern vor den Augen. Der Stabsarzt war ein stiller, sympathischer Herr. Ich weiß nicht, wie es kam, daß ich, während er mich untersuchte, ihm plötzlich zuflüsterte: „Ich habe so viel Kummer." Er wiederholte diese Worte leise und wie gerührt, was wiederum mich rührte. Aber er ordnete nicht an, daß ich von Bord in die Kaserne käme, wie ich erstrebt hatte, sondern verschrieb mir nur eine Medizin.

Der Dienstmann fragte mich nachts nach dem Namen eines Sternbildes, das gerade über uns stand. Das Kreuz des Südens log ich aus meiner Verlegenheit heraus, und weil Herr Binneweis – so hieß der Dienstmann – mir glaubte, so bezeichnete ich ihm weitere Gestirne mit glatt erfundenen Namen wie Plinius, Trinius, Merovinka.

Die „Hamburg" lief angeschossen ein.

Ich schrieb heimlich ein vier Folioseiten langes Gesuch an den Festungskommandanten von Wilhelmshaven. Das gab ich an Land bei seinem Feldwebel ab. Der sagte: „Nun, da wird Ihnen der hohe Herr wohl aufs Dach hageln." Bei meiner Rückkehr wehte auf „Vulkan" der Offizierswimpel. Herr Kaiser war befördert. Ich gratulierte ihm.

Das erste Weihnachtspaket traf ein, von meinem Bruder Wolfgang. Die Punschessenz tranken wir unverdünnt aus. Bald folgten weitere Pakete von allen Seiten. Mehrere Tabakpfeifen, davon nannte ich die erste nach meiner Stimmung „Groll". Zwei geschmückte Tannenbäumchen, Rollschinken, Pulswärmer, Pulswärmer, Pulswärmer, Äpfel, Nüsse, Zigaretten, Bonbons. Wir wußten in unserer engen Kabine nicht, wo wir die vielen Sachen und Kisten und Schachteln unterbringen sollten. Ich sandte einen Teil der Gaben an meine Freunde und Bekannten weiter, wobei ich einmal versehentlich jemandem sein eigenes Geschenk zurückschenkte. Auch verkaufte ich einiges an Bord, weil ich Geld benötigte. Für Eichhörnchen erstand ich einen schönen, präparierten Möwenbalg und legte ein Gedicht dazu.

Als ich bei unserem neugebackenen Leutnant saß und die Proviantrechnungen addierte, fragte er plötzlich: „Sie haben wohl nicht viel Freude an dieser Arbeit?"

„Nein, Herr Leutnant!"

Heiliger Abend 1914. Nach dem Abendessen (Schweinskoteletts) löste ich den Matrosen der Brückenwache freiwillig ab, weil ich nicht an der Feier teilnehmen wollte. Wie alle Fahrzeuge, so hatte auch „Vulkan" sein Bäumchen und kleine Geschenke für jedermann. Der Leutnant war wegen der Bescherung etwas in Verlegenheit. Es war etwas knapp bei uns an Äpfeln, Nüssen und Grog, und er wußte nicht recht, ob er von sich aus etwas spendieren sollte, obwohl doch schon seine Beförderung ein Anlaß dazu gewesen wäre. Auch war er nicht der Mann, der eine Rede halten konnte.

Als die anderen achteraus gerufen wurden, feierte ich auf der Brücke allein mit Mond und Sternen. Das Wetter war kalt. Ich hatte meine beste Garnitur angezogen und trug die Brust frei. Und ich dachte innig all derer, die wahrscheinlich jetzt meiner gedachten.

Am Horizont sah man die Umrisse von Kriegsschiffen. Die Marine war heute besonders wachsam. Man rechnete damit, daß die Engländer, die deutsche Sentimentalität ausnutzend, zu Weihnachten etwas unternehmen würden. Vor dem sechsten Januar sollte auch niemand von uns beurlaubt werden.

Der Leutnant holte mich herunter zu den Kameraden, die um seinen großen Tisch saßen und ihre Päckchen schon geöffnet hatten. Er bedankte sich dafür, daß ich den Baum so schön geschmückt hätte und war überhaupt besonders liebenswürdig zu mir.

Anfangs kam gar keine Stimmung auf, erst der Grog und die Pfannkuchen brachten das zustande. Ich wurde genötigt, Mandoline zu spielen. Die anderen sangen dazu. Binneweis hielt eine fatal lange Rede, die mit Anzüglichkeiten gespickt war und an einer Stelle, da wir alle eine große Schweinerei erwarteten, plötzlich den Leutnant leben ließ. Dieser erwiderte etwas merkwürdig, aber wohlgemeint und ließ Seine Majestät leben, worauf es Binneweis drängte, sämtlichen deutschen Frauen ein Hoch auszubringen. Es wurden Anekdoten, Couplets und bedenkliche Witze vorgetragen. Der Hauptspaßmacher war Tünnes. Während alledem schwieg ich niedergeschlagen. Ich hatte gedacht, man würde mir eine günstige Antwort auf mein Gesuch bescheren, davon war nicht die Rede. So blieb ich auch bei diesem Feste dem Leutnant gegenüber streng militärisch. Ich stand zum Beispiel jedesmal stramm, wenn ich ihm ein Streichholz reichte. Auch Jessen schwieg den ganzen Abend über, aber nur, um seine Unmanierlichkeit nicht bloßzustellen, und weil er meistens fraß.

Der Witz ließ nach, der Grog war getrunken, wir gingen auseinander. Alle schüttelten sich die Hände und wünschten sich Fröhliche Weihnachten. Nur der Bauer Jessen legte sich schweigend schlafen. Obwohl auch ich müde war, schrieb ich doch noch Tagebuch. Aus Maulwurfs Tannenbäumchen tropfte heißes Wachs auf mein Papier.

Am ersten Feiertag hörte ich, wie der Kommandant sagte, es sei ein Seegefecht bei Helgoland im Gange. Ich benutzte meine

Freizeit, um meine Schubfächer einmal gründlich zu säubern. Auf einmal erklang starker Geschützdonner. Gleichzeitig ertönte der Befehl: „Alles an Deck!"

Vier feindliche Flieger zeigten sich. S.M.S. „Seydlitz" hatte Schrapnellfeuer auf sie eröffnet. Wir machten unsere Kanone klar. Aber die feindlichen Flieger entschwanden rasch, und als deutsche Flugzeuge und ein Zeppelin zur Verfolgung erschienen, war es neblig geworden.

Der Leutnant war schlechter Laune. Er zankte sich wieder einmal öffentlich von Brücke zu Brücke mit dem Kommandanten von „Rotesand".

Ich wurde auf „Glückauf" geholt, um das dortige Orchester mit meiner Mandoline zu verstärken. Das Konzert scheiterte aber an allgemeiner Verstimmung, sowohl der Instrumente wie der Leute. Ich tauschte mit den „Glückauf"-Maaten ausgelesene Bücher und erhielt dabei ein Ullsteinbuch „Anständige Frauen", von Emil Marriot, das schenkte ich Binneweis.

Alles Tauwerk war eines Morgens bereift. Wenn man damit hantierte, wurden die Hände knüppelsteif. Das Deck war glatt beeist. Wir spähten fahrend nach „Luci Wrede" aus, die wir ablösen sollten. Sie lag dicht bei den Minen. Aber wir fanden sie im dicken Nebel nicht und wurden unruhig. „Fahrzeug voraus!" riefen drei Stimmen gleichzeitig. Ein gewaltiger Schiffskörper mit drei Schornsteinen tauchte dicht vor uns auf. Wir konnten knapp noch abdrehen. Ein warnender Megaphonruf drang zu uns: „Fahrt verringern!" und der große Bruder war wieder im Nebel verschwunden. Nachts wurde ich in meiner Koje wie in einem Mixbecher herumgeschüttelt. Noch schlaftrunken, von einer Wand zur andern geworfen, zog ich mich möglichst warm und wasserdicht an. Als ich die Tür öffnete, donnerte draußen der Sturm, und schreckhafte Seen fegten über Deck.

Vier Stunden Wache im Orkan auf der Brücke. „Vulkan" pendelte zwischen Meeresgrund und Himmelszenit. Die über das Schiff wuchtenden Brecher rissen die eiserne Brückentreppe aus den Angeln und spülten Korkwesten, Balgen, überhaupt alles, was nicht angebunden war oder sich nicht krampfhaft mit beiden Händen festklammerte, über Bord. Wer nicht unbedingt an Deck zu tun hatte, blieb unten. Die mehrere Zentner schwere Signalglocke läutete ohne Bedienung.

Mein Wachvorgänger wollte den Kommandanten auf den Ernst

der Situation aufmerksam machen. In der Kajüte führte der Weihnachtsbaum mit den unterschiedlichsten Gerätschaften einen wilden Tanz auf. Dazwischen lag sterbenskrank dahingestreckt der Kommandant.

„Wollen Herr Leutnant nicht mal an Deck kommen? Das weht immer schlimmer. ‚Diomedes‘ und ‚Franz‘ sind schon weit vertrieben. Unser Anker hält vorläufig noch." Der Kommandant erklärte, er ginge nicht an Deck. Was es denn da weiter zu sehen gäbe.

Nachmittags mußten wir unseren zweiten Anker ausbringen und alle Kette stecken. Der Kommandant kam schließlich doch für eine Stunde auf die Brücke. Er hatte dunkelrote Flecken im Gesicht, und er blieb an Steuerbord übers Geländer gebeugt und erbrach sich. Eichmüller und ich machten sich heimlich über ihn lustig, obwohl auch wir bleich und von Furcht erfüllt waren. Wir froren sehr, weil wir nicht auf und ab gehen konnten. Durch die mit weißen, zerfetzten Schaumgeweben bedeckten, dunkelgrünen Wogen flüchteten sich Torpedoboote nach Wilhelmshaven. Ihnen folgte ein Fischdampfer mit gebrochenen Masten. Vor seinem Bug stand eine stete hohe Wassersäule. Es war natürlich nicht daran zu denken, daß ich nach Ablösung endlich einmal die mich bedrückenden Weihnachtsdankesbriefe schrieb.

Wider Erwarten hatte sich das Routineboot herausgewagt. Von Toni Pfeiffer erhielt ich ein Lebenszeichen aus Wenduyne. Von Luise Reichardt erhielt ich eine Dose Schoten. Horsmann lachte mich brieflich aus, weil ich Immermanns Münchhausen ernstlich für verheftet gehalten hatte, nachdem der erste Band mit dem elften Kapitel begann. Ferner oder ganz fern Stehende schrieben an mich, darunter viele, die aus Neugier, Hysterie, Langeweile oder aus Geschäftsinteresse Kriegsberichte von mir haben wollten. Sie betonten, daß ich angesichts meines schweren Dienstes meine Antwort lange hinausschieben sollte, flochten aber gleichzeitig geschickte Fragen ein, die eine rasche Antwort erheischten. Unerquickliche Zeitungen mit nur günstigen Nachrichten, albernen oder plumpen Anmerkungen der Redaktion und eitlen Todesanzeigen. Überschwengliche Kaisergedichte von Max Bewer und Abbildungen von höchsten Damen in modischer Tracht als barmherzige Schwestern.

Die Leute vom Routineboot wollten gehört haben, daß der Kommandant der „Yorck" zwei Jahre Festung und sein erster Navigationsoffizier ein Jahr Gefängnis erhalten hätte.

Durch den Orkan war viel Schaden angerichtet. Der große Kran in der Werft sollte umgefallen sein. Die gütige, arme, kranke Margot Fichtner, zu der ich und zu der wir eigentlich alle so oft ungerecht überlegen gewesen waren – wir damals in München – sie also sandte mir jetzt ein reiches Liebesgabenpaket, das in einer Flasche Kognak gipfelte. Hugo von Halm teilte mir mit, daß der Kunsthistoriker Oskar Dolch an der Front gefallen war. Mir ward sehr weh ums Herz. Da war ein lieber Freund von mir tot, ein Mann von wunderbarem Wissen und feinstem künstlerischen Geschmack. Dolch hatte mich häufig ob meiner Unwissenheit getadelt und mir dies und jenes beizubringen versucht. Er war bescheiden, gastfrei und hatte eine entzückende Art, mit einfachen Mädchen – etwa mit einem Milchmädchen – umzugehen. Er liebte diese Mädchen so zart.

Nachts auf Wache rauchte ich dem Verstorbenen zu Ehren die Pfeife Libertas, die ich dazu ausersehen hatte, nur zum Gedächtnis Gefallener geraucht zu werden. Eichmüllern bedeutete ich, jegliches Geschwätz zu unterlassen. Als er trotzdem bald vom Vertörnen der beiden Ankerketten, bald von anderen ihn angeblich beunruhigenden Angelegenheiten zu brummeln begann, half ich mir anders, indem ich meinerseits das, woran ich denken wollte und zutiefst dachte, laut aussprach und den Obermatrosen damit zum Zuhörer machte.

„Dolch ist tot! Ein junger Gelehrter, auf den alte, erfahrene Fachleute hörten und von dem sie lernten. Ein Mann, der eine große Zukunft hatte, ein edler Mensch, gegen den du, Eichmüller, ein Schweinigel bist. Nie wieder werden wir eine dieser wilden, geistreichen und sonderbaren Nächte in jener geheimnisvollen Parterrewohnung feiern. Wenn die Scheiben früh sich blau färbten und wir noch immer beim Burgunder saßen und bis zur Heftigkeit über den Leutnant von Zabern und den Wilhelminischen Geist stritten, dann warst du, Dolch, stets einig mit mir. Aber von Halm, der selber nie gedient hatte, sondern nur immer wieder sich auf seinen Bruder berief, der allerdings ein tüchtiger Offizier war, dieser unser von Halm warf uns zuletzt sozialdemokratische Gesinnung vor. Und nun sitzt von Halm noch in der Heimat, und du, Dolch, bist in der ersten Reihe der Mutigsten gefallen.“

Als Libertas ausgeraucht war, holte ich Margots Kognakflasche vor, und nach mancherlei Zeremonien, die mir in meiner Situation ein echtes Bedürfnis waren, durfte auch Eichmüller einen Schluck trinken, er mußte zuvor aber laut in den Sturm rufen, was ich ihm wortweise vorsprach: „Ich trinke auf das himmlische Wohl des toten Dolch, gegen den ich ein Schweinigel bin!" Darauf schlich ich mich in die zufällig unverschlossene Kombüse und durchstöberte die Schubfächer nach etwas Eßbarem, fand dort aber nur schmutzige Wäsche, aus der beim Strahl meiner Taschenlampe Hunderte von Kakerlaken nach allen Seiten flohen.

Tante Selma bat ich im nächsten Brief, ein grünes Kränzchen ohne Blumen, ohne Worte und ohne Namen an die Tür von Dolchs Parterrewohnung zu hängen.

Die Befehle betreffs Sparsamkeit mehrten sich, waren aber bei der Marine besonders schwierig durchzusetzen. Kartoffeln sollten fortan gewaschen und mit Schale gekocht werden. Alle, auch die kleinsten Reste von Wollsachen sollten gesammelt und auf „Glückauf" abgegeben werden. Dreimal wurde ich vom Leutnant darüber erwischt und davon abgehalten, daß ich einen uralten Strumpf ins Meer werfen wollte, den schon Tante Selma vor mir getragen und den ich später zum Lampenreinigen und zuletzt zum Säubern meiner mit Staufferfett besudelten Hände benutzt hatte.

Ich wurde zum Sperrkommandanten befohlen, zum „Einsperrkommandanten" sagte Schaffrot. Der Durchfahrtskommandant hatte ihm mein Gesuch zur Erledigung gegeben, und nun las es Kapitänleutnant Rusch in Gegenwart meines Kommandanten sowie seines Verwalters laut vor, wobei er alles auf seine Art widerlegte und mir militärischen Ungehorsam vorwarf. Mein Schreiben sei mehr Beschwerde als Gesuch. Daß ich gern fortmöchte, könnte jeder sagen. Es wäre selbstverständlich, daß ich meine Pflichten bestens erfüllte, und er könnte nicht fortwährend neue Leute einstellen. Eigentlich hätte ich Arrest verdient, er wollte mich aber mit nur einem scharfen Verweis bestrafen. Die Audienz war damit zu Ende. Abends zeigte mir Herr Kaiser den Tagesbefehl, worin meine Strafe „strengen Verweis wegen unmilitärischen Benehmens" schon angezeigt war. Das war meine erste von den in den Büchern fortlebenden Strafen bei der Kaiserlichen Marine.

Ich versandte Neujahrswünsche und ließ einen Hyazinthenstock für den Intendanturrat Bruhn besorgen. Eichhörnchen bat mich in einem verspäteten Briefe, das Weihnachtsbäumchen von ihr – ich hatte es früher erhalten und am zweiten Feiertage Witzmann geschenkt – mit brennenden Kerzen in die See zu werfen, als Gruß an die „Yorck“-Leute. Nun besteckte ich einen Tannenzweig mit Lichtern, band eine schwarz-weiß-rote Schnur daran und warf ihn über die Reeling.

Von Bord zu Bord wurde signalisiert „Prosit Neujahr!“ Ich zog mir zur Wache zwei Hosen, drei Sweater und zwei Paar Handschuh, obendrein noch Ölzeug an, fror aber trotzdem noch in Nässe, Kälte und Wind. Deshalb aß ich Mirzls Konservenschoten kalt. Auch hinterher in meiner Koje fror ich trotz eines Schlafsackes, den mir Vater geschenkt hatte mit einem Begleitbrief, darin er mich ermahnte, in meiner gegenwärtigen Verbitterung nicht die Achtung vor dem allgemeinen deutschen militärischen Geiste zu verlieren.

Wenn ich in den langen, langen Stunden einsamer Wache das alte Steckenpferd ritt, „wie ungerecht geht das alles zu“, dann gab ich, durch Vaters oder Eichhörnchens Briefe und durch anderes beeinflußt, mir wirklich immer wieder die Sporen: „Betrachte es doch ruhiger, unpersönlicher, abständlicher.“ Aber solche Vorsätze flogen wie Bumerangs. Ich überlegte mir zum Beispiel: An welchen von den vielen Vorgesetzten, die du bisher kennengelernt hast, denkst du mit besonderer Hochachtung oder gar mit Enthusiasmus? An keinen!

Es wurde für die Hinterbliebenen der Gefallenen eine Kollekte veranstaltet. Ich war der einzige an Bord, der nichts dazu beisteuerte.

Ein Mann unserer Division wurde wahnsinnig. Es gab Leute, die über Urlaub blieben, weil sie mit Arrest bestraft sein wollten, um auf diese Weise wenigstens für einige Zeit von Bord zu kommen. „Die Offiziere schwelgen hier,“ sagte einer dieser Leute zu mir, als ich ihm gut zureden wollte, „und wir dienen den Offizieren, nicht dem Vaterlande.“ Was konnten diese Leute dafür, daß sie diese jungen Offiziere, Leutnants, Oberleutnants, Kapitänleutnants verantwortlich machten und haßten. Sie kamen ja mit höheren Instanzen nicht in Berührung. Was konnten diese jungen Offiziere dafür, daß sie Annehmlichkeiten, die ihnen in dieser abscheulichen Zeit geboten wurden, annahmen und nach ihrer Art und Denkungsweise auswerteten. „Wir haben es doch hier eigentlich noch recht gut“, sagte einmal der Leutnant zu mir, und als ich ihn daran erinnerte, daß wir manchmal an manchem Tage sechzehn, ja zwanzig Stunden Dienst hatten, brach er verdutzt das Gespräch ab.

Wir fuhren den Sperrkommandanten spazieren, nein, erst fuhren wir zum Dampfer „Hera“, um Wasser zu nehmen. Aber dann legten wir uns neben eins der neuesten Torpedoboote. Es handelte sich um einen Offiziersbesuch, also um eine Privatangelegenheit. Die Offiziere tranken unten in der Messe und ließen uns warten, warten und weiter warten. Wir standen wie Lakaien an Deck, flüsterten ein paar vertrauliche Worte mit den Lakaien des Torpedobootes, während wir uns mit den Fendern und Leinen abmühten, weil die beiden Schiffe bei der starken Dünung gegeneinander bumsen oder sich voneinander losreißen wollten. Da unser Kommandant es auch auf die Dauer nicht für nötig erachtete, uns ein Wort der Erklärung oder eine Dienstanweisung zukommen zu lassen, setzten wir uns schließlich hungrig zum Essen; als das eben aufgetragen war, erschien Herr Kaiser und rief: „Klar zum Manöver!“

Wegen Urlaubsüberschreitung erhielten: Obermatrose Eichmüller drei Tage Mittelarrest nebst Degradation zum Matrosen, Matrose Schulz fünf Tage Arrest.

Jessen fluchte auf den Leutnant, der Koch auf einen Unbekannten, der ihm aus Tort das Ofenrohr in der Kombüse verstopft hatte. Die Leute schimpften über den Koch. Der Leutnant schimpfte über seine Mannschaft, der Sperrkommandant über alle Mannschaften. Ich konnte überhaupt nicht mehr schimpfen. Ich fühlte mich einsam und dachte noch immer traurig an den toten Dolch.

Zum Geburtstage des englischen Königs wollte wohl unsere Marine auch ihre Glückwünsche bringen. Ich sah die Straßburg und Nautilus schwer mit Minen beladen auslaufen.

„O Peter Jessen aus Holebül bei Flensburg, du einziger, mit dem ich hier – ich glaube in einer betrunkenen Stunde – Brüderschaft schloß!“ schrieb ich in mein Tagebuch, „Obermaat Jessen, du altes, fettes Schwein. Du ißt Tag für Tag mit mir und jedesmal zuckt es mir in den Fingern, deinen kahlen Seehundskopf, dein unehrliches Gesicht mit den schlauen Augen, die während des Essens nicht von der Schüssel weichen, tief in die Suppe zu tauchen. Du schmatzt, du rülpst, du schlürfst und ketschst. Bei allen Mahlzeiten bist du der erste an der Kombüse, und wenn ich dich früh wecke, sagst du statt ‚Guten Morgen‘, ‚Wo ist der Kaffee?‘ Du sprichst nur vom Essen. Du würdest für ein gutes Gericht deine treuesten Anhänger verraten. Ja, man möge mich für ungerecht, ärgerblind oder für wetterwendisch halten, weil ich dich nun heruntersetze, weil ich mich in dir getäuscht habe, wie sich alle in dir täuschen. Denn du bist ein kalter, berechnender Egoist. Du bist ein Meister der knechtischen Geduld und der Verstellung. Du hast mir im Skat viel Geld abgeknöpft. Du hörtest stets mit Spielen auf, wenn du gewonnen hattest, und du merktest dir, daß der Treffbube einen schwarzen Pickel auf der Rückseite hatte. Du studiertest meine Züge, die verrieten, ob ich günstige oder ungünstige Karten hatte. Du spielst an Bord und vor den Vorgesetzten die Rolle des schlichten, stillen Mannes. Du bist feig, hast Angst vor Pulver und Kampf, du hast keine Ehre und keinen Anstand im Leibe, du bist zu Beschwerden zu feig und hetzt andere gegen den Leutnant auf, wenn er dich gekränkt hat, und du treibst andere durch unanfechtbare, aufreizende Reden in Strafen."

Am nächsten Tag las ich diese Eintragung erst leise für mich und dann laut Jessen vor. Der erzählte mir, ich wäre durch sehr viel Bier sehr betrunken geworden, und dann hätte ich mich in meiner guten Laune zur Entrüstung der anderen Maate ins Matrosenlogis gesetzt, hätte mit den Leuten die Reise nach Jütland gesungen und hinterher ihnen das Herz von Douglas vorgetragen.

Die Minen der ersten Sperre wurden gesprengt, weil sie zu tief im Schlick versackt waren. Interessiert sahen wir zu. Da wuchs für Sekunden ein riesiger zackiger Eisberg oder ein gläsernes Schloß donnernd aus dem Wasser, und wenn es in sich zurückgefallen war, dann bedeckte sich das Meer an der Stelle mit Hunderten von toten Fischen, und die Möwen sammelten sich alsbald.

Ich bedaure, daß ich unfähig bin, Dialekt und Sprachweise meiner Kameraden wiederzugeben. In einer stockdunklen Nacht nach dem Dienst sagte Jessen zu mir: „Wieder ein Tag um. Der Leutnant hat noch Besuch, wenn der abzieht, gehen wir vor Anker. Da lohnt es sich doch gar nicht, sich schlafen zu legen." Wir setzten uns also an unser Klapptischlein, das schon einer von uns beinahe umzingeln konnte. Jessen kaute Äpfel, ich las in dem herrlichen Buche Anton Reiser. Undeutlich hörten wir den Leutnant Befehle rufen betreffs Anlegen oder Ablegen. Wir lagen bei starkem Wind an einer Leine hinter „Franz". Jessen fragte aufhorchend: „Sollen wir an Deck?"

„Ich nicht", erwiderte ich müde faul, „paß auf", fügte ich spöttisch hinzu, „jetzt gibt es einen Stoß." Gleich darauf erzitterte der ganze Vulkan unter einem mächtigen Anprall. Ich lachte Jessen frivol zu.

„Volle Kraft zurück!“ schrie eine Stimme an Deck. Wir unten ahnten nicht, daß unser Leutnant gar nicht bei uns, sondern drüben an Bord, und daß unsere Leine gerissen war, wir infolgedessen von Windstärke 10 durch die beiden dunklen Tinten Luft und Wasser gerissen wurden. „Alle Mann an Deck!“ Ich zog mir aber doch erst mein Ölzeug an.

Oben war dickstes Preußischblau mit Schneesturm und zischenden Seen, aufgeregten Rufen und Wirrwarr, in den auch ich mich sofort verwickelte. Ich tastete mich nach der Lampenkammer. Das war ganz recht, denn die gehörte zu meinem Ressort, und Licht war nötig, aber ich vergaß den Schlüssel mitzunehmen und mußte nochmals umkehren. Und allen kam alles Mögliche zwischen die Beine. Aber schließlich kriegten wir das Schiff doch wieder in Gewalt und brachten es an „Franz“, der uns durch Lichtsignale unterstützte. Der Leutnant stieg an Bord. Bis wir unter seiner Leitung einen Ankerplatz gefunden und Anker geworfen hatten, gab es noch viel Durcheinander, Zank, Scherben, Splitter, Anstrengungen, Gefährliches und Kaltblütiges.

Die Verpflegung ward dünner, und der Koch verteilte das Dünne ungerecht.

Alle Kriegsschiffe hatten ihren hintersten Schornstein rot gestrichen. Ein Zeppelin zog aus. Unter ihm flog ein Wildentenschwarm in wohlausgerichteter Formation. Während eines kleinen Mittagsschläfchens hörte ich, wie Tünnes im Heizraum jemandem riet, sich zwecks Abwehr der Kakerlaken den ganzen Körper mit Zwiebel einzureiben. Von Deck her klangen Befehle zum Strafexerzieren. Dann mußte ich ein Seitengewehr umschnallen, um Eichmüllern an Land ins Arrestlokal zu transportieren. Unterwegs berichtete er mir über sein seemännisches Vorleben. Wenn ich viel Lügen und Übertreibungen abzog, blieb noch, daß er Yachtmatrose in Potsdam gewesen war. Sehr komisch stellte er dar, wie Prinz Eitel Friedrich und die Prinzessin im Boote gefrühstückt hatten, aus zahllosen winzigen Büchsen und Dosen, worin immer nur ein viertel Bissen gewesen wäre, etwa zwei Pflaumen oder ein Kleckschen Butter; auch diese Kleinigkeiten hatten sie erst auf einen Teller gelegt, dann von dort etwas auf ihre eigenen Teller genommen, um es dann erst mit Gabel und Messer klein zu säbeln. Eichmüller hatte wütend zugesehen, und als er zum Schlusse der Mahlzeit aufgefordert wurde, sich auch etwas zuzulangen, und er mit seinen klobigen Tatzen in die Reste griff und alles im Nu hinterschlang, hatte die Prinzessin gesagt, sie hätte noch nie einen solchen Fresser gesehen.

Eichmüller hatte Kamm, Zahnbürste, Seife, ein Brot und was sonst Vorschrift war, bei sich. Ich führte ihn erst in eine abgelegene Konditorei und fütterte ihn noch einmal satt. Im Arrestlokal wurde er aber wegen Überfüllung nicht angenommen, das heißt das Arrestlokal war überfüllt. Der Aufseher sagte mit dem Stolze eines Theaterbesitzers: „Bei uns muß man schon wochenlang voraus belegen. Wir schicken an manchen Tagen bis siebzig Arrestanten zurück." Ich bemühte mich nun, ein anderes, vergittertes Unterkommen für Eichmüller zu finden, der mir dabei eifrig half. Wir fanden endlich, was wir suchten. Ich hatte Befehl, einen anderen, strafberüchtigten Matrosen von „Glückauf" aus dem Arrest abzuholen. Zuvor expedierte ich aber mein letztes Tagebuch nach Hause, was ich bei jeder Gelegenheit tat, weil ich befürchtete, es könnte einmal entdeckt und konfisziert werden.

Eine junge Frau sprach mich an, die mich offenbar verkannte, denn sie wähnte, sie hätte mich auf der Durchreise in Bremen kennengelernt. Ich ließ sie eine halbe Stunde lang in diesem Irrtum, weil ich glücklich war, mal wieder mit einem Weib sprechen zu können.

Der „Glückauf"-Matrose hatte sieben Tage verbüßt, weil er im Rausch einen Kapitän untern Arm genommen hatte und gemütlich mit ihm plaudern wollte. Ich scherzte: „Sie haben sich doch wenigstens gehörig ausschlafen können?"

„Ach", sagte er, „als ich mich eben auf die andere Seite legen wollte, war die Zeit schon um."

Abends lief mit anderen Kreuzern die „Seydlitz" ein und wurde von „Seeadler" mit Hurra begrüßt. Das Schiff schien gebrannt zu haben, denn es war achtern ganz schwarz. Der Sperrkommandant hielt es aber nicht für nötig, uns mitzuteilen, was geschehen war. Erst durch ein Wasserboot drang etwas zu uns. Danach waren in einem Seegefecht bei Borkum unsere Kreuzer „Blücher" und „Seydlitz" torpediert worden. „Blücher" kenterte sofort. Die Mannschaft ertrank. „Seydlitz" sollte hundertsechzig Mann verloren haben. Englischerseits sollte der „Tiger" gesunken sein, ein modernes Schiff mit schwerer Artillerie.

Wir mußten die Lampen abblenden. Verschärfte Kriegsbestimmungen traten ein, die Sperre blieb bis morgens geöffnet, um unsre Schiffe möglichst schnell herauszulassen.

Andern Tags fuhr ich mit dem Routineboot dienstlich an Land. An der Mole im Fluthafen stand ein Auto. Zwei Chauffeure trugen einen Kapitänleutnant, dessen rechtes Bein gebeugt verbunden war, von Bord in den Wagen. Ich half dem Offizier beim Einsteigen. Hinterher erfuhr ich, daß es Weddigen gewesen war.

Die Nacht war ungewöhnlich still, so still, daß der Ruf eines fernen Wattvogels wie etwas Lautes unterbrach, und daß ich einmal ein leichtes Flappen der Flagge für fernen Geschützdonner hielt. Über dem glatten Wasserspiegel wallte Nebel und verzerrte die Perspektive. Der Horizont blieb verborgen. Die Leuchtbojen schienen bald nah, bald fern zu sein. Ich mußte an Chaos und Weltschöpfung denken. Mir waren die Zigaretten ausgegangen, und mich reizten Eichmüllers Aufschneidereien. Ich hatte mir diesbezüglich seit langem Notizen gemacht und hielt nun dem jungen Bengel eine Statistik vor, nach der er in einem Jahre vier Frühlinge in fünf voneinander entlegenen Ländern verbracht, außerdem während seiner dreijährigen Dienstzeit mindestens sieben Jahre Soldat gewesen war. Als er aber auch diesen Beweisen wieder aalglatt entschlüpfte, mußte ich lachen und begann nun von meinen kriegstechnischen Erfindungen zu reden, mit denen meine Phantasie sich oft beschäftigte. Von der Pfefferkanone, die vor einem Angriff bei günstigem Wind große Pfeffermassen über die feindlichen Schützengräben schleudert. Von dem Fluchtgewehr, das, ohne daß man's ihm vorher anmerkt, die Geschosse nicht vorn, sondern hinten herausschießt, und das man mit Munition bei der Flucht dem Feinde zurückläßt. Oder von den unbemannten, nur verkappte Fallbomben tragenden Freiballons, die man zu Tausenden mit gutem Wind über Feindesland schickt, auf daß sie dort abgeschossen werden.

Zu Kaisers Geburtstag brachten die Blätter lobende Berichte über den obersten Kriegsherrn, die „Woche" Nr. 4 ein rührend schönes Gedicht von Joseph von Lauff.

Ich sah an Land den langen feierlichen Beerdigungszug für die hundertachtundsechzig Getöteten von „Seydlitz". Nachdem ich bereits zwei andere Schritte für mein Wegkommen von der Jade unternommen hatte, eilte ich nun nach der „Seydlitz", die hinterm Flugzeugschuppen lag. Auf dem Kai staute sich eine große Menschenmenge, es bekam aber niemand Zutritt. Ich drängte mich bis zum Posten Fallreep vor, sagte, ich wollte den Kommandanten sprechen, und wurde daraufhin zum Ersten Offizier geführt. Der ging erst einmal um mich Strammstehenden herum, um die Inschrift meines Mützenbandes zu lesen: „Sperrfahrzeugdivision der Jade“. Dann suchte er auszuforschen, was ich vom Kommandanten wollte. Ich drückte mich aber nur allgemein aus, es handle sich um ein Gesuch. Zum Adjutanten des Kommandanten geschickt, der das Eiserne Kreuz trug, begann ich: „Ich habe ein Gesuch an den Herrn Kommandanten, beziehungsweise an den Herrn Adjutanten.“

„Nun, was denn?“

„Ich bitte“, fuhr ich vorsichtig fort, „auf unvorschriftsmäßigem Wege ein Gesuch aussprechen zu dürfen.“

Er erlaubte das, ging sehr höflich auf das ein, was ich nun vortrug, und begab sich dann zum Ersten Offizier. Währenddessen betrachtete ich das verwüstete und zerschossene Achterdeck. Ein Maat schilderte mir bewegt Einzelheiten aus dem Seegefecht. Eine dreizehn Zentner schwere Granate war ins Achterschiff durch das Deck in den Kartuscheraum gedrungen, der sofort in Flammen stand. Leute verbrannten und brieten in den glühenden Panzertürmen. Man hatte sie als kleine zusammengeschrumpfte Leichen herausgeholt.

Der Adjutant kam zurück. Er meinte, es bliebe nichts übrig, als mein Gesuch auf vorschriftsmäßigem Wege einzureichen, ich könnte nur um beschleunigte Weitergabe bitten. Er würde es befürworten, und dem Schiffe selbst wäre es sehr erwünscht, tüchtige Unteroffiziere zu bekommen. Als ich einwarf, der Sperrkommandant würde das Gesuch nicht weitergeben, sagte er: „Doch, er ist verpflichtet, es weiterzugeben.“

Abends um zehn Uhr, als Leutnant Kaiser vom „Seeadler“ von der Kaisergeburtstagsfeier zurückkehrte, legte ich ihm mein wohlverfaßtes, dringendes Gesuch vor. Er schrieb an den Rand „befürwortet“ und sektfröhlich, wie er war, fing er noch einen langen witzelnden Speech an. Wir von der Sperrfahrzeugdivision hätten allesamt Anrecht auf das Eiserne Kreuz. Weil wir aber hinter der Front stünden, müßten wir es hinten tragen. „Hester“, sagte der Leutnant dann, „Sie sind zwar als Individuum sehr brauchbar, aber Sie müssen sich noch einen anderen Kommandoton angewöhnen, wenn Sie sich den Respekt bei den Leuten erhalten wollen. Geben Sie einen Befehl, dann klingt das immer wie eine Bitte; Sie müssen die Leute anbrüllen, daß sie sich auf den Arsch setzen.“ Ich hatte das Gefühl, daß er da etwas an mich richtete, was einmal der Sperrkommandant an den Vizesteuermann Kaiser gerichtet hatte. Mein Kommandant erzählte mir nun, daß ihm sechs Tage und Eibel und Witzmann fünf Tage Urlaub während der bevorstehenden Werftliegezeit bewilligt seien. Dann las er mir noch mit bebender Stimme die kaiserlichen Geburtstagserlasse vor: „... Ernst der Lage ... Ansichtskarten mit Kaiserbild für Rote-Kreuz-Zwecke verkaufen ... Alle Disziplinarstrafen bis sechs Monate erlassen." Letzteres freute mich für Schulz und Stüben. Eichmüller bekam dadurch auch seinen Obermatrosenwinkel wieder.

Ich machte mich bei den anderen Maaten vom „Vulkan" mehr und mehr unbeliebt. Bei den Matrosen galt ich als der beste, als der freundlichste von den Unteroffizieren, aber sie betrugen sich mir gegenüber deshalb besonders respektlos und undankbar. Ich vermißte den Schlüssel zur Schiffsuhr und den Schlüssel zur Lampenkammer. Vermutlich hatte jemand, um mir einen Streich zu spielen, die Schlüssel über Bord geworfen.

Puh! Es war kalt. Die Wasserpumpe zugefroren. Meine Hände steif und brennend, einzelne Finger abgestorben. Und das abscheuliche Arbeiten an Deck mit nassen Leinen, das Herüberreichen von Lasten, von einem tanzenden Schiff zum andern. Nein, lieber Schützengraben.

Aber im Ruderhause unseres verschneiten und vereisten Schiffchens duftete ein Maiglöckchensträußchen von Eichhörnchen.

Der Alte – der sechsundzwanzigjährige Alte – ich meine unseren Kommandanten, rief mich spät noch in seine Kajüte und plauderte mit mir, was mir sehr unlieb war, weil ich hinterher Mittelwache hatte. Der tiefere Grund für die Plauderei war folgender: Ein Befehl war erlassen, daß die Schiffsführer künftig monatliche Meldungen einreichen sollten über bisher gesammelte Kriegserfahrungen. Da brauchte Herr Leutnant nun wohl einen Schriftsteller. Aber andererseits ärgerte er sich, wenn man ihm direkte Vorschläge machte. Er wollte nur unbemerkt etwas ablauschen, Würmer aus der Nase ziehen, und das tat er jetzt und gähnte ganz ungeniert dabei.

Es gab wieder verwickelte, kleinliche Zänkereien und Angebereien. Wenn sich Leute über Unteroffiziere beschwerten, nahm Herr Kaiser stets für uns Partei. Besonders leid tat mir's, daß ich mit Schaffrot so oft zusammenstieß, weil er nur beschränkt und ungehobelt, aber niemals hinterlistig wie die andern zu mir war.

Jessens Koje war kahl wie sein Kopf. Die meinige hatte ich mit Ansichtskarten ausgeschmückt. General Hindenburg, eine dicke Dame im Badekostüm, mein Schwager auf dem Apfelschimmel, daneben ein Bild „Steh ich in finstrer Mitternacht", und dazwischen hingen Taschenmesser, Schlüssel, sieben Tabakpfeifen, ein Teesieb, ein Sektstöpsel und Bierflaschengummi. Totgeschlagene Kakerlaken klebten wie Rosinen über die bunte Wand verstreut. Das war mein Reich, wo ich schlief und träumte und las. Anton Reiser war damals eine besonders tröstliche Lektüre für mich, obwohl sie mich auch nicht heiterer stimmte. Ich las ferner: Platons Gastmahl, zwei Novellen von Jérôme und Jean Tharaud und „Mein feldgraues Buch" von Frieda Schanz, worin Stellen vorkamen wie „... Kaiser-Schlacht-Gott im überirdischen Licht" und „... heilige möwenweiße Königin Luise". Ich las Zeitungen. Der Kommandant der Wesermündung setzte in einem Steckbrief dreihundert Mark Belohnung aus für Ergreifung des englischen Nordseelotsen Trug, der sich zwecks Spionage an der Unterweser herumtreiben sollte. The Times vom 26. Dezember 1914 schilderte den Untergang von „Gneisenau" und „Scharnhorst" und bewunderte offen die deutsche seemännische und soldatische Bravour. Das wirkte so viel edler als unsere Bieruntersetzer mit der Inschrift: „Gott strafe England."

Ein achtundzwanzig Seiten langer Brief von Eichhörnchen, die meine Tagebücher bei den Eltern gelesen hatte und daran Anstoß nahm, daß so viel vom Essen berichtet würde. Auch Eichhörnchen hatte nach meiner Meinung eine törichte, manchmal geradezu hysterische Einstellung zu den Zeitereignissen, und mich ärgerte die Broschüre, die sie mir preisend zusandte: „Über die Tragik in des Kaisers Leben."

Sieben Pfund ungebrannter Kaffee von Telschow. Einem Briefe von Ruth Trinius war eine Karte beigelegt mit dem Aufdruck „Deutsch sein, heißt edel und tapfer sein". Ich retournierte ihr die Karte mit dem Vermerk „Geschmackloser Quatsch". Anonym bekam ich eine Feldflasche mit köstlichem alten Rum geschickt.

Eines Tages hatte „Vulkan" die Aufgabe, ein Scheibenfloß an einer langen Leine vor dem Fort Schillig hin und her zu schleppen. Das Fort schoß auf eine Entfernung von 6000 Metern darauf, was recht interessant war. Nach jedem Trip untersuchten wir die Treffer, und ich fand dabei einen in der Leinwand hängengebliebenen Granatzünder, den ich mir aufbewahrte. Übrigens erregte ich Aufsehen dadurch, daß ich mich in große Gala geworfen hatte. In gewichsten Seestiefeln, schneeweißen Hosen, bestem Hemd, bester Mütze, mit neuem Exerzierkragen und sorgfältig gebürstetem Schnurrbart verrichtete ich – allerdings sehr behindert – meine Arbeit. Man frug mich aus, aber ich verriet nichts. Ich hatte nämlich erfahren, daß Kaiser Wilhelm schon seit gestern in Wilhelmshaven weilte. Nun war zwar nicht anzunehmen, daß wir ihn zu Gesicht bekämen, aber wenn, dann war ich entschlossen, mein Gesuch persönlich bei ihm anzubringen.

Zahnschmerzen trieben mich an Land. Nachher konnte ich mich aber nicht entschließen, mein Geld für den Zahnarzt auszugeben, sondern zog eine musikalische Veranstaltung vor. Kothe sang Lieder zur Laute. Ich saß zwischen Offizieren und reichgekleideten Wilhelmshavener Damen eingekeilt, gesund aussehenden Damen mit blonder Haarfülle. Aber lange hielt ich's dort nicht aus, sondern setzte mich zu größerer Freiheit in ein Weinlokal, und berauschte mich an dem Gegensatz: Jetzt schöne Möbel, herrlicher Rheinwein, Bedienung, Musik, und noch vor wenigen Stunden – und wieder in wenigen Stunden – harte Arbeit und diese trostlose, einen verrückt machende Öde draußen auf dem kalten kleinen Schiff.

Endlich durfte das Schiff in die Werft, und der Kommandant und Eibel und Witzmann fuhren auf Urlaub. Da arbeiteten wir viel froher und intensiver ohne Mittagspause, um abends desto früher auf Stadturlaub gehen zu können.

Siebzehn Menschen mußte ich sprechen, nach sechs Gebäuden und durch achtzehn Zimmer wandern, um zwei Paar Filzschuhe für die Nachtposten zu erhalten.

Ich war ermächtigt, die dienstliche Post für „Vulkan" zu öffnen. Der erste Brief enthielt die Verfügung, daß Obermaat Eibel nicht auf Urlaub zu lassen wäre, weil er kürzlich in der Marktstraße einer Patrouille entlaufen wäre, die ihn wegen Skandalierens angehalten hatte. Nun, Eibel war längst in seiner Heimat.

Ich genoß das „Jeden Abend an Land" mit Wonne. Ich hörte Marcell Salzer, sah Humperdincks Märchenoper Hänsel und Gretel und besuchte das Kriegstheater. Damen und Herren der Gesellschaft führten unter Mitwirkung von Marinern Ludwig Fuldas Jugendfreunde auf. An der Spitze dieses Wohlfahrtunternehmens stand die Frau des Korvettenkapitäns Morath. Es gelang mir durch Beharrlichkeit, diese Dame einmal zu sprechen.

Ich wollte gern mit Theater spielen, obwohl ich absolut nicht die Überzeugung hatte, dafür geeignet zu sein. Mich lockte der Gedanke, wieder einmal mit Kunst in Berührung zu kommen. Vor allem aber hoffte ich, durch den Einfluß von Frau Morath meine Abkommandierungspläne zu fördern.

Und dann hatte ich ein schönes Erlebnis. Ich lernte nachts vor dem Tor einer Villa M. M., ein hübsches, rotbackiges, heißäugiges und märchenhaft sittsames Dienstmädchen kennen. Sie wurde mein Verhältnis. Es gab einmal ein eigenartiges und komisches Renkontre mit der gnädigen Frau. Ich führte M. M. aus. In den einfachen Lokalen, die wir aufsuchten, versteckte sie ihre roten und rissigen Hände und erzählte mir ungeziert, auch nicht ohne Humor, ihre einfache, brave Lebensgeschichte. Sie fragte, was ich im Zivilberuf wäre, und als ich nach längerem Ratenlassen sagte, ich machte Verse, erschrak sie hübsch und äußerte, daß ich ja dann gar nicht zu ihren Kreisen gehörte. Ich redete ihr das aus. Dann tranken wir Brüderschaft, und ich verabredete mit ihr, die nur selten Ausgangserlaubnis bekam, das nächste Zusammentreffen.

Darüber hatte ich meinen Urlaubsschein verloren, ich half mir aber mit einem Trick durch die Sperre am Werfttor. Mit raschen Schritten ging ich auf den dortigen Polizeiposten zu, hielt ihm rasch, als wär's ein Urlaubsschein, eine Quittung über ein zurückgeliefertes leeres Bierfaß vor und frug dabei aufgeregt: „Ist es wahr, daß ein englischer Flieger eine Bombe auf das Café Central geworfen hat?" Der Posten machte große Augen. Andere Leute der Wache traten neugierig herzu, beteiligten sich an der Debatte, und einer behauptete, er habe es gesehen. Ich verduftete mit der Versicherung: Eine alte Frau habe mir die Nachricht zugerufen, und ich möchte beschwören, das sei eine freche Lüge.

Kaum saßen wir im Dock trocken, so hatte Jessen schon das Schiff über und über gestrichen. Die Ölfarbe wollte aber bei dem Frostwetter nicht trocknen. Aus Kummer darüber ging Jessen nun auch einmal abends an Land, sonst schlief er immer. Ich blieb für ihn an Bord, wo es eisig kalt war, weil wegen der Kesselreinigung die Dampfheizung wegfiel. Auf Deck lag hoher Schnee, und wir hatten kein Wasser. Ich wusch mich in einer sehr fragwürdigen Flüssigkeit, die ich in einem Eimer im Heizraum entdeckte.

Nach neun Uhr kamen die Matrosen vom Urlaub zurück, alle kanonenvoll besoffen. Es war erstaunlich, daß sie auf der steilen Leiter und bei den sonstigen unumgänglichen Kletterpartien im

Dock nicht das Genick brachen. Dafür wischten sie mit ihren Hosen und Überziehern Jessens schöne nasse Ölfarbe ab. Einer brachte unsern Hund Bootsmann wieder mit, der, seit er uns entlaufen, groß und struppig geworden war und jedem ersten besten Kuli nachlief. Der Koch hatte Tränen im Auge und behauptete, der Heilige Geist sei ein Stoßvogel. Stüben torkelte in meine Kammer und brachte mir ein Vertrauensvotum aus mit dem Nachsatz, daß gewisse andere Leute dagegen ein paar Messerstiche in die Rippen verdienten. Ich beschwichtigte ihn und ermahnte alle, sich im Logis ruhig zu verhalten. Aber schon wenige Minuten danach erhob sich in diesem Raume eine gewaltige Schlägerei, an der sich dem Klange nach unterschiedliche Inventurstücke beteiligten. Schaffrot und ich lauschten lachend.

Ich ging auf „Seydlitz". Der Adjutant hatte noch nichts von meinem Gesuch vernommen. Also hatte es der Sperrkommandant nicht weitergegeben.

Es war Aussicht vorhanden, daß „Vulkan" außer Dienst gestellt würde, denn beim Ausklopfen des Kesselsteins stellte sich heraus, daß unser Kessel stellenweise nur noch sieben Millimeter maß, also in Gefahr war, eines Tages zu platzen. Ein Stabsingenieur sollte den Schaden demnächst untersuchen und das entscheidende Wort sprechen. Unsere Leute gaben sich inzwischen Mühe, von den sieben Millimetern noch etwas herunterzuschaben.

Von meiner Liebe erhielt ich den ersten und letzten Brief, sehr sauber geschrieben. „Wilhelmshaven, den 10. Februar 1915. Leider muß ich Ihnen mitteilen, daß ich aus bestimmten Gründen auf jedes Wiedersehen verzichten muß. Ich will hoffen, daß Sie unser kurzes Beisammensein recht bald vergessen werden. Leben Sie wohl!!! und werden Sie glücklich. M. M." Ich war traurig.

Die Arbeiter in der Werft hatten schweren Dienst. Diejenigen, die mit dem Luftdruckhammer nieteten, klagten darüber, daß ihre Arme nachts zuckten; manche hatten das Gehör verloren. Man sah viele Arbeiter mit verkrüppelten Gliedmaßen, sah blasse, abgemagerte und schwindsüchtige Gestalten.

Von der Kesselbesichtigung wurde abgesehen. Wir verholten vom Dock in den Bauhafen. Zufällig kamen wir dort wieder neben die „Berlin" zu liegen, die mit geheimnisvollen Sachen beladen wurde. Natürlich klopfte ich gleich einmal auf den Busch, ob etwa ein Maat an der Besatzung fehlte, aber ich hatte kein Glück. Man erzählte mir, der Kommandant der „Berlin" wüßte selbst nicht, wohin die Reise ginge. Er hätte geheime Order, die er erst fünfzig Seemeilen von Land weg öffnen dürfte.

Eichmüller vertraute mir sein neuestes Leid. Er hatte ermittelt, daß in einer gewissen Kneipe ein Signalgast von der Baudivision verkehrte, der aus dem gleichen Heimatdörfchen stammte wie Eichmüller, und dieser hatte ihn schon dreimal besucht, um etwas über Zuhause zu hören, „aber", sagte Eichmüller wörtlich, „der Kerl ist jedesmal so besoffen, daß er überhaupt nicht mehr weiß, wo er geboren ist."

Der achtzehnte Februar kam, der wegen des U-Boot-Ultimatums mit Spannung erwartet wurde. Wir erhielten zunächst nur einen Funkspruch „Zwei Zeppeline vermißt".

Ich übernachtete auf einem romantischen Minenprahm, wo ich mir in einer Hängematte Wanzen und Mandelentzündung holte. Zuvor hatte ich mich aber mit einer Flasche Rum hinter eine Mine verkrochen, um ein Gedicht zu schreiben. Wieviel schöne Gedichte können aus dieser Flasche kommen! Und wieviel Kraft, Vernichtung und Tod mögen in dieser Mine stecken! Ich sann und spann, aber ein Gedicht brachte ich nicht zuwege.

Die anderen Maate vom „Vulkan" sprachen nur noch dienstlich mit mir. Sie hatten auch den Koch gegen mich aufgehetzt. Mir ging's wie Deutschland: Ich war von Feinden umringt.

Wieder englische Truppentransporte vernichtet. – Eine Dame schrieb mir, sie bete zu Gott, daß er uns den Sieg verleihe. Wie mußte der liebe Gott ob solcher Anliegen in Verlegenheit sein.

Der Dampfer „Busse" neben uns landete Gerettete von einem amerikanischen, bei Borkum auf eine Mine gelaufenen Dampfer.

Ich überzeugte mich davon, daß Jessen ein Konto auf der Kreditbank in Gravenstein hatte. Er leugnete das errötend und um das Gespräch abzuleiten, gestand er mir, daß er einen Bandwurm hätte.

Eine schon längst von mir beantragte und sehnlichst erwartete Bescheinigung traf ein, besagend: ich wäre vom 2. bis einschließlich 7. März nach Leipzig und München beurlaubt. Ich durfte aber schon einen Tag früher fahren. Ich schlief nachts unruhig, wälzte mich wie ein Pferd ohne Beine herum und wachte schreiend auf, weil ich geträumt hatte, ich wäre zwischen zwei zusammenscherende Schiffe geraten. Jessen beruhigte mich. Er konnte seines Bandwurms wegen auch nicht schlafen, weshalb er wieder wider ärztliche Verordnung den Bandwurm zu füttern begann, indem er selbst kräftig aß.

Vier Uhr ward ich geweckt. Meine Sachen waren gepackt. Eine Dekade Löhnung war mir vorausbezahlt. Sicherheitshalber gab ich noch einen Morsespruch nach „Seeadler“: „Bitte Routineboot Beurlaubten mitnehmen“.

Erst als ich im Speisewagen saß und der Zug abrollte, verlor ich die dumpfe Furcht, im letzten Moment noch zurückgeholt zu werden. Eine Seligkeit umfing mich, sechs Tage Freiheit!

Diese sechs Tage Urlaub verliefen köstlich. Schon die Bahnfahrten ließ ich auf mich wirken. Überall jubelnde Empfänge, trauriges Abschiednehmen, überall Verwundete, lachende Menschen, ernste Menschen, Soldaten über und über mit Blumen geschmückt. Zu Hause bei den Eltern und Geschwistern wurde ich ebenso verwöhnt wie unterwegs und wie in München von den Freunden und von Tante Selma. David Rank hatte ich zufällig getroffen. Er war Dragonerunteroffizier und hatte das Eiserne Kreuz. Mit Urlaubern aller Waffengattungen kam ich zusammen. Wir tauschten unsere Erfahrungen und Meinungen, und die Zivilbevölkerung horchte uns aus, und es wurde geraunt und gemunkelt. Man fragte mich immer wieder: Wo steckt eigentlich Prinz Heinrich? Von der Marine sprachen alle mit höchster Achtung, und ich wurde schon unterwegs von fremden Menschen mit Höflichkeiten und Freundlichkeiten überschüttet. Ein Kind schenkte mir aus eigenem Antriebe eine Dicke Berta aus Schokolade. Dicke Berta nannten die Soldaten das neue 42-cm-Geschütz. Auf der Rückfahrt begleitete mich Eichhörnchen bis Bremen. Als sie meinen Blicken entschwunden war, da ward mir zumut, als führe ich nun ins Gefängnis zurück.

Ich brachte eine Reihe Kriegswitze mit. Die deutsche Kaiserin will sich vom Kaiser scheiden lassen, weil er der Dicken Berta nachläuft. – Sir Edward Grey soll zum Gefreiten befördert werden, weil er nicht mehr „Gemeiner“ sein kann. – Belgien soll zwischen Deutschland und England geteilt werden. Was? Wie? Zwischen England und Deutschland? Ja. England bekommt den König und wir das Land.

Daß wir Belgien behalten müßten, war bei vielen ausgemachte Sache. Ich hatte gerade im Café Stefanie in der Münchner Zeitung einen Artikel gelesen, der diesen Standpunkt vertrat, als ein Schutzmann erschien und diese Zeitung beschlagnahmte.

Auf „Vulkan“ fand ich eine günstige Nachricht vor. Die innere Sperre sollte aufgehoben, unsere Boote außer Dienst gestellt und die Mannschaften an die Kompanie überwiesen werden. Nur ein Boot sollte bleiben, und das war natürlich „Vulkan“. Der Leutnant erlaubte mir nicht, beim Sperrkommandanten vorstellig zu werden. Er und der Sperrkommandant gaben weder Gesuche noch Beschwerden von mir weiter. Das war gegen § 5 der Kriegsartikel. Erst nachdem ich mich hinter Oberleutnant Raichert steckte, hatte ich Erfolg. Ich sollte abgelöst werden. Herr Kaiser teilte mir das zornig mit. Ich fing überglücklich gleich an, meine Sachen zu ordnen. An die Matrosen verteilte ich kleine Andenken, und ich riß die hundert Ansichtskarten von meiner Bordwand. Tante Selma hatte mir in München drei Töpfe Pflaumenmus mitgegeben, die für mehrere Monate reichen sollten. Nicht wissend, wie ich das transportieren sollte, fraß ich zwei Töpfe an einem Nachmittag leer, was ein jämmerliches Leibweh ergab. Aber Leibweh hin Leibweh her: ich kam von Bord.

Wir gingen abends bei Tonne 16 vor Anker, und ich hatte mich dann in die Koje gepackt, um über mein künftiges Schicksal nachzudenken, als ein Knall übers Wasser hallte. – „Anker auf!“ – Ich lief barfuß an Deck. Pechschwarze Nacht. Auf einem Torpedoboot hatte eine Explosion stattgefunden. Wir wanden den Anker hoch und setzten Lichter. Das Unfallboot war von einem Scheinwerfer beleuchtet und bereits von anderen Torpedobooten umringt. Man brauchte unsere Hilfe nicht.

Am nächsten Tage nahmen wir im Hafen Kohlen, und ich schaufelte wie ein Besessener, denn ich wollte mir nicht noch zuletzt Faulheit nachsagen lassen. Da meldete sich ein Maat an Bord, der seinen Kleidersack mitbrachte. Meine Ablösung. Herr Kaiser wollte mich noch ein wenig schikanieren. Ich durfte nicht direkt in die Kaserne, sondern sollte erst mit heraus nach der Sperre fahren und von dort das Routineboot zur Rückfahrt benutzen. Dieses war dann aber schon fort, so daß ich noch eine ungeduldige Nacht auf „Glückauf“ verbrachte.

„Melde mich von Bord!“

Leutnant Kaiser gab mir die Hand mit einem sauersüßen Lächeln. „Hoffentlich verwirklichen sich Ihre ...“

Viertes Kapitel

MINENABTEILUNG

In der Kaserne fand ich manches verändert, vor allem war die Disziplin strenger geworden und größere Sparsamkeit wurde geübt. Ich mußte mich auf zwanzig Büros anmelden, bis man mich und noch einen Bootsmaat als Korporale in die Stube 45 zu soundso viel Mann steckte. Diese Leuten waren meist Rekruten und deshalb gefälliger zu den Maaten als die Leute an Bord. Sie richteten morgens unsere Betten und erledigten kleine Besorgungen für uns. Andererseits war hier das Essen schlechter als an Bord; für große Fresser gab es sogar unzureichend Brot. Manche alten Bekannten traf ich wieder, so einen dicken Maat, der inzwischen auf der „Yorck" gewesen war und sich bei deren Untergang gerettet hatte.

Auf „Vulkan" war mir bei meinem Weggang die Nagelschere abhanden gekommen; nun schliff ich mir meine Krallen an dem großen Küchenschleifstein im Hof.

Morgens wurden wir zu verschiedenen Arbeitsleistungen oder zum Wachegehen ausgesucht und nach allen Richtungen geschickt. Solange ich noch neu war, das heißt: solange mein Gesicht den Vorgesetzten noch nicht bekannt war, schlug ich mich in die Büsche, richtiger gesagt ins Klosett und auf den Trockenboden, als wie im vorigen Jahre. Nur auf dem Personalbüro war ich täglich und bewarb mich.

In der Kantine ging es bunt zu, obwohl das, was es dort zu kaufen gab, teuer und schlecht war. Da saßen alte Matrosen herum, besonders die Leute vom fünften Geschwader, das man als untauglich außer Dienst gestellt hatte, und erzählten von Seegefechten bei Scarborough, Whitby und Yarmouth oder von Schiffsunfällen, die sie mitgemacht hatten. Die andern hörten ohne Begeisterung und ohne Spannung zu. Wieder andere nahmen den neuen, erst halb eingekleideten Reservisten im Kartenspiel Geld ab, Betrunkene grölten, und jemand schlug aufs Klavier. Dann trat plötzlich eine Ordonnanz ein und rief laut nach einem Manne namens Tick, der von irgendwelchem Büro gesucht wurde. Ein

Kochsmaat, der über einem Liebesbrief eingeschlafen war, wachte über dem „Tick?" – „Tick?" – auf und erklärte der Ordonnanz, daß und wann und wie Tick schon lange ums Leben gekommen wäre. Darauf trat mein Feldwebel zu mir und deutete mir an, daß er meine Drückebergerei durchschaut habe, und ich gefälligst morgen mit den anderen antreten sollte.

Beim nächsten Frühappell stand ich prompt im Glied. Ein langer, rothaariger Matrose fiel mir auf, weil er eine englische Marineuniform trug und ein Glasauge hatte. Es war ein Mann von der „Mainz", dem ein Granatsplitter das Auge ausgeschlagen hatte, und der dann von den Engländern gerettet und gefangengenommen, im übrigen in Gefangenschaft sehr gut behandelt worden war. Später hatte man ihn gegen einen englischen Gefangenen ausgetauscht. Der Feldwebel frug ihn, ob er wieder dienstfähig wäre. „Jawoll."

Es wurde bekanntgegeben, daß der Osterurlaub gestrichen wäre. Jedoch sollten diejenigen Urlaub erhalten, die bei Verwandten oder Bekannten noch Goldstücke auftrieben, und zwar würde für hundert Mark in Gold ein Tag, für dreihundert Mark drei Tage und für tausend Mark fünf Tage bewilligt. Ich sah in vielen Augen denselben Zorn blitzen, den ich über diesen Trick empfand.

Bei der Dienstverteilung wurde ich zur Wache Südzentrale der Elektrizitätswerke abgeteilt. Mit Musik marschierten wir mittags dorthin. Das Wachlokal war ungemütlich, aber wir waren gemütlich. Wir sprachen von Zusammenbruch, von Einziehung der Trauringe und spielten Schach und Karten. Ich las Lessings Hamburgische Dramaturgie und verbrühte mir eine Hand mit heißem Kaffee, weil jemand den Untergang der „Magdeburg" so spannend erzählte. Wenn wir Posten standen, so geschah das vor der Inselbrücke. Jedermann, der über die Brücke wollte, mußte sich durch Passierschein ausweisen; bei Offizieren, Deckoffizieren und Fähnrichen mit Portepee genügte es, wenn sie die Parole wußten. Diese letzteren gebärdeten sich meist sehr entrüstet, wenn wir sie ohne Parole nicht durchließen. Mir sauste ein Auto durch, darin Prinz Adalbert saß. Leider erkannte ich ihn zu spät, sonst hätte ich ihn wegen Ausweises, und zwar nicht aus Schikane, bestimmt angehalten. Dann gab es der Zufall, daß Leutnant Kaiser die Brücke passieren wollte und die Parole nicht wußte. Ich raunte sie ihm zu, wir lächelten einander an, und er ging vorbei. Nach vierundzwanzig Stunden wurden wir abgelöst und marschierten durch den fußhohen Schlamm zur Kaserne. Wenn wir begegnenden Offizieren mit Paradeschritt salutieren mußten, spritzte der Schlamm hoch auf. Kinder folgten uns amüsiert und bewarfen uns mit Schnee und Pferdemist; die Wilhelmshavener Zivilisten sahen dem lächelnd zu.

Es folgte eine faule Zeit. Ich lag lange helle Stunden lang in meinem Bett oder ging in dem engen Unteroffiziersverschlag wie ein Königstiger auf und ab oder sah durchs Fenster auf ein Stück Brachland, das von Rekruten zwecks Kartoffelbaues urbar gemacht wurde. Geld hatte ich keins mehr, mein blauer Sweater und die vorletzte Hose waren längst zum Trödler gewandert.

Ein nettes Geschichtchen ging um: Auf einem kleinen Vorpostenboot forderte ein Matrose Sonntagsurlaub mit der Begründung, er wollte zur Kirche. Der Kommandant schlug das Gesuch ab, bekam dann aber offenbar Gewissensbisse, weil er dem Mann die Erlaubnis zum Kirchgang nicht verweigern durfte. Am Sonntag früh wurde der Matrose zum Kommandanten befohlen, der hinter einer Bibel stand und ihm entgegenschrie: „Mütze ab zum Gebet! Vater unser, der du bist im Himmel ..." Der Kommandant schnurrte das Gebet herunter und schloß in grimmigem Ton mit den Worten: „... in Ewigkeit Amen. So, nun scheren Sie sich zum Teufel!"

Endlich ward ich aufs Personalbüro gerufen und mit anderen Leuten zur Minenabteilung nach Cuxhaven abkommandiert.

Ein Extrazug führte zweihundert Mann und fünfzig Unteroffiziere nach Cuxhaven. Als wir Oldenburg passierten, sangen wir die verbotene sogenannte Oldenburger Nationalhymne.

O Oldenburg von heute,
Du bist mein Paradies.
Du lieferst alle Leute
Mit große Händ und Füß.
Quak quak!

Eine Frucht gedeiht im Lande,
Dem Seemann wohlbekannt.
Da schreit die ganze Bande:
Heil dir, du Oldenburger Land!
Quak quak! usw.

Die zweite Strophe bezog sich auf das häufige und gefürchtete Seemannsessen „Steckrüben oder Oldenburger Südfrüchte".

Ich saß zwischen fremden Maaten in einem Frauenabteil und sah durchs Fenster überall winkende Menschen, alte Herren, ernste Frauen, rührende Kinder, und da ward ich seit langem wieder einmal von dem Begriffe Krieg ergriffen.

Als wir vom Bahnhof in Cuxhaven einmarschierten, neugierig von den Bürgern betrachtet, rief uns ein Arbeiter zu: „Was wollt ihr hier? Wir haben selbst nichts zu fressen!" Und auf dem Kasernenhof gab es denn ein deprimierend langes Warten, Abzählen und Namenverlesen, bis wir in die verschiedenen Gebäude und Räume verteilt waren. Am meisten enttäuschte uns aber die Nachricht, daß von Urlaub nach Hamburg nicht die Rede wäre. Ich wurde in der sogenannten Süddeichkaserne, einer uralten Holzbaracke, untergebracht. Der Feldwebel, der uns dorthin führte, sagte: „Lassen Sie sich nicht von den Ratten auffressen."

Außer zwei Kalfaktern waren wir nur Unteroffiziere in der großen Stube 49, die eisigkalt war. Wir erhielten nur wenig Kohle. Brot war noch nicht da. Alles, war wir über Dienst und Leben dort erfragten oder was uns vorgelesen wurde, klang sehr entmutigend. Niemand durfte die Grenzen der Festung überschreiten. Über alle militärischen Dinge mußte strengstes Stillschweigen bewahrt werden. Pünktlich um neun Uhr abends mußte der feindlichen Flieger wegen jedes Licht peinlichst abgeblendet sein. In den Schlafräumen durfte dann überhaupt kein Licht mehr brennen, da war es also nichts mehr mit Aufbleiben und Tagebuchschreiben.

Betreffs unsrer Bestimmung war nichts Genaues in Erfahrung zu bringen, nur daß wir erst einen Minensuch- und Räumkursus durchmachen sollten.

Cuxhaven war ein hübscher Ort und von Stacheldraht umgeben. Auf unserem malerischen Kasernenhof, wo zwischen baufälligen Gebäuden ein Entengraben lief mit einer zierlichen Brücke, gab es allerhand Interessantes zu betrachten, die Batterien, eine unförmige Strandkanone, Scheinwerfer und sonderbares Minengerät.

Abends hatte ich in einer stockdustren Stadt kleine Abenteuer und saß schließlich in einem Café, vergeblich mich bemühend, vielen Offizieren den Rücken zuzudrehen, die alle sich Poussiermädchen an den Tisch geholt hatten.

Vormittags: Turnen, Instruktionsunterricht, Pistolenschießen und Exerzieren. Dann Antreten zum Appell. Da wurden wir aufs

Geratewohl verteilt, die eine Gruppe zur zwanzigsten Halbflottille, die andere, und darunter ich, zur „Fliegenden Hilfs-Minen-Such-Division“. Ich war anfangs niedergeschmettert, weil ich befürchtete, wieder auf ein kleines Boot geschickt zu werden. Erst als man mir bedeutete, der Ausdruck „fliegende“ wollte besagen, daß wir je nach Bedarf bald hierhin, bald dorthin geschickt werden sollten, gab ich mich zufrieden und versteckte mich sogar vor der ärztlichen Untersuchung.

Ich erhielt ein neues Mützenband, das dritte im Kriege „2. K. Minenabteilung“.

Beim ersten Unterricht am Minensuch- und Fanggerät staunte ich über die vielen sinnreichen, komplizierten und kostspieligen Apparate, die erforderlich waren, um feindliche Minen aufzustöbern und zu sprengen. Ein Obermaat trug das Theoretische monoton und in eingedroschenen Phrasen vor und zeigte uns dabei die Modelle und ihre einzelnen Teile. Mir kam zugute, daß ich mich schon früher etwas um Minenwesen gekümmert hatte. Anderen wurde die ganze Sache nur dadurch mehr oder weniger verständlich, daß sie Tag für Tag wiederholt wurde. Bald mußten wir selber Rekruten unterrichten.

Ein Maat von uns wurde dazu abgeteilt, mit einer Korporalschaft Rekruten zu exerzieren. Dieser Maat, ein alter Reservist, hatte längst die vorgeschriebenen Kommandos vergessen. Er kommandierte also, was ihm gerade einfiel: „Stillgestanden! – Knie . . . beu . . . eu . . . eugt!“ Die dreißig Mann senkten sich in Kniebeuge. Der Maat wußte plötzlich nicht mehr, was zu kommandieren wäre, damit die Leute wieder die Beine streckten. Er sann und sann. Den Leuten zitterten die Knie in der anstrengenden Haltung. Endlich half sich der Maat, indem er statt des militärisch-turnerischen ein seemännisches Kommando gab: „Langsam aufführen!“

Von Bismarcks hundertstem Geburtstage an mußten wir schon um fünf Uhr aufstehen. Es folgte eine Reihe von Feiertagen mit viel Freizeit und mit festlichen Essenzulagen. Zehnjähriges Bestehen der Minenabteilung und Ostern. Ich suchte einmal in der Stadt das Seemannshaus auf und fand es ebenso fad und verlogen wie alle deutschen Seemannsheime, die ich irgendwo kennengelernt hatte. Dunkle ungeheizte Räume, ein paar christlich-sanfte Unterhaltungsbücher und ebensolche, auch ganz unberührte Zeitungen, ein Billard mit zerschnittenem Tuch und ein sogenanntes Wunschbuch, wo hinein ich keinen Wunsch, sondern eine Beschwerde trug. Außer mir war kein Besucher da. Der angestellte Obermatrose, der mir leuchtete, teilte mir geschwätzig mit, daß die „Karlsruhe“ durch eine Explosion im Golf von Mexiko untergegangen und die Hälfte der Besatzung von Haifischen verschlungen wäre. Ich fand netten Anschluß bei meinen Kameraden und zählte bald zu den Hauptspaßmachern. Timm, unser Stubenältester, war ein uralter Yankeesailor, der gegen jegliche Arbeit und gegen jede Dienstverordnung opponierte. Allnächtlich kam er humorvoll bezecht zurück und konnte dann nur noch englisch oder seemännisch sprechen. Es gab überhaupt prächtige alte Fahrensleute unter uns, und manches seltene Lied aus Segelschiffstagen klang auf. Bei Schach und Skat freundete ich mich mit dem Schreiber und mit dem Furier an.

Weil uns keine Kohlen mehr geliefert wurden, verfeuerten wir heimlich Schrankbretter und Latten aus dem Dachstuhl. Wir hielten vortrefflich zusammen und lachten bis zum Einschlafen von Bett zu Bett. Kleine Trübungen blieben natürlich nicht aus. Zum Beispiel schnarchte Maat Fö nachts unerträglich, aber wenn wir ihm dann jedesmal eine breite Hand voll Schnupftabak über die Nase schütteten, dann half das. Und „Franz mit dem strahlenden Gesicht“ hatte mir, während ich schlief, hundertmal den Stempel „Gott strafe England“ ins Gesicht gedrückt. Ich revanchierte mich am Donnerstag mit Ruß, aber am Freitag morgen fand ich meine einzige blaue Hose in einem gefüllten Wascheimer schwimmend. Darauf gab es in der Nacht zum Sonnabend ein hitziges Bombardement mit geräucherten Schellfischen.

Bootsmaat Stahlhut aus meiner Stube kam vom Urlaub zurück. Am letzten Urlaubstage war seine Frau gestorben. Er hatte telegraphisch um Urlaubsverlängerung gebeten, was ihm aber nicht bewilligt wurde. Und so hatte er die tote Frau mit einem dreijährigen Kind zurücklassen müssen. Ein anderer Maat in der Minenabteilung empfing drei Depeschen: Seine Frau läge im Sterben. Der Urlaub wurde ihm aber erst bewilligt, als sie gestorben war.

Wir waren entrüstet, am meisten Timm. Timm war aber Tag über immer entrüstet. Er warf zum Beispiel eines Mittags seine Erbsensuppe mit Teller und Löffel an die Wand, weil er gehört hatte, wie jemand zu jemandem sagte, ein Freund hätte geschrieben, ihm sei von einer gewissen Person angedeutet, daß die

Minenbootmannsmaate nach Beendigung des Krieges nicht gleich entlassen würden, sondern erst die heimischen Gewässer von regulären und wilden Minen säubern müßten.

Krokusse und Mandelbäume blühten schon, als wir „Fliegenden" eine Exkursion nach dem Schießplatz bei Salenburg machten, um Sprengübungen beizuwohnen. In aller Frühe marschierten wir durch die hügelige Heide, durch saubere Dörfchen und an dem Galgenberg vorbei, der unseren Kollegen Störtebeker verewigt. Auf dem Schießplatz waren Wälle aufgeworfen, Schützengräben ausgehoben und alle Vorbereitungen getroffen, um Eisenbahnschienen, Balken, Stahltaue und anderes auf verschiedene Weise, elektrisch und mit Zeitzünder zu sprengen. An hundert Torpedomatrosen und Matrosenartilleristen waren versammelt und Deckoffiziere erklärten die Manipulationen. Da aber ein Regenschauer einsetzte, sah ich mir nur eine Sprengung an und verduftete unter Rauch und Knall mit einigen Kameraden ins Dorf in ein Wirtshaus und von dort über andere Dörfer und Wirtshäuser bis nach Brokeswalde, wo wir so etwas wie einen Arbeiterkommers veranstalteten, tanzten, Mädchen abknutschten, Maikäfer fingen und Maikätzchen an die Mützen steckten.

Unser strenger, aber achtenswerter Feldwebel verlas beim Appell eine Bekanntmachung, daß im Korridor die Tafel mit den Namen der den Heldentod Gefundenhabenden nicht dazu da wäre, um Zigarrenstummel darauf abzulegen.

Andermal rückten wir in Eilmärschen nach dem Hafen, um auf kleinen Schleppern auf See praktisch auszuführen, was wir vom Minenräumen im Schuppen gelernt hatten. Wir fuhren nach Helgoland zu, Cuxhaven und der Küstenort Dunen, wo ein ganzer Häuserkomplex aus artilleristischen Gründen niedergelegt war, blitzten in der Sonne. In der Luft hing ein Schütte-Lanz oder ein Parseval. Zwölf gekaperte Fischdampfer wurden eingebracht. Sie sollten unter holländischer Flagge gefahren sein, aber englische Besatzung haben, die uns wahrscheinlich Minen hingekleckert hatte. Nach Beendigung der Übung marschierten wir durch die offizielle Platzmusik.

Alles in allem fühlte ich mich jetzt wohl und war zufrieden.

Unser Dienst war nicht schwer, aber auf die Dauer uninteressant. Jeder versuchte ihn durch Schwindeleien, Drückebergereien oder Selbsttäuschungen zu kürzen. „Bitte austreten zu dürfen." „Bitte austreten zu dürfen." Das Pissoir war unser Lustschloß. Dort atmete man auf und nahm ein paar Züge von einer Zigarette.

An der Zeugwäsche brauchten wir Unteroffiziere nicht teilzunehmen. Turnen und Unterricht am Minensuchgerät fand im Schuppen statt, wo es wenigstens nicht so kalt war. Gewehre hatten wir nicht, sondern nur altmodische Seitengewehre mit großen Körben, sogenannte Entermesser und Pistolen. Das Exerzieren mit Pistole ward langweilig. „Mit Schulterstück zum Schuß! – Fertig! – Richtung auf die Dachrinne! – Visier zweihundert! – Feuern! – Stopfen! – Durchladen!"

Der Mittagsappell zog sich endlos in die Länge, weil die Privatpost dort verteilt wurde. Während der Verlesung der meist belanglosen Kompaniebefehle –, daß zum Beispiel jeder Mann auf Antrag ein Gesangbuch erhalten könnte, oder daß das Grüßen in der Stadt zu wünschen übrig lasse, – dachten wir in strammer Haltung an die unsrer wartende Erbsensuppe.

Wir unternahmen wieder eine praktische Minensuchfahrt, diesmal elbaufwärts. Auf einem der Schlepper, die wir dazu benutzten, und die alle zu verschiedenen Nummern den englischen Namen Fairplay trugen, lernte ich den jüngsten Matrosen unserer Marine kennen. Es war ein flotter, etwas verwöhnter Bengel von fünfzehn Jahren. Er war früher in Zivil als Decksjunge dort an Bord gewesen, hatte sich bei Kriegsausbruch geweigert, den Schlepper zu verlassen und es beim Admiral durchgesetzt, daß man ihn als Soldaten einkleiden ließ.

Wir hatten bei dieser Exkursion auch Gelegenheit zum Angeln. Im Hafen lag der kleine Kreuzer „Nymphe", auf dem ich vor mehr als zehn Jahren gedient hatte.

Ich hörte, daß die holländischen Fischdampfer, die neulich eingebracht waren, keine englische, sondern holländische Besatzung hätten. Offenbar, obwohl nicht nachweisbar, hatten sie Spionage für England getrieben. Es war ja so leicht, durch Rauchsignale, durch verabredete Formationssprache und tausend andere Mittel die Engländer über gewisse Beobachtungen zu informieren. Diese Fischdampfer hatten sich seit aufflällig langer Zeit in deutschen Gewässern herumgetrieben, und wir maßen ihnen die Schuld dafür bei, daß unserer Flotte kürzlich ein besonderes Unternehmen mißglückt war. Nun schikanierten wir sie wenigstens, indem wir ihre Schiffe einbrachten und erst dann wieder entließen, wenn wir ihre auf deutschem Gebiet gefischten Fische für unsere Rechnung verkauft hatten. Wir liebten die Holländer nicht, und immer wieder tauchte das Gerücht auf,

Deutschland träfe Vorbereitungen, um ihnen die Schelde wegzunehmen.

Im Fischereihafen stahl ich mir einen Schellfisch, den ich während des Rückmarsches unterm Überzieher verborgen hielt, nur in eine Postkarte eingewickelt. Abends war Alarm, weil von Oldenburg aus feindliche Flieger gemeldet waren. Sie kamen aber nicht zu uns, sondern statteten wohl der Jade einen Besuch ab. Später leistete ich mir, weil ich das Honorar für eine Novelle erhalten hatte, im Restaurant Fischereihafen eine Pulle Rheinwein zu entgrätetem Steinbutt. Vielleicht war das einer jener holländisch-englisch-deutschen Fische.

Der Furier Petersen sah aus wie ich, nur daß er eine knallrote Nase hatte. Wir wurden immer verwechselt, oder wir wurden Brüder genannt, und wir redeten einander mit Bruder an. Weil unsere Freundschaft von Tag zu Tag inniger wurde, kultivierten wir diese Ähnlichkeit noch, indem wir etwa gleichzeitig unsere Haare ganz glatzekahl scheren oder unsere Bärte in gleicher Art zustutzen ließen. Petersen, obwohl ein einfacher Mann, spielte vorzüglich Schach und Skat. Er hatte an einer gewissen Komik dieselbe Freude wie ich, und er besaß einen hervorragenden Humor nebst einer großen Ruhe. Ich hörte einmal zu, wie ein witzloser Feldwebel ihn zur Rede setzte und befragte, wo die fünf Rattenfallen geblieben wären. Petersen antwortete immer wieder ganz ruhig: „Die sind aufgebraucht." Und dann gab es ein halbstündiges Gespräch hitzig und hitziger einerseits und gleichbleibend sanft andererseits über das Thema: Inwiefern können Rattenfallen aufgebraucht werden? Als Furier und Verwalter von wertvollen Sachen war Petersen natürlich sehr umworben und erhielt unter anderem auch vom Küchenpersonal besondere Bissen zugesteckt. Davon gab er mir stets reichlich ab. Einmal führte er mich in seine Furierkammer, zeigte mir das Material, über das er herrschte und sagte: „So, lieber Bruder, was du davon gebrauchen kannst, das nimm dir." Ich wollte seine Güte nicht ausnützen und besann mich, daß wir in der Süddeichkaserne keine Klosettanlagen hatten, sondern bei jedem Bedürfnis und so nachts und bei Kälte und Regen ein weites Stück über den Kasernenhof laufen mußten. Ich wählte mir also eine Schachtel Globus-Stiefelfett und einen Nachttopf aus. Mit diesen zwei Geschenken schritt ich über den Exerzierplatz durch die Reihen gedrillt werdender, aber nun lachender Rekruten. Meine Stube war gerührt über meine Stiftung, die jedoch schon nach wenigen Tagen als völlig unzureichend in Vergessenheit geriet.

Diejenigen, die zur zwanzigsten Halbflottille abkommandiert waren, rückten ab nach Kiel. Franz mit dem strahlenden Gesicht hinterließ mir als Abschiedsgeschenk eine Kaffeekanne, in die eine Hartwurst so fest eingezwängt war, daß ich die Kanne sprengen mußte, um die Wurst zu befreien, und die Wurst war dann innen stinkig verdorben. Wir Fliegenden sollten ebenfalls in den nächsten Tagen fortkommen. Ach, ich hatte mich eben so schön eingelebt in dem hübschen Cuxhaven mit seinen alten Bäumen; mit der „Alten Liebe", den verschiedenen Seezeichen, und ich hatte so nette Bekannte und einen Bruder gefunden.

Feindliche Flieger hatten mehrere offene Ortschaften bombardiert und nach den Zeitungsberichten wie immer nur kleine Kinder oder junge Mädchen getroffen. Und Petersen gab mir im Vertrauen Nachricht davon, daß der kleine Kreuzer „Hamburg" abgesoffen wäre, was ich im Vertrauen weitergab.

Unsere Kasernenbatterien schossen nur nach Versuchsballons, das war für uns Zuschauer ein amüsanter Wettstreit mit Feuerwerk. Abends betrat ich als Unteroffizier vom Dienst das Büro und geriet in einen fidelen Schnack mit einem Feldwebel, der meinen Späßen gern zuhörte und eine Vorliebe für kleine Wortgeplänkel hatte. Seine frohe Stimmung ausnutzend, fragte ich, ob man mir einen Tag Sonntagsurlaub nach Hamburg geben würde. Er hieß mich gleich ein Gesuch aufsetzen, worin ich als Grund „Besuch meiner Braut, die ich seit vier Jahren nicht gesehen habe", einsetzte. Der Feldwebel trug das Schreiben sogleich zum Kompanieführer und brachte es als genehmigt zurück.

Das wurden ein paar unverhoffte, wohltuende Urlaubsstunden in Hamburg, es trübte sie auch nicht, daß die neue Hose, die ich mir dort billig erstand und gleich im Laden anzog, nach einer Stunde schon kürzer wurde und in mehreren Nähten platzte. Ich bummelte durch vertraute Straßen, Gassen und Kneipen, saß und sprach mit Verwundeten und mit Türken und Chinesen. Es wimmelte natürlich in Hamburg von Marinern, aber die Stadt ehrte und unterstützte sie in wirklich großzügiger und vornehmer Weise. Sie wurden schon – und selbstverständlich in gleicher Weise die Landsoldaten – auf dem Bahnhof von Damen des Roten Kreuzes freundlich empfangen und aufs reichlichste und beste bewirtet.

Mir war die Hauptsache, daß ich Meta Seidler aufsuchte. Sie war meine erste Liebe, und ich war ihre erste Liebe gewesen. Obwohl sie seitdem schon lange verheiratet war und mit ihrem Manne, Mutter, Schwester, kreischenden Papageien und schreienden Kindern zwei enge Vorstadtstübchen bewohnte, waren wir doch in alter ungetrübter Herzlichkeit zusammen. Metas Mutter hatte 1901, als ich zur See ging, eine Seemannskneipe sehr brav und liebevoll geführt, und Metas jetziger Mann war auch mit unter den Seeleuten gewesen, die gleich mir um Metas Liebe buhlten. Für uns junge Seefahrer war das eine schöne, unbändige Zeit gewesen. Nach jeder Reise hatte unser Herz mächtig geklopft, wenn wir heimkehrend das alte Schifferwahrzeichen, die Michaeliskirche, erblickten, der gegenüber die Seidlersche Kellerwirtschaft lag.

Ich hatte keine Lust, in den letzten Cuxhavener Tagen noch Dienst zu verrichten, sondern meldete mich zum Erstaunen meiner Kameraden freiwillig auf Wache, nachdem ich mich von Fö verabschiedet hatte, der noch am selben Tage fort mußte, nämlich für zehn Tage in Arrest. Auf Wache packte ich meine Sachen, wusch Taschentücher und hängte sie in die Sonne.

Meine Füße juckten wieder heftig. Mir war, wie vor jedem Wechsel, ein bißchen unbehaglich zumute, und auf der Kasernenhofwüste sah und hörte ich einen rohen Maaten, der einen alten Matrosen zum Strafexerzieren kommandierte. „Laufschritt marsch marsch! – Hinlegen! – Auf! – Hinlegen! – Auf! – Links schwenkt marsch! – Laufschritt marsch marsch!“

Beim Morgenrot verließen die Fliegenden Cuxhaven, vergeblich bemüht, ein anständiges Lied in Gang zu kriegen. Mein Bruder Petersen gab mir bis zum Bahnhof das Geleite. Wir hatten uns noch in theatralischer Stellung vor der großen Strandkanone photographieren lassen. Auf dem Bahnsteig in Hamburg wurden uns vom Roten Kreuz Zigarren, Ansichtskarten und Kaffee gereicht. Aber dem folgte die große Enttäuschung: man ließ uns nicht in die Wartehallen, worauf wir uns gefreut und wohin manche von uns ihre Frauen und Bräute bestellt hatten. Wir durften nicht einmal auf den Perron, sondern wurden in einen abgelegenen Keller geführt, der bereits von Infanteristen überfüllt und verraucht war. Die Infanteristen mußten den Keller für uns räumen und dann schloß man hinter uns die Türen ab. Wir waren empört über solche schmachvolle Behandlung. Mir persönlich war es schon vorher gelungen, unter gewissen Vorwänden mich von unserem Trupp loszumachen, und so saß ich nun in der Wartehalle und bestieg später, als es nach Kiel weiter ging, ein Zivilistenkupee, wo ich auf der Basis meiner Uniformsicherheit alles zum Lachen brachte.

In Kiel empfing uns ein Torpeder, der uns und unser Gepäck auf einen nach Friedrichsort fahrenden Dampfer leitete. Die kleine Reise war recht interessant. Wir sahen die neuen Tauchboote, die nur acht Mann Besatzung hatten, Wassergleitfahrzeuge und anderes. Die Landschaft an Backbord und Steuerbord weckte manche alte Erinnerung in mir.

Fünftes Kapitel

FESTUNG FRIEDRICHSORT UND FISCHDAMPFER „BERGEDORF"

In Friedrichsort wurden wir in der Festung in den alten, kalten, gewölbten Kasematten untergebracht, die anno 1683 unter Christian V. von den Dänen erbaut waren. Bootsmaat Stahlhut kam mit mir und achtzehn Mann zusammen in einen Raum. Die Leute mußten zum Teil in Hängematten schlafen. Stahlhut war erst 26 Jahre alt. Er saß allabendlich lange ganz traurig vor dem Bilde seiner gestorbenen Frau. Als Stubenältester übernahm ich Bettzeug, Geschirr und sonstiges Inventar, alles abgenutzte, schmutzige Sachen.

Unsere ersten Erkundigungen betrafen Verpflegung und Urlaub. Aber es sollte sogar Garnisonurlaub nur selten bewilligt werden, die Verpflegung lernten wir bald als recht mäßig kennen. Wir sollten drei Wochen lang in dem nahe gelegenen Minendepot Arbeitsdienste verrichten, weil unsere Minensuchboote noch nicht fertiggestellt wären. Die Stunde Arbeit sollte uns mit zehn Pfennig vergütet werden.

Das Kommando war scharf, und die Mannschaften von der Matrosenartillerie, die in dem Fort lagen und die in der strengen Zucht ein sehr geducktes Dasein führten, rissen Mund und Augen auf, als wir Fliegenden am ersten Abend mit Ziehharmonikamusik nach der Kantine zogen und dort eine laute Zecherei anfingen. Auf dem Rückwege verirrte ich mich in den dunklen Gängen zwischen den Wällen und stürzte plötzlich in einen tiefen Keller.

Früh führte man uns nach dem Minendepot und teilte uns gruppenweise zu verschiedenen Dienstleistungen ab. Ich wurde mit einigen Leuten auf die verankerte „Hulk Kondor“ beordert. Wir hatten besondere U-Boots-Minen zu übernehmen und an neue Tauchboote abzugeben, die wie große Walfische aussahen, zum Teil auch schon den neuausprobierten buntscheckigen Mimikry-Anstrich hatten. Außerdem sollten wir Deck waschen und die einzelnen Räume aufklaren. Aber wir brachten die Pumpe erst nach langen Versuchen in Gang und nahmen uns im übrigen zu allen Arbeiten geradezu fabelhaft viel Zeit, denn die Deckoffiziere dort kannten unsere Gesichter noch nicht und blieben selbst möglichst gern verborgen. Zum Mittagessen marschierten wir ins Minendepot und nachmittags ergaben wir uns wieder auf der „Hulk“ unserem Schlaraffenleben. Zunächst schlief ich einmal neben dem dicken Maat Paasche zwei Stunden auf dem besonnten Deck hinter der Schanze. „Schon wieder zwanzig Pfennige verdient“, sagte Paasche erwachend. Und dann fing Paasche an, aus seiner Schutzmannszeit zu erzählen. Wir fanden unsere Leute – alle mit Werkzeug in der Hand – teils schlafend, teils aufs Wasser starrend, wo gerade versenkte Torpedobatterien und die sogenannten Periskopminen ausprobiert wurden. Darauf schrieb ich Briefe, die Stunde für zehn Pfennige und strolchte dann durch den minengefüllten Bauch des „Kondor“ und von da ins Minendepot, um mir kriegsmaritime Geheimnisse anzusehen.

Am nächsten Tag bei kaltem und trübem Wetter hatte unsere Gruppe mit Matrosenartilleristen zusammen anderswo an einer Torpedonetzsperre zu tun, aber auch dort übernahmen wir uns nicht, sondern fanden sogar noch Muße, Schollen und Aale zu fangen, im Weltkrieg und die Stunde zu zehn Pfennige. Außer Schollen biß der häßliche Seeteufel an, der eigentlich nur aus Rachen besteht, und den sie dort Dänischen Artilleristen nannten. Die Rohlinge unter uns belustigten sich daran, diesen Fischen einen Korken ins Maul zu klemmen und sie dann wieder auszusetzen. Auch die Aale, die nach unserer Meinung in jenem Monate blind waren, spießten wir in sehr grausamer Weise aus dem Schlamm. Abends besah ich mir das Fort. Mit seinen dunklen Gängen, den dicken, von einem Graben umgebenen Mauern, den ehrwürdigen Bäumen und den grün bewachsenen, von schweren Geschützen strotzenden Wällen war es phantastisch poetisch und sah wirklich so aus, wie die Festungen, die in meiner Jugend Kinder wohlhabender Eltern zu Weihnachten geschenkt bekamen. Darüber ward ich melancholisch und griff zur Mandoline, einige Stimmen fielen mit Gesang ein, und dazwischen rief ein Matrose, der sich einen unklaren Anker auf den Oberarm einstechen ließ, von Zeit zu Zeit: „Au! sachte!" Selbstverständlich tauschten die verschiedenen Gruppen ihre verschiedenen Tageserlebnisse aus.

Am dritten Tag war ich wieder bei denen, die die Aufgabe hatten, schwere Eisendrahtnetze auszubringen und zu verankern. Über uns brausten Wasserflugzeuge hin und her. Auf dem Schlepper „Bussard" erwarb ich mir den Ruf des erfolgreichsten Schollenanglers. Vielleicht hatte ein Kuchenpaket dazu beigetragen, das mir ein armes buckliges Mädchen zugesandt und das ich ins Wasser ausgeschüttet hatte, weil der Kuchen in Staubform angelangt war.

Dadurch, daß wir im Fort nur Quartiergäste, dienstlich aber dem Minendepot unterstellt waren, fiel der Frühappell für uns weg. Man gab uns auch Garnisonurlaub. Um das Fährgeld zu sparen, ging ich zu Fuß über die imposante Hochbrücke bei Holtenau nach Kiel. Dort war großer Betrieb. Hinter der Mauer verteilten Herren, die die Armbinde des Roten Kreuzes trugen, Flugschriften an die weibergierigen Matrosen. In den Traktätchen wurde mit Schlagworten dazu aufgefordert, Laster und Sünden gegen geselligen Verkehr mit Gleichgesinnten und Stärkung durch Gottes Wort im Marineheim einzutauschen. Die Tagesneuigkeit war: Die Kriegserklärung Italiens stand bevor. Wie in Wilhelmshaven, so waren auch in Kiel die Maate und Matrosen schlecht angesehen. Auf der Rückfahrt ging mir das schöne Lied „Es geht bei gedämpfter Trommel Klang" nicht aus dem Kopf. Ich sang und summte es so oft vor mich hin, daß ich einen Matrosen damit ansteckte. Der sang es dann ebensooft und so vertieft vor sich hin, daß er beim Anlegen mit den Händen zwischen Fender und Ponton geriet, wobei ihm die Haut von allen zehn Fingern abgequetscht wurde.

Die mir nachwandernde Post erreichte mich endlich. Der Verlag Albert Langen dedizierte mir Bücher und fragte an, ob ich ein Kriegsbüchlein für ihn schreiben wollte. Der Brief, in höflichster und liebenswürdigster Form abgefaßt, tat so wohl. Auch Isolde Kurz schrieb mir herzlich, sie möchte mich nicht aus den Augen verlieren, und sie habe Pulswärmer nebst Schokolade an mich abgesandt.

Mir ward die willkommene Aufgabe zuteil, mit einigen Leuten nach Kiel zu fahren, um ein Ruderboot von der Bahn abzuholen, das man auf einem bayrischen Gebirgssee zu Minen-Tiefsee-Versuchen verwendet hatte. Ich benutzte die Gelegenheit, um das Christliche Hospiz aufzusuchen, wo ich zehn Jahre zuvor als Einjähriger Matrose gewohnt hatte. Hospiz hieß nur der kleinere, vornehmere Teil des Unternehmens. Das andere war Herberge zur Heimat. Der brave Wirt erkannte mich sofort wieder und führte mir seine inzwischen groß gewordenen Kinder vor. Meine Frage, ob die Herberge durch den Krieg vereinsamt wäre, verneinte er, bedauerte aber, daß ihm nur die schlimmsten Elemente geblieben wären, nämlich die ehemaligen Zuchthäusler, die vom Heeresdienst ausgeschlossen waren.

Andermal – um alles mitgemacht zu haben – meldete ich mich zu dem Posten, den bisher Stahlhut genügend genossen hatte. In einem von Erdmauern und Gitterwerk umgebenen Schuppen hatten wir gewisse, gegen U-Boote bestimmte Minen fertigzustellen und sie mit Sprengstoff und Zünder zu versehen. Wir wurden dazu eingeschlossen, und vor dem Tor und rings um den Schuppen herum standen Posten mit scharf geladenem Gewehr. Es war keine ungefährliche Arbeit, denn die Minen standen dicht an dicht, und es hätte nur einer kleinen Ungeschicklichkeit in der Behandlung der Zünder bedurft, um sie alle in die Luft zu sprengen. Aber wir hämmerten und schlosserten wacker drauflos. Oder wir plauderten mit den Vorarbeitern, und hörten zunickend deren Lamentos über die Torpeder an. Oder der eine oder andere von uns verkroch sich zwecks eines Schläfchens in das Dunkel unter dem eisernen Ballonwald. Paasche nannte das: „Über Erfindungen im Dienste des Vaterlandes nachsinnen."

Mehrmals wurde ich nach Kiel geschickt, um Kisten abzuholen oder zu befördern, beziehungsweise das Verladen zu beaufsichtigen. Die Beaufsichtigung aber unterließ ich, statt dessen schlich ich mich ins Hospiz oder in den Ratskeller, trank, wenn ich Geld hatte, Wein, aß Möweneier mit Spinat und dichtete. Kurz, es ging mir sündhaft gut. Und im Bewußtsein dessen und vom Weine ging mir manchmal das Herz über, und dann schüttete ich es vor den anderen fliegenden Maaten aus, was mir meistens hinterher Hohn, Neid und Undank einbrachte.

Abends lag ich bei schönem Maienwetter auf den Wällen des Forts. Der Rasen war ganz mit leuchtendem Löwenzahn bedeckt, als wenn er mit Goldstücken bepflastert wäre, oder, in unsere Sehnsucht übersetzt, mit zehn Jahren Goldurlaub. Einerseits überblickte man hügeliges Wiesenland und andererseits die See. Eine Schildwache stand auf dem Wall, deren Silhouette sich romantisch vom leuchtenden Himmel abhob. Dazu ertönte die traurige Weise des Zapfenstreiches, und über den Exerzierplatz trug man den Sarg für einen Matrosenartilleristen, der im Lazarett an Blinddarmentzündung gestorben war.

Matrose Engel, der unseren Unteroffiziersverschlag in Ordnung hielt, verhalf mir zu sieben Tagen Urlaub, indem er – er stammte aus einem Bauernhaus – hundertfünfzig Goldmark auf meinen Namen ablieferte, respektive umwechselte. Ich hatte trotzdem noch unbeschreibliche Schwierigkeiten und Laufereien, bis ich den Urlaubsschein erhielt. Auch mußte ich mir Hose, Hemd, Überzieher und Schuhe von verschiedenen Seiten zusammenborgen, denn mein eigenes Zeug war durch den Arbeitsdienst ganz verdreckt und abgerissen.

In Hannover hatte der Zug mehrstündigen Aufenthalt, aber man ließ uns Soldaten nicht in die Stadt, sondern sperrte uns wie in Hamburg wieder in einen Keller ein, und niemand war da, bei dem wir uns beklagen konnten. Ich schrieb eine Beschwerde an das Hannoversche Tageblatt, aber das kam wohl einem Schlage ins Wasser gleich. Wir gerieten in einen Transport von Soldaten, denen in Rußland die Füße oder Beine abgefroren waren, als sie im Schützengraben auf Wache eingeschlafen waren. Ich hatte rührende und oft groteske Gespräche mit Schwerverwundeten, so mit einem komischen Sachsen, dem die Augen ausgeschossen waren.

Mein Ziel war Eisenach und dort das Sprachlehrerinneninstitut meiner Freundin Dora Kurs. Jedesmal, wenn ich dorthin kam, fand ich eine andere Generation junger Mädchen vor. Aber sie hatten von der vorhergehenden schon allerlei über meine Person und über meine tollen Streiche erfahren, und wenn ich – stets unangekündigt – dort plötzlich einbrach, etwa durchs Schlafzimmer der Vorsteherin schlich, deren falschen Reservezopf vom Nachttisch nahm und damit plötzlich ins Klassenzimmer trat, dann war sofort ein lustiger Kontakt da. Diesmal, in Marineuniform, als einziger Mann, wurde ich im Nu Hahn im Korbe. Daisy war mein Schwarm der Saison, ein blasses, apartes Mädchen, das sich aus mir gar nichts machte und auch sonst nur ihr eigenes Geschlecht liebte. Vor allem aber besuchte mich Eichhörnchen in Eisenach. Wir unternahmen frohe Ausflüge durchs schöne Thüringer Land. Im Rodensteiner händigte mir der Wirt ein Schreiben von Maulwurf ein. Mit Maulwurf hatte ich mich zwei Jahre zuvor am Fuße der Wartburg verlobt. Dieses Verhältnis war zwar achte Tage später in aller Herzlichkeit gelöst worden, aber unsere gute Freundschaft bestand nach wie vor.

Nach Friedrichsort zurückgekehrt, empfing mich die Trauerkunde, daß Weisgerber gefallen war. Ich mußte an seine schönen Augen denken. – Außerdem gab es kleine, unerquickliche Neuigkeiten, so zum Beispiel, daß unsere Arbeitszulagen vom Reichsmarineamt gestrichen waren, und zwar rückwirkend. Mit diesen Zulagen hatte man uns immer angelockt und uns bewogen, sogar über die Pfingstfeiertage mit Tag- und Nachtschichten zu arbeiten. Wir wurden nun infolgedessen noch fauler, als wir schon waren, und der dicke Paasche kam aus seinem Fliederbusch, wo er so süß unbemerkt schlief, überhaupt nicht mehr heraus. Nur, wenn es etwas Neues zu begucken gab, wenn etwa aufgefischte russische Minen im Depot eingeliefert wurden, strömten wir aus Fliederbüschen, Retiraden und Winkeln zusammen.

Einer unserer Torpedermaate wurde dienstlich und in Zivilkleidung nach Polo geschickt; ich platzte vor Neid. Friedrichsort war mir durch das bequeme, oder wenigstens unkriegerische Leben verleidet. Ich wollte Soldat, nicht Arbeiter sein. Wir beschwerten uns wegen der uns versprochenen und dann nicht ausgezahlten Stundengelder. Man versprach uns, das noch zu regeln, dachte aber nicht daran, das zu halten, und währenddessen wurde jetzt strenger und bald sogar fieberhaft auf Tag- und Nachtschichten gearbeitet. Es hieß dann immer: Bis morgen müssen soundso viel hundert Minen auf jeden Fall auf das und das Schiff übergegeben sein. Ich verabredete mit Stahlhut, daß abwechselnd einer von uns schlafen sollte. Der andere hatte Obacht zu geben, und wenn ein Deckoffizier auftauchte, sofort den Schläfer zu wecken. Mir passierte es aber, daß ein Torpeder ganz plötzlich in den Schuppen trat und der im Winkel träumende Stahlhut gerade in diesem Moment laut im Schlafe zu schreien anfing, als ob er im Seegefecht wäre. Wir warfen schnell einen Packen Holzwolle über sein Gesicht und erstickten damit seine Stimme. Hüben wie drüben betrugen sie sich unrichtig. Einmal marschierten wir nach zehnstündiger schwerer Arbeit – denn wir arbeiteten jetzt wirklich häufig außerordentlich angestrengt – nach dem Fort zurück. Unterwegs hatte ein Matrose von uns im Gliede gelacht und einem Mädchen auf der Straße etwas zugerufen. Ein Offizier hatte das bemerkt und telegraphisch nach der Feste gemeldet. Dort angelangt, mußten wir nun alle, Unteroffiziere wie Matrosen, eine Stunde lang von Feldwebeln kommandiert auf dem staubigen Platz strafexerzieren, und die Matrosenartilleristen sahen lachend zu.

Ich meldete mich im Revier und bat um Befreiung vom Arbeitsdienst, weil mein Unterkiefer geschwollen und meine Füße eitrig waren. Der Oberassistenzarzt erledigte meinen Fall wie alle anderen sehr rasch. „Lymphdrüsenentzündung infolge schlechter Zähne", sagte er. „Ich kann Sie nicht vom Arbeitsdienst befreien, aber Sie dürfen bequeme Schuhe tragen und sich vom Sanitäter verbinden lassen." Das tat ich von nun an und markierte Hinken, um allein, statt im Zuge, nach dem Minendepot gehen zu dürfen. Wenn ich unterwegs ein Mädchen sah, vergaß ich manchmal das Hinken.

Von Zeit zu Zeit hatte ich wieder auf der „Hulk" zu tun, im Zwischendeck dort schlosserte ein Matrose, der so wunderschön das deutsche wie auch das englische Samoalied singen konnte, daß ich ihn immer wieder darum anging.

In der Kasematte stürzten wir eines Morgens alle ans Fenster. Was war los? Ein weibliches Wesen, die Kantinenwirtstochter hängte draußen weibliche Wäschestücke zum Trocknen auf. Die Matrosen witzelten, das Mädchen ging aber klug darauf ein und fragte bei jedem Stück: „Was gefällt Ihnen am besten? Hemden? Unterröcke? Hosen?"

„Hosen!" schrien die Matrosen. Als das Mädchen mittags die getrocknete Wäsche wieder einholte, fand sie an den Hosenbeinen Heringsschwänze angebunden.

Maulwurf schrieb mir über den Fliegerangriff auf Ludwigshafen, der eigentlich der dortigen Sprengstoffabrik Benz gegolten hatte. Dreißig Personen waren dabei getötet, und einer Freundin von Maulwurf war das Herz herausgerissen.

Ich hatte in der Festung die Bekanntschaft eines gebildeten und zuvorkommenden freiwilligen Matrosenartilleristen gemacht. Er war im Zivilberuf Assessor und hieß von Alten. Wir lagen abends im Gras auf den Wällen und sprachen vernünftig über die Versenkung der Lusitania oder andere Kriegsereignisse, oder wir spielten Schach. Von Alten ging stets äußerst gepflegt einher, was sehr wohltuend auf mich wirkte, während ich andererseits es genoß, daß ich mich in der zerlumpten Uniform, die ich anhatte, überall rücksichtslos hinwerfen und lachend in jeden Dreck hineinsetzen konnte. Der ziemlich dicke von Alten war eigentlich mein Untergebener, was ich ihn scherzhaft zuweilen fühlen ließ, andererseits hatte er aber durch seine Bildung und Herkunft einige Fühlung zu Fähnrichen und Offizieren.

Er führte mich auch in dem Einjährigen-Kasino im Fort ein, wo es einen reinen und preiswerten Wein gab. Von Alten war ein guter Zecher und ein Gourmet, den man gern über Jagden und Schlemmereien sprechen hörte. Er war in allem gründlich und positiv.

In Friedrichsort und Kiel sah man nur Marine und wieder Marine. Matrosen als Kellner, als Friseure, als Bademeister und als Musiker, Matrosen zu Pferd, Matrosen auf dem Kutschbock, auf der Post und hinterm Ladentisch. Als ich einmal nach dem gegenüberliegenden Ostseebad Möltenort zum Schwimmen fuhr, traf ich zwar ein Gewimmel von Zivilgästen an, aber diese sehnten sich begreiflicherweise auch nicht nach Marinern und hatten durchweg deprimierende Null-Komma-Null-Gesichter. Das Wasser war wunderbar klar und brach sich in schönen Flächen mit goldigem Glanz; es war, als ob ich in flüssigem Bernstein badete.

Nachts wurde Alarm zur Übung geblasen. Da alles unter der Hand schon darauf vorbereitet war, klappte die Sache gut, und die Artilleristen bollerten vergnügt drauflos. „Achttausend Wasserlinie auf den Lotsendampfer!“ Puff!

Die Sonne schien heiß. Ich hatte Durst und verträumte mich in Erinnerung an eine herrliche Bowle in Ilmenau. Ach, und in diesem wie im vergangenen Sommer wuchs für uns kein Radieschen, kein Schnittlauch, kein Salat. Auf den Dächern unserer langgestreckten Kasematten wogten in langen Halmen Gräser, Kornblumen, Mohn und anderes Buntes. Ich legte mich morgens ganz platt auf den Wall ins Gras, um ein Übungsschießen mit Kalibermunition zu beobachten, an dem außer unserem Fort auch die Festung Falkenstein teilnahm. Vorher war bekanntgegeben, daß wir alle Fenster und während des Schießens auch unser Maul aufreißen sollten, damit die Scheiben und Trommelfelle nicht platzten. Das Floß, das die Zielscheibe trug, wurde auf See in zirka fünfeinhalbtausend Meter Entfernung vorbeigeschleppt. Vom Aufblitzen bis zum Einschlagen konnte ich bis sechzig zählen. Mir fiel auf, daß sich die Schwalben weder durch den Knall noch durch den Luftdruck stören ließen, sondern unbekümmert in der Geschoßzone herumjagten. Ich entdeckte sogar ein Schwalbennest, oder richtiger eine Schwalbenhöhle in dem Wall, die nur wenige Zentimeter vom Verschlußstück einer schweren Kanone entfernt war.

Ein achtzehnjähriger Matrose wurde degradiert und auf Festung nach Köln geschickt, weil er ein Spind erbrochen und ein Eisernes Kreuz gestohlen hatte, das er dann stolz in Kiel auf Urlaub trug. „So ein dummer Junge", sagte Engel, „ein Eisernes Kreuz zu stehlen. Mir kann's gestohlen bleiben!" Engel hatte übrigens eine Reise auf der „Deutschland" mitmachen dürfen. Das interessante Schiff hatte unsere Minen im russischen Fahrwasser geworfen. Engel erzählte, daß er Riesenmengen von Getreide, Leder und Holz in Libau gesehen hätte und daß die Juden dort sehr vor der Rückkehr der Russen bangten. Rigas Fall wurde auch bald erwartet. Wir mußten nun aufs neue und mit größter Beschleunigung die „Deutschland" mit Minen beladen.

Auch die Zahmsten unter uns murrten allmählich über die schwere Arbeit, die wir bei abscheulicher Behandlung und mangelhafter Beköstigung verrichten mußten. Es schien nun wirklich so, als ob man gar nicht daran dachte, uns auf Minenboote zu bringen, vielmehr uns als billige Arbeiter behalten wollte, denn die gelernten Zivilarbeiter wurden nach und nach alle eingezogen.

Wir bekamen nur Zusammengekochtes zu essen, das heißt immer Brühen oder Breiiges, niemals etwas zu beißen. Davon verdarben die Zähne und wurden bröckelig. Die Leute waren alle unterernährt. Täglich meldeten sich viele ins Revier. Die meisten wurden schwungvoll abgewiesen, oft sehr zu Recht. So hatte sich, wie mir ein Sanitätsgast erzählte, kürzlich ein Mann als fieberkrank gemeldet, der als Revierschmarotzer berüchtigt war; der Arzt, als Mensch sehr nett und witzig, hatte ihm ein Thermometer in die Achselhöhle gesteckt und sich dann zu anderen Patienten gewandt, währenddessen sich der Schmarotzer so zu drehen wußte, daß die Thermometerspitze die Dampfheizung berührte. Als der Arzt dann zurückkam und die Temperatur prüfte, rief er: „Mensch, ich kann Sie hier nicht gebrauchen. Sie sind ja schon lange tot. Ab zum Totengräber, marsch, marsch!"

Aber auch ich mußte für einige Zeit ins Lazarett, weil der Zustand meiner Füße sich verschlimmert hatte. Der Arzt verordnete dicke Mullwickel, das war, wie ich aus Erfahrung wußte, gerade das Verkehrte, denn dadurch wurden die Füße erhitzt. Aber ich ließ mich in Mull wickeln und schwieg, denn man lag im Revier wenigstens sauber, brauchte nicht zu arbeiten und konnte sogar rauchen, weil die Krankenwärter sich wenig um uns kümmerten. Die meisten Patienten waren lungenkrank. Rührend und tragisch zugleich klang es mir, wie manche über ihre zum Teil unheilbaren Krankheiten redeten. „Ich bin fein raus, meine Lunge ist nachweisbar angefressen." „Mich kann der Doktor nicht abwimmeln, ich bin schon im Frieden zweimal aufgegeben."

Einige wenige Journalfragmente trieben sich herum. Man las Bruno Franks „Im Eise der Karpathen" als Narkotikum jeden Tag zweimal. Sonst unterhielt man sich über die verspätet und spärlich zu uns dringenden Neuigkeiten, über Weddigens bedauerlichen und geheimnisvollen Tod, über die Einnahme von Lemberg und über das Bombardement von Karlsruhe durch Flieger.

Als ich wieder dienstfähig war, stellte man mir zunächst nur leichte Aufgaben. Ich hatte Leute aus dem Arrestlokal zu holen. Unterwegs schwenkte ich heimlich ab und ließ sie in einer versteckten Gartenlaube verschnaufen und Zigaretten rauchen. Einer von ihnen hatte gerade Geburtstag, und er schenkte mir nachher einen schönen Strauß Moosrosen aus seiner Heimat. Sieben Tage hatte er in einem modrigen und kalten Verlies bei Wasser und Brot und meist ohne Licht zugebracht, weil er zu wiederholten Malen seine Urlaubszeit überschritten hatte.

Zwei Zeitungen waren mir zugänglich, die Neue Hamburger Zeitung und die Kieler Neuesten Nachrichten. Beide widerten mich an. Die Schönfärberei und die Schwarzfärberei wurden aufs läppischste betrieben.

Ich erwies den Leuten jetzt häufiger kleine Gefälligkeiten, weil ihr Los tatsächlich bedauernswert war. Und mir selbst ward das Einerlei so über, daß ich ernstlich erwog, ob ich nicht desertieren sollte. Es mochte ja beneidenswert erscheinen, daß ich manche Stunde im Grase lag und Paul Heyses „Andrea Delfin" oder Novellen von Karl Kinndt oder Gedichte von Isolde Kurz las, während Eidechsen um mich raschelten. Aber es war doch Krieg. Dieser Krieg war für Isolde Kurz wie für manche andere eine heilige, religiöse Angelegenheit. Mir erschien er nur als eine komplizierte und mehr und mehr an Tragik zunehmende Abwickelung von Intrigen und Händeln zwischen einflußreichen

Mächten aller Nationen. Konkurrenzkampf, das heißt in bezug auf Ursache und Ziel, denn wieviel Ergreifendes, Edles und Ehrliches dadurch aufgerüttelt war und unabhängig für sich wirkte, erkannte ich wohl. „Der Krieg ist harte Wahrheit, der Frieden ist weiche Lüge", schrieb ich auf eine Spindtür.

Damit sich nicht soviel Leute ins Lazarett melden sollten, wurde die Einrichtung getroffen, daß solche, die es taten, auch wenn sie dort als genügend gesund abgewiesen wurden, keinen Urlaub mehr erhielten. Urlaub war die tiefste Sehnsucht der Leute. Nur fort! Einmal wurden zwanzig Matrosen nach Cuxhaven abkommandiert. Das bedeutete nur eine Veränderung, eine Abwechslung, und den Leuten wurden die immer wieder versprochenen Arbeitszulagen verweigert, so daß sie ohne einen Pfennig Geld und ohne Beköstigung die mindestens achtstündige Reise antreten mußten. Aber ich sah sie ihre Kleidersäcke jubelnd packen, und ihr Glücklichsein empfand ich so mit, daß mir ganz warm ums Herz ward. Ich stieg auf den Wall und sah, daß alles Gras über Mittag abgemäht war. Alle diese freien Halme mußten mit eins sterben; ich dachte sentimental an den Krieg.

Da ich meine kaiserlichen Seestiefel an einen Depotarbeiter verkauft hatte, setzte ich mich mit dem Erlös in ein Gartenlokal und schrieb sauber auf Aktenpapier:

Friedrichsort, 20. Juni 1915.

Gesuch des Minenmaaten Hester der Seewehr 1 (in Zivil Schriftsteller) um Allerhöchste gnädige Abkommandierung zur Front.

Ew. Kaiserliche Majestät, meinen Allerhöchsten Kriegsherrn bitte ich, ausnahmsweise und gnädiglich zu verfügen, daß ich irgendwohin an die Front befohlen werde oder sonstwie Gelegenheit erhalte, zu Wasser oder Lande am unmittelbaren Kampfe teilzunehmen.

Seit dem 2. August vorigen Jahres bis heute habe ich nur hinter der Front dienen dürfen, und seit zwei Monaten habe ich überhaupt nur noch mit Depotarbeiten beschäftigte Leute zu beaufsichtigen. Ich bin jung, gesund, ledig und begeistert, habe mich gut geführt und bin nur ein einziges Mal mit einem strengen Verweis bestraft, weil ich mich trotz Verbotes an die Front nach Flandern bewarb.

Unterschrift: Minenbootsmaat Hester
In Feste Friedrichsort bei Kiel.

Ich steckte den Brief vorsichtshalber in ein zweites Kuvert, das ich an das „K. K. Große Hauptquartier“ adressierte.

Von Alten hatte ein paar Tage Urlaub in Hannover verbracht und richtete mir Grüße von Münchhausen aus. Ich berichtete ihm von meinem Gesuch an den Kaiser. Er lächelte: „Na, dann werden Sie wohl derjenige sein, der das neuerbaute Arrestlokal mit vierzehn Tagen einweiht.“ Dann polemisierten wir über den Fall eines Bulker Leutnants, der von einem Falkensteiner Offizier in einem Duell erschossen war, und dessen Leiche seit gestern in unserem Lazarett lag. Zuletzt kamen wir auf verwunschene Hundeaugen zu sprechen. Von Alten mußte als Gemeiner schon um neun Uhr die Kantine verlassen. Als ich zu späterer Stunde den Rückweg antrat, war es wie eine Spukgeschichte. Der Sturm heulte. Gespenstisch bewegten sich die alten Bäume gegen den fahlgelben Himmel. Kein Mensch begegnete mir. Der Kasernenplatz lag öde. Kein Fenster war erleuchtet, und die Grasborsten der Dächer sträubten sich gegen den Sturm. Ich wandelte nach der Wache, um dort zu bestellen, daß ich morgen um fünf Uhr geweckt werden müßte. Aber wie erstaunte ich, als ich die Wachtstube verschlossen fand und auch mein Klopfen niemanden herbeilockte. Blitze zuckten am Himmel und Donnerschläge erfüllten die Luft. Dann entlud sich ein Platzregen. Ich suchte weiter. Auch am Westtor stand kein Posten. Erst als ich die Zugbrücke überschritt, stieß ich auf einen Wachgänger, der mir nun Aufklärung gab. Die Wachtstube war wegen gewisser Reparaturen in ein anderes Gebäude verlegt.

Der Regen war sehnlichst im Interesse der Ernte erwartet.

Abends saß ich in unserem Verschlag neben dem schweigsamen Stahlhut, der häßliche Damentaschen aus grauem Garn knüpfte. Das war die derzeitige Mode. Früher hatten wir Buttelschiffe geschnitzt. Unsere Leute unterhielten sich: „Was ist eine Arena?“ fragte jemand, der offenbar ein Buch las.

„Nun, eine Eisenbahn“, antwortete ein Zweiter.

„Quatsch!“ rief ein Dritter. „Arena ist ein Geruch, der künstlich gemacht wird.“

„Ach, du meinst ja Aroma. Aber Arena ist ein Stier.“

Dann versuchte jemand, Bayrisch zu singen.

Auf der Alm, da stehat a Kuah,
Macht das Auge auf und zuah.
Ahu ahio ihu!

Für Kapitänleutnant von Nostiz war ein neuer Festungskommandant eingetroffen. Der ordnete an, daß die Unteroffiziere künftig das Deckoffizierskasino mit benutzen dürften. Das taten sie denn auch und gründeten dort einen fürchterlichen Gesangverein, der allabendlich mit Möbelwagenkutscherstimmen unaufhörlich das Lied übte: „Wenn ich den Wandrer frage."

Kaum war mein Gesuch an den Kaiser abgesandt, so fand ich alle möglichen Anzeichen dafür, daß wir doch auf ein baldiges Fortkommen hoffen konnten. Es war auch ein Haufen Minensuchgerät auf dem Depot eingetroffen. Es kamen einzelne Leute oder auch Gruppen von uns fort, auf das Schiff „Royal" oder ins Lockstedter Lager oder anderswohin. Als Ersatz dafür trafen junge, kurz ausgebildete Rekruten ein, die vor uns Unteroffizieren übereifrig stramm machten und abends mit erfahrungslos junger Begeisterung schwärmten und sangen.

Ich las einen phantastischen Roman von E. G. Seeliger, „Der gelbe Seedieb". Die Zeitung berichtete, daß ein sechsundvierzigjähriger deutscher Kunstgelehrter, Dr. Fritz Sydow in Nordamerika Selbstmord verübt habe aus Nahrungssorgen und aus Gram darüber, nicht bei der Verteidigung des Vaterlandes mitwirken zu können. Die Zeitung brachte folgendes von ihm hinterlassene Gedicht:

Mein letztes Lied.

Ich habe nicht Bruder noch Schwester mehr,
Und Vater und Mutter sind tot.
Und täglich singts übers Weltmeer her
Von der Nibelungen Not.

Und stündlich ruft mich das große Land
Mit strengem Kommandoschrei.
Und ich bin mit Fesseln hier festgebannt
Und ich bin nicht mit dabei.

Ich bin nicht dabei, und nutzlos verglimmt
Das herausgefallene Scheit.
Ich bin verbittert, vergrämt und ergrimmt,
Ich Nichts in der großen Zeit.

Ihr drüben, ihr kämpft und schafft auf den Sieg,
Und die liebe Heimat bleibt frei.
O du unbeschreiblich herrlicher Krieg.
Und ich bin nicht mit dabei.

Den langsamen Tod, der vom Händlergeschlecht,
Dem begeisterungslosen, mir winkt,
Den Strohtod verschmäh ich und nehm mir das Recht,
Zu gehen, wenn Zeit es mich dünkt.

Nicht helfen können, nichts Wichtiges tun,
Langsam verkommen in Schmach?
Mein Heimweh braucht Zeit, für immer zu ruhn . . .
Meine Freunde, weint mir nicht nach.

Minenmaat Klein und ich hatten mit fünfzehn Leuten von sechs Uhr abends bis halb sechs Uhr früh auf „Kondor" gearbeitet, hatten an neununddreißig Minen die Ankertaue ausgewechselt, und wir waren sehr müde, als wir beim ersten Sonnenglanz nach der Feste zurückmarschierten. Kaum hatten wir uns dort zum Schlafe ausgestreckt, so wurden wir wieder herausgepfiffen und mußten uns eiligst anziehen und antreten. Es handelte sich wieder einmal um eine Spinduntersuchung, weil einem Arbeiter auf „Kondor" ein Paar Schuhe gestohlen waren. Die Nachforschungen blieben umsonst. Wir büßten nur Schlafenszeit ein und mußten um zwölf Uhr schon wieder ins Minendepot.

Klein und ich aßen Makrelen. Klein sah aus wie ein gutmütiger, stiller und bescheidener Landsknecht. Er zerpflückte mit seinen sachlichen Fingern die Makrelen wie Blumen und erzählte mir dabei seine Schicksale bei Ausbruch des Krieges. Er hatte sich damals von Barcelona aus in einem Dampfer herübergeschmuggelt unter vielen Gefahren und Entbehrungen und dabei auch sein ganzes Geld zugesetzt. Fünf Tage lang hatte er zwischen Kisten verborgen im Raume gehockt, und ein zusammengeballter, in einem Kistenspalt eingeklemmter Hut hatte ihn vor den Dolchstößen der Franzosen gerettet. Als er endlich deutschen Boden erreichte, hatte man ihm nicht erlaubt, erst einmal seine besorgte Familie aufzusuchen.

Ein alter Zivilist und ehemaliger Sailor, der jetzt als Nachtwächter auf „Kondor" engagiert war, hörte Kleins Erzählungen mit sichtlichem Mißbehagen zu. Er ertrug es nicht, wenn andere redeten, er wollte selber reden, und besonders gern und amüsant realistisch sprach er über Leichen, die er auf hoher See mit eingenäht und ins Meer versenkt hatte.

Wenn wir im Minendepot arbeiteten, brieten wir uns manchmal Puffer aus Kartoffeln, die wir vom Felde stahlen. Ich hatte ein

Reibeisen aus einer Konservendose verfertigt, und ein Heizer schmiedete aus einer Kohlenschaufel eine Bratpfanne. Als Fett nahmen wir bestes Maschinenöl. Mitunter hielt ich mich unter irgendwelchen Vorwänden in der Seitenstube des Schuppens III auf, wo Frauen an gewissen Minenteilen arbeiteten. Ihre Männer waren alle im Feld, woran sie sich aber wohl gewöhnt hatten, denn sie erwiderten unsere Schäkerwitze allzu gern.

Von Alten besuchte mich einmal auf „Kondor", da wir während eines Gewitters Grundgewichte, Fahrwasserbojen und sonstiges für Libau bestimmtes Minensuchgerät in einen Leichter luden. Beim Schachspiel gewann ich nur deshalb, weil von Alten seine ganze Aufmerksamkeit in die Ohren geschoben hatte und höchst amüsiert einem Matrosengespräch über Alimente lauschte. Danach stieg ich eine Strickleiter hinab und durch eine Luke in den Bauch eines längsseits liegenden Unterseebootes. Ich bestaunte den maschinellen Wirrwarr in den engen Räumlichkeiten und schaute im Turm durchs Periskop. Die U-Bootsmatrosen waren zum größten Teil sehr ungern an Bord. Sie sagten, daß von den Leuten, die sich freiwillig auf U-Boote meldeten, nur selten jemand genommen würde. Es mochten technische, gesundheitliche und andere Gründe da mitsprechen, trotzdem schien mir doch viel gemeine Borniertheit an diesem starren Prinzip zu sein.

Als ich mit meiner Mannschaft um Mitternacht hungrig ins Fort zurückkehrte, lag dort für jeden von uns ein Bücking als Abendbrotzulage auf dem Tisch. Ein Matrose rief uns aus der Hängematte zu, in den Fischen wimmelte es von Maden, niemand hätte sie bisher angerührt. Der Matrose hatte, seinen Schlaf opfernd, darauf gewartet, uns wegen dieser Schweinerei aufzuputschen, und als wir nun laut schimpften, lief er mit den Bückingen zum Küchenfeldwebel, um sich zu beschweren. Und nun geschah etwas Typisches. Der Feldwebel gab alles zu, ging auf alles Vorgebrachte zustimmend, beinahe kameradschaftlich freundlich ein und schenkte dem Matrosen – er hieß zufällig Schreier – zum Schluß noch fünfzehn Stück solcher verdorbener Fische zu. Und Schreier nahm sie, ging und fraß sich daran satt.

Der Verpflegungsapparat bei der Kaiserlichen Marine versagte und wurde mißbraucht. Man sprach davon, daß ganze Waggonladungen verdorbenen Fleisches oder verfaulter Kartoffeln insgeheim verscharrt würden. Wir konnten das natürlich nicht nachkontrollieren, wir wußten nur, wie schlecht wir selbst versorgt wurden. Der Staat setzte pro Mann pro Tag eine Mark und zwanzig Pfennige für Verpflegung aus. Hätte man uns das in bar gegeben, so wären wir sehr wohl damit ausgekommen. So aber waren die Feldwebel angewiesen, noch zehn Prozent Ersparnisse zu machen, und sie machten viel mehr, und niemand und jeder wußte, wohin das Geld ging. Von dem Rest kauften sie minderwertige Sachen und setzten uns Woche für Woche das gleiche, gehaltlose, unappetitliche Menu vor. Je ungenießbarer es war, je weniger wir davon anrührten, desto mehr Futter bekamen die Schweine des Kantiniers, woran die Küche nochmals verdiente.

Die „Deutschland" kam wieder zurück. Diesmal hatte sie unsere Minen nur bis Danzig befördert und dann einen für Libau bestimmten Panzerzug an Bord genommen.

In Düsternbrook lag das Minenschiff „Albatros" von vier russischen Panzern zerschossen. Andermal, in Möltenort, sah ich „Prinz Adalbert" schwer beschädigt einlaufen. Das Schiff lag mit dem Bug tief im Wasser und mit dem Heck hoch heraus. Die Besatzung in langer Reihe an Steuerbord war mit irgendwelchen Notarbeiten beschäftigt. Interessiert sahen die Badegäste dem Schauspiel zu. Sie waren alle maritim so weit *au fait,* daß sie das Schiff schon von weitem an den Schornsteinen, an der Art seiner Türme und später am Bugzeichen erkannten. „Prinz Adalbert" hatte einen Torpedoschuß ins Vorderschiff erhalten, was zehn Tote kostete.

Auch mit „Derfflinger" schien etwas nicht in Ordnung. Er lag schon wieder in der Werft, aber ich konnte aus der Summe von Gemunkel und Berichten nicht heraussieben, ob er einen Torpedoschuß im Leibe hatte oder ob seine Maschinen nicht funktionierten, ob „Schaufelsalat" vorlag.

In einer belebten Kieler Straße stieß ich auf einen betrunkenen Matrosen, der allen Passanten das gangbarste Goethezitat zuschrie. Ein Kapitänleutnant winkte mich zu sich und gab mir Befehl, den Mann zu verhaften. Ich nahm den Trunkenbold mit – bis um die Ecke – dann, nachdem er mir versichert hatte, daß auch ich ihn könnte, ließ ich ihn laufen mit herzlichen, aber aussichtslosen Ermahnungen.

Ein Heizer, zwei Obermatrosen wurden mit mir abkommandiert. Wir mußten sofort unsere Kleider packen und wurden mit vier Minensuchgeräten auf die vier Fischdampfer „Wohldorf",

„Farmsen“, „Bremen“ und „Bergedorf“ überwiesen. Diese Boote hatten Steuerleute als Kommandanten, und je siebenundzwanzig Mann Besatzung, die uns und das ihnen neue Suchgerät neugierig aufnahmen. Ich richtete mich meiner Instruktion gemäß auf „Wohlfahrt“ ein und lernte dabei einen Maat kennen, der sich gleich damit wichtig tat, daß er einjährig gedient hätte, also gebildeter wäre als die anderen. Ich schwieg um so mehr über meine eigenen Personalien.

Man hatte auf den Booten einen offenen Respekt vor dem Minensuchen, zumal es bekannt war, daß gerade Fischdampfer wegen ihres Tiefganges wenig geeignet dafür waren. Da außer uns vier Minenleuten niemand etwas davon verstand und man mir als leitendem Unteroffizier am meisten vertraute, rissen sich die Kommandanten um mich. So ließ ich mich überreden, auf „Bergedorf“ zu übersiedeln. Ich wurde mit tausend Fragen bestürmt, und mußte bald auf dieses, bald auf jenes Boot, die teils in der Howaldt-Werft und teils bei Stock & Kolbe lagen. Außerdem stimmte das gelieferte Suchgerät nicht zusammen, es fehlten Teile davon. Als ich dieserhalb nach Friedrichsort geschickt wurde, erkundigte ich mich dort nach Post für mich und erfuhr dabei, daß inzwischen eine fremde Ordonnanz nach mir gefragt habe in Angelegenheit eines Gesuches an Seine Majestät. Aha! Jetzt, da ich eben fortkommandiert war, jetzt rührte sich was.

Ich besah mir „Bergedorf“. Es war ein ganz neues Schiff und daher alles blitzsauber. Trotzdem hätte ich nach dem Bau wetten mögen, daß es schon bei geringem Seegang stark rollen würde. Mir ward wieder mal seemännisch zumute, und da schlief ich denn – weil ich noch keine Matratze besaß – auf den nackten Kojenbrettern wie auf Kolibridaunen und ausgesuchten Mädchenschößen. Dabei hatte ich natürlich als zuletzt Gekommener die ungünstigste Koje und den schlechtesten Spind erwischt.

Ich verwahrte die feineren Teile des Suchgerätes sowie die neuen Stahltrossen im Turm, wo die Gewehre, und zwar erbeutete russische Gewehre lagen. Abends eilte ich auf Morastwegen nach dem Fort und erwischte wirklich noch das Schriftsück in Angelegenheit eines Gesuches an Seine Majestät. Es war mein Originalgesuch, das jetzt zahlreiche bedeutungsvolle Stempel trug, auch „Reichsmarineamt Berlin“. Der Chef der Ostseestation und Stadtkommandant von Kiel, Admiral Ingenol hatte mit Grünstift an den Rand geschrieben: „Kann ihm nicht geholfen werden?“

Nun befielen mich Zweifel, ob es günstig oder ungünstig war, daß ich inzwischen auf jenen Fischdampfer gekommen war, über dessen Verwendung ich noch gar nichts Bestimmtes wußte.

Das Essen an Bord war gut. Ich wartete ungeduldig auf die Ausfahrt aus Angst, ich könnte noch von Bord zurückgeholt werden. Aber die Funker waren noch nicht eingetroffen, und es machten sich einige Umbauten für unser Suchgerät nötig. Im übrigen redete ich mir ein, daß ich auf diesen Schiffen noch schlimmer dran sein würde als je zuvor, redete mir das absichtlich ein, um auf keinen Fall enttäuscht zu werden.

Wir stahlen uns einen Dackel für das Schiff, und wir Maate besorgten uns geblümten Gardinenstoff für die Kojen, denn es gab in dieser Beziehung ein gewisses Konkurrieren und Repräsentieren unter uns. Auch legten wir Geld zusammen für einen Lampenschirm und für ein Halsband für den Dackel Fidi. Außerdem hatte der Bürgermeister der Stadt Bergedorf dem Schiff „Bergedorf" eine Mandoline mit einem Begleitvers als Präsent gesandt.

Wir unternahmen eine Probefahrt, liefen aber zunächst auf Schlick fest, und da wir trotz Beistandes eines Schleppers nach zwei Stunden noch nicht freikamen und ich auf dem Minendepot dienstlich zu tun hatte, signalisierte ich eine vorbeisausende Privatpinasse an, die mich freundlich mitnahm. Als ich abends im Hansahotel dichtete, sprach mich Leutnant Kaiser an und erzählte mir, daß er einen Artilleriekursus durchmachte und sich ein Mädchen angeschafft hätte. Wir benahmen uns beide sehr versöhnlich zueinander, so daß ich Herrn Kaiser fragen konnte, warum er die Bemerkung in mein Führungsbuch gesetzt hätte: „muß energischer werden". Er erwiderte, er habe das auf Befehl des Sperrkommandanten getan. Ich ging dann, um einen Schoppen Mosel zu trinken, in die Weinstube Monopol und merkte bald, daß ich in ein teures, vornehmes Flirtlokal geraten war. Dort saßen nur höhere Offiziere mit Kokotten, die aus und ein rauschten und einander in der Melodie der kaiserlichen Autohupe begrüßten „tatü-tata". Zum Glück hatte ich noch das Geld, um mir eine halbe Flasche Burgunder zu bestellen, aber ich fühlte mich untergeordnet und von den Kellnern und Gästen mißachtet. Erst als ein Mädchen schön und zart Klavier spielte, ward ich besser gestimmt und dachte wehmütig an München, an herrliche Faschingstage.

Dann suchte ich lange nach dem Vorpostenboot „Bergedorf" und traf schließlich einen zweitklassigen Minenmatrosen, der mich auf sein Schiff „Royal“ brachte, wo viele mir bekannte Matrosen mir schwuren, ich sei der beliebteste Bootsmannsmaat. Sie ruderten mich denn auch bereitwillig nach „Bergedorf“. Es war eine schöne Nacht. Lichterstreifen zitterten im Wasser. Von der Gefionbrücke, der Vinetabrücke und den anderen Landungsstegen tönten laute Rufe herüber „Derfflinger?“ „Prinz Adalbert!“

Die Anlagen für unser Minensuchgerät wurden mit fieberhafter und pfuscherhafter Eile eingebaut. Ich erwarb mir dabei allerlei technische Kenntnisse, hatte aber viel Laufereien und langwierige Besprechungen mit Zimmerleuten, Schreinern, Schlossern und Werftbeamten. Ich wurde sehr nervös und entdeckte eines Tages, daß meine Haare anfingen grau zu werden.

Wir vier Minenleute wurden von dem Leutnant Müller vom Minendepot befehligt. Die vier Fischdampfer unterstanden dem großen Minenschiff „Deutschland“.

Abermals unternahmen wir eine Probefahrt. Wir fuhren in See, erst in Kiellinie, dann in Rotten, und nun wurde zum ersten Male das Suchgerät ausgebracht. Das Manöver mißlang durchaus. Die Leinen verwickelten sich, die Schwimmbojen kamen nicht gleichzeitig zu Wasser. Alles verlor den Kopf und die Steuerleute schrien die unsinnigsten Kommandos. Ich war indessen fix auf meinem Posten, so daß mein Boot noch am besten abschnitt. Hinterher konnte ich vor Heiserkeit nicht mehr reden, hatte mir die Hände an den Stahlleinen wundgerissen und meinen rechten Fußknöchel gegen einen eisernen Bolzen geschlagen. Trotzdem ging ich noch spät an Land, wozu ich zwei Kilometer im Laufschritt zurücklegen mußte. Ich hörte, daß jener zweitklassige Matrose von „Royal“ inzwischen fahnenflüchtig geworden und offenbar mit einem schwedischen Segler entkommen war.

Der Kommandant der „Deutschland“, Herr Korvettenkapitän v. Rosenberg, nahm eine Vorbesichtigung unserer Boote vor, denn am nächsten Tag sollte ein Admiral die Hauptbesichtigung abhalten. Von Rosenberg pfiff uns scharf an. Er erwähnte, daß wir in nächster Zeit nach dem Osten gingen und prägte uns ein, wie wir morgen „Guten Morgen, Herr Admiral!“ rufen sollten. Und als am nächsten Tage der Konteradmiral v. Mischke uns zurief: „Guten Morgen, Leute!“ tönte es prompt zurück: „Gunorgnerraal!“ Dann ward dem hohen Herrn das Minensuchen vorexerziert. Leutnant Müller, der selbst nicht allzuviel davon verstand und vor dem Admiral verwirrt war, gab die komischsten Befehle und Signale, und wir, die wir instinktiv erfaßten, daß es jetzt nur darauf ankäme, nicht zu stocken, sondern dem Admiral etwas vorzuzaubern, warfen Leinen, Bojen und alles andere ganz falsch und quer durcheinander über Bord, aber mit viel Lärm und durchaus im Takt.

Der Admiral war zufrieden und hielt eine Ansprache: „– Ihr kommt nächste Woche nach dem Osten. Ihr sollt auf feindliche U-Boote aufpassen, sie rammen oder vernichten, wie ihr nur könnt. Ihr sollt die deutsche Flotte vor Minen schützen ... Fort deshalb mit dem Alkohol! ... Ich freue mich, daß ihr dahin kommt, wo wenigstens was los ist. Adieu, Leute!“

„Adieu, Herr Admiral!“

Der erste von uns, der das Schweigen brach, bemerkte: „Hm, adieu. – Auf Wiedersehen hat er nicht gesagt. Als wenn er dächte, wir kämen nicht zurück.“

Im Laufe der Inspektion hatte der Admiral einige Maate und so auch mich angesprochen. Wie lange und als was ich gedient hätte. Der Kommandant der „Deutschland“ erwiderte für mich, ich sei als Instrukteur für Minensuchwesen auf die Vorpostenboote gekommen, worauf ihm der Adjutant ins Wort fiel: „Nein, Herr Admiral, das ist der Mann, der das Gesuch an die Front eingereicht hat.“

„An wen?“ frug der Admiral.

„An Seine Majestät direkt.“

Der Admiral runzelte die Stirn und wandte sich ab.

Mein Posten auf den Fischdampfern war vorläufig verhältnismäßig selbständig. Man ästimierte mich als den besten Sachverständigen für Minensuch- und Räumwesen und ich scheute auch kleine Lügen nicht, um dieses Ansehen zu befestigen und zu vertiefen. Aber ich hatte bald viele Neider und auch unter den Offizieren der „Deutschland“ Mißgönner.

Eine Frau Rey hatte mir eine Dose Honig annonciert, die auch richtig eintraf. Ich fand aber lange keine Zeit, sie zu öffnen. Trotzdem schrieb ich der Dame, daß der Honig vortrefflich mundete. Er sei ganz besonders aromatisch, woraus ich schlösse, daß er aus der Lüneburger Heide stammte. Als ich dieses Dankschreiben längst expediert hatte, öffnete ich die Dose. Sie enthielt marinierte Heringe.

Unser Steuermann, im Zivilberuf Bahnassistent, war mir nicht sympathisch. Als ungedienter Landsturmmann glaubte er das Militärische besonders betonen zu müssen. „Ich brauche unbedingt einen Revolver", äußerte er. Wenn es vor den Feind ginge, wollte er „unbedingt" jeden niederknallen, der nicht parierte. Der Steuermann trug einen langen roten Schnauzbart, hektische Röte auf den Backen und sprach „Swimmen" und „Sweinerei".

Nun kam ein Leutnant an Bord, der des Steuermanns Kammer mit Beschlag belegte und eine Kiste Sekt mitbrachte. Er veranstaltete sofort eine Übungsfahrt bis zu den dänischen Gewässern, wobei ich mit meinen Leuten das Minensuchgerät vorführen sollte. Das fiel ziemlich kläglich aus, denn die Heckbauten auf unseren Schiffen waren zu hoch für das Gerät. Beim Ausbringen gerieten die Leute in Gefahr, von den sausenden und plötzlich sich straffenden Leinen mitgerissen zu werden. Es gab Ärger, Zank und blutige Hände. Vor der Lübecker Bucht gingen uns zwei Suchleinen verloren, worüber ich das übliche umständliche Protokoll aufnehmen mußte. Der Leutnant schimpfte viel und ließ uns strafexerzieren. Er dachte aber nur an die kommende Besichtigung durch den Admiral, und es kam auch ihm mehr darauf an, diesem etwas Lautes und Flinkes vorzumachen, als daß wir uns wirklich im Minenfischen übten. Erst nach einigen Tagen kam er auf die vernünftige Idee, sich von einem Fachoffizier einmal das Suchgerät erklären zu lassen.

Wir erhielten aus der Ferne als Liebesgaben zahlreiche Ziehharmonikas. Wenn unsere Boote nebeneinander lagen und diese Instrumente gleichzeitig gespielt wurden, klang es wie Jahrmarkt.

Wir hatten einen Zusammenstoß mit „Wohldorf", bei dem beide Schiffe arg verbeult wurden.

Unser Dackel Fidi wurde sehr nervös. Jedermann an Bord dressierte ihn nach einer anderen Methode, und ein Matrose, der einmal über ihn gestolpert war, verfolgte ihn seitdem mit Haß und Seestiefeln. Als der Koch den Fidi einmal mit an Land nahm, begegnete ihm zufällig die frühere Besitzerin des Dackels, und sie entriß dem Koch das Tier.

Die Admiralsbesichtigung fand statt. Der Admiral erschien zwar nicht persönlich, sondern sandte seinen Adjutanten, aber ich freute mich, daß mit diesem endlich ein Offizier an Bord kam, der über das Minenwesen vorzüglich unterrichtet war. Er sprach sehr verständig und eingehend mit mir darüber. Ich machte ihn auf die Mängel unseres Materials aufmerksam, worüber ich aus dem angenehmen Gefühl der Wichtigkeit heraus bereits eine schriftliche

Meldung eingereicht hatte. Beiläufig bemerkte der Adjutant, ich sei nur als Instrukteur an Bord gekommen und müßte von Libau aus wieder ins Minendepot zurückkehren. Dagegen protestierte ich, soweit ich das als Untergebener in militärischer Weise konnte. Ich berief mich auf die Protektion Seiner Majestät, schilderte, wieviel Arbeit ich mit der Einrichtung des Gerätes gehabt hätte und pochte auf meinen Anspruch auf Dank. Der Adjutant gab mir einige Hoffnung und fragte, zu dem Leutnant gewandt: „Können Sie den Minenmaat Hester gebrauchen?"

„Jawohl."

Ich hatte wirklich am meisten dazu beigetragen, daß die Besichtigung so befriedigend ausfiel. Als aber der Adjutant von Bord war, fand unser Leutnant kein Wort der Anerkennung für mich oder meine Leute. Er schickte uns schroff zum Kohlen und ging selber in die Kajüte zum Sekttrinken.

Abends schrieb ich an Erna Krall: „Morgen laufen wir aus, erst nach Danzig und dann nach Libau, Deinem Heimatlande zu. Heute vor einem Jahr saß ich begeistert und ein wenig traurig in Augsburg, und dann gabst Du mir einen Abschiedskuß. – Meine Adresse lautet: Minenmaat Hester, Vorpostenboot ‚Bergedorf', Halbflottille Ost, Libau."

Wir erhielten Gummischwimmwesten zum Aufblasen, warme Filzschuhe für den Winter und Totenmarken. Meine Marke trug die Nummer 25.

Abends an Land sprach mich im Automatenrestaurant ein Ehepaar auf mein Mützenband hin an. Ob ich den Furier Petersen in Cuxhaven kenne.

„Ja", rief ich, „das ist ja mein Bruder. Also sind Sie meine Eltern."

Der Bahnhofsplatz war abgesperrt. Man trug Verwundete nach einem Dampfer. Mich ließ man passieren, weil ich umgeschnallt hatte. Ich sah einen bleichen, auf einer Bahre eingeschnallten Mann vorübertragen. Neben seinem wächsernen Gesicht lagen zwei rote Rosen.

Sechstes Kapitel

FAHRT NACH DEM OSTEN

Im letzten Augenblick war ein neuer Kommandant, ein Leutnant Kaiser, an Bord gekommen. Schon an der Ähnlichkeit glaubte ich zu erkennen, daß er ein Bruder jenes Kaiser sein müßte, unter dem ich auf „Blexen" und „Vulkan" gefahren war. Das bestätigte sich.

Dann liefen wir aus. Bei Fehmarn mußten wir im Zickzack durch Minengebiete gelotst werden. Der Kommandant des Sperrfahrzeuges „Prinz Waldemar" rief unserem Kommandanten entgegen: „Guten Abend, Herr Kaiser. Sie müssen sofort nach Kiel zurück. Haben Sie denn die Depesche nicht erhalten?"

Nach Kiel zurück?! Warum, das ward uns Mannschaften wieder verheimlicht. War dicke Luft draußen? Waren Friedensverhandlungen im Gange? Sollten unsere Fischdampfer außer Dienst stellen?

Vor der Holtenauer Schleuse lagen die Panzer ohne Beiboote unter Dampf, wahrscheinlich klar für eine Aktion im Osten oder in der Nordsee.

Wir blieben nicht lange in Kiel. Unsere Aufgabe war, den großen viermastigen Petroleumdampfer „Mannheim" nach Memel zu eskortieren. Wir nahmen ihn in unsere Mitte und dampften langsam dicht unter der Küste, um alle Leuchten auszunutzen. Die Ausgucksposten waren verstärkt.

Nachts gingen wir beim Leuchtturm Funkenhafen vor Anker. Der Leutnant begab sich an Bord der „Mannheim", und ich ruderte dann mit einigen Leuten in der Dunkelheit umher, um unser Fischnetz auszubringen. Das ging uns aber an einem Wrack oder Felsenstück entzwei. Den Rest der Nacht verbrachte ich damit, mir auszurechnen, wer gestern meine grünen Socken aus dem Trockenraum gestohlen haben könnte.

Dann suchte uns ein heftiges Gewitter heim. Ein Fischerboot kam längsseit und verkaufte uns herrliche Fische.

Am siebenten August, in der Danziger Bucht, wurden wir davon verständigt, daß soundso viel Strich westlich von Helsternest drei Treibminen drohten. Das war mir wie eine Gratulation zu meinem Geburtstag, zu dem mir schon morgens einer der Maate in Glacéhandschuhen gratuliert hatte. Ich gab eine Flasche Rum zum besten.

Als die Kurische Nehrung in Sicht kam, gab es Alarm. Eine der Minen war gesichtet, dann stellte sich aber heraus, daß es eine Fischerboje war. Aber mittags, als ich gerade einen prächtigen Goldbutt entgrätete, bemerkten wir einen Passagierdampfer, der in auffälliger Weise plötzlich beidrehte und uns dann auch bald signalisierte: Nehmen Sie sich vor der Mine in acht.

Richtig: da trieb eine russische Kugelmine, zur Hälfte aus dem Wasser ragend. Wir näherten uns ihr auf etwa 500 Meter und eröffneten sofort ein heftiges Feuer aus unseren russischen Beutegewehren. Es wurde gut geschossen, aber es dauerte lange – mein Gewehr war zweimal heißgeschossen – ehe die Mine absackte. Und wie die Menschen in der Stadt vor einer Stelle stehenbleiben, wo kurz zuvor ein Mord passiert ist, von dem aber nicht eine Spur mehr zu sehen ist, so dampften wir nun der Stelle zu, wo die Mine verschwunden war. Das wäre uns beinahe übel bekommen, denn plötzlich gab es einen dumpfen Donner und vor uns stieg eine Wassersäule auf. Ich konnte dem Kommandanten zu meiner Befriedigung Aufklärung geben. Jene Mine war eine sogenannte Krängungsmine, so gedacht, daß, wenn ein Schiff sie überfuhr und sie dabei aus dem Gleichgewicht brachte, daß dann ein Pendel ihren Sprengstoff zur Entzündung brachte. Als wir ihren Auftriebsraum mit unseren Kugeln durchlöchert hatten, war sie senkrecht versunken, und erst am Meeresboden – glücklicherweise in größerer Tiefe – hatte sie sich umgelegt und war explodiert.

Wenige Sekunden nach der Detonation bedeckte sich der Wasserspiegel in weitem Umkreise mit getöteten Fischen. Ich verzieh es dem Kommandanten nie, daß er aus einem sehr kurzsichtigen und überwichtigen Pflichtgefühl heraus uns nicht gestattete, diese köstliche und willkommene Proviantbereicherung aufzufischen, sondern eiligst Kurs aufnahm.

Als wir in Memel einliefen, standen wir alle in Urlaubsdreß an Deck, durften dann aber nicht an Land, weil einige Tage zuvor vier Matrosen von unserem Schwesterboot Farmsen dort desertiert waren.

Auf dem Kai, wo wir anlegten, trieb sich eine neugierige und fidele Menge herum. Ich wechselte mit zwei Damen russische

Sprachbrocken. Sportsboote fuhren vorbei, und dann liefen Torpedoboote und ein großer, mit abgekämpften Ulanen und Dragonern überfüllter Transportdampfer ein.

Am nächsten Vormittag erreichten wir Libau. Mein Herz schlug froh.

Am Eingang des Hafens lagen kleinere und größere Dampfer versenkt, von denen meist nur Schornsteine und Masten aus dem Wasser ragten.

Kaum lagen wir fest, so stürzte ich unter einem dienstlichen Vorwand an Land. Nacktbeinige Mädchen warteten am Kai und boten Früchte und Zigaretten an. Die Straßenbahn durften wir unentgeltlich benutzen, und Droschken waren spottbillig. Es trieb sich viel zerlumptes Bettelvolk herum. Ich erkundigte mich gleich in allen Hotels nach gewissen adligen Balten, die ich dort vermuten konnte, besonders nach H. von Schulmann und nach Emile, aber ich konnte keinen meiner Freunde ermitteln.

Der Chef der Vorpostenflottille in Libau, Korvettenkapitän Robertson, ließ uns zur Musterung antreten. Frierend hörten wir den üblichen Speech an.

Es gab nur bis zehn Uhr Urlaub. Der Ausschank alkoholischer Getränke war in Libau streng verboten. Die Bevölkerung bestand vorwiegend aus Juden und Letten, aber auf der Strandpromenade am Kurhaus begegneten mir auch deutschbaltische Gesichter. Die Landschaft dort weckte liebe Erinnerungen in mir.

Ich suchte meistens die dunklen Stadtteile auf, die von unseren Marinern und Infanteristen aus Angst vor lettischen Überfällen gemieden wurden. Bekannte aus Cuxhaven sprachen mich an. Der eine war mit einem Torpedoboot auf eine Mine gelaufen. Der andere gehörte zur zweiten Hilfsminensuchdivision, die vor Riga schwer beschossen war. Ich riß mich aber immer wieder schnell von den Bekannten los. Ich wollte allein sein und allein erleben.

Als Kapitän Robertson unsere Vorpostenboote inspizierte, verdroß es ihn sehr, daß ich die Konstruktion der U-Boot-Wasserbomben nicht erklären konnte. Niemand von uns konnte sie erklären. Als er indessen merkte, daß ich sonst orientiert und eifrig war, gewann ich seine Sympathie.

Es gab Personalveränderungen, die das übliche gereizte Durcheinander mit sich brachten. Leutnant Kaiser siedelte auf „Farmsen" über, wir erhielten dafür einen Herrn Wenzel, einen Deutschamerikaner zum Kommandanten. Von den vier Deserteuren von

„Farmsen" war einer erwischt. Er wurde milde mit zehn Tagen strengem Arrest bestraft.

Ich wurde als Minen- und Bombensachverständiger dauernd bald von diesem, bald von jenem Kommandanten gewünscht und wurde, je unentbehrlicher ich wurde, desto selbständiger. Durch die gute Instandhaltung meines Gerätes, durch ausführliche Protokolle und sachverständige Meldungen erwarb ich mir das Vertrauen meiner Vorgesetzten, besonders des Flottillenchefs Robertson, und erreichte damit, daß man mich zum Verwalter des gesamten Such- und Sprenggerätes für alle zwölf Boote unserer Flottille einsetzte. Ich gehörte von nun an also zum Stab, wurde an Land im Hotel Petersburg verpflegt und durfte sogar an Land wohnen.

Der Stab hatte das ehemalige Zollgebäude für seine Bürozwecke requiriert. In einem Kellerraum dieses Hauses stand unser Gerät verwahrlost durcheinander. Ich sollte es wieder instandsetzen und verwalten. Man bot mir mehrere Heizer zur Hilfe an, ich begnügte mich aber mit einem. Auf den Booten ward ich natürlich sehr um meinen Posten beneidet. Ich selbst aber war halb deprimiert. Denn so viel Freiheit ich nun auch in meiner Selbständigkeit genoß, so schwand doch damit auch die Aussicht auf kriegerische Erlebnisse. Ich mietete mir im Hause Helenenstraße 28 ein möbliertes Zimmer bei einer jüdischen Wirtin. Ich fragte sie nach dem Preis. Sie sagte: „Im Frieden habe ich das Zimmer für dreißig Rubel vermietet. Aber jetzt ist Krieg. Zahlen Sie, was Sie können." Ich zahlte ihr zehn Mark für einen Monat voraus. Unter den vielen Geburtstagssendungen, die ich in Libau vorfand, war auch eine Menge Geld gewesen.

In meinem Gerätekeller war ein wüstes Durcheinander von abscheulichen und schönen, zerschlagenen und verachteten Gegenständen, die die Russen zurückgelassen hatten. Körbe voll Gläser, Medikamente, mit denen wir nichts anzufangen wußten, weil sie russische Aufschriften trugen. Rahmenleisten, Möbel, Lampen, elektrische Artikel. Ich schaffte das alles fort und behielt für mein Büro nur einen Stuhl und ein altertümliches, geschnitztes Büfett, in dem ich gewisse Suchgerätsteile verwahren wollte, zu welchem Zwecke ich die entzückenden Büfettüren mit Fußtritten einschlug. Mit großer Liebe machte ich mich daran, die Gerätschaften zu ordnen und sie von Rost und Grünspan zu befreien. Ich ertüftelte mir sogar eine eigene Buchführung.

Es grenzte ein zweiter Raum an meinen Keller, den ich aber nicht benutzen durfte, weil dort in der Wand eine schwere Granate steckte, die, obwohl sie zuerst einen Pfeiler durchschlagen hatte, nicht krepiert war. Die Leute vom Stab hatten eine Heidenangst, daß sie bei Berührung noch nachträglich explodieren würde. Mich zog es immer wie mit magischer Gewalt zu dieser Granate. Ich hätte sie gar zu gern herausgezogen und eines Tages dem Chef des Büros überreicht, aber ich fürchtete einerseits den Zorn des Chefs und andererseits auch die Granate selbst. Immerhin berührte ich sie eines Morgens zaghaft, und am nächsten etwas fester und am dritten herzhaft, und am vierten Tage versuchte ich mit aller Kraft, sie herauszuziehen. Sie stak aber viel zu fest im Gemäuer, und so gab ich die Sache auf.

Es blühten in Libau noch die Linden. Kirschen, Stachelbeeren und Heidelbeeren wurden feilgeboten. Bis zehn Uhr trieb ich mich abends in den Limonadenbuden rum, bei Kerzenlicht, denn Petroleum war konfisziert, und ich aß billigen Kuchen mit unzähligen Fliegen.

Günstige Nachrichten trafen ein. London war bombardiert, Warschau eingenommen; die berühmte Bibliothek dort war in deutschen Händen. Ich mußte an Hugo v. Halm denken. Ob sie ihn wohl auch inzwischen eingezogen hatten? Ich erhielt die Nachricht vom Tode meines geliebten Schulfreundes Bruno Wille. Meine Mutter schrieb unter anderem:

„Mein geliebter Gustav! Welche Freude hat mir heute Nacht Dein Eilbrief bereitet! Vier Tage ging ich mit halberstarrtem Herzen herum, seitdem ich am 11. August früh die Berichtigung der Admiralität las, daß nicht – wie die Russen gemeldet – zwei Torpedoboote, sondern nur zwei kleine Minensuchboote vor der Rigaer Bucht zerstört seien. – Ja, nur zwei kleine Boote! Und wieviel Menschen sind durch diese kleine Notiz in Unruhe und Angst versetzt. Gott sei Dank, nun weiß ich ja, daß es Dir sonst gut geht."

Mein Vater hatte zu Mutters Brief hinzugefügt:

„Das Gerücht, ‚Weddigen lebt', will nicht zur Ruhe kommen; wir haben darüber von Leuten gehört, die die Familie kennen. Daß die Engländer so gar nichts davon erwähnen, daß sie speziell diesen so gefürchteten Gegner vernichtet haben (ich meine Einzelheiten und unter Nennung seines Namens), läßt beinah hoffen, daß etwas Wahres an dem Gerücht ist."

Horsmann schrieb: „Lieber alter Seitenvater! Wie gehts, wie stehts? Lange nichts gehört? Sind Sie bei den etwas rätselhaften Aktionen in der Ostsee beteiligt gewesen? Hier in Sommerglut wenig Neues. Es ist sehr still. Unold, Scharf und manche andere seit dem 1. Juli in den Kasernen! Ich lebe hauptsächlich im Kupferstichkabinett und der Staatsbibliothek, wo ich Seebach, und im Hofgarten, wo ich v. Halm sehe. Aber sehr selten! Gemeinsame Abende keine. Alkohol wenig. Langeweile viel. Würde gerne mal wieder was von Ihnen hören! Mit unserem lieben Weisgerber ist einer der prächtigsten Menschen Münchens und der erste hermetische Vater ins Grab gesunken. Es ist furchtbar, daß das erste Jahr des Krieges nun um ist, ohne daß ein Frieden winkt. Machen Sie mal einen energischen Ausfall nach Kronstadt! Immer Ihr Horsmann."

Als die deutsche Verwaltung in Libau in Kraft getreten war, hatte sie gleich zweihundert Freudenmädchen zwecks ärztlicher Untersuchung festsetzen lassen. Es gab noch ein einziges Bordell, um ein einziges weibliches Wesen herum. An die Hunderte von Soldaten, die im Vorraum warteten, wurden Prophylaktika verteilt.

Einen seltsamen Eindruck machten die schönen Judenmädchen auf mich. Sie waren zu größter Zurückhaltung uns gegenüber angewiesen. Wenn es mir einmal gelang, mit einer oder der andern ins Gespräch zu kommen, dann staunte ich über ihre klare und kühle Anpassung an die Verhältnisse, über ihre Belesenheit und vielseitigen Sprachkenntnisse. Und sie staunten über nichts.

In meinem Privatzimmer las ich „Mozart auf der Reise nach Prag", und dann kroch ich in mein Bett – mein Federbett – und betete dankbar und nahm mir vor, wenn unsere Boote ausliefen, dann den Chef zu bitten, mich mitfahren zu lassen.

Meine Wirtin besaß einen schrecklichen japanischen oder chinesischen Dachshund, der Schwimmhäute zwischen den Zehen hatte und mir durch seine Bissigkeit bei jeder Heimkehr beschämende und angstvolle Augenblicke bereitete. Um so freundlicher war die Wirtin selbst zu mir. Sie stellte mir öfters Blumensträuße ins Zimmer. Manchmal besuchte mich ihre alte Mutter. Sie erzählte in kluger und abgeklärter Art von ihrem Sohn, der den Russisch-Japanischen Krieg mitgemacht hatte. Sie tadelte mit herben Worten die Verräterei Stössels in Port Arthur und kam dann auf den gegenwärtigen Krieg und die Eroberung Libaus durch die Deutschen zu reden. Sie hatte am Kai gestanden, als die ersten deutschen Matrosen ausgeschifft wurden, und sie hatte bewundert, wie sauber diese Leute aussahen, wie manierlich sie sich benahmen und daß keiner von ihnen angetrunken war. – Während die alte Dame so mit mir plauderte, blickten wir beide zum Fenster hinaus, und gerade, als sie die Nüchternheit der Deutschen pries, tauchten auf der Straße zwei total bezechte Matrosen auf. Sie blieben direkt vor unserem Fenster stehen, weil einer dem andern von Zigarre zu Zigarre Feuer geben wollte, was aber nicht gelang.

Ich saß am Strand und las „Prinz Rosa Stramin" von Eduard Helmer. Über dem brandenden Meer stand der Himmel halb in Rotgold, halb in Grau. Dunkeläugige stolze Judenmädchen promenierten vorüber.

Auf dem Kai, an dem unsere Boote lagen, war ein hoher Berg von Messing- und Kupfergeräten aufgehäuft. Hunderte von Samowars, Kochtöpfen, Rohren, Wasserhähnen und so weiter, alles Sachen, die von der Bevölkerung zwangsweise abgeliefert werden mußten. Aus diesem Schatz stahlen wir Mariner, besonders das Maschinenpersonal, praktische Dinge für unsere Bordinteressen, Kupferdrähte, Messingschrauben und anderes. Ich nahm mir ein hübsch geformtes kupfernes Wassergefäß mit. Als ich es in meinem Zimmer auspackte, wurde an die Tür geklopft. Der Stiefsohn meiner Wirtin stellte sich vor und machte mir seine Aufwartung. Er erzählte unter anderem, er sei bei der Beuteabteilung angestellt und habe auch jenen Kupfer- und Messingberg zu bewachen, von dem leider sehr viel gestohlen würde.

Es kam Bescheid von der Minenabteilung, daß ich sofort nach Cuxhaven zurückzuschicken wäre. Ich protestierte und bat meine Vorgesetzten, bei denen ich gut angeschrieben war, mich zu behalten. Das gab nun für lange Zeit ein Hin- und Herschreiben und bei mir ein ewiges Hangen und Bangen und Hoffen.

Im Rigaschen Meerbusen tat sich was. Stündlich trafen neue aufregende Nachrichten ein. Unsere Vorpostenboote sollten um sechs Uhr auslaufen, um die Torpedoboote, die mit der „Deutschland" gemeinsam einen Vorstoß unternehmen wollten, gegen feindliche U-Boote zu schützen. Ich raste sofort an Bord, um bei dem Divisionschef die Erlaubnis zu erbitten, diese Fahrt mitmachen zu dürfen. Mehrmals hielten mich Maate auf, die neidisch sagten: „Na, Hester, Sie haben Glück. Sie haben das so schlau gedeichselt mit Ihrem Verwaltungskram, daß Sie nun an Land bleiben dürfen."

Kapitän Robertson ließ sich endlich erweichen, nachdem ich wieder als letzten Trumpf die Protektion Seiner Majestät ausgespielt hatte. Ich durfte mich einschiffen und meldete mich sofort an Bord, aber nicht auf „Bergedorf", sondern auf dem Führerschiff „Farmsen", wo mich der Kommandant gern aufnahm.

Meine Wirtin weinte, als sie von meiner Ausreise hörte. Ich zog meine sogenannte Galauniform an und eilte ins Hotel Roma, weil ich um jeden Preis eine Flasche Wodka erstehen wollte. Ich hatte es sehr eilig, und als ich in das Vestibül des Hotels stürzte, lag ich plötzlich einem hoch aufgerichteten, zähnefletschenden Bären in den Tatzen. Nur ein kurzes Erschrecken, denn er war ausgestopft. Ich bekam Wodka, mit dem ich auf „Farmsen" später einen einzigen mir übel gesinnten Unteroffizier bezwang. Dann zog ich mich um und kletterte an Bord, wo alles in lebhafter Vorbereitung war. Sprengpatronen, Gewehre, Schwimmwesten, Zünderkasten, Wasserbomben und andere Waffen und Verteidigungsmittel wurden klar gestellt. Auch gab man uns nochmals Instruktionen über den Gebrauch dieser Apparate. Unter diesen waren interessante, aber auch manchmal recht lächerlich naive Instrumente, zum Beispiel zwei Sprengpatronen, die durch eine Stahlleine verbunden waren. Die Leine sollte dem feindlichen U-Boot so über den Rücken geworfen werden, daß die Bomben links und rechts an seine Flanken anschlugen. Das hieß, dem Hasen Pfeffer auf den Schwanz streuen.

Der ganze Hafen wimmelte von Schiffen, die auslaufen sollten. Vom Pier riefen Judenweiber uns zu: „Kommt glücklich zurück!" Auch boten einige lettische Dirnen mit lautem Geschrei sich uns eiligst noch an. Es war eine berauschende Stimmung, und ich war so glücklich wie lange nicht zuvor. Im Büro des Stabes und überall an Land, wo ich mich abgemeldet hatte, war mir Glück oder Hals- und Beinbruch oder Gute Rückkehr gewünscht worden. Nun bekam ich schon wieder Angst, man hätte mir und ich hätte anderen zu wichtig über unsere Reise gesprochen. Denn im letzten Moment traf die Order ein, daß wir als U-Bootschutz und Rückendeckung der Flotte hinter den anderen Booten zu bleiben hätten.

Wir passierten Windau und kreuzten dann in der Höhe von Domesneß, ein Boot zum andern im Abstand von tausend Metern. Der Leuchtturm Lyserort blieb in Sicht.

Um drei Uhr blitzte es auf. Unsere Kreuzer nahmen etwas unter Feuer und verschwanden vom Horizont. „Es ist eine Schweinerei", fluchte ein Bootsmaat neben mir, „daß wir so harmlos herumkutschen müssen und nicht mit vorgehen dürfen, wir Nachpostenboote. Es handelt sich um die Durchfahrt um Ösel herum, aber die ist stellenweise nicht tiefer als vier Meter. Diesen Ausweg können nur einige von unseren Torpedobooten, nicht aber die großen Schiffe nehmen." Das Wetter war grau. Es regnete dünn. Wir mußten mit den Kleidern am Leibe schlafen. Ich als Überzähliger und Freiwilliger hatte keine Matratze. Ich lehnte auch viele hilfsbereite diesbezügliche Angebote ab. Ich schlief auf Korkwesten wie auf Ziegelsteinen und fror nachts sehr. Da man mich zu keinerlei Dienst zwang, übernahm ich immer wieder und gern freiwillig die übelsten Wachen. Die waren ja, besonders abends und nachts, so schön. Da war das Meer Spitzengewebe auf Bronze. Und ich trank den letzten Wodka und rauchte die letzte Memphis und dachte an das Land vor mir, wo ich lange vorm Kriege so seltsame Zeiten verlebt hatte, dachte an Wanjka Plawneck, an Emile und an den dichtenden, durstigen Meyer in Riga.

Auf Wache hatte ich eine Erscheinung. Wir fuhren selbstverständlich abgeblendet, lautlos rollende und jumpende dunkle Rümpfe. Ich tappte im Dunkeln über das Deck, wo überall etwas einem ein Bein stellen wollte, Bolzen, Steertblöcke, Kisten, Schäkel, Toppzeichen, Planken und Ketten. Ich suchte den Decksläufer, der die Wache mit mir teilte, und erblickte ihn achtern gegen das Maschinenskylight gelehnt. Er hatte ein Sacktuch über den Kopf gezogen, so daß er wie ein altes Lettenweib aussah. „Frieren Sie?" fragte ich, an ihn herantretend. Aber er antwortete nicht, und als ich ihm nahe ins Gesicht sah, war es der Tod, der dort stand. Ich stieß ihm meine fünf Finger ins Gesicht, und da war es nicht mehr der Tod, sondern eine Eisenklampe, an der ein Bootstau aufgeschossen hing.

Ich hatte in zwei Tagen nur vier Stunden Schlaf gehabt, und auch diese waren mir von meinen juckenden Füßen vergällt.

Der Leutnant gesellte sich zu mir. Die Flotte wäre daran, die Minensperre zu räumen, die die „Deutschland" im vorigen Jahr selber dort gelegt hätte. Dann würden wir im Rigaschen Meerbusen vordringen. Der Leutnant besprach auch mit mir, wo wir gegebenenfalls die Bomben anbringen wollten, wenn wir unser eigenes Schiff vor den Feinden in die Luft sprengen müßten. Und dann erzählte er mir von seinen Schicksalen bei Kriegsausbruch.

Er hatte sich mit sieben anderen Steuerleuten zusammen von Patagonien herübergeschmuggelt. Vier davon waren von den Engländern erwischt.

Ein Funkspruch ordnete an, daß sämtliche Torpedoboote sofort ihre Schornsteine rot anstreichen sollten. Am nächsten Morgen sahen wir sie schon derart verändert.

Wir dampften immer noch auf demselben Fleck herum. West dreiviertel Nord, und dann wieder Ost dreiviertel Süd. Der Tabak und das Brot waren ausgegangen. Wir erhielten Schiffszwieback. Ich zog einen letzten Knust durch und durch verschimmelten Brotes vor. Der Koch warf eine Tonne verdorbenen Fleisches über Bord. Es wurde langweilig. Alle hatten Sehnsucht nach dem Lande, auch der Hund, der seine Nase immer landwärts über die Reeling hing. Die funkentelegraphischen Nachrichten, die immer wieder Siege und Erbeutungen aus Rußland meldeten, übten keine Wirkung mehr auf uns aus. Wir spielten Skat. Ich nähte einen Segeltuchbezug für die Alarmvorrichtung und las ungern „Das Gasthaus zur Ehe“ von Zobeltitz. Ebenso langweilig trug ein Heizer Anekdoten von seinem steinalten und blinden Onkel Flint in Swinemünde vor, der statt einer Bahnsteigkarte eine Tafel Schokolade aus dem Automaten zog und, als man ihn damit nicht durch die Sperre ließ, schimpfte und drohte, er würde dann zu Fuß gehen. Auch darüber, daß er Tabak mit Tee und andermal Wachs mit Käse verwechselt hatte, lachte niemand von uns.

Das Trinkwasser ging zu Ende. Wir waren nun schon acht Tage draußen, ohne unsere Kleider einmal abgelegt zu haben.

Endlich weckte mich eines Morgens ein Schuß und der Ruf „Alarm!“ „Bergedorf“ hatte ein feindliches U-Boot gesichtet. Wir griffen zu den Gewehren und kreuzten ausspähend herum. Ich schärfte meine Wasserbomben und legte mir Sprengpatronen und auch ein Gewehr zurecht. Aber das U-Boot blieb unsichtbar. Entweder war es unter Wasser entkommen, oder „Bergedorf“ hatte auf einen Schweinsfisch geschossen.

Schiffe der Nassau-Klasse und Torpedoboote passierten uns in höchster Schnelligkeit. Sie sollten Dünamünde bombardieren. Über ihnen flog ein Luftschiff. Unsere Vorpostenboote erhielten Befehl, sich in Windau zu sammeln. Im Hafen dort lag ein großer versenkter Dampfer. Wir gingen zwischen den demolierten Molen vor Anker. Niemand durfte an Land. Wir sahen auf große Kornspeicher, eine Windmühle und große Wälder. Ich übernahm die erste Wache. Aus der Leutnantskabine kam der Duft von Grog.

Es waren keine stolzen Gefühle, die uns beseelten, als wir wieder in Libau ankamen.

Sonntags unternahm ich einen Ausflug. Eisenbahnfahrt kostete nichts. Nach anderthalb Stunden stieg ich in Prekuln aus. Saftige Wiesen mit stattlichen Rinderherden, dahinter weithin Wälder und Wälder, und in Prekuln selber ein Gewimmel von Feldgrauen, die teils um hochlodernde Biwakfeuer lagerten, teils sich zum Abmarsch nach Riga sammelten. Alle winkten mir zu, denn Marineuniform war dort etwas Seltenes. Der Apotheker des Ortes, ein Herr Kosak, sprach mich an. Er führte mich in sein wohlgesegnetes Haus und bewirtete mich mit kurländischer Gastfreundschaft.

Eigentlich hatte ich das Schloß des Barons Korff und speziell dessen berühmte Weinkeller besichtigen wollen. Dazu ward es dann zu spät. Ich konnte nur noch das Tor des alten Schlosses betrachten.

In einem unbelichteten, kalten Viehwagen fuhr ich dann mit ruhrkranken Soldaten, mit Rote-Kreuz-Schwestern, Heilsarmeeleuten und bärtigen Kaftanjuden zurück. Viel Neues, Wirres und Intimes hatte man mir allenthalben erzählt.

Am folgenden Morgen ward mir ein böser Empfang zuteil. „Wo steckten Sie denn gestern? Sie müssen sofort mit drei Minenleuten nach Cuxhaven zurück. Ihre Ersatzleute sind bereits da."

Es war besiegelt. An einem jener orts- und einsichtsfernen, sogenannten grünen Tische. Ich übergab mein Suchgerät. Ich fuhr in meine Wohnung, stopfte meine Sachen in den Zeugsack, drückte tröstend meiner schluchzenden Wirtin die Hand, nahm Abschied von verschiedenen Kameraden und von zwei Offizieren, die mir Beförderung versprochen hatten. Zuletzt meldete ich mich bei Kapitän Robertson ab, der mir ins Führungsbuch schrieb: „Führung gut." Dann empfing ich meinen Transportführerschein und andere Papiere und raste, um mir diese abstempeln zu lassen, nach der Kommandantur. Mit einer dieser niedrigen, schmutzigen Droschken, deren armselige vertrottelte Führer man boxen mußte, wenn sie schneller fahren sollten. Es war fünfzehn Minuten vor Abgang meines Dampfers.

„Sind Sie entlaust?" fragte der Offizier hinter dem Schalter.

„Nein!"

„Dann dürfen Sie nicht aus Libau heraus."

„Marine hat keine Läuse!“ rief ich respektlos. „Wir haben nur Ratten und Kakerlaken.“

Wirklich ließ man mich daraufhin laufen, während ein Husarenleutnant, der vor mir ebenso dringlich am Schalter stand, zwecks Entlausung zurückgehalten wurde. Der sah mir nun böse nach.

Ich traf mit meinen Leuten eine Minute vor Abfahrt des Dampfers „Siegfried“ ein, der uns und Hunderte von Feldgrauen aller Waffengattungen nach Memel tragen sollte. Als dieses Schiff meine Vorpostenflottille passierte, stieg ich auf die Reeling und schrie hinüber: „Drei Hurras der Halbflottille Ost!“

Was drüben an Deck stand, winkte mir zu. Auf dem Pier sah ich zwei meiner Offiziere und machte noch einmal stramm vor ihnen. Der Leutnant Stubenrauch rief mir zu: „Lassen Sie sich's gut gehen!“

Die See hatte beträchtliche Dünung. Von den Landsoldaten sahen die meisten weiß aus und spien. Ich fiel in Verstimmung zurück. Wozu hatte ich mir nun in Libau soviel Mühe gegeben, sogar in meinen Freistunden gearbeitet und Bücher, Schreibzeug und anderes für mein Büro aus eigener Tasche bezahlt?! Dieses ewige Abkommandiertwerden hatte auch zur Folge, daß ein Teil der mir nachwandernden Postsachen mich zu spät oder nie erreichte. Und immer wieder mußte ich den vielen Freunden und Verwandten eine neue Adresse melden und hatte doch schon an meinem Tagebuch genug Schreiberei.

In Memel wurden wir vier der Minenabteilung mit einem erschütternden Wagen zum Bahnhof befördert. Unterwegs sah ich zum erstenmal Gefangene in der Nähe, einen Trupp Russen. Einem Gefangenen steckte ich eine russische Zigarette zu. Meine Leute machten mir bittend den Vorschlag, einen Zug zu überspringen und erst am folgenden Morgen über Berlin weiterzufahren. Ich war einverstanden unter der Bedingung, daß sie – auf Ehrenwort – morgen pünktlich an verabredeter Stelle auf dem Bahnhof sein würden.

In Fischers Weinstuben aß ich ein vorzügliches Kalbsfilet und feierte mit einer halben Flasche Oppenheimer den Geburtstag meiner Mutter.

Auf der Überfahrt von Libau hatte ich mich beim Skat mit einem älteren Infanteristen angefreundet, der hatte drei jüdische Zivilgefangene nach Deutschland zu transportieren. Nun begegnete er mir in Memel auf der Straße mit zwei dieser Gefangenen. „Einer ist entwischt!“ rief er mir zu. Ich lachte schadenfroh.

Schließlich verregnete ich gründlich im dunkelsten Memel. Als ich um drei Uhr früh die Bahnhofshalle betrat, lagen dort an dreißig unverkennbar bayrische Feldgraue im Schlaf, den Kopf auf den Tornister und im Arm einen leeren Maßkrug.

Von meinen drei Leuten war einer namens Ahlf nicht erschienen. Das war mir sehr peinlich, denn ich trug die Verantwortung dafür. Schließlich hinterließ ich ihm am Büfett einen Zettel mit dem Vermerk, daß ich in Berlin einen Zug überspringen und ihn dort erwarten würde.

Im Wartesaal begegnete ich, während ich nach Ahlf suchte, abermals dem Infanteristen mit den jüdischen Gefangenen. „Mir ist auch einer entwischt!" raunte ich ihm zu. Er lachte schadenfroh. Es gab eine lange Fahrt zwischen bunterlei Militär. Jeder hatte anderes zu erzählen, der eine vom Schneid der Kosaken, der andere von deutscher Kavallerie. Ein Husarenoffizier berichtete von einer russischen Gardereiterbrigade, die nur Schimmel und Falbe ritt und nach dreimaliger Attacke vollständig aufgerieben wurde, so daß der Boden – so drückte sich der Offizier aus – wie beschneit aussah. – Ein Infanterist oder Jäger – wer kannte sich in den vielen Uniformen aus – schilderte die Einnahme von Mitau. Nur wenige Soldaten hatten die Stadt gestürmt. „Wir sind dreimal von verschiedenen Seiten in Mitau eingerückt, haben irgendwo scheinbar Quartier bezogen und sind dann wieder von anderen Seiten eingeritten, um den Anschein zu erwecken, daß wir sehr zahlreich wären."

Es begegneten uns aber auch immer neue Truppentransporte, die nach dem Osten befördert wurden.

Abends in Berlin traf ich verschiedene Anordnungen, um den verschwundenen Ahlf zu erwischen. Den beiden anderen Leuten befahl ich, während unseres Aufenthaltes die Bahnhofshalle nicht zu verlassen, nur die von Königsberg eintreffenden Züge zu revidieren. In der gönnerischen Annahme, daß sie diesen Befehl nicht befolgen würden, fuhr ich selbst vergnügt nach Charlottenburg. Ich suchte einen Backfisch auf, der mir einmal zu einer Liebesgabe einen naiven Brief an Unbekannt geschrieben hatte, was damals zu einer lustigen längeren Korrespondenz führte.

Ich war seit zwei Tagen ungewaschen und ungekämmt, und in dieser Verfassung lernte ich nun den Backfisch und dessen Eltern kennen, biedere und freundliche Leute, mit denen ich einen vergnügten Abend verlebte, die ich aber damals in meinem grotesken, wenn auch nur teilweisen Minderwertigkeitsgefühl in ihrer Geistigkeit weit überschätzte.

Berlin aus Marineuniform und in Freiheit genossen, war natürlich ein vergnügliches Erlebnis.

Ahlf hatte sich nicht eingefunden. Mit den beiden anderen Leuten fuhr ich weiter nach Hamburg, wo wir uns abermals längeren Aufenthalt gönnten. Ich besuchte eine bekannte Dachpappenfirma, der ich einmal als Lehrling und Kommis angehört hatte. Der Chef nahm mich in liebenswürdiger Weise auf, erkundigte sich verständnisvoll nach den maritimen Verhältnissen und nach meinen persönlichen Schicksalen und notierte meine Adresse. Die Firma würde mir, wie allen im Felde befindlichen Angestellten, jede Woche ein Paket mit Liebesgaben zusenden.

Spät nachts trafen wir in Cuxhaven in der Kaserne ein. Nach der Anmeldung eilte ich sofort zum Furier Petersen, den ich aus tiefstem Schlafe weckte. Das tat ich aus brüderlicher Liebe, aber noch mehr in der hungrigen Hoffnung, daß er mit etwas zu essen geben würde. Mit einer angebrochenen Dose Ölsardinen schlich ich dann über den vertrauten Exerzierplatz nach dem alten Holzgebäude, wo ich mir ein leeres Bett suchte. Bei Licht besehen, enthielt die Ölsardinendose nur noch Schwänze.

Viele Bekannte aus der früheren Cuxhavener Zeit begrüßten mich so herzlich, daß ich darüber vergaß, mich zu ärgern, als ich beim Feldwebel erfuhr, daß meine eilige Abberufung aus Libau tatsächlich nur eine ganz unwichtige schematisch-bürokratische Angelegenheit war.

Nach dreitägiger Fahrt hatte ich Anspruch auf einen Ruhetag und auf gewisse Marschgelder. Kein Mensch hätte gemerkt, wenn ich statt drei Tage sechs Tage berechnet hätte. Wegen der Affäre Ahlf hatte ich eine Strafe zu gewärtigen. Der Schuft traf übrigens am nächsten Mittag ein.

Ich reichte sofort ein Gesuch, das zur Hälfte Beschwerde war, an den Höchstkommandierenden von Cuxhaven zwecks Abkommandierung ein. Aber beim nächsten Appell gab es der Feldwebel mir zurück: „Ihr Wunsch geht schneller in Erfüllung, als Sie denken." Er zeigte mir einen Befehl, daß ich und die Matrosen Ahlf und Becker sofort nach der Werftdivision in Kiel in Marsch zu setzen seien. Der Feldwebel gab dabei leise zu, daß ich nur versehentlich von ihm aus Libau zurückgeholt wäre.

In Hamburg hatte ich mehrere Stunden Aufenthalt, aber ich getraute mir Ahlfs wegen nicht in die Stadt zu wandern, sondern bewachte diesen Luftikus streng im Warteraum und folgte ihm auch auf seinen häufigen Gängen zur Toilette. Auch sprach ich nicht mehr als das dienstlich Notwendige mit ihm.

In Kiel begrüßten mich die alten Drückeberger Paasche, Lehmann, Stahlhut und Konsorten. Sie sowohl wie auch der Bürofeldwebel wußten nichts davon, daß ich zu ihrer Division beordert wäre und meinten, da läge eine Verwechslung vor. Wütend über die schlampigen Zustände telephonierte ich sofort an den obersten Stab der Vorpostenboote. Schüßler, der Adjutant des Admirals Mischke, meldete sich, derselbe Herr, der mir seinerzeit versprochen hatte, mich auf der Vorpostenflottille zu belassen. Ich sei leider von Libau abberufen, weil für meinen Posten dort etatsmäßig kein Minen-, sondern ein Torpedomaat vorgesehen wäre. Nun hätte man mich vorübergehend der Werftdivision zugeteilt, bis gewisse Boote für einen Sonderzweck, für die man mich bestimmt hatte, fertiggestellt wären. Das klang an sich sehr interessant, aber ich traute nicht und hatte Angst davor, daß ich nun · wieder den alten Schlendrian im Minendepot mitmachen sollte, wie es Stahlhut und Lehmann noch immer mit Behaglichkeit taten. Doch war ich von den letzten Reisen zu abgespannt, um zu protestieren, und dann befiel mich ein Fieber, das ich allerdings bald überwand, weil ich durch Schreibereien und sonstige unbedeutende Notwendigkeiten reichlich abgelenkt wurde.

Sehr unwirsch machte ich mich daran, meinen Bekannten meine neue Adresse zu melden, und ich fertigte sogar einen Stoß Postkarten für den nächsten Adressenwechsel im voraus an. Warum, zum Teufel, gelang es mir nicht, zu gefährlichen Abenteuern zu kommen? Ich überlegte mir allen Ernstes, ob die vielen Talismänner daran schuld wären, die ich von Tante Selma (silberner Ring), von Elfriede Musel (Holzfigur) und von vielen anderen erhalten hatte und immer bei mir führte.

Die Stadt hatte geflaggt und läutete Glocken wegen der Einnahme von Brest-Litowsk.

Ich unternahm viel kühne, dumme und verkehrte, doch immer nutzlose Schritte, um wegzukommen, obwohl ich infolge eines Sturzes gerade an einer lästigen Knöchelschwellung litt. Ich verkaufte meine Fiskusstiefel heimlich für zehn Mark. Davon konnte ich nun Weinlokale aufsuchen. Der Kellner brachte mir eine Zeitung. Lauter Lügen, Übertreibungen und Verschweigungen. Hinten schwülstige Todesanzeigen. Ich las: „Den Tod fürs Vaterland auf einem Viehtransport erlitt ..." Ich griff zur Münchner „Jugend". Darin waren oft so stimmungsvolle Bilder von einem Maler, der Bootsmannsmaat R. Fiedler zeichnete. Auch ich setzte unter meine literarischen Veröffentlichungen außer meinem Namen gern meine Charge und manchmal auch den Ort meines augenblicklichen Aufenthaltes. Es war mir ein schöner – und oft bestätigter – Gedanke, daß Freunde, denen ich sonst nicht schrieb, auf diese Weise etwas über mich erfuhren.

Man sprach und schimpfte und stritt sich heiß um die Feststellungen, daß das Essen in der ersten Werftdivision besser geworden sei, daß es bald keine Kriegslöhnung, sondern nur noch Friedenslöhnung geben und daß uns nach dem Kriege nun doch kein Kleidergeld ausgezahlt würde, wodurch alle die in Nachteil gerieten, die während des Krieges Zivilwäsche oder Zivilschuhe getragen hätten. Der Wegfall der Kleidergelder hatte zur Folge, daß wir nun unsere Uniformen nicht mehr schonten.

In unserer Stube standen je vier Betten übereinander. Ich beschlief eins im zweiten Stock. Eines Nachts wachten wir alle davon auf, daß ein Heizer, der im vierten Stock über mir wohnte, ganz bezecht heimkehrte, und mit unerhörtem Lärm sein Bett erkletterte. Dann übergab er sich wohl eine Stunde lang aus solcher Höhe über den Bettrand. Niemand beschwerte sich. Aber der Mann unter mir rief bei jedem solchen Anfall von Erbrechen: „Eh! Recht so! Leiden mußt du, Biest! Du Arschbetrüger! Verrecken sollst du dabei!"

Weil die Leute, die auf dem Minendepot tätig waren, Arbeitsgelder erhielten, meldete ich mich nun wieder dienstfähig. Aber in Friedrichsort kannte man mich noch nicht, und so drückte ich mich vor der Arbeit und vor den Vorgesetzten und schlenderte nach der Festung, wo ich Herrn von Alten begrüßte und mit ihm Schach spielte. Meine Arbeitsgelder aber steckte ich abends zufrieden ein.

Ich hatte zufällig erfahren, daß zu einer gewissen Zeit an einem gewissen Ort Prinz Heinrich eintreffen würde, um auf einer Pinasse der Vorführung einer neuen Erfindung, einer verbesserten Wasserbombe, beizuwohnen. Ich mischte mich unauffällig unter die Besatzung, die teils aus Marinern, teils aus Ziviltechnikern bestand. Unter den anwesenden Offiziere erkannte ich auch direkte Vorgesetzte, aber die waren zu beschäftigt, und mein Gesicht war ihnen noch zu fremd, so daß meine Gegenwart nicht auffiel. Die Pinasse lief sechzehn Meilen. Ich hielt mich während der interessanten Fahrt immer neben dem Prinzen, der Admiralsuniform trug und von der neuen Erfindung nicht sonderlich begeistert erschien. Denn als die geworfene Bombe programmäßig nach einer halben Minute explodierte, interessierte ihn nur die auf der Wasserfläche treibende Menge der vom Wasserdruck getöteten Fische, die von einem uns folgenden Torpedoboot dann aufgelesen wurden. Als sich der Prinz dann mit einer lustigen Gesprächswendung beiseite zu einigen Offizieren begab, benutzte ich die Gelegenheit, seinen Adjutanten dreist anzusprechen. Er möchte mich doch dem Prinzen wegen meiner Frontwünsche empfehlen. Er antwortete trocken, der Prinz könnte da nichts für mich tun, ich sollte mich an meine direkten Vorgesetzten wenden.

Der Fall Ahlf kam zur Verhandlung. Ich schlippte frei. Ahlf bekam drei Tage Mittelarrest.

Die „Deutschland" hatte bei der Aktion im Rigaschen Meerbusen einen Torpedoschuß erhalten. Grodno war gefallen. Friedrichsstadt, wohin ich einst oft allein auf der Düna gesegelt war, ebenfalls gefallen.

Einer unsrer Matrosen zeigte seinen Kameraden die Photographie seiner Braut in Wilhelmshaven und rühmte dabei, wie anständig und gebildet das Mädchen sei. Ein Heizer warf einen Blick auf das Bild und rief aus: „Ach, das ist ja die Mary Rüsche, die alte Hure!" Der Matrose wollte ihm an die Kehle, aber der Heizer entkam und lief durch die Korridore und rief in alle Stuben hinein: „Wer Mary Rüsche in Wilhelmshaven kennt, der komme schnell auf unsere Stube." Eine Menge Kulis strömte zusammen. Alle erkannten in dem Konterfei Mary Rüsche aus der Poststraße, und alle konnten sie die Mary und ihre Unterwäsche genau beschreiben.

Viel Post. Am eifrigsten und ausführlichsten schrieb immer Eichhörnchen, nur waren mir ihre Briefe zu blind-patriotisch, und darum zankten wir uns häufig schriftlich. Auch zwei Honorare vom „März" und von der „Jugend" trafen ein, die es mir ermöglichten, daß ich an den Abenden im Ratskeller Wein trank und Neues dichtete. Der Wein war gut. Zwar ärgerte es mich, daß der Wirt oder Geschäftsführer trotz meiner ansehnlichen Zechen und meines stillen Benehmens mich geringschätziger behandelte als die Zivilgäste, aber das war allenthalben in allen Marinestädten so.

Als ich eines Abends mit v. Alten in der Festungskantine gekneipt hatte und dann den dunklen Waldweg von Bellevue bis Wik im Laufschritt zurücklegen mußte, fiel ich in einen Graben und verlor dabei einen Talisman. Vielleicht war das eine gute Vorbedeutung.

Bei Cuxhaven war ein Zeppelin durch Blitzschlag vernichtet. Der Minenmatrose Pflugmacher, desertiert und erwischt, war zu fünf Jahren und drei Monaten Festung verurteilt.

Mit großer Mühe gelang es mir, sieben Tage Urlaub nach München zu erhalten. Man gestattete mir dabei keine Schnellzugsbenutzung. Am siebenten September fuhr ich ab. Den sechsstündigen Aufenthalt in Hamburg benutzte ich, um die Gärtnerstochter Tetsche aufzusuchen, für die ich als Lehrling einst geschwärmt hatte, schon weil sie immer wieder auf der Vorortsbahn aus Jux die Notbremse gezogen und dann das zürnende und drohende Bahnpersonal durch ihr goldiges Lachen bezwungen hatte. Sie war nicht zugegen, aber mit ihrer Mutter schwatzte ich lustig. Als ich diese fragte, ob sie auch Söhne im Felde habe, brach sie in Schluchzen aus. Zwei Söhne in Frankreich gefallen.

Ich wußte mir doch Schnellzugsbenutzung zu verschaffen. Auf der Bahn ging ja alles durcheinander. Im Speisewagen schwelgte ich, ich hatte ein gutes Gespräch über den Krieg mit einem katholischen Geistlichen, verliebte mich platonisch von hinten in eine schöne Frau und schlief später stundenlang fröstelnd im Gepäcknetz. Auf irgendeiner Station wollte ich mich waschen und suchte deshalb eine öffentliche Bedürfnisanstalt auf. Ich forderte eine Zelle zu zehn Pfennig, weil ich wußte, daß es dort Seife, Spiegel und Handtuch gab. Der Pförtner aber sagte: „Für zehn Pfennige ist alles besetzt. Kommen Sie hier zu fünf Pfennige herein; hier ist es auch schön." Damit stieß er mich in ein Abteil und schloß die Tür hinter mir. Es gab dort keine Waschgelegenheit, und da ich sonst kein Bedürfnis hatte, wartete ich einige Minuten und verließ dann feig, verärgert und ungewaschen das Institut.

Nachdem ich schöne Tage in München, Leipzig, Merseburg und Regis bei Borna verbracht hatte, trat ich nun wieder in den alten Trott im Minendepot, wo wir mehr faulenzten als arbeiteten. Aber die Witze der Strohwitwen im Tiefenstellerraum wurden immer läppischer. In den Anlagen fror man, und die Fliederbüsche, unter denen wir im Sommer so geborgen schlafen konnten, hatte der Herbst schon längst entlaubt.

Wir waren unzufrieden und kriegsmüde. Ich konnte die bornierten und hochmütigen Gesichter der Kieler Bürger nicht mehr sehen. Ich wünschte die gesamten aktiven Marineoffiziere zur Hölle. Ich fand meine Kameraden erbärmlich. Ich glaubte, mein Haß und meine Verachtung ließen nur noch mich selber übrig; alles andere wurde verdammt. Ich bekam viel Liebesgaben von unbekannten und manchmal ungenannten Absendern. Auch die Hamburger Dachpappenfirma bedachte mich allwöchentlich.

Pariser Blätter brachten eine angeblich aus Kopenhagen stammende Meldung: Der Reichsverband deutscher Zahnärzte hätte beschlossen, den toten und gefangenen Russen die gesunden Zähne auszureißen und diese desinfiziert in den Handel zu bringen, um die amerikanischen Prozellanzähne zu boykottieren.

Jemand schrieb mir, ich sollte Gott danken, daß ich von Libau weggekommen wäre. Denn am selben Tage, da ich schied, war dort eine Mine angetrieben. Der sympathische Leutnant Wilkens wollte, um sie unschädlich zu machen, den Zünder herausschrauben, was ich sonst hätte tun müssen, und dabei explodierte die Mine und riß den Leutnant in Stücke. Man fand nur noch sein Handgelenk mit der Armbanduhr.

Ich bekam Befehl, als Zugführer mit den übrigen jüngeren Unteroffizieren Lehmann, Culessa und Engel nach Warnemünde zu fahren. Wir sollten dort als Minensuch-Sachverständige einige Tage auf der Vorpostenflottille West zubringen.

Siebentes Kapitel

WARNEMÜNDE

Wir fuhren unserer vier vergnügt los. In Rostock hatten wir die Dreistigkeit, uns selber einen Tag Urlaub zu genehmigen. Auf dem hübschen Marktplatz mit den alten Giebeln und den bunten Obstbuden war ein geschmackvolles Nageldenkmal errichtet. Nun spielte gerade eine Militärkapelle, und aus dem lustwandelnden Publikum wurden Blumenspenden dort niedergelegt. Das Rathaus war anläßlich einer Feier der Jungmannschaften freundlich geschmückt. Kurz, ich hatte die besten Eindrücke in Rostock. Im Adreßbuch entdeckte ich, daß Johannes Trojan, ein Freund meines

Vaters, in Rostock lebte. Ich suchte ihn auf. Weil er aber krank war, empfing mich seine große, blauäugige Tochter, empfing mich äußerst freundlich. Dann trafen wir vier Maate wieder zusammen, und zwei von Lehmann aufgegabelte Konfektionösen brachten uns an den falschen Zug. Später im richtigen Zug vielen lustigen Unsinn treibend, machten wir die Bekanntschaft zweier Damen, Geschwister Reemi, die aus Mexiko geflüchtet waren, nun bei ihrer Mutter in Warnemünde wohnten und die ich einmal zu besuchen versprach, um ein angefangenes Gespräch über Porfirio Diaz zu vollenden.

Wir sollten uns bei Oberleutnant Däver in Warnemünde melden. Es dauerte aber lange, bis wir im Dunkeln die Halbflottille West fanden. Die ersten Boote, die wir entdeckten, hießen zu meinem Erstaunen „Bergedorf", „Farmsen", „Wohldorf" und „Brema". Die waren also von Libau abkommandiert. Ich stieg sofort auf „Farmsen" und in die Kajüte hinunter, wo mir Leutnant Kaiser erfreut die Hand schüttelte. Er schilderte mir noch einmal das Unglück des Leutnants Wilkens, bei dem noch andere Leute, so auch der anscheinend daran schuldige Minenmaat von der „Elsaß", umgekommen waren. Und später hatte sich in Windau ein ganz ähnliches Unglück zugetragen.

Auf den Vorpostenbooten in Warnemünde herrschte dasselbe Durcheinander, das ich in Libau auf der Flottille beobachtet hatte. Niemand wußte, was stattfinden sollte. Ich schlief auf „Farmsen" in der heißen Kabine eines beurlaubten Maschinistenmaaten und freute mich über die vielen Fliegen, weil ich hoffte, sie würden mich morgen rechtzeitig wecken. Denn ich hatte als Zugführer ein schlechtes Gewissen wegen unserer Fahrtunterbrechung in Rostock. Als ich mich aber dann beim Stab bei Leutnant Däver meldete, rief dieser: „Was, Sie sind schon da? Wir sind noch lange nicht so weit. Kommen Sie mal am Nachmittag wieder. Da wollen wir theoretischen Unterricht machen."

So bezogen wir Privatquartiere. Für Engel und mich hatte man ein blitzsauberes Zimmer bei einer Frau Detloff in der John-Brinckman-Str. 3 gemietet. Engel war ein gutmütiger, etwas kleinlicher und geiziger und äußerlich ein großer, starker, täppischer Mensch, im Zivilberuf Metzger.

Am Nachmittag hielt ich vor der versammelten Division mit großem Selbstgefühl einen mehrstündigen Vortrag über Minensuchwesen. Lehmann, Culessa und Engel staunten mit offenen Mäulern über meine Redegewandtheit.

Wir wurden mittags an Bord verpflegt. Abends kochte uns Frau Detloff Kaffee. Wir brachten ihr von Bord die Bohnen und auch das Petroleum für die Lampe mit. Auch mit Bordseife erfreuten wir sie gelegentlich.

Zwei losgerissene deutsche Minen wurden angeschwemmt. Culessa bekam und vollzog den Auftrag, sie zu entschärfen. – Ein Wasserflugzeug warf versehentlich eine Bombe über der Mole nieder. Die Fensterscheiben der nächstgelegenen Gebäude wurden zertrümmert. – Boot III von uns hatte ein englisches U-Boot vernichtet. Englische U-Boote in der Ostsee, das war jetzt der große aktuelle Schrecken. Andererseits wurde die Möglichkeit eines baldigen Friedensschlusses diskutiert.

Unsere Boote liefen zu Übungszwecken aus. Wir Minenleute mußten das Suchgerät praktisch vorführen und die Besatzungen anlernen. Das ging alles in Ordnung, zumal bei diesen Booten auf meine seinerzeitige Anregung hin niedrige Heckbauten vorgesehen waren.

Engel verließ außerdienstlich nur selten die Wohnung. Er war zu geizig, um ins Wirtshaus zu gehen. Er saß stundenlang in der Küche und schwatzte kindisches Zeug mit Frau Detloff und deren Tochter. Diese verliebte sich ein wenig in den stattlichen Burschen, obgleich sie über dessen Fehler und Schwächen mit mir und auch vor ihm selber oft witzelte. Engel ging frühzeitig zu Bett und stand spät auf. Wenn ich schon früh erwachte, sah ich nur die Hälfte seines feuerroten Kugelkopfes aus den schneeigen Betten ragen. Ich las „Fromont jun. und Risler sen." von Daudet. Ich schrieb fleißig. Denn das Kriegsnovellenbüchlein sollte fertig werden. Ich hatte bereits einen Vorschuß vom Verlag erhalten. Als ich die neue Novelle vollendet hatte, las ich sie, da ich keine anderen Zuhörer hatte, Detloffs und Engel vor. Die meinten, sie wäre ganz nett. Ich wusch täglich ein Paar Strümpfe und Taschentücher, denn es schien, als ob wir viel länger als vorgesehen in Warnemünde bleiben würden. Das beglückte mich sehr. Unsere Vorgesetzten dort waren äußerst angenehme und rücksichtsvolle Offiziere.

Culessa war verlogen, Lehmann war ordinär, Engel beschränkt. Ich war der eigentliche und fehlerlose Engel. Ich verkehrte außerdienstlich nur wenig mit den drei andern. Ich hatte mich bald mit jenen mexikanischen Schwestern und deren Mutter angefreundet. Geschwister Reemi, Geigenkünstlerinnen. Sie hatten früher auch in München Konzerte gegeben, und ich besann mich nachträglich, sie dort einmal gehört zu haben. Die Mutter war eine ältere, sehr gescheute Dame.

Man traf sich mehrmals am Tage in dem sauberen kleinen Warnemünde, wo alle Häuser freundliche Veranden hatten und wo man wie im Schaufenster lebte. Ich kaufte mit Reemis Spinat ein. Ich hörte mit ihnen im Café Bechlin gute Musik. Dort verkehrten viele Offiziere, unter anderen ein komischer, grauhaariger alter Hauptmann, namens Brunnemann, ein berüchtigter Schwerenöter, der alle Damen kannte und im Café ihnen eine steife, gebrechliche Verbeugung machte. Am Tage aber ritt er mit gezogenem Säbel und mit Musik vor einem Häuflein Soldaten durch die Straßen, und wenn man vor ihm stramm machte, so winkte er mit einer merkwürdigen, gravitätischen Zweifingerbewegung ab. Abends saß ich mit Reemis am Strand. Auf dem Wasser lagen Fischerboote und eine verlassene Dreimastbark, die ich schon einmal nach Verwendbarem durchsucht hatte.

Bulgarien machte mobil. In Rußland stand das Spiel auf Revolution oder Null ouvert aus freier Hand. Im Volksblatt las ich, daß der Kaiser bestimmt hätte, daß den beurlaubten Mannschaften die Löhnung unverkürzt weiter zu zahlen sei. Mir hatte man sie noch abgezogen.

In Warnemünde ließ sich's gut leben. Wir vier Cuxhavener hatten tagelang nichts zu tun, weil die Vorpostenboote entweder in See oder in der Werft waren.

Der Simplizissimus lehnte meine Novelle ab mit Rücksicht auf die Zensur. Sie wäre zu grausig.

An der Westfront sollte es schlimm für uns stehen. Die große Offensive der Engländer und Franzosen hatte eingesetzt.

Ich saß sonntags am Strand im sechsten Strandkorb, das heißt aus fünf anderen Strandkörben hatten mich die rechtmäßigen Mieter verjagt. Der Himmel war grau wie Zigarrenasche, und das Meer darunter sah aus wie ein angelaufener Spiegel. Ich dachte verärgert über die Ablehnung meiner Novelle nach und über die Einrichtung Zensur. Ich konnte mich nicht entschließen, die Geschichte zu ändern oder zu kürzen, denn ich hatte sie ohne Tendenz geschrieben. Ich trieb keine Politik. Oder wenn, dann die patriotischste. Denn ich wollte doch immer unter die kühnsten Kämpfer gegen Deutschlands Feinde gestellt werden. Und wenn ich mich gerade in solchem Bewußtsein bemühte, die Wahrheit zu sagen, dann schien mir solches nur heilsam. Und in dem Gegenteil, im Entstellen oder Verschweigen glaubte ich etwas äußerst Gefährliches zu erblicken.

Dann wurden meine Gedanken abgelenkt. Kinder bauten Mondkrater im Sand. Ein märchenhaft schönes Mädchen tauchte zwischen den Körben auf. Und von der Mole löste sich die Fähre ab, die täglich große Viehtransporte aus Dänemark holte. Dann quälte ich mich mit einer neuen Novellenidee ab, die mir aber zu groß schien, um sie in dem Rahmen einer Zeitschrift unterzubringen. Es war so, als ob ich eine Hose in einen viel zu kleinen Karton packen wollte. Später sprach ich mit Mucky Reemi darüber. Die meinte bei dieser Gelegenheit: „Du bist doch ein Dichter. Warum gibst du uns nie einmal eins von deinen Büchern zu lesen?“

Ich kaufte eine gruselige Fünfgroschenbroschüre, entfernte das Titelblatt und lieh dieses Büchlein, als eine Arbeit von mir, der Mucky. Nachdem sie es gelesen, besprach sie es eingehend mit mir, es müßte wohl eine Jugendarbeit von mir sein. Ihre Tadel formte sie sehr liebenswürdig. Sie gab mir zwei gute Bücher zu lesen. Von Bismarck „Vier Reden zur äußeren Politik“, Inselbücherei Nr. 4 und de Costers Ulenspiegel. Im Ulenspiegel machte mir besonders die Szene großen Eindruck, wo die Metzger die Schenke zertrümmern. Mit Tula und Mucky Reemi unternahm ich häufig Spaziergänge nach Wilhelmshöhe. Es war so schön, mit ihnen zu plaudern. Sie waren beide kluge Mädchen, sprachen vier Sprachen geläufig und hatten eine sehr bewegte, interessante Vergangenheit. Außerdem besaßen sie viel Humor. Ich erinnere mich, wie reizend Tula von den Präsidentenwahlen in Mexiko anno 1910 erzählte, da sämtliche Indianer und auch sonstige Analphabeten für Herrn Benito Juarez gestimmt hatten, der aber schon Jahrzehnte zuvor gestorben war.

Eines Morgens saß ich mit Engel beim Kaffee, den Detloffs uns immer so appetitlich und mit viel Liebe servierten, und Engel vertraute mir gerade an, daß er sich in die dicke Blonde von der Molkerei verliebt hätte. Da ward die Tür aufgerissen, Oberleutnant Däver trat aufgeregt herein, entschuldigte sich kurz und unterzog dann unser Zimmer – Betten und Schränke – einer eingehenden Untersuchung. Auch zu den zwei anderen Maaten begab er sich in gleicher Absicht. Lehmann war etwas peinlich überrascht, denn er hatte gerade ein Mädchen im Bett. Alle Schiffe wurden durchsucht. Eine peinliche Angelegenheit. Es bildete sich das Gerücht, in Rostock wären militärische Geheimpapiere entwendet.

Ich hatte inzwischen viele Bekanntschaften gemacht und wurde bald als lustiger und allerwärts herumbummelnder Lebematrose sehr populär. Sogar die Kinder auf der Straße begrüßten mich als

Onkel. Besonders gern gab ich mich mit einem idiotischen Kind in unserem Hause ab. Es machte Sprünge wie ein Kalb und hatte sonderbare, für mich wunderbare Handbewegungen. Von jeher liebte ich derartige, geistesgestörte Kinder und konnte ihnen stundenlang zuhören. Im Ötztal in Tirol kannte ich ein Dorf, wo jedes zweite Kind idiotisch war, und diese Kinder dort hatten pompöse Namen wie „Germania" oder „Tudesca".

Meine wertvollste Bekanntschaft aber war die mit der dickwadigen Badefrau vom Damenbad. Ich hatte mich gelegentlich angeboten, ihr beim Zerkleinern von Brennholz behilflich zu sein, und nun hackte ich und sägte auf Teufel komm raus, und hatte immer Zutritt zum Damenbad. Zwar war das Wetter schon kalt, so daß sich nur noch wenige Damen ins Wasser wagten, aber schon deren Anblick kostete mich manche Beil- und Sägewunde. Leider wurde die Anstalt bald geschlossen, wie der Lesesaal und das Fünfpfennighäuschen.

Abends saß ich mit Reemis im Strandkorb. Sie erzählten von ihrer Heimatstadt Guadalajara, und ich schilderte meine Schiffsjungenstreiche in Westindien und Britisch-Honduras. Zwischendurch belauschten wir die Gespräche der benachbarten Strandkörbe.

In einem Korbe erzählte ein Neuangekommener, Belgrad wäre in deutsch-österreichischen Händen, Bulgarien hätte Serbien angegriffen und in Bremen wäre augenblicklich Fliegeralarm. Schutzleute liefen klingelnd durch Bremer Straßen, und es würde aus Fenstern geschossen.

Das Café Bechlin ward stiller. Man sah dort fast nur noch Offiziere, den Oberleutnant, Grafen Montgelas, von dem ich anständige, schneidige Geschichten wußte, und natürlich Hauptmann Brunnemann. Dem war gerade ein Malheur passiert, Schokolade auf die Uniform gegossen. Er lag ausgestreckt im Korbstuhl und während zwei Kellner seine Pantalons mit Salz und Warmwasser massierten, blinzelte er charmant puderfarbigen Damen zu.

Ein englisches U-Boot hatte eins von unseren Torpedobooten beschossen. Dieses hatte mit einer Wasserbombe geantwortet. Nun sollte unsere Vorpostenflottille eine gewisse Stelle im Sund absuchen, wo das angeblich beschädigte U-Boot liegen mußte. Es wurde dann auch gefunden und der Fund von einem Taucher bestätigt. Bei günstigem Wetter sollte es demnächst gehoben werden.

Aber es spukten noch mehr englische U-Boote in der Ostsee und versenkten in der folgenden Zeit mehrere deutsche Dampfer. Die deutsche Fähre nach Dänemark fuhr deshalb nicht mehr aus, nur die dänische verkehrte weiter. In unseren Kreisen tadelte man bitter die deutsche Marineführung, weil sie die großen Kampfschiffe und Hochseetorpedoboote untätig in Kiel liegen ließ und die Säuberung der Ostsee von englischen U-Booten unseren geringwertigen und schutzlosen Fischdampfern überließ.

Ein Torpedomatrose hatte sich aus nichtbekannten Gründen die Pulsader durchschnitten. Mir fiel die dicke Blutspur auf, die vom Kirchenplatz bis zur John-Brinckman-Straße führte. Ferner hatte ein anderer Mariner nachts auf der Straße ein Mädchen überfallen, ausgezogen und beraubt.

Wir vier Maate aus Cuxhaven schwelgten in Faulheit. Einmal mußten wir, ich weiß nicht, warum, eine Erklärung unterschreiben, ob bzw. wieviel Schulden wir hätten. Engel merkte nicht, daß sich das nur auf unsere Warnemünder Zeit bezog und notierte da, wo wir anderen „Nein" hinschrieben, „fünfunddreißigtausend Mark Hypothekenschulden", was den Feldwebel sehr verblüffte.

Ich war mittags bei Mutter Reemi eingeladen. Die Töchter spielten herrlich auf ihren kostbaren Meistergeigen Mozartsche Duette und das Air von Schubert und „Der Tod und das Mädchen". Als ich heimkam, stand Engel bereit zum entscheidenden Sturm auf die Molkerei. Er hatte Glacéhandschuhe über seine gewaltigen Pratzen gepreßt und für zwanzig Pfennig Schokolade gekauft, die ihm aber im Regen ganz aufgeweicht war. Er ertrug aber meinen und Dettloffs Spott mit rührender Geduld.

Auch Culessa hatte eine Liebschaft, eine Köchin auf der dänischen Fähre. Sie wäre ihm beinahe wegtorpediert, als ein englisches U-Boot einen Stettiner Dampfer versenkte. Die Fähre brachte übrigens einen deutschen Offizier mit, der aus englischer Gefangenschaft entflohen war. Erst kurz vor der Landung hatte er Uniform angelegt, und an der Mole wurde er von Warnemünder Militär mit Musik empfangen. Aber auch in diesem Falle wußten die Mannschaften nicht, worum es sich handelte. Wußten wir nicht, daß dieser Offizier der große und – was darum nicht wundert – bescheidene Held zur See, Kapitän Lauterbach war.

Ich ging zum Flugplatz und holte mir vom Oberleutnant von Winterfeld die Erlaubnis, einmal mitfliegen zu dürfen. Indem ich hastig ein schon startendes Wasser-Flugzeug erkletterte, trat ich aus Unkenntnis ein Loch in dessen Flügel, was freilich kein bedeutendes Unglück war.

Culessa und Lehmann wurden abkommandiert. Sie kamen nach Kiel auf die „Deutschland". Ich trauerte ihnen nicht nach. Aber ich trauerte, weil die Maate vom Jahrgang 04 befördert werden sollten. Ich war sogar vom Jahrgang 03, aber mich hatte man offenbar übersehen, und ich wußte nicht, wie ich das aufdecken sollte. Ich wußte überhaupt nicht mehr, welchem Kommando ich unterstellt war.

Detloffs waren und blieben reizend zu uns. Sie stellten uns immer etwas Besonderes ins Zimmer, ein Blümchen oder ein Pflaumenmus. Vater Detloff war Gärtner.

Das Laub färbte sich gelb. Dazwischen standen grüne Fichten oder leuchteten rote Beeren. Die Sandwege durch das niedrige Gehölz ähnelten denen bei Riga. Nebel und Regel wechselten sich ab. Das Brausen von Propellern in der Luft scheuchte Krähenschwärme auf. Die ersten Schneeflocken fielen.

Als ich bei Dunkelheit durch das Gehölz ging, hörte ich plötzlich Hilferufe. „Hilfe! Wächter! Wächter!" Hineilend sah ich in einer Lichtung einen Obermaaten im Handgemenge mit einem Arbeiter. Unweit davon stand ein Mädchen. Der Arbeiter schrie: „Lassen Sie meine Tochter in Ruh!" und zu dem Mädchen: „Du gehst nach Hause!" Ich trennte die Ringenden und frug das Mädchen: „Ist das wirklich Ihr Vater?"

„Ja", sagte sie, „hauen Sie ihm doch in die Augen!"

„Was? Ich soll Ihren Vater schlagen?"

„Ja, hauen Sie ihn tüchtig, er ist mein Pflegevater." – – –

„Meteor", eins von unseren Booten, hatte ein ohne Flagge fahrendes schwedisches Unterseeboot beschossen und dabei zwei Mann getötet. Ferner wurde ein verdächtiger schwedischer Handelsdampfer von uns eingebracht. Dann kam die Nachricht: „Prinz Adalbert" wäre von einem englischen U-Boot versenkt, nur wenige Leute gerettet. Auch ein deutsches U-Boot wäre versenkt. Aus der Münchner Jugend ersah ich, daß wieder ein guter Bekannter von mir gefallen war, der sehr begabte Maler Pfeil. *„Who is the next?"* fragen in Amerika die Barbiere.

Das Café Bechlin mied ich nun völlig, nachdem man dort den Matrosen Borak ausgewiesen hatte, nur weil er nicht Offizier war und nicht, wie ich zum Beispiel, durch größere Zechen oder gute

Begleitung imponierte. Diesen Borak lernte ich dann in einem anderen Café kennen. Er war mir sympathisch durch seine Intelligenz und durch seine Zuneigung zu mir, die beinahe an Verehrung grenzte. Er hatte auf einem Torpedoboot die Jagd auf das englische U-Boot A.E. 13 mitgemacht. Dieses U-Boot flüchtete sich damals auf dänisches Hoheitsgebiet. „Der englische Kommandant", erzählte Borak, „stand mit verschränkten Armen an Deck und sah stolz verachtend zu uns Verfolgern herüber. Wir frugen per Funkspruch in Swinemünde an, was wir tun sollten. Die Antwort lautete: U-Boot auf jeden Fall unschädlich machen. So schossen wir A.E. 13 in den Grund. Fünfzehn Engländer kamen dabei um. Dann flohen wir, weil dänische Kriegsschiffe auftauchten. Später kam aus Schweden die Nachricht, der englische Kapitän hätte absichtlich sein Schiff geopfert, um die Aufmerksamkeit von neun anderen U-Booten abzulenken, die inzwischen den Sund passierten." Borak erzählte mir, daß er früher in Hamburg Vertreter einer großen Autogesellschaft gewesen wäre. Er interessierte sich sehr für meine Schriftstellerei und ließ sich eins meiner Bücher vom Verlag senden und in feinstes Leder binden.

Am Sonntag erwachten Engel und ich von einer himmlischen Musik. Vor unserer Türe. Es klang, als ob ein ganzes Orchester draußen spielte. Aber es waren nur die Geschwister Reemi, die mir ein Geigenständchen brachten, zum Abschied, denn sie siedelten am andern Tag nach Rostock über, während ihre alte Mutter zur Klärung ihrer finanziellen Interessen nach Mexiko fuhr, wo derzeit Revolution herrschte. Ich besuchte mit Reemis einen kleinen zoologischen Garten, der aber unter den augenblicklichen Verhältnissen ein dürftiges und bedauerliches Bild bot. Man zeigte vorwiegend Haustiere, denen es immerhin noch am besten gehen mochte, da sie an die Hartherzigkeit der Menschen gewöhnt waren. Aber kläglich sahen die wilden, nun ganz abgemagerten Tiere aus. Die Adler steckten in Käfigen, wo sie kaum ihre Schwingen ausbreiten konnten. Als wir vor den Wölfen standen, klang gerade der Gesang marschierender Soldaten zu uns herüber. Da stimmten plötzlich die Wölfe mit unheimlich klagendem Geheul ein. – Reemis waren für das Orchester an das Rostocker Stadttheater engagiert. Ich besuchte sie bald. Und wohnte der Generalprobe von Rheingold bei. Der Pförtner wollte mir den Zutritt zum Theater verwehren, aber ich lief an ihm vorbei und schloß mich in der Fürstenloge ein. Sein wütendes Pochen an der Tür ignorierte ich. Die Schauspieler spielten in ihren militärischen Uniformen. Ein Feldgrauer auf dem Grunde des Rheines – ich mußte an den Kreuzer „Undine“ – denken, über dessen Versenkung ich gerade zuvor gelesen hatte.

Am nächsten Sonntag sah ich mir auch die Premiere des Stückes an. Diesmal saß das großherzogliche Paar in der Fürstenloge; da donnerte gewiß kein Portier an die Tür.

Man übertrug Engel und mir die Wache im Zollgebäude, Arrestwache. Die Arrestanten dort schliefen in kleinen, und bei strengem Arrest, in dunklen Zellen auf Holzpritschen. Ich befragte alle nach ihren Vergehen. Einer hatte den Grafen v. d. Recke beleidigt und deswegen noch Festungshaft zu erwarten. Ein Maat, der wegen Betrunkenheit eingeliefert war, schien überhaupt nicht mehr nüchtern werden zu wollen. Er glaubte mir nicht, daß er eingesperrt sei und wollte durchaus nach Hause gehen. Erst als ich den Posten blank ziehen ließ, vermochte ich ihn einzuschüchtern. Zwei andere Matrosen büßten dort, weil sie mit dem Öl, das für die feinere Maschinerie der Torpedos bestimmt war, sich Kartoffeln gebraten hatten. Dann brachte man einen siebzehnjährigen verweinten Freiwilligen. Er hatte zusammen mit einem älteren Matrosen auf dem Torpedoboot V158 die Messekasse beraubt. Sie verjubelten das Geld mit dem Vorsatz, sich hinterher zu erschießen, was dann aber nur der ältere tat. Engel erschmeichelte sich den Auftrag, diesen Arrestanten am nächsten Tag ins Untersuchungsgefängnis nach Kiel zu transportieren. Ich freute mich, Engel zwei Tage los zu werden. Er ging mir schon lange auf die Nerven. Bei dem armen Molkereimädchen und deren Eltern hatte er sich als Heiratskandidat warm eingenistet. Sie ahnten nicht, daß er schon verheiratet war.

Ferner brachte man einen Obermatrosen vom Prisenkommando, der zu sieben Tagen strengen Arrestes und Degradation verurteilt war, weil er den Zivilkapitän eines neutralen Schiffes angepöbelt hatte. Aber sowohl Engel wie ich benahmen uns allzu gutmütig auf diesen Wachen. Wir steckten den Arrestanten Bier, Zigaretten und Speck zu, ja, ich ließ sogar einmal Mädchen in ihre Zellen. Einer, der entlassen wurde, konnte sich gar nicht trennen und sah ganz betrübt aus.

Man übertrug uns auch die Wache „Villa Thea“. Außerdem wurden wir auf Torpedobooten an den Wasserbomben beschäftigt. Dazwischen fuhren wir von Zeit zu Zeit wieder mit unseren

Vorpostenbooten aus. Bei Ahrenshoop war der Levantedampfer „Kypros“ gestrandet. Den sollten wir wieder flottmachen. Als wir aber hinkamen, hatte ein Bergungsdampfer ihn bereits im Schlepp.

Oberleutnant Däver empfahl den Minenmaaten und Deckoffizieren, nach einem Einbrecher zu fahnden, der seit Juli in Warnemünde sein Unwesen trieb und mehrfach Leute, die ihn bei Einbrüchen überraschten, überrannt hatte. Alle diese Leute beschrieben ihn als einen schlanken jüngeren Mann, der ein gewisses nervöses Augenzwinkern an sich hätte. Nur war er bald als Matrose, bald in Deckoffiziersuniform und einmal auch als Zivilist aufgetreten. Besonders auf Schmucksachen und Damenartikel, wie Strümpfe, Korsetts usw. hatte er es abgesehen.

Schnee und Kälte setzten ein. Die Warnow war zugefroren. Engel benahm sich mir gegenüber undankbar und unkameradschaftlich. Ich teilte alles mit ihm und hatte auch ein ernstes Zerwürfnis mit seiner Frau wieder eingerenkt. Wenn er Speck gesandt erhielt, so verschwieg er es und aß den Speck dann heimlich im Klosett.

Eine Anzahl Eiserner Kreuze und mecklenburgischer Medaillen wurden verteilt. Auch wurden täglich neue Beförderungen verlesen. Von meiner war nie die Rede. Ich bekam nur einen Schnupfen und litt seit einiger Zeit an unerklärlichen Schwindelanfällen. Mißgestimmt legte ich mich zu Bett und mußte für neun Mark Sterbegeläute anhören, das heißt: Das Geläute kostete die Hinterbliebenen, wie mir Frau Detloff erzählte, neun Mark. Dann verfiel ich – was mir so selten geschah – in einen schönen Traum. Die Schwestern Reemi traten in weißen Kleidern zu mir und fragten, wen von ihnen ich heiraten möchte. Ich sagte Mucky. Da küßte mich Tula und ward auf einmal zu einem schönen Engel, der seine Flügel ausbreitete und unter den Klängen einer zauberhaften Musik, mir gütig Abschied winkend, entfloh. – Da erwachte ich und sah wirklich einen Engel, aber es war der verfluchte knallrote, unmanierliche Metzgermeister Maat Engel. Der riß die Fenster auf, weil draußen ausrückende Landsturmleute mit klingendem Spiele vorbeimarschierten.

Johannes Trojan war gestorben. – Immer wieder tauchte das Gerücht auf, Deutschland hätte Dänemark ein Ultimatum gestellt, weil Dänemark die englischen U-Boote unterstützte. Unsere Truppen in Holstein erhielten auffällige Verstärkungen. – Auf „Prinz Adalbert“ sollten fünfzehn Mann während der Katastrophe in Arrestzellen gesteckt haben. – Die Kriegsgewinnsteuer kam im Reichstag zur Besprechung. – Uns ward immer wieder verlesen, daß es verboten sei, Tagebuch zu führen. Ich war daher noch ängstlicher darauf bedacht, meine Bücher zu verbergen und sie bei jeder passenden Gelegenheit heimzuschicken. Außerdem bediente ich mich noch häufiger meiner Geheimschrift.

Mein Stammlokal war das Café Meyer geworden. Dort traf ich mich täglich mit Maaten anderer Divisionen und Zivilisten. Sie nannten mich allgemein nur noch den Wasserbombenmaat, und ich wurde bald ihr Hauptspaßmacher. Meyers waren wohlerzogene und freundliche Leute, und der schönen Frau Meyer durfte ich den Hof machen. Ich lernte dort den Feldwebel Hans Brinckman kennen, einen Großneffen des Dichters.

Mit steigender Bewunderung las ich Lessings Hamburgische Dramaturgie.

Es wurde eisigkalt. Ich fror, denn ich lief noch immer im Hemd mit entblößter Brust herum, weil sich mein Überzieher noch in Kiel bei einem Flickschneider befand, dessen Namen und Adresse ich vergessen hatte. Dann gab es plötzlich Gewitter, und dann rüttelten wieder wilde Stürme an unsere Fenster in der John-Brinckman-Straße. Im Hofe hatte Frau Lange aus dem Hinterhaus ihre unermeßlich weite Flanellhose zum Trocknen aufgehängt. Ich machte mir mit Engel das Vergnügen, diese Hose allnächtlich mit Wasser zu begießen.

Ich lud Engel zum Frühstück ein, und weil es auf meine Kosten ging, aß der Kerl fünf Neunaugen und zwei Portionen saure Scholle. Plötzlich lauschte er, und seine Augen strahlten verständnisvoll. Man hörte die fernen Schmerzenstöne eines im Geschlachtetwerden begriffenen Schweines.

Ich wurde täglich deprimierter, und nur, wenn ich – mit Urlaubschein oder heimlich – nach Rostock fuhr, fand ich bei Reemis vorübergehenden Trost. Einmal traf ich dort mit einer jungen aber baßstimmigen und Zigarren rauchenden Dame namens Heidweiler zusammen. Die erzählte Interessantes über Lauterbachs Flucht. Reemis erzogen mich auch in gewissen Dingen und redeten mir zu, meine vernachlässigten Zähne zu pflegen und eine drei Zähne breite Lücke durch künstliche Zähne zu ersetzen. Ich grübelte lange und sehr betrübt über dieses peinliche Thema nach, ehe ich nachfolgendes Rundschreiben an gewisse Freunde und Bekannte erließ:

„Bitte teilt mir eure ehrliche und ausführliche Meinung über folgende Fragen mit:

1. Sind falsche Zähne mit Kautschukplatte etwas Unappetitliches beim Kuß? beim Essen? oder auch schon beim Anblick?

2. Sind falsche Zähne sympathischer als keine oder wenig oder schlechte Zähne?

3. Kann man harte Brotrinden mit falschen Zähnen beißen?

4. Kann man mit falschen Zähnen laut schreien oder singen, zum Beispiel: ‚Lache, Bajazzo'?

5. Kann man pfeifen?

6. Kommt es vor, daß ein künstliches Gebiß beim Essen, Sprechen usw. plötzlich herausfällt?

7. Spricht man mit falschen Zähnen besser als mit wenig echten?

8. Gibt es Schauspieler, die ein künstliches Gebiß tragen? –"

Ehe noch die ersten Antworten auf diese Rundfrage eintrafen, die von den meisten als Witz aufgefaßt wurde, hatte ich mir auf langen bürokratischen Wegen in der Universitätsklinik drei neue Zähne angeschafft. Und nun lief ich durch die Straßen, und die Passanten hielten mich vielleicht für verrückt, weil ich in allen Tonarten vor mich hindeklamierte. Und Reemis zogen mich auf, weil ich anfangs während des Sprechens plötzlich „zwitscherte".

Es waren neue Fischdampfer eingetroffen, deren Mannschaften sich alsbald in den Straßen sehr übel bemerkbar machten. Sie rissen auf dem Kirchplatz die aufgestapelten Weihnachtsbäume auseinander und zogen grölend damit an Bord. Die Nachtwächter versteckten sich vor ihnen. Die vielen Bestrafungen nützten wenig. Man hätte dem Frohsinnsdrang dieser Bordleute ein vernünftiges Ventil geben sollen.

Das deutsche Schiff „Bremen" war in der Ostsee versenkt worden. Nur siebenundfünfzig Mann sollten gerettet sein. Graf v. d. Recke hatte am Kattegatt einen englischen Attaché auf einem dänischen Passagierdampfer abgefangen. – Trotz gewisser Gegenmaßregeln wurde der Lebensmittelwucher immer schlimmer betrieben. In Berlin waren Weiber vor das kaiserliche Palais gezogen und hatten gerufen: „Gebt uns unsere Männer heraus!" Bis die Polizei sie mit blanker Waffe vertrieb. – Ein Freund schrieb an Engel, daß seine Kompanie 80 km vor Paris stände.

Es trafen Berge von Weihnachtsgeschenken ein. Ich wurde reich bedacht.

Am Heiligen Abend lagen vierundzwanzig Vorpostenboote mit 800 Mann Besatzung im Hafen. Die offizielle Weihnachtsfeier fand statt. Die Leute knabberten bedrückt oder schläfrig an ihren Pfefferkuchen, nörgelten oder lauschten stumpf dem Geigensolo und dann einem Vortrag mit Lichtbildern. Es gab Punsch und Freibier auf Marken. Engel schmunzelte. Aber ich nahm es übel, daß man für uns beide keine Plätze reserviert hatte, weder bei den Deckoffizieren noch beim Büropersonal, noch an den Tischen der Mannschaften und Unteroffiziere. Außerdem war ich verstimmt, weil ich kein Geld besaß. Daher verließ ich den Saal sehr bald. Und da trafen abends plötzlich telegraphisch hundert Mark von Albert Langen ein. Dr. Geheeb schrieb hinterher:

„München, 23. Dezember 15. Sehr verehrter Herr Hester, das ist eine wunderbare besoffene Geschichte! Furchtbar lang, aber so gut, daß wir sie doch bringen werden. Vielleicht gestatten Sie uns einige kleine Kürzungen. – Aber nur, wenn es aus Raumgründen sein muß. Das Honorar geht telegraphisch an Sie. Frohe Weihnachten wünscht Ihnen mit besten Grüßen Ihr Dr. R. Geheeb."

Von meinem Onkel, dem internierten Kapitän Engelhart, erhielt ich einen Kartengruß aus Soerabaja.

Die überraschende telegraphische Geldsendung beglückte mich sehr, denn nun konnte ich noch geschwind Geschenke für Detloffs und andere Freunde besorgen. Und Oberleutnant Däver bewilligte mir zehn Tage Heimaturlaub. Ich badete meine Seligkeit in einem Rausch, wobei ich eine Fensterscheibe mit dem Kopf einschlug. Detloffs, über meine kleinen Gaben bis zu Tränen gerührt, bügelten, nähten, bürsteten und verproviantierten mich für die Reise. Ich lief noch in einen Barbierladen, um mir Spitz- und Schnurrbart abnehmen zu lassen. Eine Frau kratzte mir in unkundiger Weise den Spitzbart weg. Als sie danach ein Drittel meines Schnurrbartes ausgestückelt hatte, ließ sie plötzlich das Messer sinken und erklärte stockend, Schnurrbärte abzunehmen verstünde sie nicht. Wütend griff ich nun selbst zum Messer, mit dem Erfolg, daß ich mir sofort eine tiefe Schnittwunde beibrachte. Aber es war schon spät und ich mußte stark blutend und mit zwei Drittel Schnurrbart in den Zug steigen.

Die Kupees waren von Urlaubern überfüllt. All diese schimpften oder stichelten laut oder leise über die unverhältnismäßig hohen Offiziersgehälter und über andere Ungerechtigkeiten bei Heer und Marine. Ich fand einen Platz im Speisewagen, einem Amerikaner gegenüber. Und ich schluckte Aspirin und trank schwarzen Kaffee mit Zitronensaft auf das Wohl meiner fernen Lieben. Weil mein Gegenüber kein Wort Deutsch verstand, half ich ihm als Dolmetscher vor dem Kellner. Der Amerikaner vertraute mir, er habe den deutschen Kaiser wegen einer Torpedoerfindung sprechen wollen, sei aber nicht vorgelassen worden. Die übrigen Fahrgäste warfen mir scheele Blicke zu, weil ich englisch sprach.

Zehn Tage Urlaub, in Leipzig, Berlin, Merseburg, Schleußig, Halle a. Saale, Eisenach, Waltershausen in Thüringen und in der Eisenbahn verbracht, verflogen wie eine Stunde Verhätscheltwerden. Dann gab es bei Detloffs und im Café Meyer ein herzliches Wiedersehen mit mancherlei Neuigkeiten, wechselseitig ausgepackt. Von der deutschen zur dänischen Küste sollte eine U-Boots-Netzsperre zum Schutze der Fähre gelegt werden. – Ein Matrose vom „Seeadler“ hatte einen Kameraden erstochen. – Landsoldaten hatten den Gastwirt Salzmann mit dem Seitengewehr verwundet. – Ein von Privatfirmen gestifteter Preis für Vernichtung englischer U-Boote sollte jetzt an die Mannschaft und Offiziere jenes Bootes verteilt werden, das C. A. 13 versenkt hatte. – Ein Matrose hatte sich im Strom ertränkt. – Oberleutnant Däver feierte Hochzeit. – Montenegro bat um Separatfrieden. – Die Sozialdemokraten brachten im Reichstage die Willkürherrschaft der Zensur zur Sprache.

Ich mußte nun wieder an verschiedenen Stellen Wache schieben, meistens Arrestwache. Dort ließ ich mir von den Gefangenen ihre Kriegs- und Vorschicksale erzählen. Oder ich las. Marcel Barrière „Die Kunst zu verführen“. – Wilhelm Meinhold „Die Bernsteinhexe“. – „Pfaffenspiegel“ von Corvin. – „Der Sturz Napoleons“ von S. P. Geerke. –

Vom Arrestlokal aus hörte ich die Festrede des Halbflottillenchefs zu Kaisers Geburtstag an. „– – Noch niemals ist ein Herrscher seelisch so eng mit seinem Volke verwachsen gewesen. –“ Aber das Hurra klang dann sehr lau. Meine Arrestanten wurden anläßlich des Geburtstages aus kaiserlicher Gnade entlassen. So konnten die Zellen einmal gründlich gereinigt werden. Häufig fuhr ich heimlich nach Rostock, was immer schwieriger wurde, da die Bahnsperre schärfer bewacht wurde. Ich mußte schließlich, um die Posten zu umgehen, auf der Rückfahrt jedesmal an einer gewissen Kurve kurz vor Warnemünde vom fahrenden Schnellzug abspringen. Eine gefährliche Sache, die aber immer glückte. In

Rostock besuchte ich Reemis und sah die Oper Carmen und sprach einen Mann, der beim Untergang des Kreuzers „Friedrich Carl" gerettet wurde. Das Schiff war von einem unserer eigenen U-Boote versenkt worden. Auch erfuhr ich den Untergang von „King Edward VII".

Der Baralong-Fall gab Anlaß zu scharfen schriftlichen Auseinandersetzungen zwischen meinem Vater und mir. Unsere Ansichten über den Krieg, über unser Volk und die anderen Völker waren allzu verschieden. Wir einigten uns immer wieder dahin, künftig alle politischen Polemiken zu vermeiden, aber das ließ sich denn doch nicht auf die Dauer durchführen.

Mit Eichhörnchen hatte ich dieselben Meinungsverschiedenheiten. Sie schrieb mir:

„Solange du deine Gefühle und Reden so wenig meistern kannst, bitte ich dich, das Thema Krieg und Vaterland und alles, was damit zusammenhängt, zwischen uns fallen zu lassen."

Weil immer wieder von neuen Einbrüchen in Warnemünde die Rede war, und weil ich den größten Teil der Privatleute und Militärs dieses Ortes zu kennen glaubte, begann ich einmal ganz für mich zu recherchieren. Wer war der mysteriöse Einbrecher? Nein, ich fragte mich: Wer war es bestimmt nicht? – Die Kinder – die Frauen – die von Statur kleinen Menschen – alle diejenigen, die nur vorübergehend, also nicht seit Juli in Warnemünde waren. Wer war anzunehmenderweise nicht der Verbrecher? Die Offiziere – viele mir persönlich bekannte redliche, gutbürgerliche, harmlose oder unintelligente Leute. So zog ich immer engere Kreise und zuletzt fand ich den Gesuchten. Ich will vorsichtshalber sagen: Ich war fest davon überzeugt, ihn gefunden zu haben. Es war jener Matrose Borak, der mich so verehrte, und der mein Novellenbuch in feinstes Leder binden ließ. Ich erinnerte mich nun, daß ich ihn einmal in seiner Privatwohnung besucht hatte, die ihm als Offiziersburschen bewilligt war. Damals fielen mir die vielen geschmackvollen Luxusgegenstände auf, die er besaß. Auch hatte er mich damals in seine Zukunftspläne eingeweiht. Er wollte nach dem Kriege im großen Stile eine Kaninchenzucht in Australien beginnen und belegte seine Ausführungen mit logischen und sachkundigen Erwägungen und Zahlen. Ferner hatte er mir die Kopie vom Grundriß einer interessanten Mine gezeigt. Diesen Konstruktionsplan hatte er bei seinem Leutnant entdeckt und heimlich durchgepaust. Damals war mir die Sache nicht weiter ernst vorgekommen. Aber nun zurückdenkend, reimte sich mir das geniale hochstaplerische Wesen dieses Borak mit seinen äußerlichen Kennzeichen, seiner Größe, seinem nervösen Augenzwinkern zweifellos verdächtig zusammen. Er war inzwischen syphiliskrank in ein Lazarett eingeliefert. Ich sah von einer Anzeige ab. Vielleicht weil ich fürchtete, daß meine an sich ganz harmlosen und meinerseits ahnungslosen Beziehungen zu ihm zur Sprache kämen.

In dem mustergültig modernen und sauberen Schulhause, das unserer Wohnung gegenüberlag, wurde ein Soldatenheim aufgemacht; ich sah mir das an. Den Soldaten war freie Lese- und Schreibgelegenheit gegeben. Bücher und Zeitschriften nach zensierten kleinen Ansichten ausgewählt und Tinte, Feder und Papier. Wer von den Soldaten nicht ganz auf den Kopf gefallen war, konnte sich das besser selbst beschaffen. Die etwa zehn Leute, die bei der Eröffnung dort auf den Bänken hockten, sahen wie bedrückte, gepreßte Almosenempfänger aus, und zwischen ihnen stolzierten liebenswürdig jene leitenden ehrenamtlichen Damen der Gesellschaft umher und schwelgten in vermeintlicher Wohltätigkeit.

Ich hatte großen Verdruß. Mein Verleger schrieb mir bezüglich des Manuskriptes zu dem Kriegsmarine-Novellenbuch, daß die Zensur des Admiralstabes nicht nur die beiden stärksten Geschichten ganz, sondern auch aus dem übrigen Text so viel Stellen gestrichen, obendrein sogar Worte „verbessert" hätte, daß das Buch um 35 Seiten Umfang verlöre und ich deshalb doch noch etwas Neues hinzuschreiben möchte. Mit dem Gift und der Galle im Herzen schien mir das aber unmöglich.

Es hieß, unsere große Offensive an der Westfront würde beginnen, wenn der für unsere Giftgase günstige Wind einsetzte. Ich schrieb in mein Tagebuch: „Wäre dieser Krieg doch endlich ex! Käme es meinetwegen so, daß wir eine große Schlappe erlitten, wenn wir dadurch nur einen einigermaßen annehmbaren Frieden erhielten."

Das Arrestlokal war wieder gefüllt. Engel und ich mußten viel Wache gehen und wurden im übrigen mit der Verteilung und Behandlung der Wasser- und Nebelbomben beschäftigt.

Das Prisenkommando hatte manche Erfolge im Handelskrieg zu verzeichnen. Aber wenn ich die Leute morgens weckte, waren sie noch todmüde und apathisch.

Ich erhielt Befehl, einen gemütskranken Signalgast in eine Nervenheilanstalt nach Kiel zu transportieren. Da dehnte ich denn meine Reise reichlich aus. Erst ließ ich mich in Lübeck verwöhnen. Als ich dort das Atelier einer Schneiderin Maria Timm betrat, um mir ein neues Minenabzeichen auf den Ärmel nähen zu lassen, nahm Fräulein Timm keine Bezahlung an, und sie und ihre Hilfsdamen traktierten mich mit Zigaretten und sonstigen Gefälligkeiten. In Rostock hörte ich ein Konzert. Tula spielte mit dem Kontrabaß-Virtuosen Goedecke wunderschön Wieniawsky-Bottesini.

In meine Warnemünder Wohnung zurückgekehrt, fand ich dort eine Flasche edlen Weines vor, die mir Mucky hingestellt hatte. Ich beschloß sofort, mir eine festliche Stunde zu bereiten, die ein Gedicht gebären sollte. Ich räumte also das Zimmer sorgfältig auf, zog meine besten Uniformstücke an, holte mir feine Zigaretten und Detloffs vornehmstes Weinglas. So setzte ich mich vors Schreibzeug. Kaum hatte ich den ersten Schluck feierlich geschlürft, so polterte Engel ins Zimmer, plazierte sich neben mich und machte sich daran, ein Fußbad im Waschbecken zu nehmen. Ich teilte den kostbaren Wein mit ihm in verhaltenem Grimm und mit komischer Eile. Dann ging ich allein in einen Liederabend der Lotte Lehmann aus Hamburg.

Nachdem wir noch einmal mit sämtlichen Booten ausgelaufen waren und das Minensuchen wie im Examen dem Divisionschef vorgeführt hatten, brachte Engel die Kunde nach Hause, daß er und ich am nächsten Morgen endgültig nach Cuxhaven zurückreisen sollten. Das traf mich wie ein Schlag. Aber als Engel hinzufügte, er hätte heute schon einmal geweint, und als Detloffs, die gerade geschlachtet hatten, uns dann mit Wellfleisch und Herzlichkeit und heißen Würstchen und heißen Tränen trösteten, schickte ich mich in diese nur allzu berechtigte Abkommandierung.

An dreißig Maate versammelten sich im Café Meyer, um meinen Abschied zu feiern. Obermaat Proetel und der frohe Bernkasteler Stefan Heinz hielten erbauliche Reden, Frau Meyer kredenzte Krabbensalat, und Herr Meyer spendierte Whisky. Ich schlug ein Auszählspiel vor, nach dem der Verlierer sich in eine Torte setzen mußte, und dieses bittere (Geschmacks-) Los traf dann mich selber.

Zum letzten Male weckte uns Fräulein Detloff. Engel war verzweifelt. Unsere Wirtsleute schluchzten. Irgend jemand hatte

Glasstücke vor unsere Tür gestreut, daß wir in Glücksscherben treten möchten.

Der Übergang in das strenge und militärische Cuxhavener Leben ward uns durch einen Hamburger Tag versüßt. Die Mädchen in Sankt Pauli bewarfen mich mit Schneebällen. Dann wollte ich mir ein Brot kaufen, bekam aber keins. Ich wollte Butter kaufen. „Butter ist ein Fremdwort", sagten die Verkäufer. Es gab auch kein Fett, nicht einmal Margarine. Aber von den Bekannten, die ich aufsuchte, hatte jeder etwas Leckeres aufzutischen, was „hintenrum besorgt" war.

Als ich wieder mit Engel zusammentraf, war dieser heiser wie eine Dampfpfeife. Wir ließen beide die Köpfe hängen. Er seufzte im Zug einmal über das andere, und ich summte trübsinnig das österreichische Reiterlied vor mich hin, in das ich gerade sentimental verliebt war.

Nun schlief ich wieder in der großen Wetternkaserne auf einem Strohsack und hatte wieder Gesuche im Gange und machte den Büroschreibern Bestechungsgeschenke, weil verlautete, es würde ein Sonderkommando für die Türkei zusammengestellt.

Wir bekamen weder Butter noch Milch noch Schnaps. Der Dienst war langweilig. Appell mit langem Stehen im Schnee – Drückebergereien – Meldungen und Beschwerden – sonntags zwangsweiser Kirchgang. – Dazwischen einmal Kleiderausgabe, die sofort einen schwunghaften heimlichen Handel mit Kleidungsstücken und Schuhwerk bewirkte.

Der Hilfskreuzer „Wolf", frisch ausgerüstet, war auf Schlick gelaufen, was eine Kesselexplosion zur Folge hatte. Es hieß, an Bord habe bei der Ausfahrt große Betrunkenheit geherrscht.

Im Kasino wurde rege dem Schachspiel gefrönt. Nachts in den Stuben vorm Einschlafen witzelten wir noch lange. Wenn einer einen Wind ließ, sagt der Witz: „Dem ist die Haut zu kurz. Wenn er die Augen schließt, öffnet sich sein Arschloch."

Der Schreiber Zuckmantel bot mir einen Posten bei einem Sonderkommando an, für das nur Englisch sprechende Leute gebraucht würden. Ich lehnte aber ab, weil es sich um bürokratische Tätigkeit handelte.

Ein Matrose aus meiner Kaserne erschoß sich, weil man seine Bitte um Heimaturlaub spöttisch abgeschlagen hatte. Der Oberfeuermeister hielt uns eine verbohrte Ansprache über diesen Fall. – Ein Soldat dürfe nicht solche Schwäche zeigen. – „Die Wurzel des

Übels wurzelt darin, daß der Tote sich auf unerklärliche und unredliche Weise eine scharfe Patrone verschafft hat. –" Ich verkehrte neuerdings im Gasthaus „Zur Sonne", wo ein Stammtisch von Frankfurtern Apfelwein eingeführt hatte, der mir zum Dichten besonders günstig schien. – Engel wußte sich mit Hilfe eines undatierten Zeugnisses eines Landrates schon wieder vierzehn Tage Urlaub zu verschaffen.

Ein Mann simulierte Wahnsinn und lehnte sich vor versammelter Mannschaft gegen seine Vorgesetzten auf. Er kam auf Festung.

Die „Möwe" war glücklich durchgekommen und eingelaufen. Sie brachte zweihundert Gefangene und eine Million in Goldbarren mit.

Unsere Stuben wurden nunmehr einen Tag um den andern geheizt, weil es an Kohlen mangelte. Ein allgemeiner Husten bellte.

Ich wurde zum Minendepot bestellt. Es handelte sich um ein Sonderkommando. Oberleutnant Heinrichs prüfte und verhörte mich wie etwa fünfzig andere Leute. „Sind Sie im Räum- und Suchgerät unterrichtet?"

„Jawohl. Ich war sogar Instrukteur für Minensuchwesen."

„Haben Sie einen Sprengkursus durchgemacht?"

„Jawohl."

„Einen Minenvormannskursus?"

„Jawohl."

„Haben Sie schon Minen geworfen?"

„Jawohl."

„Gefischt?"

„Jawohl."

„Entschärft?"

„Jawohl."

„Gut!" – Ich wurde vom Oberarzt auf Bordfähigkeit untersucht. Dann kleidete man mich und die andern Ausgewählten feldmarschmäßig und feldgrau ein. Rucksack, Kochzeug, Feldflasche, Leibbinde, Verbandzeug, Mantel, grauer Wachstuchbezug für die Mütze, Gamaschen usw. Schneider und Schuster änderten und fluchten.

Es hieß, wir würden nach Rußland kommen. Wir waren alle sehr aufgeregt.

Mein Tagebuch, bis zu dieser Stelle geführt, sandte ich wie gewöhnlich nach Hause. Meine Mutter las es und gab es mit einem

Brief an Tante Selma Michel weiter. Die schickte mir das Begleitschreiben meiner Mutter zu. Es lautete:

„Herzlichen Gruß, liebe Selma, das nächste Tagebuch wird Dir Wolfgang direkt von Merseburg senden. Wie mir zumut ist, kannst Du Dir denken, doch bin ich still, Gustav gegenüber, da er mit Feuer und Hingabe an diese neue schwere Aufgabe geht. Seine Adresse lautet Minenbootsmaat Hester, Hilfskreuzer ‚Cordoba', Halbflottille Ost. Du darfst aber nicht ‚Kiel' auf die Adresse setzen. Otti lauert jede Minute auf ihr Kleines. Ihr Mann liegt im Lazarett, hatte schmerzhafte Darmoperationen durchzumachen. Uns geht's soweit gut. Nur die Knappheit der Lebensmittel ist entsetzlich. Für Georg und mich zusammen pro Woche $^1/_4$ Pfund Butter. Dabei kein Schweine- oder Rindsfett zu bekommen. Und Zucker, Brot, Kartoffeln, alles wird nur, und in minimalen Teilen, gegen Marken ausgegeben. Weißt Du nicht in Bayern eine Quelle, wo ich dann und wann etwas Butter erhalten könnte. Denn aus Insterburg bekomme ich nichts mehr. Seit Februar ist dort alles fürs Militär beschlagnahmt. Ach, es ist ein bitteres Leben. Wenn nur ein Kriegsende abzusehen wäre! Möchtest Du wohl sein! Georg grüßt Dich mit mir. Deine Marie. 13. März 16."

Achtes Kapitel

KORRÜGEN

Auf dem Bahnhof in Hamburg hatte ich Mühe, meine fünfzig Leute im Zaum zu halten. Sie wollten durchaus in die Stadt, aber das litt ich nicht. In Kiel angelangt, führte ich sie nach der Hansabrücke, wo uns die Pinasse des Hilfskriegsschiffes „Cordoba" erwartete. An Bord der „Cordoba" meldete ich mich und meine Leute bei dem Führer unseres Sonderkommandos, Herrn Korvettenkapitän Nitka. Der ließ uns gleich reichlich mit Tee und Butterbrot bewirten und wies uns Hängematten für die Nacht an. „Cordoba" war ein seltsames interessantes Schiff. Weil es für einige Tage auslaufen sollte, um eine geheimnisvolle Kabellegung im Belt vorzunehmen, wurden wir andern Tags wieder an Land gesetzt und in der Artilleriekaserne in Friedrichsort einquartiert. Ein Arzt untersuchte uns. Dann mußten wir unsere Haare schneiden lassen, und man führte uns frierende Kahlschädel zum Minendepot zur Arbeit. Es galt Loren, wie sie bei schmalspurigen Eisenbahnen benutzt werden, und Pionierpontons aus Eisenblech auf einen Tenderdampfer zu verladen.

Korvettenkapitän Nitka imponierte uns gewaltig. Er war ein sehniger, frischer und temperamentvoller Herr, der uns dauernd im Laufschritt hielt. Auf dem Dampfer richtete er eine Ansprache an uns. Unsere Sache sei eine geheime und wichtige. Nicht einmal untereinander sollten wir darüber debattieren, sonst erfolgte Abkommandierung und kriegsgerichtliche Bestrafung. Das Ziel unseres Kommandos wisse er selbst noch nicht, aber es handle sich darum, in Gewässern, die für unsere größeren Schiffe nicht zugänglich wären, von Land aus Minen zu legen, und zwar mit Hilfe von Pontons, die auf Schienen zu Wasser gelassen und dann von einer Pinasse weitergezogen würden. Er könnte nur freiwillige und ganz zähe Leute gebrauchen. Denn wir müßten in kaltes Wasser springen und schwere Lasten schleppen können. Wer nicht mitmachen wolle, solle jetzt hervortreten.

Niemand trat hervor.

Nitka sprach weiter. Es käme auf geheimes, leises Arbeiten an. Wir würden nur in dunklen Nächten operieren und in unmittelbarer Nähe des Feindes, der nichts merken durfte. Niemand von uns sollte ein Wort sprechen, es sei denn, daß ein Kamerad in Gefahr geriete. Wir würden zunächst in der Nähe von Kiel ausgebildet werden. Dem sollte die Inspizierung durch Prinz Heinrich folgen, bei welcher Gelegenheit wir Ehre einlegen müßten usw. Es kamen noch andere Matrosen und Torpedomaate und Heizer, Zimmerleute, Signalgäste, Barbiere, Schuster usw. zu uns, so daß unsere Truppe zuletzt achtzig Mann stark war. Man gab uns Karabiner, und wir exerzierten damit, während Herr Nitka ein paar Tage abwesend blieb, um unser Übungsgelände auszusuchen und sich in Berlin beim Reichsmarineamt nähere Instruktionen zu holen.

Die Abende verbrachte ich in der Festung mit Herrn von Alten. Wir zechten in dem traulichen Einjährigenkasino, und er ging reizend auf meine begeisterte Stimmung ein.

Nitka bezog, was allgemeines Aufsehen erregte, kein Offiziersquartier, sondern wohnte mit seinem Burschen wie wir in einer Kasernenstube und schlief hinterm Verschlag in einem Mannschaftsbett. In aller Frühe ließ er uns heraustrommeln, lief mit uns im Laufschritt zum Dampfer, und wir fuhren zur Werft, um dort die einzelnen Gegenstände für unsere Ausrüstung zu requirieren. Achtzig scharfe Seitengewehre, die an einer Seite statt der Schneide eine Säge hatten, achtzig Paar Handschuhe, achtzig Spaten, achtzig Koppel, achtzig Spitzhacken, achtzig Bordmesser und Tornister, Zeltbahnen, Fett, Talg, Öl, Batteriepfeifen für die Unteroffiziere, ein Horn für den Hornist, Farbe, Segeltuch, Garn, Hektographenapparat, Stoppuhr, Bootsanker mit Kette und vieles, vieles mehr. Das erforderte viel Arbeit und langen Dienst. Nitka ließ nicht locker, aber sein anfeuernder Witz, seine Redlichkeit und nicht zuletzt sein eigenes gutes Beispiel eroberten mein, und ich glaube, unser aller Herz. Er war ein herrlicher Offizier. Ein Teil unsrer Leute wurde nach Korrügen beordert, wo unser Übungsplatz angelegt werden sollte. Sie kamen quatschnaß, todmüde und fröstelnd zurück.

Und jeden Morgen fuhren wir mit dem Dampfer zur Werft. Nitka saß dann mit uns zwölf Unteroffizieren in der Kajüte und gab unterwegs jedem von uns besondere Befehle. Achtzig Kuhfüße, achtzig Waschbaljen, achtzig Zahnbürsten, achtzig Zahnpasten, achtzig wollene Unterzeuge. Wir nannten ihn unter uns Kapitän Achtzig. Denn er fragte immer wieder: „Was brauchen wir denn noch? Denkt doch einmal nach!"

„Gesangbücher!" rief jemand.

„Richtig. Eckmann, schreiben Sie auf: achtzig Gesangbücher. Aber was noch?"

„Einen Hund!" rief jemand.

„Richtig! Krug, schreiben Sie auf: achtzig Hunde!"

Alles lachte, auch Nitka, und wir liebten ihn. Aber in gleichem Maße, wie er uns auch wieder streng anspornte und harte Forderungen an uns stellte, mußten wir Unteroffiziere auch zu unseren Leuten energisch sein. Ich hatte allmählich gelernt, von ihnen weder Zuverlässigkeit noch Selbständigkeit zu erwarten, dennoch ward es mir oft sauer, meinen Ärger zu beherrschen. Das Lederzeug sollte geschwärzt werden. „Warum greifen Sie nicht zu?" redete ich einen Müßigen an.

„Ich habe keinen Pinsel."

„Holen Sie sich einen."

„Es sind keine mehr zur Stelle."

„Wie alt sind Sie?"

„Sechsundzwanzig Jahre."

„Dann beschaffen Sie sich einen Pinsel."

„Wo?"

„Irgendwo. Stehlen Sie sich einen, oder nehmen Sie Ihr Taschentuch!"

„Das geht nicht bei Spirituslack."

„Dann – – –" ich überlegte krampfhaft. Dann lief ich an meinen Spind und holte meinen Rasierpinsel.

Noch schwieriger wurde die Disziplinfrage, als wir in Korrügen unsere Übungen begannen. Wir mußten viele Zentner schwere Lasten heben und schleppen, Gewichte, die auch mit vereinten Kräften oft nicht von der Stelle zu bewegen schienen. Wir mußten Schienen ins kalte Wasser tragen und sie unter Wasser zusammenschrauben. Dabei wußten wir, daß wir, wenn wir aus dem Wasser kamen, noch stundenlang in nassen Kleidern warten oder weiterarbeiten mußten. Manche Leute brachte ich nur durch Drohungen oder lange Überredungen ins Wasser. Vor allem aber ging ich natürlich stets als erster voran, wobei ich den Schmerz verbiß, den ich besonders am Bauch empfand.

Drei Pontons wurden mit Quereisen zu einem Floß verbunden. Das wurde auf Loren gestellt und mit Minen beladen und so auf der schräg ablaufenden Schienenbahn zu Wasser gelassen. Dort spannte sich dann eine Barkasse vor. Zum Führer dieser Barkasse und verantwortlich für ihren guten Zustand wurde der Maschinistenmaat Eckmann gemacht. Ich wurde sozusagen der Kapitän des Pontons. Ich hatte dort fünf Matrosen zu meiner Hilfe, die mit Rudern und langen Bootsstangen das Floß aus dem Flachwasser abstaken und dann gegen die Strömung regieren mußten, bis die Barkasse sich mit langer Leine verbunden hatte. In der Barkasse saß der Kommandant Nitka, der mir auf der Fahrt seine Befehle durchs Megaphon zurief, die ich ebenfalls durchs Megaphon wiederholen mußte. „Wirf erste Mine!" – „Erste Mine geworfen!"

Das Tauwerk, die Schienen, die Probeminen und sämtliches Material holten wir uns von der „Cordoba". Das brachte viel Arbeit, viel Verdruß und viel Durcheinander mit sich. Dazwischen erhielten wir Unterricht im Zeltbauen und wurden gegen Typhus und am folgenden Tage gegen Cholera geimpft, was uns allen schlecht bekam. Wir fanden keinen Schlaf, hatten Fieber und Brustschmerzen, und manche mußten sich erbrechen, und alle sahen käsebleich aus. Trotzdem bewilligte man uns nicht den ärztlich vorgeschriebenen Ruhetag, sondern jagte uns wieder im

Laufschritt zum Dampfer und in Korrügen ins kalte Wasser, wo wir unter Wasser schlossern mußten.

Zunächst funktionierte nichts. Schienen brachen. Laschen rissen. Die Pontons rollten nicht ab, weil das Gefälle nicht steil genug war. Ungeschickte Leute plumpsten ins Wasser. Andere ließen sich im Eifer hinreißen, während der Übung zu sprechen, was doch streng untersagt war. Dann hatte wieder das Motorboot Malheur. Kurz, es ging zu wie bei einer Probe auf einer Dilettantenbühne. Anschnauzer, Beschwerden und Beschuldigungen. Manche Leute murrten. Ihre Gesundheit vertrüge solche Strapazen nicht. Aber Nitka wußte sie immer wieder zu beruhigen und zu ermutigen. Er appellierte an ihr Ehrgefühl. Was die Post beträfe und unsere diesbezüglichen Beschwerden, so wäre jetzt nicht Zeit, Pakete zu bescheinigen. Wem etwas verloren ginge, der sollte es großmütig verschmerzen.

Ich bat Herrn Nitka vertraulich, mich immer bei den gefährlichsten und anstrengendsten Aufgaben zu verwenden. „Gern", sagte er, „und ich muß jetzt nach Kiel, um gegen die Teka zu kämpfen. Die will mir keinen Leutnant bewilligen und sträubt sich überhaupt gegen unser Unternehmen." Teka war die Abkürzung für das Technische Versuchskommando, dem unser Kommando unterstellt war.

Ich hatte mir zum Stubenaufklarer einen pausbackigen Rekruten gewählt. Der erkundigte sich bei mir, ob es wahr sei, daß die Russen jeden Gefangenen erschössen, der ein Seitengewehr mit gezahnter Schneide trüge. Ich bejahte ernst. Es lagen noch zwei Torpedomaate auf meiner Stube. Die bildeten sich viel darauf ein, daß sie aktive Einjährige waren und ärgerten sich darüber, daß ich älter und vor allem dienstälter war als sie.

Die Maate Jacob und Langebeck lagen mit mir zusammen. Langebeck glich nach Art und Wesen meinem Warnemünder Engel. Jacob war im Dienstalter mir noch voran, mußte also der erste sein, der zum Obermaaten befördert würde. Der lustigste Kamerad war der Obermaschinistenmaat Krug, ein langer Berliner mit heiserer Stimme. Er politisierte gern, denn er kannte alle Reichstagsabgeordneten persönlich; er war im Zivilstand Maschinist im Reichstagsgebäude gewesen. Über uns Unteroffizieren und unter Herrn Nitka stand ein Deckoffizier, der Maschinist Böse, der aber mir und überhaupt dem seemännischen Personal nicht viel dreinzureden hatte.

Ich saß allein im Einjährigenkasino bei einer halben Flasche Chateau Montrose und hatte die Photographie der Geschwister Reemi vor mir aufgestellt. Von ihnen und anderen Freunden erhielt ich wieder liebevolle Briefe und Geschenke. Tula schrieb unter anderem: „Ich habe, wie so oft, große Sehnsucht nach Dir und schreibe Dir, um mich damit in eine hinreißende Stimmung zu versetzen. Dann werde ich beim Konzert gut spielen. – Ich will es Dir nur gestehen, daß mir seit meiner Kindheit nicht eine solche Freundschaft geschenkt wurde. Es ist ja das beste, was Du schenken kannst, und ich danke es Dir mit Gleichem und bin zufrieden. – In diesem Augenblick ist Mucky wieder so unartig und verletzend gegen mich, daß ich aus dem Hause gehen werde. Die Tinte hat sie mir weggenommen, weil sie auch schreiben will, und diese Kopiertinte ermöglicht mir, Dir einen Gruß noch anzuhängen. – Eben noch schämte ich mich, und jetzt klage ich schon wieder. – Antworte nicht darauf, bitte komme nie auf so etwas zurück. – Ade! Gustav, Deine Tula."

Mucky Reemi schrieb: „Rostock, 16. 3. 16. Lieber, lieber Gustav. Heut morgen sind wir schon früh auf den Beinen, alles gepackt, und hatten doch beide das schwere traurige Gefühl, daß keine Post von Dir kommen würde – daß Du längst weit, weit weg bist. Jetzt heißt es ruhig und einfach, als hätten wir nichts anderes vorgehabt, die Geigen nehmen und in die Probe gehen. – Ob Du wohl unsere Karten bekommst – vielleicht nach langer Zeit, und wir hören auch nichts von Dir ... Wenn ich mich umsehe und durchs Fenster hinaus, dann steht immer noch eine hohe Leiter drüben im Hof, und es kommen mir Gedanken und rührende, traurige Bilder – und dann habe ich plötzlich die Leiter, die Stufen, den häßlichen Hof, alle lieb. – Aber das ist kitschig, und ich habe kein Gemüt und bin ein Teufel, Du hast immer die Wahrheit gesagt (wenn Du über andere sprachst!) – Weißt Du, Gustav, wir wollen doch auf eine schöne Zeit hoffen: der Krieg wird nicht mehr sein, wir wohnen wieder irgendwo und Du bist unser Hausbesuch. Wir laden nur liebe Mädchen ein und spielen wieder Mozart. Du liest vor und darfst auf dem Sofa rauchen usw. – Du wirst schon allein uns beiden zuliebe nicht tollkühn sein und daran denken, daß Du unser bester und ich glaube treuester Freund bist. – Ich halte Tag und Nacht die Daumen für Dich. Deine Mucky."

Tante Michel schrieb u. a.: „Also am 25. d. M. geht's in den Kampf; meine Gedanken werden Dich begleiten und meine

Gebete Dich hoffentlich beschützen, nun geht zu Allem noch das Sorgen und Bangen um Dich an; es muß ja sein, es heißt standhaft sein und Dir das Herz nicht schwer machen."

Ich fand sobald nicht die Ruhe, diese und andere Briefe zu beantworten.

Wir übten jetzt auch nachts in Korrügen. Sternenloser Himmel. Dunkelheit. Die kleinen Taschenlampen, die wir Maate bei uns führten, durften nur benutzt werden, wenn es unbedingt nötig war. Die Silhouetten der arbeitenden Leute hoben sich schwach gegen den feuchten Nebel ab. Zwischen Maaten und Gemeinen herrschte jene verträgliche und rücksichtsvolle Einigkeit, die so froh und stark macht. Ich befand mich äußerst wohl und verteilte, was mir Liebesgaben beschert hatten, Portwein, ein Würstchen und Zigarren.

„Antreten!" Da standen die achtzig in schmutzigen Kleidern, wohl ausgerichtet, totenstill in zwei Reihen.

„Pontons klar zum Ablauf!" Wir spritzten lautlos auseinander und standen im nächsten Moment jeder auf seinem Posten, meine Seeleute und ich auf den Pontons, um die zwölf schweren C.A.-Minen verteilt. Ich zeigte: „Klar!"

„Keile weg!" Die Loren mit den Pontons sausten zu Wasser. Es war beinahe wie auf der Wasserrutschbahn beim Oktoberfest.

Dann töffte das Töff-Töff-Boot heran. Eine Wurfleine schwirrte. Die Schleppleine saß fest – straffte sich, und fort zogen wir lautlos und dunkel. Die folgenden Kommandos von dem Motorboot nach meinem Floß gegeben, „wirf erste Mine!" und so weiter, wurden von mir bestätigt, aber ihre Ausführung ward nur markiert. Zurückgekehrt, kam dann das schwierigste Stück: die Pontons wieder durch die Strömung zu lavieren und auf die Böcke, beziehungsweise von da aus auf die Loren zu bringen. Alles ward dann wieder abgetakelt und in dem Schuppen geborgen, worauf wir zur kritischen Besprechung zusammentraten.

„Bitte Herrn Kapitän einen Vorschlag machen zu dürfen."

„Gut. Was?"

„Was nützt es", begann ich, „daß wir alle kein Wort reden dürfen, wenn Herr Kapitän dann doch hinterher mir mit lauter Stimme Kommandos durchs Megaphon zurufen! Könnte man sich da nicht durch verabredete Pfeifensignale verständigen, und zwar mit Tierstimmen, wie die Jäger sie gebrauchen? – Möwenschrei? Entenlocker? Auch Hirschlocker? –"

„Ausgezeichnet!“ rief Nitka begeistert. „Schreiben Sie auf: achtzig Entenlocker, achtzig Hirschlocker! Nein, zwei genügen auch.“

So zog ich denn mit dem witzigen Obermaat Krug nach Kiel in eine Musikalienhandlung, wo wir uns einen unerhörten Skandal erlaubten, indem wir alle Tierstimmen durchprobierten, bis wir auf Rechnung des Kommandos einen quäkenden Entenlocker und einen wie eine Autohupe blökenden Hirschlocker nahmen. Mit diesen beiden Tierstimmen trieben wir auf dem Rückweg noch viel Unsinn.

Unsere Leute erhielten die vorzüglichste Ausrüstung an Kleidern, Wäsche und Schuhwerk. Einzelne von ihnen verkauften einen Teil dieser Sachen sofort heimlich an die Zivilisten.

Im Einjährigenkasino polemisierte ich mit von Alten über Tirpitz' Abschied. Wir bekamen dort dieselben Speisen und zu denselben Preisen, wie sie im Offizierskasino verabfolgt wurden, Dinge, die es sonst für die Mannschaften überhaupt nicht mehr oder ganz selten gab, wie Butter, Fleisch und Bohnenkaffee.

An manchen Tagen wurde unser Kommando auf der „Cordoba“ verpflegt. Das war uns nur lieb, denn an Bord bewirtete man uns besser als in den Kasernen an Land.

In bezug auf unser Ziel sickerte doch nach und nach ein wenig durch. Im Gespräch mit dem Maschinisten Böse waren dem Kommandanten einmal die Worte „zunächst Libau“ entfallen. Auch hatte er sich Drahtgitter bestellt für Hühnerzucht im Unterstand.

Einen Vormittag lang Marschübungen mit Karabinern. Zwei Sergeanten, die dafür vom Seebataillon zu uns kommandiert waren, leiteten diesen Dienst. Sergeant Gehrmann ließ aber die Leute allzu häufig sich auf den kalten, noch schneebedeckten Boden hinwerfen. Dennoch vollzog sich alles in Eintracht, und der Maschinist, der mich nicht leiden mochte, redete kameradschaftlich mit mir und zog sich mit uns Maaten von Zeit zu Zeit hinter eine Böschung zurück, angeblich, um Entfernung zu schätzen, in Wirklichkeit, um einen kurzen smoke zu tun. Nachmittags wurden wir auf die Stuben geschickt. Wir sollten unser stark ramponiertes Zeug flicken und dabei fleißig Marschlieder üben. Als aber später der Unteroffizier vom Dienst revidierte, klang ihm aus allen Stuben das gleiche Lied entgegen: lautes Schnarchen. Und wieder wurde geimpft, und weitere Spritzen standen in Aussicht. Das nahm uns körperlich arg mit. Meine Brust schmerzte; ich konnte die Augenlider nicht mehr heben. Andere litten an Durchfall und Erbrechen.

Dann requirierten wir wieder auf achtzig. Achtzig Nähzeuge, achtzig Hängematten, Seife, nautische Instrumente, Klosettpapier, fliegendes Telephon, Margarine, Sergeantenknöpfe, Schuhnägel, Bratenfett, unerhört Aufsehen erregende Speckseiten, Signalpatronen usw. Die Artilleristen in der Festung staunten und witzelten über diese noch nie dagewesene Ausrüstung. „Wer soll denn dieses Warenhaus bezahlen?!"

Nitka fragte mich: „Können Sie Maschinengewehr bedienen?"

„Wenn mir's einmal vorgemacht wird, kann ich's."

„Gut. Sie und Maat Langebeck übernehmen das Maschinengewehr. Morgen beginnen wir."

Ich wollte das nicht abschlagen, war aber andererseits etwas besorgt davor, daß die Unzulänglichkeit meiner Sehkraft mich hindern und dabei zur Sprache kommen könnte. Um so mehr bedauerte ich, daß Nitka, als wir andern Tags die Exerzitien begannen, das Zielfernrohr und das Rädergestell zurückgeben ließ. Es ginge das mit bloßem Auge viel besser. Wir marschierten im Schneegestöber durch Matsch nach Falkenstein und schossen dort, daß unsere Trommelfelle vibrierten. Und ich schoß sogar recht gut. Am besten schoß Nitka selbst.

Laufschritt – Nachtfahrten – Schieß- und Geländeübungen – Kasernendienst – wenig Schlaf – und mittags den Hammelkohl so schnell heruntergewürgt, wie dieser Fraß es verdiente. Bei einer nächtlichen Fahrt versagte wieder einmal, wie schon oft, das Motorboot. War es, daß Eckmann nichts verstand, oder taugte das Boot nichts, jedenfalls fanden wir die Ursache nicht heraus. Nitka war ziemlich niedergeschlagen, als ich ihm Meldung machte. Er tat mir leid. Nun sollte eine große Dampfpinasse angeschafft und das Motorboot nur noch zur Reserve behalten werden.

Beim Exerzieren schnauzte ich einen Mann an: „Stehen Sie nicht so großfressig da wie ein Admiral."

Ein Offizier, der zwar nicht zu uns gehörte, aber in meiner Nähe stand, wandte sich daraufhin an mich: „Haben Sie schon einmal einen großfressigen Admiral gesehen?"

Ich – sonst nie schlagfertig – antwortete: „Jawohl, einen feindlichen."

Ach, wenn wir doch endlich einmal fortkämen! Ich glaubte gar nicht mehr daran, und mir schien, als ob auch Nitka meine Besorgnisse teile. „Die Entscheidung liegt beim Prinzen Heinrich“, sagte er, und andermal: „Jetzt ist ein Offizier zur Begutachtung an die Front entsandt. Von dessen Bericht hängt alles ab.“

Einmal sah ich Nitka sehr aufgebracht. Obermaat Zander und Maat Jacob hatten sich um zwanzig Minuten verspätet. Vor allem aber war der Matrose Hensch über Urlaub geblieben, und zwar wollte dieser bestraft werden, um von unserem anstrengenden und gefährlichen Kommando fortzukommen. Nitka ließ uns antreten.

„Der Matrose Hensch wird nachdrücklich bestraft und abkommandiert werden. Ich habe das bereits durch Funkspruch veranlaßt. Und Sie, Obermaat Zander, und Sie, Maat Jacob, werden ebenfalls abgelöst. Packen Sie sofort Ihre Sachen.“

Maschinist Böse trommelte uns Unteroffiziere eines Abends noch spät zusammen und verlas uns vertraulich einen Funkspruch von der Nordseestation, der ungefähr so lautete: „Korvettenkapitän Nitka hat sein Kommando sofort an Korvettenkapitän Hermann zu übergeben. Er bleibt solange beim Sonderkommando, bis Korvettenkapitän Hermann sich eingearbeitet hat.“

Was war da vorgefallen? Hatte Nitka beim Prinzen Heinrich Anstoß erregt? Hatte er es mit der Teka verdorben? Hatte man ihm die teuren Anschaffungen verübelt? Niemand von uns war trauriger als ich. Der arme Nitka. Da hatte er sich nun Tag und Nacht abgeschunden und unermüdlich und genial die Sache in Schwung gebracht, und nun löste man ihn ab. Auch mir persönlich erwuchs daraus viel Nachteil, denn bei Nitka hatte ich Sympathie und Aussicht auf Beförderung gehabt.

Er ließ sich nichts anmerken. Er übte eifrig weiter mit uns. Wir machten jetzt Nachtfahrten bei stürmischem Wetter, um die Seetüchtigkeit unseres ungewöhnlichen Fahrzeuges auszuprobieren. Dabei stellte sich heraus, daß die Pontons leckten. Wir wären beinahe mit unseren Minen abgesackt. Und ich stand im Winde, und eine innere Stimme in mir – beileibe keine äußere – deklamierte: „Dann bliesen die Trompeten, und wir legten die Lanzen ein . . .“

Abends ließ ich mich im Kasino beim Kommandanten melden, drückte ihm unsere Verehrung aus und fragte, ob er’s nicht doch ermöglichen könnte, bei uns zu bleiben. Er beherrschte sich sehr anständig und sagte: „Nein. Das ist nun einmal Soldatenlos.“

Wir übten im Kasernenhof, und weil nicht scharf geschossen, sondern nur markiert wurde, ließ ich besonders auf ein altes Weib anlegen, das sich dort mit Kartoffeln zu schaffen machte.

„Auf die alte Kartoffelscheuche – Unterkante – Standvisier – Punktfeuer – Streuen!"

Wir mußten dem neuen Kommandanten unsere Übungen vorführen. Ein langer spitzbärtiger Herr mit einer großen gebogenen Nase, der zunächst eine unheimliche Ruhe bewahrte. Die Feiglinge unter uns stellten mit Befriedigung fest, daß er weniger Schneid besäße als Nitka. Übrigens verlief unsere Vorführung sehr ungünstig, weil verschiedene mißliche Zufälle zusammentrafen.

Nitka verabschiedete sich beim Appell: „Seine Majestät hat mich von dem Kommando wegbefohlen, das ich so lange geführt und das ich gern an die Front geführt hätte. Ich weiß nicht, ob ich morgen Zeit habe, mich von Ihnen zu verabschieden. Deshalb spreche ich Ihnen jetzt meine volle Anerkennung und meinen Dank aus. Ich wünsche Ihnen, daß Sie alle gesund zurückkommen!"

Diese Worte sprach er in einem Ton, der sehr zu Herzen ging. Kaum war aber Nitka weg, so fingen einige von uns schon an, ihn schlecht zu machen, besonders der Maschinist Böse.

Wir holten von der Werft eine große Dampfpinasse für unsere Zwecke, auch Gummianzüge für die Leute, die im Wasser stehend meine zurückkehrenden Pontons in Empfang nehmen mußten. Auf der Fahrt nach der Werft sah ich zum erstenmal die neuen Fernlenkboote, die ebenfalls von einem Kommando auf Cordoba ausprobiert wurden.

Mein kalter und nasser Posten auf den Pontons, um den mich niemand beneidete, zog mir Husten und Schnupfen zu. Dazu kamen andere Beschwerden.

In wenigen Tagen sollten wir nun fortkommen. Wohin? Wir erfuhren es nicht. Selbst der neu eingetroffene Oberassistenzarzt Weidlich wußte es nicht. Alle entbehrlichen Privatsachen sandten wir in die Heimat zurück.

Ich hatte den Eindruck, daß der Maschinist, wie auch sein Günstling, der Torpedermaat Schmidt, gegen mich intrigierten. Böse war ein Wichtigtuer, der, solange der Kommandant dabeistand, alles allein und besser machen wollte, hinterher aber keinen Handgriff mehr tat, sondern nur noch in nervöser Unsicherheit störend herumschwadronierte. Er nahm es übel, wenn ein Unteroffizier ihm einen Vorschlag machte, und seine Nase sah aus wie ein Entenschnabel.

Ich traf mich zum letzten Male mit von Alten. Es war der 1. April 1916, und wir sprachen über Bismarck, dann über die finnischen Freiwilligen, die jetzt im Lockstedter Lager ausgebildet wurden.

Das Achtzigkommando mußte die Kaserne räumen und siedelte wieder auf Cordoba über, wo vor lauter Maschinen wenig Platz für die Hängematten blieb. Ich hängte mich neben Obermaschinistenmaat Blau auf, der gebildeter war als die anderen technischen Maate. Er sah aus wie die Mumie eines Steuerbeamten. Wenn jemand neben ihm schnarchte, hielt er ihm die Nase zu.

Es war so weit. Unsere Bagage, darunter eine rollende Feldküche, also Gulaschkanone, wurde in Eisenbahnwaggons verladen, unser letztes marineblaues Zeug abgegeben. Wir verließen, feldmarschmäßig ausgerüstet – Koppel, Gewehr, Affe und Schanzzeug wogen allein zusammen siebzig Pfund – unter herzlichen Abschiedsworten die Cordoba. „Das Jahr wird bunt!" sagte Obermaat Krug und zeigte auf einen bunten Schmetterling, der über unserem Dampfer flatterte.

Neuntes Kapitel

RUSSLAND

Auf unseren Mützenbändern stand: „Kaiserliches Marinekorps".

Maschinist Böse blieb mit einigen Leuten zurück, um den Transport der Dampfpinasse und der Minen zu überwachen. Wir anderen, Kapitän Hermann, der Arzt, neun Maate, einundsechzig Mann und ein „Schuft" genannter Hund wurden in acht Waggons verpackt. Ich kam mit Schmidt, Blau und Langebeck in ein Abteil zweiter Klasse. Wir zerschnitten sofort die Seitenpolster, um einen Skattisch herzustellen.

Langsam ratterten wir dahin, stundenlang, tagelang.

Auf den Stationen, wo wir hielten, ward unser Zug erst auf abgelegene Geleise rangiert, ehe man uns aussteigen ließ. Es war strengstens untersagt, sich vom Zuge zu entfernen. Es gab kein Trinkwasser, kein Waschwasser. Zu den Mahlzeiten wurden wir unauffällig in verborgene, manchmal saubere, auf anderen Stationen wieder sehr schmutzige Baracken geführt, wo wir viel fromme und patriotische Wandsprüche und manchmal gutes, manchmal schlechtes Essen vorfanden.

In einer solchen Baracke übernachteten wir einmal in Neubrandenburg in sehr ordentlichen Betten. Dann ging's weiter. Zu unserer großen Enttäuschung ließ man uns auch in Stettin nicht in die Stadt, sondern wir wurden auch dort an einer versteckten Stelle des Güterbahnhofes bewirtet. Dabei sprach mich Korvettenkapitän Hermann zum erstenmal an. Er hatte eine finstere, militärisch bellende Stimme.

„Sie sind der Maat Hester?"

„Jawohl, Herr Kapitän."

„Sie sind Schriftsteller?"

„Jawohl, Herr Kapitän."

„Daß Sie sich nicht unterstehen, einen Roman oder überhaupt eine Zeile zu veröffentlichen, die Sie mir nicht vorher gezeigt haben!"

Wir ratterten durstig und dreckig weiter. Der Zugverkehr war überall ungeheuerlich. Truppentransporte, Truppentransporte, gefangene Engländer, gefangene Russen.

Blau, Langebeck und Schmidt spielten Skat und rauchten. Ich schlief über ihnen in einer wonnig balancierenden Hängematte, die ich von Fenster zu Fenster gespannt hatte, die aber von Zeit zu Zeit, wenn ein Fensterpfosten ausbrach, wuchtig auf die Skatwütigen herunterstürzte. Unentwegt hängte ich sie wieder auf. Ich erwachte erst in Kreuz, wo die Landschaft schon etwas baltischen Charakter trug. Dann passierten wir die pompöse Weichselbrücke. In Simonsdorf fand ich wieder einmal Gelegenheit zum Waschen und Zähneputzen.

Wir machten uns in der Langeweile der Fahrt und aus Notwendigkeit mit den Geheimnissen und Tricks des Tornisterpackens vertraut. Dabei waren wir immer versucht, die sogenannte Eiserne Proviantration anzurühren, worauf aber fürchterliche Strafe stand. Gelegentlich hielt Herr Hermann kurze, knappe und barsche Ansprachen. Keinesfalls dürften wir nach Hause schreiben, wohin die Reise ginge, und so weiter. Ein herzliches oder freundliches Wort kam nie über seine Lippen. Es hatte sich herumgesprochen, daß Hermann der Kommandant jenes Spezialkreuzers Wolf gewesen war, der seinerzeit gleich nach Auslaufen festgefahren war und dabei eine Kesselexplosion erlitten hatte. Die Stellung bei uns sollte für Herrn Hermann ein Strafkommando sein. Vielleicht war er deshalb so düster und rauh. Auch der Oberassistenzarzt sprach uns nie an. Aber er traute sich wohl vor Hermann nicht. Er und der Kommandant reisten und speisten und schliefen natürlich gesondert von uns.

Die Verpflegung ward immer karger, je näher wir nach Rußland kamen. In Braunsberg gelang es mir, mit rasender Eile in die Stadt zu entwischen und ein Brot zu erstehen. Das bestrichen wir uns dann mit Senf.

Am sechsten April erreichten wir Memel. Dann ging es weiter und durch das okkupierte Rußland. Zur Linken wie zur Rechten sahen wir russische Gefangene arbeiten. Von Zeit zu Zeit tauchte ein Stacheldrahtverhau oder ein zerschossenes Haus auf. Wie gern wäre ich in Prekuln ausgestiegen, um den freundlichen Apotheker aufzusuchen, der mich in meiner Libauer Zeit so liebenswürdig aufgenommen hatte.

Am siebenten April morgens kamen wir in Mitau an. Statt Brot setzte man uns eine saure Suppe vor, die keiner von uns anrührte. Blau und ich krochen unter den nächsten Eisenbahnwagen hindurch und eilten im Laufschritt wohl zwei Kilometer weit in die Stadt. Dort kauften wir viel Brot. In der Angst, den Anschluß an unseren Zug zu versäumen, riefen wir auf dem Rückweg ein ärmliches Gefährt an. Der Kutscher aber trieb sein Pferd an, um uns zu entkommen. Jedoch wir holten ihn ein und machten uns gewaltsam zu Passagieren. Da fuhr er ganz langsam.

Als wir dann vernahmen, daß unser Zug vor zwölf Uhr nicht weiterführe, kehrten wir wieder in die Stadt zurück. Ich erkundigte mich überall nach gewissen Mitauer Bekannten, aber diese waren längst geflohen. Dagegen stieß ich auf die Adresse einer Baronin von Osten-Sacken, deren Enkel Peter ich aus Riga und München gut kannte. Ich war ungewaschen, ungekämmt und abscheulich verdreckt. Aber ich hungerte danach, einen Zivilisten, einen Gebildeten und einen zarteren Menschen zu sprechen. Ich zog Glacéhandschuhe, die ich in der Manteltasche fand, über meine schwarzen Hände und läutete Annenstraße 17. Die Baronin, eine ungeheuer dicke Dame, nahm mich aufs herzlichste auf. Sie war trotz ihrer Dicke wirklich jener zarte und feinfühlende Mensch, nach dem ich mich sehnte, dabei äußerst temperamentvoll und lustig. Indem sie alle Hebel in Bewegung setzte, mich zu bewirten und es mir bequem zu machen, erzählte sie charmant. Prinz Adalbert war kurz zuvor ihr Gast gewesen. Ich möchte doch, wenn ich zurückkehrte, ihre Tochter in Kiel aufsuchen, die Frau des Admirals Spee. Ich schied mit aufrichtigem Dank. Meine Glacéhandschuhe hatte ich aber auch während des köstlichen Frühstücks nicht abgezogen.

Mitau war arg zerschossen, doch sah man überall deutsche Soldaten und russische Gefangene aufräumen und aufbauen. Ebenso fleißig wurde das Land bestellt und gepflügt. Auf einem Schutthaufen sah ich Hunderte von scharfen russischen Gewehrpatronen liegen und steckte eine zu mir.

In Tukkum hielten wir vor dem eingeäscherten Bahnhof. Die Stadt lag öde da. Die Russen hatten alle Deutschen mit weggeschleppt, und wir trafen nur heuchlerisch barmende Letten an. Die Infanteristen, die dort lagen, nahmen uns sehr freundlich auf. Den Letten wäre nicht zu trauen, es wären bereits zweiunddreißig von ihnen wegen Verräterei erschossen. Im übrigen sei in Mitau nichts los. Nun, unsere ehemals blauen, jetzt feldgrauen Jungen waren findiger und intelligenter und fanden gute Unterhaltung in diesem allerdings für uns ganz neuartigen Landquartierleben.

Wir waren in Tukkum schon zwölf Kilometer von der Front entfernt. Hermann und der Arzt quartierten sich in dem jämmerlichen besten Gasthof „Deutsches Haus“ ein. Uns brachte man in einem unbewohnten Privathaus unter. Dort war alles zerschlagen oder verdreckt, ehemals schöne Stühle, Schränke und Sofas. Unter einem umgestürzten Flügel lagen Bücher. Ich griff gierig danach. Russische Schulbücher, Lexika, ein Buch über Likörfabrikation, das ich an mich nahm, um es später meinem bibliophilen und trinkverständigen Freunde Hugo von Halm mitzubringen. Beleuchtung gab es nicht. Doch hatten wir noch Reste von Talglichtern von der Bahnfahrt her. Wir richteten uns ein, so gut es ging. Einige beschafften Holzwolle, darauf wir nachts schlafen wollten, andere schleppten hölzerne Reste eines halbverbrannten Nachbarhauses herbei und schlugen Schrankleisten und Stuhlbeine ab, um die Kamine und Öfen zu heizen. Bald waren die Stuben von dickem Qualm erfüllt, aber warm. In einem Eimer, in dem wir uns kurz zuvor alle gewaschen hatten, kochten wir nun Kaffee. Die Bohnen waren mit dem Gewehrkolben auf der Tischplatte gemahlen.

Ich traf einige Lettenkinder, die deutsch sprachen, und forderte sie auf, mir Bücher, möglichst alte Bücher zu bringen. Ja, da wäre ein ganz altes, aber das hätten sie soeben verbrannt.

Wir entdeckten eine ehemalige Schuhfabrik. Neben den verlassenen Maschinen lagen Tausende von Damenstiefelabsätzen herum, und obwohl wir damit gar nichts anfangen konnten, pfropften wir sie doch in unsere Tornister.

Der größte Teil unseres Kommandos marschierte dann nach Schlokenbek. Ich fuhr mit der Bagage und der Gulaschkanone per Bahn. Zwei Infanteristen erzählten mir von der baltischen Baronei Halswigshof, wo sie im Sanatorium gelegen hatten. Welche schöne und auch traurige Zeit hatte ich 1911 dort verlebt! Nun hörte ich, daß die Baronin Nolcken mit ihren Kindern geflohen und daß ihr Anwesen in Grund und Boden geschossen wäre. Noch jetzt sollten täglich schwere Granaten dort einschlagen.

Die Bahn, auf der wir fuhren, war von den Deutschen neu angelegt, und das merkte man. Alle Viertelstunden mußte sie verschnaufen und setzte danach jedesmal mit solchem Ruck ein, daß der Koch, als er das Fleisch für siebzig Mann präparierte, plötzlich ein Stück Finger dazuschnitt. Ich verband ihn und vollendete seine Arbeit. In Schlokenbek wurde die Gulaschkanone abgesetzt, mit Rindfleisch und Nudeln geladen, und nach vier Stunden fiel der mit Spannung erwartete erste Schuß, ein wenig ungewürzt und nicht ganz gar. Aber unser fröstelnder Hunger nahm ihn mit Wonne auf.

Im Schatten der Hügel und Waldungen lag noch Schnee. Fünf Kilometer voraus war unsere äußerste Front. Wir hörten Kanonenschüsse und Maschinengewehrfeuer.

Die Infanteristen suchten uns auszuforschen. Wohin wir wollten und was wir vorhätten. Wir antworteten, wir wüßten es nicht. Ein Hauptmann, dem ich die gleiche ausweichende Erklärung gab, schimpfte über unsere Geheimniskrämerei und nannte mich einen Affen.

In Schlokenbek waren keine Zivilisten mehr. Artilleristen, Infanteristen und Kavalleristen und Pioniere und Landsturmleute wimmelten grau durcheinander. Man baute Häuser, Ställe und Schuppen. Holz war im Überfluß vorhanden. Wir mußten noch einmal nach Tukkum und wieder zurück marschieren, um Pferde zu requirieren. Indessen unternahm der Kommandant in einem Auto eine Rekognoszierungsfahrt. Das ungewohnte Marschieren mit dem schweren Affen kam uns Marinern recht sauer an. Die Infanteristen lachten uns aus. Aber hinterher brauten wir uns Grog aus Rum, der uns gegen Cholera reichlich verabfolgt wurde.

„Trullalla, trullalla,
Schnaps ist gut für die Cholera!"

Wir gingen nun daran, einen Teil der Bagage auf die Loren zu packen. Vor je vier Loren wurden zwei Pferde gespannt, auf denen Jäger ritten. So zogen wir nun den schmalspurigen Schienen einer improvisierten Feldbahn nach, die in großen Windungen sechzehn Kilometer weit bis zu unserem Endziel Kneis führte. Durch weites, hügeliges Land, dann wieder durch ausgedehnte wilde Wälder, durch schwermütige baltische Landschaft. Ich war in Gedanken viel in einer weit entfernten Zeit, aber in dem von Kneis sehr wenig entfernten Bilderlingshof, wo ich seinerzeit allein unter Letten gelebt und gelitten hatte.

Manchmal stapsten wir durch fußhohen Schlamm. Ging es bergauf, so mußten wir die Loren schieben helfen. Auch entgleisten diese fortwährend. Es verursachte jedesmal mühevolle Unterbrechung, die schweren Feldwagen wieder auf die Schienen zu bringen. Züge von Artilleristen und Kavalleristen begegneten uns oder überholten uns. Sie staunten unsere Expedition verwundert an. Endlich wurde der Boden sandiger, wurden die Kiefern spärlicher und dünner. Wir näherten uns der Küste. Dann wand sich der Weg um Dünen, und nun lag vor uns das Meer und davor das von der Zivilbevölkerung geräumte Fischerdorf Kneis. Ich hob einen Schrapnellzünder auf, der im Sande lag. Mein Tornister war schon überschwer. Wir bezogen Quartier in den verwüsteten und zerschossenen Häusern. Je vierzehn Mann in ein Haus. Ein Haus für die Unteroffiziere. Ein Haus, natürlich das schönste Haus, für den Kommandanten. Ein Haus für den Arzt.

Bald loderten mächtige Holzfeuer auf. Holz lag in unübersehbarer Fülle herum. Die Bagage wurde ausgeladen, Hängematten, Matratzen und Proviant verteilt und sonstige wichtigste Vorkehrungen getroffen. In das wilde Tohuwabohu wetterten Flüche und Anschnauzer. Einige Leute waren betrunken. Sie hatten unterwegs ein Rumfaß angebohrt. Alle befanden sich in großer Aufregung. Denn es war schon etwas, ein ganzes Dorf zur Verfügung zu haben, ja sogar zwei Dörfer, denn unmittelbar an Kneis grenzte ein zweites Fischerdorf, Apschen. Allerdings hatten sich vor uns schon Jäger und Dragoner in den günstigsten Häusern eingenistet und das Beste vorweggeschnappt. Zum Beispiel vermißten wir Stühle; aber es gab gelernte Zimmerleute unter uns, außerdem hatten wir Säge und Messer bei uns, und wer etwa eine kleine Holzleiste brauchte, der gab einem großen, schön polierten Schrank einen Kommißstiefeltritt und nahm sich aus den Trümmern, was er brauchte.

Wir bestürmten die Jäger mit Fragen. Ja, hier ist dicke Luft. Unsere äußersten Schützengräben liegen nur drei Kilometer weiter ab. Wir werden manchmal von See aus oder von Fliegern beschossen. Dort – der Jäger zeigte auf eine Landzunge – ist eine schwere russische Batterie. Wenn die spitzkriegt, daß ihr hier was vorhabt, dann werden sie reichlich hageln.

Beizender Qualm durchzog die Stuben. Um den Koch herum duftete aus Eimern Bohnenkaffee. Es wurde abgekocht, jedoch trotz meines Hungers litt es mich nicht lange an den Töpfen. Ich durchstöberte – und viele von uns taten so aus verschiedenartiger Gier – die halbverkohlten Häuser und Häusergerippe nach Beute. Und wer ein Bedürfnis hatte, der benutzte etwa ein Granatloch im zweiten Stock und pfiff aufs Geratewohl in die Tiefe. Und es war eine Lust, ein nur noch lose in den Angeln hängendes Dachfenster mit einem Tritt herunterzuschmettern.

Die vandalischen Freuden erschöpften sich bald. In dem Bewußtsein, daß wir dort länger verblieben, und aus natürlichem Trieb fingen wir an, aufzubauen. Jeder für sein Haus. Da wurden Bänke und Tischteile aus Dreck und Trümmern gezogen, sauber geschrubbt und sorgfältig ausgebessert. Auch wir Unteroffiziere zogen aus, um Meublement zusammenzutragen. Hier auf dem Speicher stand ein Nußbaumschrank ohne Tür. Dort im Keller, unter Glasscherben und leeren Fässern verborgen, klaffte eine eisenbeschlagene Truhe, die offenbar schon von den Landsoldaten geplündert war, aber immerhin noch wertvolle Porzellansachen enthielt. Unter fünfzig tadellosen Fensterrahmen fand ich ein Wasserglas. Überall lagen Kränze und lettische Bibeln und hebräische und russische Bücher umher.

Alles hackte, sägte, nagelte, schrubbte. Beim Appell wurden scharfe Patronen ausgeteilt. Es war verboten, auf den Dünen spazierenzugehen, weil uns die Russen dort von der Landzunge aus beobachten konnten. Es war verboten, unabgekochtes Wasser zu trinken, weil man fürchtete, daß die Russen die Ziehbrunnen vergiftet hätten. Es war verboten, sich über die Peripherie der beiden Dörfer hinaus zu entfernen und sich photographieren zu lassen. Wir durften nur über gleichgültige Dinge reden. Die Landsoldaten sollten nicht erfahren, was wir vorhatten. Als Adresse durften wir außer dem Namen nur angeben: „8. Armee, Kommando Hermann, Feldpoststation 33". Unser Kommando war dem General von Below unterstellt. Dieser wiederum unterstand Hindenburg. Bei Alarm sollten wir vor dem Bagageschuppen antreten, wo auch unsere umschwärmte Gulaschkanone postiert war. Wenn die Russen uns an den Kragen gingen, sollten die Minen und die Pontons in die Luft gesprengt werden. Das klang alles nach furchtbar gefährlich. Mir persönlich kam die Gegend nur allzu friedlich vor.

Es lagen auch Pioniere im Ort. Mit achtzehn von diesen Leuten wurden wir andern Tags an die Dünen geschickt, wo wir unter dem Befehl des Pionier-Feldwebelleutnants Neumann Schienen legen und Schuppen für die Minen, Pontons und Boote bauen sollten. Wir begannen damit, das unebene Gelände zu planieren. Häuser oder Buden, die im Wege standen, wurden abgebrochen, Steine weggerollt, Bäume gefällt oder abgesägt, Sandhügel abgetragen und Gräben ausgehoben. Alle Werkzeuge schwitzten. Diejenigen, die mit Schaufel und Spaten hantierten, hofften auf vergrabenes Russengut zu stoßen. Denn die Jäger hatten uns das Gerücht von großen verborgenen Schätzen überliefert und hatten auch tatsächlich in Gärten und Ställen mancherlei zurückgelassene Sachen aus der Erde gegraben, Tassen, Teller, Fett und Speck.

Netze, Ruder, Bojen und sonstiges Fischer-, Angel- und Bootsgerät bedeckte den Strand. Darunter Hunderte von Waschbaljen, und der gute Nitka schickte nun noch aus Deutschland achtzig Waschbaljen hinzu. Ich fand zwei kleine Messingglocken. Die eine steckte ich in meinen Tornister. Die andere befestigte ich an der Tür unseres Unteroffizierhauses.

Eine Reiterpatrouille kam von der Front zurück und erkundigte sich, ob wir Zivilisten bemerkt hätten.

Wir hatten von früh bis abends Dienst, auch sonntags. Ich benutzte die Mittagspausen zu Spaziergängen. Dabei stieß ich auf verlassene russische Unterstände, die mit erstaunlicher Geschicklichkeit und Akkuratesse angelegt waren. Ich sammelte kleine Bootsgerätschaften auf, für die ich auf meinen Pontons Verwendung hatte.

In allen Häusern standen auf den Speichern nagelneue Särge. Die Matrosen trieben sehr viel Unfug mit ihnen. Ein Mann schlief sogar in solchem Sarg. Abends drang ich unerlaubterweise bis zum Strande vor. Zwei schwere Schüsse dröhnten. Auf der Landzunge wurde ein Fesselballon eingezogen.

Es war klar: Wenn die Russen entdeckten, daß wir hier so große Vorbereitungen trafen, Schuppen bauten und Minen brachten, dann würden sie uns gehörig beschießen. Wir scherzten viel über diesen Fall. Unser Schreckenswort war: „Der Rurik kommt".

Ich lernte einen Mann kennen, der mich photographierte und im Entlauseleum wohnte. Zur Entlausungsanstalt und Badeanstalt hatte man sehr praktisch eine ehemalige Fischkonservenfabrik gemacht. Sie war von Schrapnells übel mitgenommen, aber die fleißigen und geschickten Soldaten hatten sie wieder gut instand gesetzt. In den großen Kesseln, wo einst Fische geschmort hatten, nahmen wir nun Warmwasserbäder.

Es gab mittags so nahezu immer dasselbe Essen: Zusammengekochtes. Unsere Hauptnahrung war Salz und Brot, und das ließ uns bei der schweren Arbeit manchmal schlapp werden. Auch kamen manche Leute mit ihrem Brot nicht aus. Ich half ihnen mit dem, was bei uns weniger schwer arbeitenden Unteroffizieren übrigblieb, aber das war auch nur ein Tropfen auf heißen Stein.

Die Landsoldaten zerbrachen sich den Kopf darüber, was wir Mariner im Schilde führten. Die meisten rieten auf U-Boote. Wir schwiegen uns aus. Und vor den Russen wurde alles maskiert. Die zahlreichen am Strande herumliegenden Boote der ehemals wahrscheinlich sehr reichen Fischerdörfer wurden von uns angebohrt und dann so gestapelt, daß sie unsere arbeitenden Matrosen verbargen. Auf die Schienenstränge, soweit sie jeweils gelegt waren, schütteten wir Sand. Dann fällten wir viele Tannenbäume, versahen sie, wie Weihnachtsbäume, mit Holzkreuzen, und mit diesen Bäumen wurden quer überm Schienenweg und um verdächtige Gebäude herum kleine harmlose Wälder vorgetäuscht.

Es versteht sich, daß wir gleich anfangs außer unseren Wohnräumen auch allgemeine Gebäude errichtet oder eingerichtet hatten, Lazarett, Vorratskammern, Proviantkeller, Schuppen fürs Maschinengewehr und nicht zuletzt, sondern zu allererst öffentliche Bedürfnisanstalten. All das wurde im Laufe der Zeit vervollkommnet und verbessert. Ich lernte dabei mancherlei Zimmermannskniffe und sonstiges Technisches.

Es war schönes, kaltes Wetter. Ich war abgelöst, trank Cholera-Rum und sah den Sand schippenden Soldaten zu, die den

Dobermann hänselten. Dieser Hund war dümmer als ein Sack. Nie lief er einem Hasen nach. Sein Hauptvergnügen war, sich Sand ins Maul werfen zu lassen, und wenn er solche Schaufel voll Sand wütend zerknirschte, überlief mich eine Gänsehaut. Er war wirklich urdumm. Legte man ihm ein Tau lose über den Rücken, so bildete er sich ein, angebunden zu sein und heulte laut, ohne sich von der Stelle zu rühren. Er verwechselte seinen Schwanz mit dem des Jägerdackels, und wenn dieser wedelte, glaubte jener sich zu freuen. Dieser Dackel dagegen war vorzüglich abgerichtet. Machte sein Herr, ein Jäger, vor einem Offizier stramm, so machte der Dackel gleichzeitig Männchen.

Die erste heißersehnte Post traf ein. Darunter war eine Karte an mich von Tante Michel; sie erwähnte darauf trotz meiner Warnungen ganz leichtsinnig meine Tagebücher. Blaus Mutter war gestorben. Meine Schwester hatte ein Kind bekommen. Die Postordonnanz brachte auch mündliche Nachrichten. Feindliche Flieger hatten das Munitionsdepot in Riga und die Brücke bei Mitau bombardiert. Ein Brief, den ich an die Baronin von Osten-Sacken gesandt hatte, kam mit dem Vermerk „Unzulässig" zurück.

Wir hatten erfinderische Leute unter uns. Der Büchsenmacher zum Beispiel hatte ein Spinnrad in eine Bohrmaschine umgebaut. Der Meister, so nannten wir einen unserer tüchtigsten Leute, dichtete eines der angebohrten Boote wieder zu und unternahm damit eine Fahrt in die Bucht, um die Wassertiefen auszuloten. Er stellte fest, daß wir mindestens zwanzig Schienenlängen ins Meer legen müßten.

Die Jäger wurden damit beschäftigt, vorjährige Kartoffeln aus dem Moor zu buddeln, die hauptsächlich als Pferdefutter in Betracht kamen. Die Pioniere waren größtenteils Ostpreußen. Sie schippten, schanzten und gruben mit uns. Drei geräumige, bombensichere Unterstände wurden gebaut, einer für die Minen, der zweite für die Pontons und der dritte für Motorboot, Dampfpinasse und Schmiede. Nebenher ging die Arbeit des Schienenlegens.

In der Freizeit waren die Leute nicht minder fleißig. Man begann, in und an den Wohnhäusern und gemeinsamen Gebäuden das Zweckmäßige durch Schmuck und Luxus zu verschönern. In diesem Drang wetteiferten alle Häuser miteinander. Aus kleinmaschigen Fischernetzen wurden Fenstergardinen geschnitten. Blau hatte vor unserer Maatenvilla einen Garten angelegt. In die

Beete setzten wir ausgegrabene Knollen und grünes Moos, das in der Form eines Eisernen Kreuzes und in anderen Figuren ausgerichtet wurde. Ich lieferte schmucke weiße Birkenstämmchen. Bald waren Kneis und Apschen schönere Dörfer oder mindestens sauberer und hygienischer als sie im Frieden gewesen sein mochten.

Ich ließ mich von einem Dragoner rasieren. Der glaubte, er müßte mich unterhalten und erzählte mir deshalb ausführlich und erschrecklich realistisch, wie er gestern in seiner Besoffenheit einem Kameraden beim Rasieren das ganze Gesicht zerschnitten hätte.

Bei dem angestrengten Leben und der allgemeinen Nervosität blieben natürlich Reibereien nicht aus. Besonders innerhalb der Wohngemeinschaften entstand Zank. Meine Feinde waren die beiden Torpedermaate und der Unteroffizier Belz, der sich eine Art Feldwebelhoheit angemaßt hatte.

Wir wagten uns heimlich immer weiter in die Umgebung hinaus. Pferdeknochen, russische Schuhe, morsche Sattelteile, Bojen und Blechdosen lagen im Sand. Ich verwahrte mir einen pfundschweren Granatsplitter. Ich ging über den Kirchhof, der kahl und verwahrlost war. Zwei Gräber von deutschen Soldaten, im übrigen nur lettische Grabschriften. Dann lagerte ich mich am Strand. Wildenten und Schwäne flogen über der Bucht. Weit draußen auf dem Meere war endlich einmal etwas zu sehen, ein weißer, dünner, sich bewegender Streifen. Es mochte ein U-Boot sein. Hinter der Badeanstalt sangen Jäger um ein Holzfeuer, das der Wind zu langen Flammen trieb. Es roch nach Fichtenholz. Ich dachte über die vertriebene Bevölkerung dieser Dörfer nach Letten. Ich hatte ja lange unter ihnen gelebt, und ich würde nie ihr ergreifendes Ligolied vergessen.

Nachts erschreckten wir den Obermaat Lampe. Der war wirklich ein Angsthase. Einer von uns ahmte mit einem Besenstiel an der Tür das Geräusch ferner Geschützsalven nach, und ein anderer schrie dann laut in die Stube: „Rurik kommt!“

Endlich gab es einen freien Sonntagnachmittag. Ich zog mein Bestes an und machte mich wider die Vorschriften auf den Weg nach Osten. Ich mußte einmal unsere äußerste Frontlinie gesehen haben. Noch war ich nicht lange durch den Sand marschiert, als ein Posten mich anrief und Parole forderte. Ich wußte sie nicht, aber scharf ausschreitend, herrschte ich den Posten mit einem ebenso undeutlich gebrüllten wie sinnlosen Satz an: „Wissn sini – ta –

borstowke –“ oder ähnlich. Der Posten ließ mich verwirrt passieren, weil er mich nicht begriff und aus meiner Uniform nicht klug wurde, die ja tatsächlich eine für das Kommando Hermann speziell hergerichtete Phantasiekleidung war.

Auf ähnliche Weise gelang es mir auf meinem Weitermarsch an anderen Posten vorbeizukommen. Ich lachte innerlich über diese blöden Kerle und fand andererseits ihren Leichtsinn empörend. Ich ahnte nicht, daß sie, wenn ich aus ihren Augen war, sofort telephonischen Bericht erstatteten. Als ich einen hochstämmigen Wald passiert hatte und dann die äußerste Schützenlinie erreichte, wo es von Jägern wimmelte, kamen sofort zwei Soldaten auf mich zu und verhafteten mich. Sie untersuchten meine Taschen und brachten mich zu dem Leutnant Müller, der mit anderen Offizieren Skat spielte. Er stellte ein peinliches Verhör mit mir an. „Wer sind Sie?“

„Minenmaat Hester.“

„Warum treiben Sie sich hier so verdächtig herum?“

„Ich wollte mir einmal einen Schützengraben an der Frontlinie ansehen, ich bin Mariner.“

„Mariner? Hier in dieser Gegend?“

„Jawohl, wir liegen in Kneis.“

„Was tun Sie denn da?“

„Das darf ich nicht sagen.“

„So, merkwürdig. – Wer ist denn Ihr Kommandant?“

„Korvettenkapitän Hermann. Wir haben die Feldpoststation 33.“

„Da will ich doch gleich mal Ihren Kommandanten antelephonieren.“

„Ich bitte Herrn Leutnant, das nicht zu tun, ich würde sonst bestraft werden. Ich habe mich ohne Erlaubnis, nur aus Neugier so weit entfernt.“

Die Offiziere warfen sich bedeutungsvolle Blicke zu. „Zeigen Sie einmal Ihr Soldbuch.“

„Mariner haben kein Soldbuch.“

„Was sind Sie für ein Landsmann?“

„Sachse.“

„Sonderbar. Sie sprechen gar nicht sächsisch.“

„Ich habe jahrelang in München gelebt.“

Einer der Offiziere, ein langer, unverkennbarer Bayer, sprang auf und fragte: „Sagen Sie mal, wie nennt man denn so ein großes Gefäß mit Bier?“

„Dös is a Maaß!" rief ich froh und meinte, damit gesiegt zu haben. Aber die Offiziere gaben sich nicht zufrieden, und je länger sie mich verhörten, desto mißtrauischer schienen sie zu werden. Schließlich meinte Leutnant Müller: Was ich vorbrächte, klänge zwar ganz gut und schön, aber jeder Spion könnte dergleichen vorbringen. Er sähe sich doch genötigt, meinen Kommandanten zu benachrichtigen.

Ich bat nochmals inständig, davon Abstand zu nehmen. Darauf ließ er zwei Jäger kommen, denen er meine anzuzweifelnden Angaben mitteilte. Er ließ sie ihre Pistolen laden: „Bringen Sie den Mann bis zu seinem Standquartier und überzeugen Sie sich, ob seine Aussagen stimmen. Wenn er unterwegs den leisesten Fluchtversuch macht, dann schießen Sie ihn nieder."

Als ich herausgeführt wurde, erblickte ich einen Jägerunteroffizier aus Kneis, der mich gut kannte. Weil er auch bei Leutnant Müller Vertrauen genoß, verwandte er sich für mich, und man gestattete mir nun, noch zu bleiben und mir die Schützengräben anzusehen. Ich spazierte vergnügt zwischen den Laufgräben, den sauberen Unterständen und den 15-cm-Geschützen der Batterien herum. Ein Proviantwagen, mit einem russischen Klepper bespannt, nahm mich dann nach Kneis mit zurück. Wir machten einen Umweg über Lazup auf schönen Waldwegen. An einem hübschen Brückchen, das die Deutschen erbaut hatten, stand „Hindenburgbrücke". Allenthalben sah ich geborstene oder gefällte Bäume, Pferdeschädel, Granatsplitter und Reste von eingeäscherten Häusern. In der Kantine von Lazup nahmen mich die Landsoldaten gut auf. Es ging dort sehr lebhaft zu. Man zechte und lachte, und alles redete sich mit „Du" an.

Mein Ausflug blieb vor meinem Kommando unbemerkt. Dagegen wurde ich am nächsten Tage von Hermann ausgiebigst angeschnauzt, weil er herausgekriegt hatte, daß ich mich photographieren ließ. An diesem Tage hörte man von früh bis abends die Aufschläge russischer Geschosse. Es klang wie nahes Gewitter. Aber mich deuchte, daß Hermanns Donnerwetter alles übertönte.

Bei der Arbeitsverteilung schickte man mich mit einer Gruppe zum Holzfällen in ein harzduftendes Gelände. Rehe flohen vor uns. Krähen umkreisten uns, und in das Rauschen des Meeres schlug unsere Axtmusik.

Maschinistenmaat Eckmann traf mit einem neuen Bagagetransport aus Schlokenbek ein. Er brachte auch die Pontons mit.

Die Jäger schüttelten wieder die Köpfe beim Anblick dieser großen verschlossenen Badewannen. Die Pioniere, denen Pontons vertraut waren, fragten nur, wo man denn hier Brücken zu bauen gedenke.

Mitunter wurden wir truppweise zum Kirchgang befohlen. Man saß in einem qualmstickigen, mit Tannengrün geschmückten Raume auf Holzbänken. Über einem Podium stand „Heil Kaiser Dir!“ Ein feldgrauer Prediger sprach über „Dienen und Gehorchen“ oder andere Themata.

Wir schossen Stare und brieten sie uns und tranken dazu Birkenwasser, das wir schonungslos von jungen Stämmchen abzapften.

Der Kommandant rief uns zusammen und brüllte uns an. Wir wären eine verlotterte Bande. Wir liefen hier herum als wie zum Vergnügen und vergäßen, daß wir im Kriege und vor dem Feinde wären. Er möchte darauf aufmerksam machen, daß in Tukkum ein Gefängnis sei. Hermann schloß so: „Der Hester gibt sich Mühe, aber der ist zu dumm.“

Der Dobermann sollte abgeschafft werden, weil er im Frontgelände wilderte und überhaupt verräterisch und störend wurde. Siebzig Mann verprügelten ihn und jagten ihn in die Flucht in der Richtung nach Schlokenbek. Als ein Matrose dem fliehenden Hund noch einen Knüppel nachwarf, drehte sich das Tier um, nahm den Knüppel ins Maul und kehrte lustig schwanzwedelnd zu uns zurück.

Der Maschinistenmaat traf ein, wieder mit einer Ladung unermeßlichen Nitkaschen Reichtums. Das Motorboot war unterwegs von den Loren gestürzt und beschädigt. Mit dem Zusammensetzen der Pontons und Schienen gab es viel Arbeit, die besonders dadurch gehemmt wurde, daß der Kommandant, der Maschinist, der Feldwebelleutnant und Herr Feldwebel Belz alle durcheinander kommandierten und häufig ganz konträre Befehle erteilten. Anstatt den fachkundigen Leuten, den gelernten Technikern, Schlossern, Zimmerleuten usw. etwas Selbständigkeit einzuräumen. Schmeicheleien, Angebereien, Zänkereien düngten gesäte Zwietracht.

Ich fand bei meinen abendlichen Streifen ein seltsames Stillleben im Sande. Neben einem Nachttopf lagen eine Hornbrille und ein Granatsplitter, und auf dem Granatsplitter saß eine Hummel.

In einer sternenlosen Nacht begannen wir unsere ersten Wasserarbeiten. Die Leute mit Gummianzügen mußten voraus, aber wir anderen gleich hinterher. Mit Hilfe von improvisierten Flößen sollten wir die bisher bis ans Ufer gelegten Schienenstränge noch dreißig Meter weit über Sandbänke hinweg ins Wasser legen. Hermann war sehr nervös. Er würde jeden erschlagen, der ein Wort redete. Wenn aber einer von uns notwendigerweise sich einmal unterstand, ganz kurz sein Taschenlämpchen aufleuchten zu lassen, dann schimpfte der Kommandant durchaus nicht leise. Und wurde nicht erschlagen. Es war eine böse Wurschtelei. Manchmal arbeiteten wir angestrengt viele Stunden lang an einer Sache, die plötzlich zusammenstürzte und uns nicht einen Schritt weiter gebracht hatte. Das Ganze bot ein romantisches Bild, oder eigentlich nur einen Scherenschnitt. Denn man sah nur Silhouetten gegen den Himmel. Im übrigen tastete man und tappte herum. Plötzlich stand mitten unter uns ein Ungetüm. Eine Dragonerpatrouille, zwei Reiter, die sich mißtrauisch von ihren Pferden beugten und uns dicht in die Gesichter sahen. Jemand flüsterte: „Gute Freunde, Deutsche." Hermann bellte auf. Die Patrouille zog weiter. Ihre Pferde stiegen lautlos durch den Sand und über die Schienen, Stacheldrähte und andere Hindernisse hinweg. Über Lazup blitzten Scheinwerfersignale auf. Dann gleichzeitig mit Hagelwetter setzte Kanonendonner ein.

Das Schienenlegen im Wasser machte infolge des unebenen lockeren Sandbodens unerwartete Schwierigkeiten. Dabei galt es, die wenigen mondlosen, zufällig noch vom Nebel begünstigten Nächte auszunützen. Oft standen wir bis zum Halse im Wasser. Manche Leute litten infolge dieser Strapazen und vielleicht auch wegen der unzulänglichen Kost an Diarrhöe und Magenschmerzen.

Mittags zeigte sich hoch in den Lüften ein Flieger. Wir hörten, wie er von irgendwo beschossen wurde, erfuhren aber nicht, ob es ein deutscher oder russischer Flieger war.

Die Russen hatten sich über Nacht dicht vor unseren äußersten Drahtverhauen eingegraben, ohne daß unsere Landsturmposten etwas gemerkt hatten. Morgens wurde die Jägerpatrouille beschossen. Zwar vertrieben die Jäger die Russen wieder und nahmen sogar einige gefangen, aber sie hatten selbst einen Toten und acht Verwundete. Die Jäger hatten schon viele und oft sehr schwere Gefechte gehabt. Von ihrer ursprünglichen Stammkompanie waren nur noch wenige am Leben.

Sonnenschein lockte schon Schmetterlinge heraus, Vögel zwitscherten. Wir säten Radieschen und Salat in unseren Gärten.

Noch schien der Russe nichts von unseren Arbeiten gemerkt zu haben. Am gefährlichsten waren uns die Flieger, denn wir wußten nicht, ob unsere Schienenstränge, soweit sie unter Wasser lagen, von oben erkennbar wären.

Ostersonntagsruhe. Ich knüpfte meine Hängematte zwischen Birken auf und schrieb Tagebuch, wozu ich abends selten kam, weil jedes Haus pro Tag nur ein Talglicht erhielt. Es war doch schön in Kneis! Wenn nur nicht soviel Zank und Neid unter uns gewesen wäre! Und wenn es dort nur ein einziges Weib gegeben hätte.

Wie Ostereier trafen unsere Minen ein und wurden schleunigst in dem festgezimmerten und mit drei Meter hohem Sand bedeckten Schuppen verborgen, der selbstverständlich auch mit Bahngeleisen verbunden und im übrigen auch gegen Fliegeraugen mit Laub maskiert war.

Dann war wieder bei Lazup ein heftiges Artilleriegefecht. Wir konnten vom Strande aus die Einschläge beobachten.

Auf einem einsamen Ausflug in neuer Richtung geriet ich durch Bickbeersträucher und rostbraune Kiefern in eine sumpfige Gegend. Dort war eine kleine Ansiedlung. Ich durchstöberte die wenigen verlassenen Holzhäuser gründlich. Von den Wänden hingen Zeitungsfetzen herab. Pferdegeschirr, Schlitten, Särge, Spinnräder, ein Kinderschuh und anderes lagen zwischen Schutt und Glasscherben. Nur eine Teekanne eroberte ich. Dann verirrte ich mich nach der Ansiedlung Rone, wo Jäger und Dragoner lagen. Dort sah ich etwas Wundervolles, nämlich eine Frau. Aber sie war in Begleitung von Offizieren und zwei Zivilisten, offenbar baltischen Adligen.

Unsere große Dampfpinasse war eingetroffen. Ich hatte meine Pontons aufmontiert. Die Schienen waren gelegt. Nun sollten die ersten Probefahrten beginnen. Ich hatte mir einen guten Lederanzug ausgesucht, trug Segeltuchschuhe und führte Rum bei mir. Um acht Uhr bei Dunkelheit ließen wir die Loren, die die Dampfpinasse trugen, abrollen. Sie entgleisten, wie der Meister es vorausgesagt hatte, weit draußen hinter der ersten Sandbank. Es kostete Stunden großer Anstrengung, Pinasse und Loren wieder ans Land zu bringen. Die Jäger griffen helfend mit ein. Der Kommandant schrie. Wir schwiegen, schwitzten, hasteten, tasteten. Wieder standen ganz unvermutet zwei Patrouillenreiter unter uns. Sie beugten sich, auf ihre Lanzen gestützt, herab. Wir flüsterten ein paar Worte mit ihnen und liebkosten ihre Pferde.

Als wir eben Loren und Pinasse in die Schuppen geborgen hatten, machten sich hinter der Landzunge Schiffe bemerkbar, die mit Scheinwerfern das Wasser absuchten.

Eichhörnchen sandte mir eine Schachtel teurer Zigaretten. Ich nahm aber nur zwei davon und verkaufte die andern. Für das Geld besorgte mir Obermaat Lampe in Tukkum eine Flasche Weißwein. Mit diesem langentbehrten Genuß lagerte ich mich abends, in einen Wachtmantel gehüllt, am kühlen Strand und schrieb an einer Novelle. Ich bedachte nicht, wie leicht ich angeschossen werden konnte. Denn gerade an diesem Tage hatte uns einer unserer Agenten aus Rußland folgende Geheimnachricht gesandt: „Heute abend um neun Uhr wird der neunzehnjährige lettische Spion Carl Bing versuchen, mit einem Boot an eurer Küste zu landen." Darauf hatten die Deutschen an der Küste, so auch wir in Kneis, doppelte Posten ausgestellt, die den Letten sofort erschießen sollten. Denn Parole gab es bei uns nicht, nur Anruf.

Am übernächsten Tage sollten wir noch einmal Probe fahren. Die meisten von uns hatten schwere Bedenken Denn inzwischen hatten nachts russische Torpedoboote uns verdächtig abgeleuchtet. Und am Tage waren Flieger über uns gekreist, so hoch, daß unsere Artilleriegeschosse sie nicht erreichten, wie man an den Schrapnellwölkchen sah. Nicht nur Obermaat Lampe, sondern auch andere Hasen sprachen ununterbrochen vom Sterben, Ersaufen und In-die-Luft-fliegen.

Bei Dämmerung marschierten wir zum Strand. Meine Pontons rollten zu Wasser. Dann folgte die Dampfpinasse. Sie blieb wieder stecken, aber es gelang den Gummileuten schließlich, sie über die dritte Sandbank zu bringen. Ich untersuchte meine Pontons. Der Kommandant kam herangerudert. „Halten die Pontons dicht?"

„Der eine leckt ein wenig."

Der Kommandant schrie und kroch nun selber durch die schmalen Luken in alle drei Pontons. „Sie lecken alle drei!" rief er. Ich erklärte ihm sachlich und militärisch, daß es sich hier mehr um Schwitzwasser handelte, daß winzige Lecks weder zu vermeiden noch von Bedeutung wären. Die Pontons, mit größeren Lecks, und mit Minen beladen, hätten in Kiel drei Tage lang bei

Windstärke sechs im Wasser gelegen. Herr Hermann ließ sich beruhigen. Er wurde sogar auf seine Weise freundlich.

Dann hatte ich Ärger mit dem Feldwebel Belz, der zwei Leute von meiner gut eingearbeiteten und, wie ich meinte, mir sehr ergebenen Pontonmannschaft für sein Büro abkommandierte. Ich setzte schließlich durch, daß wenigstens der eine Matrose, Leibgiris, mir wieder zurückgetauscht wurde. „Na, Leibgiris, ich habe schwere Kämpfe gehabt, um Sie wieder auf Ihren schönen alten Posten zu bringen. Sie fahren doch gern mit mir?“

„Nein“, sagte er mit einer weichen Stimme, „denn ich weiß, wir werden alle nicht wiederkommen. Aber weil ich nun dazu abkommandiert bin, werde ich Lust dafür haben.“

Der Dobermann war verschollen. Vielleicht hatten ihn andere Quartiere an der Front abgeschnappt. – Ich gab einem Heimaturlauber der Pioniere meine letzten Tagebücher mit, weil unsere aus- und einlaufende Post streng überwacht wurde. – Der Kommandant versammelte uns, um uns seine Pläne zu entrollen. Acht Sperren würden wir legen, morgen die erste, und zwar die von den Russen am weitesten entfernte. Wir sollten zwölf Meilen weit ausfahren, vier Stunden hin, drei Stunden zurück. Er hätte im übrigen in Tukkum ein Faß Bier für uns bestellt, allerdings auf unsere Kosten.

Aber „morgen“ liefen wir nicht aus, weil Hermann, wie die meisten Seeleute, den Aberglauben hegte, daß Schiffe am Freitag nicht ungestraft ausfahren.

Mittags tauchten fünf kleine und ein großes russisches Boot auf und wurden von unseren Küstenbatterien beschossen. Wir Mariner verdeckten eiligst unsere Minen und Gerätschaften mit Lärchenzweigen. Dann zog mich Gelächter nach einem Hause der Dragoner. Dort sollte eine kleine russische Stute von einem kleinen russischen Hengst gedeckt werden. Der war aber in eine große deutsche Stute verliebt, die zufällig dort an einen Proviantwagen gespannt, hielt. Es ergab sich, daß die deutsche Stute zu hoch für den Hengst war, und dieser geriet infolge seiner fruchtlosen Bemühungen in eine urkomische Raserei. Der russischen Stute drehte er verächtlich das Hinterteil zu und trat nach ihr.

Samstag nachts um zehn Uhr unternahmen wir unsere erste ernste Fahrt. Pontons und Pinasse kamen glücklich zu Wasser und über die Sandbänke hinweg. Ich hörte allerdings, wie der Kommandant in der Pinasse zornig auf Obermaat Lampe schimpfte. Aber alles kam in Schuß, und die Pinasse zog uns an der etwa fünfzig Meter langen Leine durch die kalte Nacht. Auf meinen Pontons befanden sich außer meinen fünf Seeleuten noch drei Minenheizer mit dem Torpedermaat Burkert, mit dem ich nur das Notwendigste sprach, bzw. flüsterte. Er entsicherte die Minen, bereitete sie zum Abwerfen vor und kotzte seekrank.

Wenige Sterne standen am Himmel. Das Wasser überflutete unsere Decks und lief in die Pontons. Ich schraubte die Handpumpen an. Sie versagten. Wie ich das vorausgesehen hatte. Doch wußte ich mir auf andere Weise zu helfen, erfaßte die Möglichkeiten, und eine überlegene eisige Ruhe überkam mich. Das übertrug sich dann auch auf meine jungen Seeleute, die anfangs den Kopf verloren und bebbernd vom Absaufen redeten. Einer von ihnen war seekrank. Ich wies ihm unfreundlich einen Platz an, wo er sich festklammern und nichts tun sollte. Das überspritzende Wasser durchnäßte uns durch und durch und schlug wie Trommelwirbel auf das dünne Pontonblech. Leibgiris tappte sich zu mir. „Herr Bootsmaat, ich glaube, jetzt ist es Zeit, daß wir uns die Schwimmwesten anlegen."

„Sie altes feiges Weib! Ziehen Sie sich meinetwegen hundert Schwimmwesten an!"

Von Zeit zu Zeit kroch ich in die Pontons hinein, wo sich der Wogenanprall wie ein drohendes Donnergeräusch anhörte. Ich lag dann auf allen vieren zur Hälfte im dreckigen Wasser und zeichnete mit Kreide die Leckstellen an. Dann stand ich wieder an Deck, kontrollierte das Entsichern der Minen, das Verhalten der Schleppleine und beobachtete dabei unaufhörlich die Pinasse. Dann klang ein Ruf übers Wasser: „Wirf erste Mine!"

Wir rollten den ersten dieser schweren, plumpen Kolosse über Bord. Das Wasser schloß sich über der Mine, und wir wußten, daß sie unten auf dem Meeresgrunde sich von ihrer Verankerung erheben würde, um als todbringende Blume der russischen Schiffe zu warten.

„Erste Mine ist geworfen!" gab ich zur Pinasse.

So warfen wir in Abständen zwölf Minen. Es war schon bedrohlich hell geworden, als wir zurückkehrten. Und aus dem Pinasseschornstein stieg bedenklich viel Rauch. Der Kommandant war sehr nervös. Er verhängte Strafen, und als sich das Aufbringen meiner Pontons ohne meine oder unsere Schuld verzögerte, schrie er mich durch den Schalltrichter an: „Sie verdammte Strandkanone, ich werde Sie unter die Räder bringen!"

Am nächsten Tag verbesserten wir unsere Einrichtungen nach unseren Erfahrungen. Es wurde eine Vorrichtung geschaffen, die es ermöglichte, die Pontons erst im Wasser zu beladen. Als ich dabei dem Kommandanten in bezug auf eine geringfügige Sache einen Vorschlag machte, lobte er mich und sagte: „Ausgezeichnete Idee. Ei des Kolumbus!" Der Maschinist hörte dies Lob, und aus Neid darüber schikanierte er mich den ganzen Tag über. Mich andererseits ermutigten die Worte des Kommandanten so, daß ich nun endlich einmal meine Idee mit dem Hirschlocker zur Sprache bringen wollte. Ich hub an: „Ich bitte Herrn Kapitän darauf aufmerksam machen zu dürfen, daß wir einen Hirschlocker – – –"

„Quatsch, Hirschlocker! Ich weiß schon von der Dummheit, Sie altes Rindsvieh!"

Bei der nächsten Fahrt sollten nun andere, ablösende Besatzungen ihr Debüt haben. Ich bat aber bei der Musterung, alle Fahrten mitmachen zu dürfen. Ich wußte, daß meine Ablösung, der Bootsmaat Langebeck, gar keine Lust zu dem Unternehmen hatte, sondern nur Angst und überdies Familie. Der Kommandant wies mein Gesuch schroff ab. Er brauche keine Freiwilligen. Langebeck würde fahren. Ich sollte diesem meine Erfahrungen mitteilen.

Ich hatte einen Verdruß nach dem anderen. Früh verschlief ich die Zeit. Der Maschinist schnauzte mich häßlich an. Mit den Torpedermaaten hatte ich Zank um Speck, und als die Post eintraf, war nichts für mich dabei.

Die englische Armee in Mesopotamien hatte sich ergeben. Von der Goltz war tot. Er hatte mich ungewöhnlich interessiert.

Unser Unteroffizierklosett war nur in einer sonderbaren, sehr unbequemen Stellung zu benutzen. Weil eine Tonne im Wege stand. Niemand gab sich die Mühe, diese Tonne einmal wegzurollen. Als Klosettpapier benutzten wir lettische Bibeln.

Der Mai war gekommen. Wir bestellten unsere Gärten und umgaben sie mit zierlichen Staketen. Obermaat Blaus Beet war so kitschig, daß es allen Leuten auffiel. Er hatte es kleinlich symmetrisch über und über mit Moos, Blechdosen, Glasscherben und anderen Gegenständen besteckt. Wir nannten es das „Kutscher-Lehmann-Beet". Blau war überhaupt ein Original. Er sah aus wie sein Spazierstock aus Naturknüppelholz, den er, soweit sich das durchsetzen ließ, sogar im Dienst bei sich trug.

Es wurde heiß. Wir waren schon alle braun gebrannt. Der Matrose Lange, von Zivilberuf Zirkusausrufer, der einer unserer Spaßmacher war und, wie schon gesagt, in einem Sarge schlief, verzog mit diesem Bettersatz in einen leeren Unterstand, den er sonderbar ausschmückte. Den Zugang versperrte er mit Stacheldraht und befestigte ein Schild daran. „Varieté von Paul Lange."

Ich teerte meine Pontons und schmiedete selber ein Eiseninstrument zum Kalfatern.

Alle Uhren wurden um eine Stunde vorgestellt. Es war nach der neuen Zeit elf Uhr nachts, als wir wieder Pontons und Pinasse zu Wasser ließen, und es gab eine große Wooling. Zwei Leuten wurden die Finger zerquetscht. Der Kommandant verteilte nach allen Seiten hin die saftigsten Anschnauzer. Diesmal galt es, die Sperre zu legen, die der Landzunge am nächsten lag. Die Landsoldaten an unserem Frontzipfel hatten Befehl, den Feind anzugreifen, um die Aufmerksamkeit von uns abzulenken. Ich durfte nicht mitfahren, sondern hatte allerlei nichtssagende Aufträge.

Gegen drei Uhr kamen Pinasse und Pontons glücklich zurück. Sie hatten sich bis auf zwei Seemeilen der Landzunge genähert, so daß sie, wenn die Russen Leuchtkugeln steigen ließen, Baulichkeiten und Bäume erkennen konnten.

„Obermaat Lampe hat fürchterliche Angst ausgestanden", erzählte mir ein Matrose, „besonders weil der Obermaschinistenmaat Krug, um möglichst wenig Rauch zu entwickeln, bis mit vierzehn Atmosphären gefahren ist. Lampe hat darüber beim Peilen einen falschen Stern erwischt und acht Strich West Deviation gemeldet."

Die Pontons waren gegen eine Eisenschiene gerannt. Der Maschinist vertuschte die Sache. Ich untersuchte das Floß, denn ich wußte genau, daß der dicke Langebeck kein einziges Mal in die Pontons hineingekrochen war. Sie waren indes nicht wesentlich beschädigt.

Beim nächsten Appell lobte der Kommandant besonders zwei Pinasseheizer, verdonnerte zwei andere Leute zu Strafdienst und stellte einen uns neu zugeteilten Oberleutnant Bördemann vor.

Wir waren alle äußerst nervös und litten infolge der aufgedrungenen Wasserkuren an rheumatischen Schmerzen. Der Schmied erkrankte schwer und tat uns recht leid, während wir nur lachten, als sich Obermaat Lampe beim Arzt meldete, weil er sich vor Wahnsinnsanfällen nicht sicher glaubte. Ich selbst litt jetzt häufig an Kinnkrämpfen, und meine Füße juckten weiter, und ich kratzte sie dann blutig, und dann schwollen sie an, und dann drückten die Seestiefel.

Beim Aufladen stürzte eine Mine von einer Lore. Die Pioniere flohen, laut aufkreischend. Aber es konnte gar nichts passieren, weil die Sicherung nicht gelöst war.

Als ich wieder einmal zu Wein kam, bewirtete ich meine seemännische Besatzung. Wir tauften feierlich die drei Pontons, und zwar den backbordschen „Mucky“, den mittelsten „Eichhörnchen“ und den steuerbordschen „Tula“.

Kneis bekam auswärtigen Besuch, und zwar hohe Militärs vom Generalstab, geschniegelt und gebügelt mit knallroten Streifen an den Hosen. Sie besichtigten alles. Ich schloß mich einmal ihrem Gefolge an und erlebte folgendes. Der General – oder was es sein mochte – schritt auf die Badeanstalt zu. Dort stand gerade der Jäger mit dem Dackel. Der Jäger machte stramm. Der Dackel machte Männchen. Der General dankte ernst. Der Jäger riß die Türe auf und rief „Ordnung!“ in die Halle. Darauf schnellten aus zehn Kesseln zehn nackte Männer empor und machten stramm.

Wieder einmal, und zwar bei hoher Dünung, rollten die Pontons ab. Die Leute in Gummianzügen schoben sie, soweit es möglich war. Aber das Übernehmen der Minen gestaltete sich sehr schwierig. Die Schienen schlugen, von den Wellen gehoben, mehr oder weniger heftig auf die Böcke nieder, und dabei wurde einmal mein Fuß heftig gequetscht. Als alles übergeladen war, stakten wir uns weiter in die See und hielten uns dort mit Mühe gegen die Strömung. So warteten wir lange auf die Pinasse. Endlich sahen wir etwas Dunkles zu Wasser gleiten, dann plötzlich aber steckenbleiben. Anscheinend war die Pinasse entgleist. Es war zu hören, wie die Leute unter dem üblichen anfeuernden „Zu–gleich“ schwer arbeiteten. Stundenlang. Das schwarze Etwas bewegte sich nicht von der Stelle. Wir warteten und warteten. Die Arme taten uns vom Staken weh. Wir waren durch und durch naß, denn die Wellen schlugen unaufhörlich auf das Floß. Besorgt sahen wir nach dem Himmel, an dem schon das erste Viertel des Mondes stand. Die Heizer und Seeleute froren und murrten. Ich ging vor Anker und gab ihnen Ruhe und Schnaps. Aber ich wußte nicht, was an Land geschehen war und durfte ohne Befehl nichts unternehmen. Es herrschte etwas unerklärlich Beängstigendes in der Natur, in der Luft wie im Wasser, eine Stimmung, wie bei Sonnenfinsternissen oder kurz vor Erdbeben.

Endlich tauchte das „Dingi“, unser kleines Ruderboot, aus dem Dämmer. Der Maschinist rief uns in seiner aufgeregten Weise zu: „Salzstücken, Bleikappen, Zünder und womöglich Tiefensteller abnehmen!“

Also die Pinasse kam nicht mehr, saß offenbar fest, und wir mußten wohl damit rechnen, die Minen eventuell zu versenken, damit die Russen bei der drohenden Morgenhelle nichts merkten. Der Torpedermaat takelte mit seinen Heizern die Minen ab und schimpfte dabei, weil es an dem nötigen Werkzeug fehlte. Ich rief durchs Megaphon nach dem Strand, man möge uns Werkzeug mit dem „Dingi“ bringen. Aber weder „Dingi“ noch Antwort kamen. Die an Land hatten den Kopf verloren. Die Heizer drückten mir die herausgenommenen Zünder in die Hand. Ich wußte nicht, wohin ich die gefährlichen, schon bei leichtem Stoß explodierenden Dinger tun sollte, und da schnitt ich die Polster aus unserer Kochkiste und wickelte die Zünder da hinein. Dann kam der Befehlsruf: „Zurückkehren und versuchen, auf die Böcke zu kommen!“

Wir ruderten und stakten uns zurück. Es war unheimlich. Aus dem Nebel kamen uns hocherhobene Arme und rauh brummende Köpfe entgegen. Es waren die Gummileute, die bis an den Hals ins Wasser gewatet waren, um unsere Pontons in Empfang zu nehmen. Man hatte sie nur durch Verabfolgung von sehr viel Rum in das eisige Wasser gebracht, und sie waren total betrunken. Trotz ihres Beistandes und unserer äußersten Anstrengungen kamen wir nicht auf die Böcke, die nicht weit genug im Wasser standen. Wir wurden sogar selbst einmal auf Grund gestoßen, so daß ich, um die Pontons besorgt, wieder seewärts ging.

Was war vorgefallen? Eine ganz ungewöhnliche Springebbe hatte unser Auslaufen überrascht und den Strand mit eins weit hinaus bloßgelegt. Die Pinasse war mitsamt den Loren umgekippt. Der Oberleutnant stand im Wasser und kommandierte mit schöner seemännischer Ruhe. „Kohlen über Bord schütten!“

Es wurde bedenklich hell. Die aufgebrachte Stimme des Kommandanten schrie: „Alle Minen versenken!“ Wir stakten uns noch weiter ab und ließen die zwölf Minen ins Wasser plumpsen. Dann, um ihr Gewicht erleichtert, und indem wir selber ins Wasser sprangen, brachten wir die Pontons schließlich auf die Böcke und dann an Land. So kurz vor Sonnenaufgang war an ein Bergen der Pinasse nicht mehr zu denken. Sie wurde mit Persennings maskiert, so daß sie aussah wie ein angeschwemmter Walfisch. Alles andere bargen wir eiligst, und dann ließ uns der Kommandant antreten. Er bedauerte das Unglück, doch sollten wir uns nicht entmutigen lassen. Er bedauerte ferner, daß neben so viel tüchtigen Leuten – er nannte den Namen Surkus – auch Faulenzer und Drückeberger wären, durch deren Schuld die anderen ins Lazarett kämen.

Es waren tatsächlich wieder viele von uns erkrankt oder verwundet. Mein gequetschter Fuß schmerzte sehr. Sieben Stunden lang steckte ich in nassen Kleidern. Dennoch war ich bester Laune. Aber als ich dann nach sieben Stunden Schlaf wieder zum Appell kam, empfand ich plötzlich Schwäche, und der Schweiß brach mir aus. Ich mußte mich auf meinen Nachbarn stützen, um nicht umzufallen.

Am Strande kam ein Schimmel angesprengt, der den Russen durchgegangen und uns von den Frontleuten schon telegraphisch gemeldet war. Aber wir vermochten ihn nicht einzufangen. Er raste weiter in der Richtung nach Rone.

Der neue Oberleutnant erwies sich als ein tüchtiger Seemann. Er scheute es nicht, bei allen Arbeiten persönlich kräftig zuzugreifen. Der hätte zu Nitka gepaßt.

Abends saß ich allein im Lazarett und war traurig, weil die andern draußen an der Aufrichtung und Bergung der Pinasse eifrig arbeiteten und ich nicht dabei sein konnte. Denn mein Fuß war so geschwollen, daß kein Schuh darauf paßte. Der Signalgast erzählte mir, daß in dem Monat von uns achtzig Leuten schon neununddreißig in ärztlicher Behandlung gewesen wären. Ich stellte melancholische Betrachtungen auf, über die Länge des Krieges, durch die Männer meines Alters so viel aufnahmefähige und ausgabefähige Zeit verloren. Dann brachte man den Minenheizer Heik in einer Hängematte direkt vom Arbeitsplatz ins Lazarett. Schwerkrank. Heik war ein brauchbarer, aber vielbestrafter Soldat.

Ein paar Leichterkrankte verbreiteten andern Tags freudestrahlend das Gerücht, der Kommandant habe eine Meldung eingereicht, daß er unter so schwierigen Verhältnissen das Unternehmen nicht zu Ende führen könnte. Mir verdarb diese vage Kunde die Stimmung. Als ich dann aber probeweise ein Stückchen spazieren humpelte, kam mir auf einmal sonderlich zum Bewußtsein, wie schön damals und dort der Frühling war. Ich blieb vor drei Holzfeuern stehen, über denen dampfende Kochkessel hingen. Dahinter standen schlanke Birken mit zartem Grün, und manche trugen Starkästen. Ein zartes Lüftchen verteilte den Harz- und Blütenduft, den die Sonne aus Wäldern und Baumgruppen sog. Vögel schwatzten, eine Bandsäge schnaufte. Und ich war in Tirol oder Thüringen oder Gott weiß wo in Friedenszeit.

Die Pinasse war an Land gebracht. Aus Freude darüber besoff und verbrüderte sich alles mit Rum, und der erste Maikäfer wurde herumgereicht. Auch schrieben wir einen Brief an Nitka. Der Kommandant ordnete für morgen, den 6. Mai, einen Ruhetag an. Wir sollten nur Gewehr reinigen, Zeugwäsche, Zeugflicken und sonstige leichte Arbeiten vornehmen. Einige meinten, das geschähe wegen Kronprinzens Geburtstag.

Ich fertigte mir aus einem Leibwickel und einer Brandsohle ein merkwürdiges, aber erträgliches Schuhwerk an und stelzte an zwei Knüppeln ein Stück hinaus in einen schönen Kiefernwald, dessen Stämme im Morgenlichte rot brannten, was mich an Wanjkas Ölbild denken ließ, das in meiner Stube in München hing: „Die Kiefernwälder meiner Heimat". Wieder durchstöberte ich Häuserruinen, fand aber nichts als ein verknorrtes Aststück, aus dem man mit Phantasie einen Torlöwen sehen konnte, weshalb ich es in unserem Garten anbrachte. Doch, ich fand noch etwas, einen undefinierbaren roten Dreck. Den steckte ich dem Berliner Krug in die Hängematte. Nachmittags unternahm ich mit Landsoldaten einen Ausflug nach Lazup auf einem Bagagewagen. Dessen Pferde erregten mein Mitleid. Es mangelte allerwärts an Pferdefutter. Man gab den Tieren fast nur Kleie, oft sogar mit Sägemehl gemischt. Zum Weiden fehlte es an Zeit. Auch Streu war nicht genug vorhanden. Man half sich notdürftig mit dem Rohr von den Dächern. Zudem wurden die Gäule auf den tiefsandigen Wegen und in den schlechten Stallungen stark strapaziert, von den immer häufiger auftretenden Tierkrankheiten ganz zu schweigen.

Wir hielten erst vor einer geradezu gemütlich aussehenden Strandbatterie. Zwischen langrohrigen Schiffsgeschützen liefen Hühner herum. Der Beobachtungsposten ließ mich durchs Fernglas blicken, und da sah ich, wie drüben auf der Landzunge Soldaten an Stacheldrahtverhauen arbeiteten. In Lazup trieben die Soldaten ihren Spaß mit einer Frau, die nur eine Puppe aus Lumpen und Stroh war. Ich hatte einen brennenden Durst, aber in der Kantine gab es weder Bier noch Wein. Die letzten Bestände waren für die Offiziere reserviert.

Auf See zeigte sich die „Slava“ und zwei andere russische Schiffe, die uns schon tags zuvor von unserem Agenten gemeldet waren. Unsere Küstenartillerie schoß. Wieder kreiste ein feindlicher Flieger über uns, der dann, wie wir nachträglich erfuhren, einen Arbeiterzug bei Mitau mit Bomben belegte und dadurch siebzig Leute leicht verletzte.

Abends fuhren wir wieder. Diesmal verlief alles glatt. Ruhige See, bewölkter Himmel, kühles Wetter. Die Scheinwerfer von Dünaburg drehten ihre Lichtsektoren wie Windmühlenflügel. Auf der Landzunge stiegen in kurzen Zwischenräumen Leuchtraketen auf. Wir näherten uns frech einigen russischen Schiffen, die ebenfalls Scheinwerfer spielen ließen, aber nur die Luft nach Zeppelinen und Fliegern absuchten. Wären sie darauf gekommen, auch einmal das Wasser abzuleuchten, so hätten sie uns schnell entdeckt und mit zwei guten Treffern teils in die Luft, teils auf den Meeresboden geschickt. So aber klecksten wir ihnen zwölf Pulvereier im Abstand von drei Minuten hin und kehrten ungestört heim. Die Pinasse zogen wir nun nicht mehr an Land, sondern fuhren sie in eine kleine Bucht bei Rone, wo sie als Segelboot verkleidet wurde.

Wir Seeleute waren auf der Rückfahrt abwechselnd in die Pontons gekrochen, um einen kleinen Smoke zu einem Schlückchen Rum zu nehmen. Wir hatten dann die Luken hinter uns geschlossen, damit wir uns mit den Taschenlampen leuchten konnten, und lagen dort wie in einem Zinnsarg, an dessen Wände das Rigasche Meer schlug.

Ich besuchte einen Jäger, der ein allerliebstes Eichhörnchen besaß. Das wohnte in einem Muff. Hinterher boxte ich einen Matrosen, weil er das Eichhörnchen stehlen und mit mir zusammen auffressen wollte.

Mücken und Fliegen blühten. Wanzen verschwiegen wir.

Nachts bei halbem Mond verseuchte die andere Besatzung das Wasser mit zwölf weiteren Minen. In der darauffolgenden Nacht nahm ich wieder an der Fahrt teil. Sie verlief ausgezeichnet. Ich fror etwas, und meine nassen Füße brannten und zuckten wie bei Gichtschmerzen, aber das spielte keine Rolle. Der hochnäsige Torpedermaat Burkert war wieder seekrank. Seine Heizer ließ ich bei der Rückfahrt in die Pontons kriechen, weil sie vor den überdampfenden Wellen bangten. Ich selbst hatte mich nur einmal für eine Minute in Tula verkrochen, um ein Fläschlein Rum und mein dankbares Herz zu leeren.

Ich verlor sechzehn Mark im Kartenspiel an diesen ekelhaften Torpedermaat und ärgerte mich, weil ich mich darüber ärgerte, und weil ich merkte, daß der Torpedermaat merkte, daß ich mich ärgerte, weil ich mich geärgert hatte.

Die Spaten knirschten. Ein dritter Unterstand wurde gebaut. Und wir mußten dazu einen hohen Sandberg abtragen. Feldwebelleutnant Neumann hatte die Oberaufsicht. Dieser Pionieroffizier war gewiß sehr redlich und tüchtig, meinte aber, man müßte als Vorgesetzter dauernd Strenge anwenden. So warf er uns Unteroffizieren vor, daß wir die Leute nicht genügend anschnauzten. Da ich zur Zeit keinen Anlaß dazu sah, verfiel ich auf einen Trick. Neumann kannte selbstverständlich die Namen der einzelnen Mariner nicht und nun brüllte ich, herumspazierend, laute Anschnauzer aufs Geratewohl blind in die Menge der etwa sechzig dort arbeitenden Leute, und zwar etwa so: „Herzfeld, starren Sie nicht so dämlich in die Luft, Sie fauler Hund!" – „Kinzmann, halten Sie Ihr Maul. Wir sind hier nicht zum Schwatzen da, Sie krummes Biest!" – „Stengler, wenn Sie noch einmal versuchen, sich vom Platze zu stehlen, stelle ich Sie zum Rapport!"

Es gab aber gar keinen Herzfeld unter uns, noch einen Kinzmann, noch einen Stengler, und meine Leute begriffen den Trick. Und der Feldwebelleutnant hörte mich wettern und schlich sich befriedigt und beruhigt für ein Stündchen von dannen, worauf ich sofort eine Arbeitspause ansetzte.

Wir beobachteten einen Flieger, der über Rone sechs Bomben abwarf und, wie es schien, dann abgeschossen wurde. Nachher stellten wir aber fest, daß es sich um einen deutschen Flieger handelte, der zu einer Notlandung gezwungen war und, in der Meinung, schon über russischem Gebiet zu sein, noch schnell seine Bomben weggeworfen hatte. Die schlugen fünfzig Meter von unserer Pinasse entfernt ins Wasser. Krug und besonders Lampe waren höchst erschrocken.

Unser nächstes Auslaufen wurde von General Wieneck von der 29. gemischten Landwehrbrigade inspiziert. Weil vor dem hohen Gast weder Hermann noch der Maschinist zu schimpfen wagten, verlief alles zu aller Zufriedenheit.

Ich fand einen Barockrahmen, ließ ein gehobeltes Brett hineinsetzen und wollte damit ein Nagelstandbild errichten, wie es alle Städte und Vereine taten. Auf dem Brett entwarf ich eine Zeichnung. Eine Mine, die, halb aus dem Wasser ragend, eine fröhliche Miene zeigte. Am Horizont sah man unsere Pinasse und die Pontons. Darüber stand „Gute Mine zum bösen Spiel", und darunter stand „Kneis, Frühling 1916 K. H. 8. A." Die Linien und Flächen dieses Bildes sollten mit Schusternägeln ausgenagelt werden. Erstens: große Nägel à zehn Pfennig nur an Unteroffiziere verkäuflich; der Ertrag für eine Kneiperei gedacht. Zweitens: kleine Nägel für jedermann zum Preise von fünf Pfennig und zum Besten erblindeter Krieger. Abends eröffnete ich die Nagelung. Anfangs verspotteten und ärgerten mich die anderen. Bald aber fanden viele Geschmack an der Idee. Kleinliche Leute, wie Burkert, Blau und Eckmann, wollten dagegen nichts zahlen und verdarben mir mit ihren Nörgeleien und Stänkereien die Freude, so daß ich den Plan schließlich aufsteckte, die gesammelten Gelder zurückzahlte und nun das Nagelbild zum Spaß für mich allein vollenden wollte.

Trotz der hohen See fuhren wir wieder und warfen unsere letzten zehn Minen. Ich fror lausig, obwohl ich unterm Lederanzug so viele Kleider und Shawls trug, daß ich mich bei einem Unglück nicht durch Schwimmen hätte retten können. Das Pontonblech krachte bedenklich unter dem Anprall der Wogen. In der Pinasse fuhr diesmal und zum ersten Male der Maschinist mit. „Um sich das Eiserne Kreuz zu verdienen". In die letzte Mine kratzen Burkert und ich unsere Namen ein. Bei der Musterung hielt der Kommandant eine Ansprache. Unsere Aufgabe sei gelöst. Wir müßten nur noch die Minen heben, die wir bei jener Springebbe versenkt hatten. Außerdem sollten wir die Unterstände vollenden und noch Schützengräben ausheben.

Es waren große Verstärkungen für das Landheer in Tukkum eingetroffen. Häufig sah man reiterlose Pferde durch die Sandstraßen galoppieren. Alles war alarmbereit. Ein Durchbruchversuch der Russen wurde erwartet. Auch sollten die Russen auf der Insel Oesel zwei Armeekorps gelandet haben, die uns vom Wasser her dann seitlich angreifen konnten (da hätten unsere Minen ihnen wahrscheinlich einen Strich durch die Rechnung gemacht).

Sturm, Hagel und Schnee setzten ein. Die See brandete hoch. Früh alarmierte uns der Ruf: Unsere Pinasse sei abgetrieben. Wir wurden mit Tauwerk, Blöcken und schweren Winden im Eiltempo nach Rone gesandt, und es gelang uns, die Pinasse trotz der Stürme und der Sandbänke wieder einzufangen. Ich sah mir den Unterstand an, wo Krug und Lampe jetzt hausten. Ringsum im Sande wucherten wilde Stiefmütterchen. Ich fing ein Neunauge, ließ es aber wieder frei.

Unser Dienst ward nun leichter, manche Leute, wie Belz und Eckmann, taten überhaupt nichts mehr. Obermaat Lampe lief in Sandalen herum und simulierte Geistesgestörtheit, um bald nach Kiel geschickt zu werden.

Wir hielten gute Kameradschaft mit den Jägern und wußten immer wieder neue Eßwaren aufzutreiben, auf dem Kauf- oder Tauschwege. Von der Kavallerie bekamen wir Rohzucker, der eigentlich für die Pferde bestimmt war. Später ließ die Militärverwaltung ihn deshalb schon vorher mit Häcksel vermengen. Aber das störte uns nicht, wir warfen den Zucker in den Tee und schöpften den Häcksel, der oben schwamm, leicht ab. Ich gab mich viel im Wachtlokal der Lauseanstalt mit einem Jäger ab, der gut musizierte und sehr einfach, doch packend seine Erlebnisse zu erzählen wußte. Bei Grodno hatte er mit anderen Jägern Kaffee gekocht, und sie hatten das Wasser dazu aus einer trüben Grabenflüssigkeit geschöpft. In diesem Graben entdeckten sie hinterher drei tote Russen.

Schach, Kartenspiel, Flöhe, Wanzen und Bäder im Meere vertrieben uns die Freizeit. Ich ging zum Leutnant und bat ihn, beim Kommandanten ein gutes Wort für mich einzulegen, daß er nämlich, falls ich fürs Eiserne Kreuz vornotiert wäre, meinen Namen streichen und mich dafür lieber zum Obermaat befördern möchte, was eine mir willkommene Erhöhung meiner Löhnung bedeuten würde.

Es trafen noch sechzehn Minen ein als Ersatz für die verlorengegangenen. Außerdem wurde unbegreiflicherweise ein Transport von fünfundzwanzig Matrosen angemeldet.

Der Admiral Begas aus Libau besichtigte unsere Arbeiten. Der Kommandant lag erkrankt zu Bett. Er war im Unterstand plötzlich zusammengebrochen. Gerade zu dieser Zeit hatte ich die Erzählung „Lichter im Schnee" vollendet. Ich ließ sie durch den Leutnant dem Kommandanten unterbreiten mit der Anfrage, ob ich sie im Simplizissimus veröffentlichen dürfte. Er ließ mich später rufen. Ich will versuchen, das Gespräch wiederzugeben, das wir führten. Alles, was er sagte, kam in jenem bekannten, „preußisch" genannten, knappen Schnauzton heraus. Ich meldete mich eintretend nach dem Bette zu: „Zur Stelle."

„Setzen Sie sich dort auf den Stuhl!" Ich setzte mich, als hätte ich's im militärischen Turnunterricht geübt.

„Der Oberleutnant hat mir Ihren Roman vorgelesen, er liest aber schlecht. Lesen Sie mir das nochmal vor!" Ich nahm verlegen und verzweifelt das Manuskript in die Hand und las die Geschichte vor – die handlungsarm, ganz weich gehalten und eigentlich mehr ein lyrisches Gedicht war – so unmilitärisch, wie ich's vor Hermann vermochte. Es klang wie ein Rapport vor versammelter Mannschaft. Hermann unterbrach mich mehrmals mit den Worten: „Das stimmt doch nicht!"

„Nein, Herr Kapitän. Habe Wahrheit mit Dichtung gemengt." Darauf schrie er mich plötzlich an: „Rücken Sie näher heran!" Ich sprang auf und trat stramm dem Bette näher.

„Nein!" brüllte Hermann. „Mit dem Stuhle näher! Bleiben Sie sitzen! Seien Sie mal Mensch zu Mensch!"

„Jawohl, Herr Kapitän." Ich rückte mit dem Stuhle näher und setzte mich.

„Näher!" brüllte Hermann, daß ich erzitterte. „Mensch zu Mensch!" Ich rückte ganz nahe.

„Was haben Sie sich bei der Geschichte eigentlich gedacht?"

Ach, lieber Gott, was sollte ich da antworten?! Ich schluckste und druckste. „Ich habe gedacht, Herr Kapitän – ich habe gedacht, Herr Kapitän –"

„Ach was, Kapitän! Seien Sie Mensch zu Mensch!"

„Ich habe gedacht, Herr Ka – tsch –, daß es doch Dinge gibt – die länger sind – die merkwürdig – Gegensätze –." Ohne Zweifel brachte ich nur konfuses Zeug heraus, und ich muß gestehen, daß die Tonart des Kommandanten zwar ununterbrochen das erwähnte Bellen blieb, daß ich aber dahinter mitunter eine tapfer verhaltene Weichheit vernahm. „Sie dürfen die Sache veröffentlichen", meinte der Kranke schließlich, „aber erst später, wenn wir zurückkehren." Dann fuhr er fort: „Auch unsere Pontonfahrten müßten sich doch vorzüglich verwerten lassen. Ich wenigstens habe auf diesen stumpfsinnigen Fahrten immer über allerlei nachdenken müssen. Nicht, daß ich Angst gehabt hätte." – Er hieß mich länger bei ihm bleiben, weil er Langeweile hätte, aber er frug höflich, ob ich ihm auch solche Zeit opfern wollte. Dann ließ er sich von meinem Rigaer Aufenthalt erzählen und erkundigte sich eingehend nach der Baronin von Osten-Sacken. Bezüglich der Minen sagte er: „Ich glaube gar nicht an einen großen Wert unserer

Sache. Die Russen werden nicht so nahe herankommen." Dann wurde er plötzlich weich: „Ich hatte zuvor als Kommandant einen Hilfskreuzer, der mit dem ‚Greif' zugleich rausgehen sollte. Das Schiff ging aber leider kaputt. Nächste Woche will ich einmal nach Mitau zum Oberbefehlshaber, will ihm sagen, daß wir etwas geleistet haben, und will fragen, was wir nun tun sollen."

Ich wurde gnädig entlassen und war froh darüber. Die Beziehungen zwischen Offizier und Mann waren eben so, daß – waren eben so.

Am nächsten Morgen kam die Kunde, daß die Dampfpinasse in Rone im Sturm gesunken wäre. O weh! O weh! Der Kommandant raste.

„Ha!" rief Maschinistenmaat Eckmann, „endlich kommt mein Motorboot an die Reihe!" Das Motorboot war wirklich bisher noch nie in Aktion getreten, sondern hatte an Land im Schuppen gestanden und war von Eckmann ohne viel Anstrengung instand gehalten worden. Und nun, als Eckmann den Ausruf tat, kam ein Matrose gelaufen und rief: „Das Motorboot brennt!" Wir stürzten hin. Das Benzol in der Bilge hatte sich entzündet. Wir schütteten Wasser und Sand in das Boot und löschten so den Brand. Aber nun war die ganze Maschinerie versandet und verdreckt. Dann kam die Nachricht, daß die Pinasse von der tobenden See zerschlagen würde und wohl kaum je wieder zu gebrauchen wäre. Es gab Leute unter uns, die sich darüber freuten. Aber niemand ließ sich das anmerken, denn mit dem Kommandanten war an diesem Tage weniger denn je zu spaßen. Wer irgend konnte, verbarg sich vor seinen Augen.

Mittags gab es eine Überraschung. Es erschien ein Karren mit zwei Zivilisten, einem Manne und einer Frau. An ihrer Seite ritt ein Soldat. Die Zivilisten stammten offenbar aus Kreis, und man hatte ihnen wohl gestattet, von ihrer Habe etwas an sich zu nehmen, was ihnen am Herzen liegen mochte. Sie gingen geradewegs auf das Haus des Kommandanten zu und holten dort einen Sarg und einen Anker vom Speicher. Dann kam aber Hermann hinzu und schimpfte die Leute so zusammen, daß das Weib in Tränen ausbrach.

Am Sonntag, dem 21. Mai, gingen wir daran, die Pinasse zu heben. Sie war inzwischen vertrieben und bis ans Dollbord versandet, und das Wasser stand noch einen Meter hoch über dem Schornstein. Wir bauten einen Kran auf zwei Pontons und schickten Leute ins Wasser, die gute Taucher waren. Bis zum Abend brachten wir die Pinasse ein Stück höher auf eine Sandbank.

Als wir ausschieden, zog ich mit den beiden Torpedermaaten zu den Dragonern zu dem Vizewachtmeister Kischkat, der uns und einige Freunde seiner Schwadron eingeladen hatte. Er feierte die Erinnerung an eine glücklich verlaufene Mensur. Kischkat erzählte amüsant von der Russenwirtschaft auf seinem Heimatsgut Barsden, Post Kraupischken, Kreis Ragnit. Wir betranken uns unsagbar an Sekt, Kognak, Portwein und Grog, so daß wir drei Minenleute auf dem dunklen Rückwege abwechselnd in Schützengräben und in Stacheldrahtverhaue fielen.

Andern Tags zogen wir aus, um die Pinasse völlig zu bergen. Das war aber aussichtslos. Die See schlug allzu heftig gegen das Wrack und trug bereits Trümmer davon den Russen zu.

Der Kommandant war für ein paar Tage nach Mitau gereist. Als das Meer sich glättete, schleppten wir die letzten Reste der Pinasse an Land, Kiel, Schraube und Welle. Mit der Pinasse war natürlich viel wertvolles Material verlorengegangen. Wer von uns seine Taschenlampe oder einen Hammer oder sonst ein Werkzeug verbummelt hatte, der behauptete nun, das hätte sich in der Pinasse befunden. Im übrigen kreuzten wir bei schönem Wetter mit Ruderbooten vergnügt über der Unfallstelle und fischten nach den versunkenen, versandeten und vertriebenen Gerätschaften, erwischten dabei auch das Manometer, ein Patentlog, Kupferrohre und anderes. Dann begannen wir mit dem Aufsuchen und Heben der seinerzeit von uns versenkten Minen. Der Kommandant feuerte den Ehrgeiz der Taucher an und setzte für das Anstecken eines Taues an zwei Minen eine Belohnung von drei Mark aus. Obermaat Blau erwarb sich dabei besondere Anerkennung. Ich gönnte es ihm, weil wir in letzter Zeit allzu viel boshafte, heimliche Anschläge auf sein „Kutscher-Lehmann-Beet“ gemacht hatten. Bei den seemännischen Arbeiten tat sich am meisten der Oberleutnant Bördemann hervor.

Ich erhielt zwei Briefe: „Friedrichsort, den 19. 5. 16. Allen Unteroffizieren des Sonderkommandos danke ich vielmals für ihr freundliches Gedenken. Noch oft und gern denke ich an unsere hiesige gemeinsame Arbeit zurück mit dem aufrichtigen Wunsche, daß derselben auch guter Erfolg beschieden sein möge! – Dem ganzen Sonderkommando vor allem seinem Unteroffizierkorps meine besten Wünsche für ein ferneres Wohlergehen! Heil und Sieg und freundliche Grüße. Nitka, Korvettenkapitän.“

Ferner: „Eisenach, den 23. Mai 1916. Geehrter Herr Hester. Wie sie wohl schon von Frl. Hahn erfahren haben, hat der neue Jahrgang seinen Einzug hier gehalten. Wir alle sind ganz begeistert von Ihren Schriften, die uns Frau Kurs teilweise vorgelesen hat. Um Ihnen für diese Genüsse zu danken, senden wir Ihnen beif. Zigaretten, da Sie, wie uns Frl. Hahn sagte, mit Vorliebe derartige Paketchen erhalten. Wir danken Ihnen für die uns gesandten Grüße und erwidern dieselben alle, in der Hoffnung, den vielbesprochenen Gustav Hester auch einmal kennenzulernen. Emmy Schneider. Lotte Huff. Marta Marburg. Dem Genie Gustav Hester herzl. Gruß Tilly. Lona Kalk."

Auch Telschow hatte mir geschrieben. Seine Adresse hieß: Unteroffizier Telschow, Deutsche Tragetierkolonne Nr. 2, Res.-Korps 4, elfte Armee.

– Russische Flieger zogen über uns hin und wurden, anscheinend von Tukkum, mit Schrapnellschüssen empfangen. Das war sehr interessant anzusehen. – In Kneis blühte der Flieder. – Die letzte Mine war geborgen. – Beim Appell sagte der Kommandant: „Ich war im Hauptquartier. Der Oberkommandierende läßt Ihnen für die schwere Arbeit danken. Er hofft, daß wir uns in dem schönen Kneis noch einige Tage erholen können."

Wir hatten Musterung auf Handwaffen und wurden in Korporalschaften eingeteilt, was auf baldigen, sehr unbeliebten Infanteriedienst schließen ließ. Nach dem Zeugflicken gab man uns Freizeit. Aber ich war mit den meisten Maaten verfeindet, und deshalb strolchte ich allein durch Wald und Sumpf. In der üppig blühenden, mit Käfersummen und Vogelgezwitscher gefüllten Natur stieß ich überall auf Trümmer, die an große Armeen und heftige Kämpfe erinnerten. Mehrmals pürschte ich mich gegen den Wind so dicht an Rehwild heran, daß ich leicht drei Böcke hätte erlegen können. Aber das Jagen war nur den Offizieren erlaubt. Ich lagerte mich auf einer grünen Wiese, die über und über mit lila Blüten betupft war. Von dort aus beobachtete ich einen deutschen Fesselballon, der etwa bei Schlock aufstieg. Aus derselben Gegend rollte und dröhnte schwerer deutscher Kanonendonner. Dann grub ich irgendwo nach verborgenen Schätzen, und weil das ohne Erfolg blieb, buddelte ich mir wenigstens Kartoffeln aus der Erde für ein Puffergericht. Dann nagelte ich weiter an meinem Schusterbild, nur, weil ich's einmal angefangen hatte.

Wir fingen jetzt eifrig Sprotten und räucherten sie.

Wieder griffen feindliche Flieger die Gegend von Tukkum an.

Die fünfundzwanzig avisierten Matrosen trafen ein. Sie kamen in Marineblau und mit gepacktem Affen, schwere Burschen, und sie schwankten und machten großen Skandal. Als sie sich später zum Requirieren im Dorf verstreuten, lachten wir: „Etwas spät!"

Ich besuchte die Dragoner. Wir tauschten Kriegserinnerungen. Einer erzählte, er hätte mit anderen Ostpreußen in Rußland ein vornehmes Quartier bezogen. Sie fanden an der Wand folgende Inschrift: „Ihr lieben Feinde, nehmt mit, was ihr braucht, aber schont das übrige." Aber sie dachten an das verwüstete Ostpreußen und schlugen sofort mit dem Gewehrkolben Spiegel und Bilder ein.

Ich erkletterte einen hohen Baum, von dem aus man bis Riga sehen sollte. Ich sah es aber nicht und verlor beim Klettern den Chrysopras aus Wanjkas Ring.

Wir hatten wieder einmal lange nichts zu beißen gehabt. Nun gab es aber auf einmal wieder alle möglichen Genüsse, weiße und rote Radieschen und Speck. Ein Jäger schenkte mir ein unübersehbares großes Salatfeld, und er lachte, als ich das Geschenk lachend ablehnte. Denn wir wußten mit dem Salat nichts anzufangen, es gab weder Öl, noch Essig, noch Zitrone. Dagegen türmten sich auf unseren Tischen goldene Berge von geräucherten Sprotten. Wir betrieben einen schwunghaften Handel damit, der bis an die äußersten Schützengräben reichte. Wir wurden täglich geübtere Fischer, und das anfangs von uns selbst verwüstete Fischergerät hatten wir längst soweit als möglich wieder ausgebessert.

Ich zog mich mehr und mehr von den Unteroffizieren zurück, die von den Torpedermaaten aufgewiegelt waren. Blau hatte mich eines Speckdiebstahles beschuldigt. Ich bot ihm Prügel an, aber er kniff. Und niemand verteidigte mich. Ich zog in aller Frühe mit einem Jäger zum Wildern aus. Wir bildeten uns ein, daß wir einen Auerhahn aufgespürt hätten. Aber wir schossen nichts. Dennoch war der taufrische Morgen wunderschön. Abends verlas der Kommandant ein Schreiben, worin Prinz Heinrich uns für unsere Mühe und Arbeit dankte. Nachts konnte ich lange nicht einschlafen, weil ich über die Intrigen der Unteroffiziere nachgrübelte. Und als ich endlich doch in Träume verfiel, erwachte ich sehr bald wieder, weil ein Igel unter mir rumorte und schnüffelte, während gleichzeitig der betrunkene Krug in seiner Hängematte zu singen anfing: „Wunderbar, wunderbar – ist ne Kuh mit Pferdehaar."

Torpedermaat Schmidt war der erste von uns, der fortkam. Er fuhr mit einem Transport Minen nach Cuxhaven zurück. Ich übergab ihm Post und Sprottenpakete zur Beförderung.

„Es sind russisch-deutsche Sonderverhandlungen im Gange", sagte der Schreiber.

„So?"

„Vorgestern war der Kaiser in Mitau."

„So?!" sagte ich nur. Ich war sehr müde. Ich hatte die ganze Nacht nicht geschlafen. Die Fliegen plagten mich. Ich hatte ein Geschwür am Podex, rheumatisches Zucken in den Beinen und mehrmals Anfälle von Kinnkrampf. Auch juckten meine Füße.

„Ich gratuliere Ihnen!" fuhr der Schreiber fort. Ich drehte ihm schweigend den Rücken zu. Aber beim Appell, es war der erste Juni 1916, sagte der Kommandant: „Ich ernenne hiermit den Minenbootsmaat Hester zum Obermaat."

Die Unteroffiziere gratulierten mir, mit Ausnahme meiner drei Feinde, Eckmann, Blau und Burkert. Jemand gab mir gelbe und goldene Kronen ab, die ich sofort über meine Anker nähte. Auch erhielt ich die Erlaubnis frontwärts zu gehen, um etwas zum Spendieren zu besorgen. In den fliederumblühten Unterständen von Lazup bekam ich diesmal überraschende Genüsse, Rotwein, Konservenmilch, Ringelwurst und Zigaretten. Bei Lazup sah ich ein Grab, das auffallend künstlerisch mit Birkenstämmchen verziert war. Die deutsche Grabschrift lautete: „Hier ruht ein tapferer russischer Offizier."

Ich braute für die Unteroffiziere eine Feuerzangenbowle, die allen schmeckte trotz des schlechten Fusels, und obwohl die Feuerzange selbst nach Fisch roch. Leider reichte sie nicht aus. Dann besuchte ich meinen Freund bei den Jägern. Der hatte gerade in der Erde unterm Keller einen Fund gemacht und schenkte mir davon eine russische Porzellantasse und drei Pfund Schmalz.

Der Kommandant verlas uns die Nachricht von der siegreichen Seeschlacht am Skagerrak und fügte hinzu: „Schade, daß wir nicht dabei waren!" Ich erlaubte mir ungefragt herauszubrüllen: „Jawohl schade!"

Wir hatten noch faule Tage in Kneis, die uns zu Kopf stiegen, so daß wir viel albernes Zeug trieben. Als wir erfuhren, Lord Kitchener sei ertrunken, feierten unsere Leute das durch einen geschmacklosen Umzug, wobei sie eine Strohpuppe in einem mit läppischen Aufschriften bemalten Sarg durch die Straßen trugen.

Mein Nagelbild war fertig, es kam mir recht kitschig vor. Der Kommandant sah es einmal. Er fand es sehr schön und veranlaßte, daß es, wenn wir Kneis verließen, als Andenken mitgenommen würde.

Zehntes Kapitel

VON OSTEN NACH WESTEN

Unser Rücktransport von Kneis nach Kiel dauerte fünf Tage. Auch die fünfundzwanzig unnötig uns nachgesandten Leute kehrten mit uns wieder zurück. Wir wurden auf der „Cordoba" untergebracht und hatten tagelang alle Hände voll zu tun, um unsere gesamte Achtzig-Ausrüstung, soweit wir sie zurückbrachten, ordnungsgemäß in den einzelnen Ressorts wieder abzuliefern.

Der Kommandant verabschiedete sich. Ich hätte ihm so gern zuletzt gesagt: „Sie haben eine andere Welt wie ich, aber denselben Himmel." Jedoch das ging nicht an. Hermann war ein anständiger Mensch, und ich hatte Ursache, ihm dankbar zu sein.

Man gab uns allen Heimaturlaub. Ich sprach in Merseburg mit russischen und englischen Gefangenen. Die Engländer waren mit mir gleicher Gesinnung: Wir hassen uns nicht. Wenn der Krieg vorbei ist, werden wir uns wieder die Hände schütteln und friedlich konkurrieren.

In Eisenach kam ich nachts an. Ich fand die Pension Kurs verschlossen und wollte die Damen nicht so spät wecken. Deshalb knüpfte ich meine Hängematte im Garten zwischen zwei Bäumen auf, und weil Haus und Garten auf dem schrägen Gelände am Fuße des Wartburgberges angelegt waren, schwebte und schlief ich nun dicht vor den Fenstern des ersten Stocks. Ich erwachte davon, daß die Zöglinge meiner Freundin mich mit leeren Schachteln und Konservendosen bewarfen. Diese Zöglinge waren mir noch unbekannt. Ich traf dort fast bei jedem Besuch eine neue Generation an. Die aber kannte mich schon vom Hörensagen als kecken Spaßmacher und lyrischen Dichter. Diesmal waren wieder reizende junge Mädchen darunter, so daß großäugige Zigeunermädel Tilly und die wunderbeinige Lotte Huff, die Tochter des Dresdener Hofschauspielers. Dieser wurde gerade als Besuch erwartet, kam aber erst einen Tag später, weil eine hochwohlklägliche Polizei ihn mit einem Einbrecher verwechselt und verhaftet hatte. Er war ein entzückender Herr, der nicht nur die Backfische, sondern auch mich begeisterte. Frau Kurs sagte zu mir: „Das hübscheste Mädchen ist Lona Kalk, aber die ist gerade heute nach Friedrichroda an das Sterbebett ihrer Mutter gerufen."

Ich unternahm mit den Damen Ausflüge nach dem Inselsberg und nach Tabarz. Dabei lernte ich Lona Kalk flüchtig kennen. Sie trug ein einfaches schwarzes Kleid und sah blaß aus, und sie gefiel mir. Aber über die Vorsteherin erboste ich mich. Ich kannte sie seit Jahren, und nun, so spät, merkte ich erst allmählich, daß ihre Belesenheit und ihre Bildung nur Bluff waren und daß dahinter eine hysterische, urteilslose und geschmacklose Persönlichkeit steckte.

Ich fuhr dann nach Leipzig zu meinen Eltern. So lieb sie zu mir waren, so entsetzte sie doch manches, was ich über die Stimmung unter den Leuten, über den Kaiser und überhaupt über den Krieg sagte. Als ich die Ansicht weiter vertrat, die ich schon 1914 geäußert hatte, daß wir, wenn es so weiterginge, mit Revolution enden würden, kam es zwischen mir und meinem Vater beinahe zu einem Zerwürfnis. – In einer Zeitung las ich, daß die kurländische Küste bei Kneis von russischen Schiffen beschossen war. Die deutschen Batterien hatten geantwortet und dabei die „Slava" versenkt. Ich dachte: Vielleicht haben unsere Minen die „Slava" versenkt, und man weiß das gar nicht oder will es nicht bekannt machen.

Dann besuchte ich Tante Michel im bayrischen Isartal, und wir waren lieb zueinander, trotzdem auch das, was sie über Krieg und Zeit äußerte, mich verdroß. Gutmütig dummblind war sie. In München am Stammtisch feierte ich mit manchen Freunden Wiedersehen. Viele waren in Feldgrau, einige noch in Zivil. Und mancherlei Neuigkeiten gab's. Kathi Kobus, die reiche und angebliche Mäcenin, war verarmt. Die gutmütige arme Mary Wacker hatte geerbt, war reich, war eine vornehme Dame geworden. Ich spielte mit Ludwig Scharf Schach, und Dunajec, der ungarische Geiger, der österreichischer Soldat und nun Schulmeister geworden war, erzählte: Nur den Bosniaken, Ungarn und Tirolern sei zu trauen, auf die übrigen Österreicher sei kein Verlaß. Damals kursierte gerade der Witz: Der Österreicher grüßt: „I hoab die Ehre" – der Deutsche dankt: „Und i die Arbeit". Ich als einziger Mariner in der Runde wurde natürlich auch sehr ausgefragt. Ich hatte ein Stück von dem todbringenden Pulverkuchen in der Tasche, der in jeder Mine ist, und ich erklärte, daß diese Kuchenmasse nur durch eine ganz starke Stichflamme zur Explosion käme, während man zum Beispiel ganz unbeschadet ein brennendes Streichholz daranhalten könnte. Ich machte das Experiment am Stammtisch vor. Alles sprang auf und wollte mich hindern, und alle hatten Angst, ich selber nicht am wenigsten, aber ich hielt das Streichholz an die Masse, und nichts ereignete sich. Die Freunde brachten mich an die Bahn, und der Dichter Karl Kinndt steckte mir heimlich eine Flasche Wein und eine gebratene Taube zu; nie zu vergessen.

Die Ernte stand überall hervorragend gut. Ich wurde in der Bahn wie in allen Städten, die ich berührte, nach der Skagerrakschlacht gefragt und mußte immer antworten. „Ich war leider nicht dabei."

In Hamburg auf dem Bahnhof aß ich, von Damen des Roten Kreuzes wieder liebenswürdig bedient, ein ausgezeichnetes Gratismenü. Eine der Damen verehrte mir eine prachtvolle Rose, die ich später von einer Brücke einem Alsterschwan auf den Rücken warf. Dann saß ich allein und wehmütig im Uhlenhorster Fährhaus. Die Musik spielte, und schöne Frauen und elegante Zivilisten gondelten auf der Alster.

In Kiel brachte mich der Schlepper „Zentaur" auf „Cordoba". Unser Urlaub war um. Es wurde der Kriegstagesbefehl Nr. 142 verlesen. Prinz Heinrich von Preußen hatte im Namen Sr. Majestät des Kaisers und Königs dreizehn Personen (Offiziere und Mannschaften) vom Kommando Hermann „für ihr tapferes Verhalten vor dem Feinde das Eiserne Kreuz II. Klasse" verliehen. Darunter waren der Maschinist Böse, Obermaat Blau, der Torpedermaat Burkert, der Obermatrose Surkus, der Oberheizer Andersen und andere. Auch ich war dabei.

Ein Schreiben von meinem Scherzbruder Petersen ward mir gebracht: „Cuxhaven, d. 13. August 1916. Lieber Gustav! Deine beiden Karten dankend erhalten und sende Dir hiermit wunschgemäß 2 Mützenbänder zum Preise von 1,50 M, hoffentlich ver – (halt, beinah hätte ich mir versprochen) Du dieselben nicht. Wie gefällt es Dir denn auf dem Dampfer, könnt Ihr dort nicht noch eine tüchtige leitende Kraft gebrauchen. Hier finden immer die Dir bekannten kleinen Veränderungen statt. Teile mir bitte mit, wenn Du die Mützenbänder erhalten hast. Grüße bitte alle bekannte kühne Seefahrer und sei Du selbst tausendmal gegrüßt von Deinem treuen Bruder Ferdinand, z. Z. Furier."

Mein Bruder Wolf schrieb: „z. Z. Wallendorfer Kohlenwerke Aktiengesellschaft. Merseburg, Poststraße 5, den 4. August 1916. Lieber Gustav! Zunächst herzlichen Glückwunsch zum 7. August und alles Gute in jeglicher Beziehung. – Unser Paketchen sendet Dore ab. Hoffentlich ist Dir's so recht. – Aus unseren näheren Bekanntenkreisen kann ich Dir folgende Referenzen nennen: S. Exz. den Generalleutnant von Bötticher Ehrenbreitstein (an den laß durch Papa schreiben), Geheimrat Prof. Dr. Roux ist Staatsbeamter, außerdem muß Papa noch einige höhere Onkels kennen, von Oettingen, Offiziere vom Geschlechtsverband usw. Hast Du keine Münchener Bekannten? – Ich schreibe Dir in aller Eile im Büro, da mein Aufsichtsrat da ist und ich kaum zur Arbeit komme. Sei herzlichst gegrüßt von Deinem Wolf. – Mein Versprechen, Dir mit kleineren Zuschüssen beim Offizierskursus auszuhelfen, halte ich selbstverständlich aufrecht."

Mein Schwager, der Hauptmann Mitter, besuchte mich an Bord der „Cordoba", und wir verbrachten einen netten Kneipabend. Er brachte mich zur Mannschaftsschlafenszeit noch ans Routineboot. Ich hatte zwei Tage lang Deckswache, und mir grauste jedesmal, wenn ein Offizier das Fallreep betrat oder verließ. Denn dann mußte ich auf meiner Bootsmannspfeife flöten, und das hatte ich noch immer nicht gelernt.

Ein Obermaat von uns wurde bestraft, weil es herauskam, daß er sich selber zum Obermaat befördert, mit anderen Worten, eine Urkunde gefälscht hatte. – Wir kamen ins Dock. In unserer Nähe lag die „Möwe" und daneben ein neues, geheimnisvolles Schiff mit maskierten Geschützen. Auf einigen Fischdampfern wurden versteckte Torpedoausstoßrohre eingebaut. Ferner lag dort ein Torpedoboot mit klaffend aufgerissenem Heck. Es war auf eine deutsche Mine gelaufen.

Ich saß im Kasino der J.M.D. Wie vor zwölf Jahren. Jemand klavierte das Flaggenlied, und vom Kasernenhof her klang die melancholische Mahnung des Zapfenstreichs. Ein alter Kamerad erkannte mich wieder. Wir sprachen über Kitchener. Der Kamerad war der Meinung, daß Kitchener nicht auf der „Hampshire", sondern auf „Queen Mary" umgekommen sei und daß die Engländer eine Landung in Dänemark beabsichtigt hätten.

Ich war auch einmal in Friedrichsort im Einjährigenkasino mit von Alten und mit dem Feuerwerker Velcin zusammen. Am anderen Tage wurde ich als Transportführer mit neun Minenmatrosen nach Cuxhaven in Marsch gesetzt. Wie immer unterbrachen wir auch diesmal unsere Reise in Hamburg und in dem männerlosen Orte Stade. Abends trafen wir in der Minenabteilung ein. Der Kompanieführer Oberleutnant Bär und der Feldwebel Jung und der Schreiber Zuckmantel saßen noch immer auf ihren Posten. Man gratulierte mir zur Beförderung und zur Dekorierung und fragte mich nach meinen Erlebnissen aus. Ich reichte sofort ein Gesuch ein, um Versetzung nach irgendeinem möglichst dickluftigen Posten. Ich reichte außerdem ein zweites Gesuch ein, als Reserve-Offiziers-Aspirant zur Matrosenartillerie übertreten zu dürfen. Ich wollte Offizier werden. In Friedenszeit, in meinem aktiven Dienstjahr, hatte ich auf Befragen von vornherein aus pekuniären Gründen auf die höhere Laufbahn verzichtet. Aber nun gab es schon lange keine Gala-Uniformen mehr, und viele andere kostspielige Sachen fielen weg. Es war Mangel an Offiziersnachwuchs. Und mein Bruder hatte mir zugeredet und mir sogar eine kleine, regelmäßige monatliche Geldunterstützung zugesichert. Ich mußte aber, um Offizier zu werden, erst zur Matrosenartillerie übertreten, weil ich kein Steuermannspatent von der Handelsmarine besaß.

In der Minenabteilung war wenig verändert. Feldwebel Jung hatte sich eine Kaninchenzucht eingerichtet und Zuckmantel eine Entenzucht. Ich beschenkte beide mit zackigen Granatsplittern, die sie später vielleicht als Erinnerung an ihre Kriegstaten unter Glas aufbewahrten.

Es waren neue Mannschaften da, die bitter über das karge Essen, über Mangel an Seife und anderes klagten. Ich kam mit dem Maschinistenmaat Erck auf Stube Nr. einundsechzig. Erck war hypernervös und hatte seltsame Schicksale als teils simulierender, teils echter Geistesgestörter erlebt, worüber er unheimlich, aber gleichzeitig sehr humorvoll sprach. Er war gebürtiger Frankfurter, wir gingen häufig zum Apfelwein in das etwas ordinäre Gasthaus „Zur Sonne". Dort sprach mich ein Landsturmmann namens Bahre an, der mich von der Münchener Künstlerkneipe Simplizissimus her kannte. Er war Kunstmaler.

Ich bekam Befehl, mit drei Mann nach Belgien zu fahren und setzte gleich durch, daß unter diesen drei Leuten auch Madena war, der schon zu meiner Pontonbesatzung gehört hatte. Es handelte sich um den Transport von hundert E-Minen nach Brügge. Man gab uns Pistolen, Seitengewehr, scharfe Munition und als Verpflegung für drei Tage ein großes Stück Speck. Am Bahnhof meldeten wir uns beim Feuerwerker Vogt. Der setzte sich mit mir in ein Abteil zweiter Klasse. Die Minen befanden sich in drei plombierten Waggons.

Ich hatte keine Decke mit und fror deshalb. Lange Truppenzüge und Kohlenzüge begegneten uns im Industrierevier. Überall winkten Arbeiterinnen in Hosen, Mitleid und Liebe. Aber hinter Aachen sahen wir nunmehr ernste oder verbissene Gesichter. Die Landschaft wurde malerisch, sie brachte Wiesen und Klöster und Heu gabelnde Mönche. In Lüttich frug ich den Feuerwerker, ob ich mit einem D-Zug vorauseilen dürfte, um mich für ein paar Stunden in Mecheln mit meiner Braut zu treffen. Er erlaubte das nicht, ließ aber durchblicken, daß er nichts dagegen hätte, wenn ich es auf eignes Risiko heimlich unternehme. Das tat ich, hörte aber dann in Mecheln, daß Maulwurf, meine Braut, tags zuvor nach Brüssel zurückgereist sei. Sie war nurmehr meine Freundin, aber sie war einmal meine Braut gewesen. In Eisenach, in der Pension von Dora Kurs, hatte ich sie kennengelernt. Unverrichteter Sache kehrte ich zu meinem Zug zurück.

Wir lieferten in Brügge unsere Minen ab. Man ließ uns auf meinen Wunsch hin und gewissermaßen zur Belohnung ein paar Tage nach Brüssel reisen, wo ich mich von meinen Leuten trennte, nachdem ich sie bezüglich pünktlichsten Zusammentreffens vereidigt hatte.

Brüssel, ja das war eine Stadt! Welche Anlagen! Welcher Kriegsverkehr! Welcher Flirt! Welche geschmackvolle aparte Eleganz! Ich machte mit Mühe Maulwurfs Adresse ausfindig. Zivilverwaltung, Kartoffelversorgungsstelle, Hôtel de Flandre, Zimmer 82. Sie war höchst überrascht und erfreut und stellte mich ihrer charmanten Wirtin vor. „Kann ich bei Ihnen oder irgendwo in der Nähe ein Zimmer mieten?“ fragte ich diese.

„Bedaure, mein Herr, das ist unmöglich. Es ist alles besetzt.“

Ich machte wohl ein enttäuschtes Gesicht. „Ach pah“, meinte die Wirtin, „schlafen Sie doch bei Ihrer Dame.“ Und Maulwurf erlaubte das unter der Bedingung, daß ich die Hosen anbehielt. Zunächst aber zogen wir aus, und sie zeigte mir Brüssel. Und wir besahen uns Läden mit herrlichen Spitzen und Miniaturen, und dann fuhren wir mit der Schokoladenbahn nach dem Bois.

Es wimmelte natürlich überall von deutschen Feldgrauen. Die Zivilisten sahen feindlich an ihnen vorbei oder spotteten hinter ihrem Rücken, nur die Hunderte von hübschen Kokotten warfen pazifistische Blicke. Es war kurz zuvor der Nationaltag gewesen, und die Herren trugen noch grüne Bändchen im Knopfloch, und die Damen trugen grüne Sonnenschirme. Ich erregte in meiner mit goldenen Tressen, Knöpfen und Abzeichen besäten Marineuniform, mit der Pistole und dem großen Entermesser an der Seite überall Aufsehen. *„Comme un domestique de prince“*, rief mir ein Mädel nach. Aber als ich auf der Place du Musée in einen Lesesaal geriet und dort lauter ernst studierende Leute sitzen sah, die von meiner Uniform gar nicht Notiz nahmen, schämte ich mich und entfernte mich leise.

Abends besuchten wir nicht etwa deutsche, sondern ausgesprochen belgische Lokale, wo die ernsten Gäste uns dezent ignorierten und sich untereinander nur gedämpft unterhielten. Und Maulwurf und ich tranken herrlichen Chablis, aber gaben uns Mühe, ebenfalls recht höflich und anständig zu sein. Denn in den Konditoreien, wo wir appetitliche Kuchen aus Weizenmehl und Bohnenkaffee mit Schlagsahne genossen hatten, beobachtete ich mehrfach, daß deutsche Soldaten sehr grob und unmanierlich auftraten. Auch gegenteilige Fälle hatte ich bemerkt. Wenn ich Maulwurf heimgebracht hatte, kehrte ich in die Stadt zurück, um das Nachtleben zu genießen. Denn ich wollte diese drei Brüsseler Tage auskosten. Denn man amüsierte sich in Brüssel, man tanzte und lachte, und die Belgier sagten: „Warum nicht? Belgien wird nicht ewig deutsch bleiben!“

Maulwurf half meinem Französisch mit ihren guten Sprachkenntnissen ein wenig auf die Beine. Dennoch richteten meine Brocken mitunter komisches oder peinliches Unheil an.

Und dann traf ich an der Gare du Nord wieder mit meinen Spießgesellen, „Enterhakengesellen“, zusammen. Sie hatten sich nicht weniger belustigt.

Diese kurze Flandernfahrt hatte uns durch arg zerschossene Gegenden geführt. Vor dem Minendepot in Brügge herrschte reger Kriegsverkehr. Große Zerstörer legten an und ab. Dort sah ich auch ein U-Boot, das sich in eine englische Drahtsperre verfangen, dann aber wieder herausgeschnitten hatte. Auch hörte ich packende Soldatenberichte. So schilderte einer vom dritten Matrosenregiment einen Gasangriff. „Engländer standen in den

Schützengräben, das Gewehr noch an der Backe, aber tot, verbrannt, erstickt."

Cuxhaven hatte geflaggt, als wir heimkehrten. Weil der König von Bayern diese Stadt beehrte, die mir gipsern, starr und unerträglich langweilig vorkam. Ich fand viel Post vor. Lange, liebe Seiten von Eichhörnchen, aber dieses gute Mädchen kam in ihrem ehrlichen Patriotismus nicht aus den rostigen Traditionen der Väter heraus. Und Erna Kralls Briefe übersteigerten diese Verbohrtheit ins Fanatische, Hysterische. Tilly schrieb mir aus Bayreuth, sie habe beim Verlag ein Novellenbuch von mir bestellt, es aber „wegen Papiermangels" nicht erhalten.

Der Dienst war und blieb der alte, schleifende, schlappe. Turnen – Pistolenexerzieren – Signaldienst – Unterricht „Thema Schulzkessel". –

Von den zur Minenabteilung gehörenden Suchflottillen war M 12 bei Helgoland auf eine Mine gelaufen und gesunken. Drei Maschinistenmaate und ein Heizer ertrunken.

Ich besuchte den Landsturmmann Bahre. Als Kunstmaler bekam er manchmal Porträtaufträge von Offizieren. Dienstlich riß er sich kein Bein aus. Aber er hatte Liebesleid. Er liebte Bialla, die nach den Briefen und Gedichten zu urteilen, die sie verfaßte und die mir Bahre zeigte, sehr intelligent war. Aber sie schien äußerst raffiniert zu sein. Der Landsturmmann hatte ihr sein Hamburger Atelier als Wohnung zur Verfügung gestellt. „Denke Dir", sagte er, „jetzt hat sie heimlich meinen Photographenapparat und mein Klavier verkauft und das Geld mit fremden Kavalieren verpraßt."

„Schmeiß sie doch raus!"

„Nein", sagte Bahre schwärmerisch, „sie ist ja so süß! Wenn wir spazierengehen und sie zeigt auf eine Blume und sie sagt: Sieh mal den Bien, oh, der Bien auf der Blume! – – dann bist du bezaubert."

Es war wieder ein Suchboot von uns gesunken. Ich wurde mit zu dem Militärbegräbnis eines getöteten Heizers abkommandiert. Das war eine steife und alberne Zeremonie mit einem langen Trauerzug und Trauermarsch mit Trauermusik. Ich hörte, wie der Pfarrer, als er verspätet eintraf, den kommandierenden Offizier leise fragte: „Wie heißt der Tote? Woran starb er?", und drei Minuten später besprach und beleuchtete er mit bewegten Worten eingehend das Schicksal des Dahingeschiedenen. Müde vom Stehen und Marschieren, sonst aber heiter, schritten unsere Soldaten zur Kaserne zurück.

Erck konnte nicht streng sein, aber er war ein Pfiffikus. Solange er als Stubenältester morgens nicht aufstand, blieben auch die Matrosen jenseits unseres Verschlages liegen. Aber Erck sprang beim ersten Trommelschlag aus dem Bett, riß krachend seine Spindtür auf, warf mit viel Geklapper und sonstigem Lärm Stiefel, Kleider, Utensilienkasten und sonstiges durcheinander, ohne sich anzukleiden. Ich beobachtete ihn belustigt und hörte, wie von den Matrosen der eine, dann der andere, schließlich alle Leute aus den Betten kletterten und sich klappernd und lärmvoll anzogen. Da sprang Erck wieder in seine Gondel und schlief weiter.

Es wurde August. Wir trieben noch immer Hampelmannsdienst. Ich hatte Leute zu beaufsichtigen, die Schellfische putzten, und hielt ihnen eine unverständliche Rede über zwei Jahre Krieg. Es hieß, es sei wieder ein U-Boot gesunken, durch eine englische Mine. Die Engländer sollten jetzt auch Minen-U-Boote haben und das Wasser bei Borkum verseuchen.

Betreffs meines R.O.A.-Gesuches (Reserveoffiziersaspirantengesuches) bekam ich Bescheid, ich müßte zunächst Referenzen aufgeben. Ich schrieb nach allen Windrichtungen, und in den Windrichtungen schrieb man weiter. So brachte ich einige wohltönende Namen und Adressen von geachteten Persönlichkeiten zusammen.

Das Gräßlichste waren die Appells, war dieses ewige Stehen und Anhören langweiligster Verlesungen. Der alte Feuermeister – sein Abzeichen waren zwei gekreuzte Schaufeln – hatte den Listenspleen. Er stellte jeden Morgen neue Listen und Verzeichnisse auf. Stundenlang mußten wir darum stillstehen, abzählen und angeben. Aber am nächsten Morgen schon hatte er die Listen wieder verlegt und fand sie nie wieder.

Feldwebel Bege schikanierte die Leute, ließ sie beim Exerzieren durch die Pfützen marschieren, daß ihr weißes Zeug möglichst bespritzt würde. „Dazu sind die Pfützen da", höhnte er. Und die Leute ärgerten ihn, indem sie beim Wegtreten sich laut über Knipsen und Löcherbohren und Billette unterhielten. Weil Bege im Zivilberuf Billettknipser war.

Jeder, der zu Hause Landbesitz hatte, und wenn es auch nur ein Blumentopf mit Schnittlauch war, bewarb sich um Ernteurlaub. Es gab viel Arreststrafen. Das Essen war schauerlich; jeden dritten Tag Makkaroni aus Kleie hergestellt. Täglich zogen Zeppeline über uns hin. Ich las von einer aufgefundenen Flaschenpost, die die letzten Grüße von L 19 gebracht hatte.

Meine Leute hatten mich gern. Wenn ich morgens auf meinem Hirschlocker, den ich als Andenken behalten hatte, einen heiseren Blökton von mir gab, so hieß das „Guten Morgen". Und die ganze Stube brüllte erwidernd: „Guten Morgen, Herr Obermaat!" Zu meinem dreiunddreißigsten Geburtstag schenkte mir die Mannschaft einen Strauß Kornblumen und Erika.

Von Zeit zu Zeit wurden Leute abkommandiert. Da suchte man beispielsweise einen Mann, der nordische Sprachen beherrschte und bei der Rekognoszierung der in Norwegen angetriebenen Skagerrakleichen helfen sollte. Für mich kam eine Abkommandierung wegen meines R.O.A.-Gesuches nicht mehr in Frage.

Ein abgestürzter Flieger wurde ins Lazarett eingeliefert. Ein Mann von uns wurde als fahnenflüchtig gemeldet. Die gerettete Mannschaft eines gesunkenen M-Bootes traf ein. Ihr Schiff war in der Ostsee von einem Handelsdampfer überrannt.

Ich verlor auf einmal auf dem rechten Ohr das Gehör.

In meiner Kompanie war ein Neger. Einige Unteroffiziere waren darüber entrüstet. Die Spaziergänge auf dem Wall bis zur Alten Liebe oder im Park von Schloß Ritzebüttel und Schachspiel und Kaffeehaus mit Musik – nichts konnte mich mehr über den Stumpfsinn hinwegbringen. Das Geld war mir ausgegangen, und der Apfelwein in der Sonne gab keine Gedichte mehr her, sondern reizte nur den Appetit, was mir durchaus ungelegen kam. Infolge der bedrückenden Knappheit an Lebensmitteln und ihrer Ausbeutung von seiten der Großhändler war es in Hamburg zu Revolten gekommen. Volksmassen hatten Läden gestürmt und geplündert. Es hatte sich herumgesprochen, daß eine Firma oder eine Behörde dreißigtausend Kilo Butter verderben ließ, um sie zu Seife zu verarbeiten, woran mehr verdient wurde. Mein Kopf war ganz benommen von den vielen trüben Nachrichten. Ich las den spannenden Detektivroman „Das gelbe Zimmer" von Gaston Leroux. Ich ward aufs Büro zitiert. Man zeigte mir ein dickes Aktenbündel aus Kiel, „Recherchen über den Verbleib eines Hirschlockers und eines Entenlockers". Das war mir immer nachgereist. Inzwischen hatte ich die Pfeifen längst verschenkt, und nun mußte ich sie zurückfordern und nach Kiel senden.

Ich ging in die Wachtstube zum Lesen. Da stellte sich gerade ein fahnenflüchtiger Matrose. Acht Tage hatte er sich auf den Feldern herumgetrieben und nun sah er jämmerlich verhungert und verdreckt aus. Wir wußten, daß er mit Festung bestraft wurde. Der arme beschränkte und verkümmerte Tropf tat uns leid. Auf die Frage, warum er desertiert wäre, erzählte er, daß er ein unheilbares Blasenleiden hätte, was aber der Arzt nicht wahr haben wollte. Außerdem sei sein linkes Bein kürzer als das rechte, und da könnte er natürlich nicht so exerzieren wie andere Soldaten.

Ich kibitzte bei zwei Leuten, die Halma spielten. Es war mir und allen bekannt, daß diese beiden Knochenfraß hatten. Der eine sagte während des Spieles: „Der Arzt meint, er möchte mir doch lieber den rechten Arm abnehmen, sonst könnte Knochenfraß entstehen."

Der Minenheizer Fischer aus Wittenburg in Mecklenburg, einer von meinen Leuten, sandte mir vom Urlaub aus seiner Heimat Butter als Zeichen seiner Verehrung.

Da lag auch ein Mann in meiner Stube, der an einer üblen Hautkrankheit litt und deshalb besonders von den Fliegen geplagt wurde. Ich schenkte ihm meine Fliegenklatsche, die ich aus einer Brandsohle und einem Stecken verfertigt hatte und die von den Matrosen „Nepomuk" getauft war.

Dänische und norwegische Dampfer wurden von Zeit zu Zeit eingebracht. Sie kamen vor ein Prisengericht. – Auf T 79 war der Zünder einer englischen Mine explodiert. In Hamburg neue Unruhen. Man hatte dort die Jugendwehr herangezogen, weil das Militär sich weigerte, auf die Menge zu schießen. – Das Handels-U-Boot Deutschland hatte auf der Weser geankert. – David Rank hatte ein Theaterstück vollendet, das demnächst im Dresdener Hoftheater aufgeführt werden sollte. Ja, der hatte Muße und viel Geld und gute Beziehungen, und er war ein kluger, sehr geistiger Kaufmann. Und ich hatte Schulden und war sehr gedrückt, und was ich um raschen Gelderwerbs willen schrieb, war eine abgequälte Stümperei. – Italien hatte den Krieg erklärt. Wann würde Griechenland losschlagen? Wann Dänemark? In Holland sollte man bedenklich rüsten, und das Volk dort sang deutschfeindliche Lieder. Alle Welt war gegen uns. Wie sollte das enden.

Kein Petroleum, kein Spiritus mehr, keine Semmeln, kein Fleisch, keinen Zucker. Der Kunsthonig wirkte auf Messerstahl wie auf unsere Zähne wie Säure. Die Matrosen waren froh, wenn ich ihnen von meiner Brotration etwas abgab. Manchmal sparten wir uns Kartoffeln über und machten Salat daraus. Weil es kein Öl gab, nahmen wir Brillantine. Die Stimmung bei uns war „Ende um jeden Preis", und in den Blättern stand „Begeisterung und

Entschlossenheit". Wenn ich abends allein in der Sonne beim Apfelwein saß, überraschte ich mich oft darüber, daß mein Herz und mein Kopf in Glut gerieten, weil ich darüber nachsann, was ich laut als unparteiischer Volksredner hätte sagen mögen.

Ich las Turgenjews „Dunst" und Strindbergs „Sündenbock". Dann besuchte ich Bahre. Er zeigte mir Gipsabdrücke von allen Gliedmaßen seiner Bialla. Er schwärmte wieder in zartesten Tönen von ihr und bemerkte beiläufig, sie hätte sich jetzt von einem neuen Liebhaber angesteckt.

Der Minenheizer Fischer, der mich durch sein Liebespaket gerührt hatte, kehrte vom Urlaub zurück. Gleichzeitig erhielt ich einen Eilbrief und öffnete ihn froh erregt in der Hoffnung auf Geld. Er war aber von der Frau des Minenheizers. Sie schrieb mir in verzweifelter Stimmung, ihr Mann habe ihren Eltern eine Uhrkette und ein Paar Schuhe gestohlen, und ich sollte ihm doch das und außerdem ein Speckpaket wieder abnehmen. Den Speck sollte ich für mich behalten. Und ich möchte doch bitte ihren Mann nicht melden. Ich nahm dem Heizer Uhr und Schuhe ab, und als ich diese Sachen zur Post gegeben hatte, meldete mir die Bahnhofswache, daß eine Frau Fischer zugereist sei, die mich sprechen wollte. Als Zivilperson ließ man sie aber nicht durch die Bahnsperre.

Ich las Auguste Rodin – Die Kunst – Gespräche des Meisters, gesammelt von Paul Gsell, ein Buch, das mich sehr fesselte, während ich Dehmels „Zwei Menschen" nach wenig Seiten in die Ecke warf.

Zwanzigtausend Rumänen mit zwei Generälen gefangen, viel Munition und Geschütze erbeutet. Was verschlug es? Was kostete es? – Der Schreiber brachte mir die Nachricht, daß mein Halbbruder Petersen, der seinerzeit Furier in der Minenabteilung gewesen und dann an Bord gekommen war, mit einer Mine in die Luft gegangen sei. Und ich sollte nächsten Morgen nach der Matrosenartillerie überwiesen werden. Letztere Nachricht war mir gar nicht so sehr erfreulich, obwohl ich so lange darauf gewartet hatte. Denn meine Kleider waren entweder versetzt als Pfand für Schulden oder in sehr üblem Zustand. Und ich mußte doch in der Matrosenartillerie einen guten Eindruck machen.

Sehr traurig trat ich den Weg nach Thomsen an. Das Fort lag eine Stunde weit von Cuxhaven, unauffällig im Flachland, von grünen Wällen umgeben.

Elftes Kapitel

MATROSENARTILLERIST UND R.O.A.

Der Posten an dem schweren, mit Stacheldraht umschlungenen Eisentor schickte mich mit einer Bedeckung zum wachehabenden Offizier. Man wies mir eine Hängematte in einer Baracke an. Meine ersten Eindrücke waren sehr düster. Mein Herz war schwer. Meine Stiefelabsätze waren schief. Ich besaß keine Zivilschuhe und kein Geld.

Morgens entdeckte ich, daß die Kasematten sauber und daß die Wälle und Wiesen hübsch bepflanzt und gepflegt waren. Ich besah mir die 28-Zentimeter-Steilbahngeschütze, acht Stück. Ich hatte mich beim diensttuenden Unteroffizier gemeldet, aber weder dieser noch sonst jemand kümmerte sich um mich. Der Raum, in dem ich wohnte, war von lauter jungen Einjährigen belegt, die erst kürzlich zu Maaten befördert waren und alle Offiziere werden wollten. Sie waren sehr kühl zu mir, vielleicht, weil sie sich selbst noch nicht heimisch fühlten oder weil sie mich als Obermaat und älteren Menschen respektierten. Nur einer von ihnen, den man als *mauvais sujet* vom R.O.A.-Kursus ausgeschlossen hatte, nahm sich meiner an. Als ich ihm vertraute, wie es um mich stünde, deprimierte er mich noch mehr, indem er äußerte, ich sollte mir keine Hoffnungen machen. Da ich weder Geld noch ansehnliche Verbindungen hätte, würde man mich ein paar Monate hinhalten und dann abwimmeln, wie man ihn abgewimmelt hätte.

Der Oberleutnant Holzapfel ließ mich rufen. Das Gespräch wurde aber abgebrochen, weil eine telephonische Meldung eintraf, daß in Standheide eine Mine angeschwemmt sei. Man schickte mich als Sachverständigen dorthin, ich sollte feststellen, ob es eine englische Mine wäre usw. Der Auftrag erleichterte mich ein wenig. Die Mine lag mit Muscheln überwachsen im Schlick auf dem Watt.

Maat Rupprecht gab mir weitere und niederschlagende Auskünfte betreffs des R.O.A.-Kursus. Die Hauptsache wäre tadelloses Zeug. Ich brauchte eine Extrauniform, und ich müßte den Beweis erbringen, daß meine Eltern wohlhabend wären.

Auf dem Exerzierplatz wurde ich von Kapitänleutnant Bertelsmann gerufen. Das war ein schlimmer Moment. Der Kapitänleutnant stand breitbeinig da, wippte auf den Fußballen, spielte blasiert mit seinem ungewöhnlich langen Dolch und fragte in einem näselnden Ton: „Vor allen Dingen: haben Sie Geld?"

„Nein, Herr Kapitänleutnant, aber ich erbe Geld von einer Tante." Das war völlig erlogen, aber ich wußte mir nicht anders zu helfen.

Man teilte mich der B.-Batterie zu. Ich hatte viel Neues zu lernen. Es gab auch andere Fachausdrücke bei der Artillerie. Im ganzen ging es dort viel militärischer, aber auch anständiger zu als bei der Minenabteilung. Ich speiste mit den Einjährigenmaaten zusammen in einem kleinen, gemütlichen Kasino. Leutnant Pfohl teilte mir mit, daß ich mit diesen jungen Einjährigen und einigen Obermatrosen zunächst eine perfekte infanteristische Ausbildung durchmachen müßte. Später sollten wir selbst dann Rekruten ausbilden.

Pfohl exerzierte dann mit uns, so streng und so ausdauernd, daß mir die Kniegelenke und alle Knochen weh taten. Ich war weitaus der älteste in der Gruppe. Ich hatte die Wendungen und Griffe und Kommandos größtenteils längst verlernt, zum Teil waren diese auch inzwischen abgeändert, so hatte man alle Fremdwörter in den Kommandos ausgemerzt. Pfohl selber war ein junger Mensch mit gut trainiertem Körper, sehr eifrig, sehr gewandt und mit einer prägnanten, sympathischen Sprache. Die milchhäutigen Maate durften außerhalb der Festung in dem Ort Doose in Privatquartieren wohnen.

Betreffs einer Extrauniform wußte ich nicht aus noch ein. Von meinen Eltern hatte ich kein Geld zu erwarten, und der Zuschuß meines Bruders reichte nicht aus. So schrieb ich in meiner Not herzlich und aufrichtig an die Witwe des toten Furiers Petersen. Ich wußte, daß er eine Extrauniform besessen hatte. Frau Petersen antwortete empört, es sei pietätlos und ordinär, daß ich unmittelbar nach dem Tode ihres Mannes als Erbschleicher aufträte.

Wir exerzierten und exerzierten. Ich hatte seit Kneis ein Hühnerauge auf der Sohle. Das verursachte mir nun arge Pein. Aber ich verbiß den Schmerz und machte die von Pfohl aufs äußerste gesteigerten Laufschrittübungen mit, bis ich einmal ohnmächtig zusammenbrach. Und Pfohl ließ nicht locker, auch nicht beim Gewehrexerzieren und beim Turnen. Im theoretischen

Unterricht waren mir die Einjährigen ebenfalls voraus, so daß ich manchen Tadel einstecken mußte. Indessen spürte ich hinter Pfohls Strenge doch Gerechtigkeit und auch Wohlwollen. Deshalb nahm ich mich mit alleräußerster Energie zusammen. Pfohl sprach mich einmal in der Batteriestraße an und lobte meinen guten Willen. Er fügte hinzu: „Ich habe bemerkt, daß die Einjährigen-Maate manchmal über Sie lachen, wenn Ihnen ein Griff oder eine Wendung mißlingt; ich habe die Maate deswegen zur Rede gestellt. Und am ersten Oktober kommen Sie mit den anderen nach der Stadt in die Kiautschoukaserne zur Ausbildung von Rekruten."

Zwischendurch mußten wir dem Übungsschießen der Batterien beiwohnen. Auch trieben wir in streng disziplinierter Weise Sport und Unterhaltungsspiele, Fußball, Schleuderball. Das fand auf einer Wiese statt, wo eine Hammelherde weidete. Darunter war ein Bock, der uns oft von hinten tückisch und schmerzhaft anfiel.

In einer kühnen Stimmung bestellte ich mir bei einem Cuxhavener Schneider eine Extrauniform und schrieb an einen Verleger um Geld. Als ich das getan hatte, fühlte ich mich befreit, und das Fort kam mir auf einmal geradezu gemütlich vor. Ich fütterte die Hühner und Kaninchen. Und dann brachte mir die Postordonnanz ein Riesengeschenk von Tante Michel, hundertfünfzig Mark, die sie von ihrem Bruder für mich erbettelt hatte.

Bei einem Ausflug unserer Kompanie in die Heide nahm auch der Kompanieführer Bertelsmann teil. Wir zogen mit Musik nach den Königstannen. Die Luft war feucht und blaudunstig. Altweibersommer strich um unsere Nasen, und es roch nach Erde. Auf einer Wiese wurden Wettspiele veranstaltet, wie „Umziehen für die Nacht" oder „Hasenlaufen". Ich war aber stets darauf bedacht, mich mustergültig zu benehmen, denn meine Kameraden hatten mir zugesteckt, daß ich auf Schritt und Tritt beobachtet würde. Und so beobachtete ich mich nun dauernd selber, und je nachdem, ob ich etwas für meine Situation günstig oder ungünstig ausdeutete, sank oder stieg im Nu meine Stimmung. Das war eine sehr unbehagliche Verfassung.

In der knappen Freizeit hetzte ich in der Stadt herum, um mir eine Paradejacke zu meiner Extrauniform und ein seidenes Tuch und Exerzierkragen und Mütze zu besorgen.

Am neunundzwanzigsten September siedelten wir in die zwischen Feldern und Rosengärten gelegene Kiautschoukaserne über. Jeder Maat bekam einen Oberartilleristen als Exerziergefreiten zur

Seite, ich den ehemaligen Schullehrer Mock aus Mühlhausen in Thüringen. Wir richteten uns hinter den Verschlägen in den Mannschaftsstuben ein. Bei der Verteilung auf drei Züge kam ich zu dem von Pfohl befehligten. Den zweiten kommandierte Leutnant Gebert, den dritten Leutnant Hammer.

Meine jungen Kameraden fühlten sich nun auf einmal als Korporale, und da wurden sie freundlicher und offener zu mir. Der lange Bickenbach, der dreiste Teuerkauf, der junge, verwöhnte Momsen, den ich den „jungen Hund mit fliegenden Ohren" nannte. Wir machten uns gegenseitig Besuche in unseren Verschlägen, die jeder mit besonderer Liebe und nach eigenem Geschmack ausgestattet hatte.

Die Kiautschoukaserne war berüchtigt wegen ihrer Diphtheriebazillen. Jedes Jahr waren dort Massenerkrankungen vorgekommen.

Ich saß mit einigen Maaten im Café Hansa, da kam Rupprecht, der inzwischen zum Vizefeuerwerker befördert war, mit Leutnant Pfohl ins Lokal. Die setzten sich an unseren Tisch. Das war mir lieb, weil ich zum erstenmal meine neue Extrauniform anhatte und weil ich bei der Gelegenheit meinen Kameraden mancherlei in bezug auf das Verhalten den Vorgesetzten gegenüber ablauschen konnte.

Man mußte den Vorgesetzten das Gespräch ganz allein führen lassen und nur, wenn er fragte, kurz und ergeben antworten. Höchstens durfte man gelegentlich eine kleine Gegenfrage stellen. „Ich bitte um Auskunft, ob –"

Man verbot uns gewisse Lokale, zum Beispiel meine geliebte Apfelwein-Sonne. Man erzog uns wie Prinzenkinder. Pfohl gab uns auch Aufsätze auf. Ein besonders peinlicher Augenblick war es mir schon in Thomsen gewesen, als ich zum erstenmal mit den Einjährigen in einem gemeinsamen Waschraum badete und sie an meinem nackten Körper meine Tätowierungen entdeckten. Ich schämte mich auch meiner geflickten Wäsche.

Pfohl sagte vor der Front: „Am meisten Mühe gibt sich Obermaat Hester. Er gibt sich sogar zuviel Mühe."

Ich steckte in meiner erzwungenen Haltung in einer ganz fremden Haut. Ich ging mit Glacéhandschuhen aus, und es kostete mich keine geringe Mühe, in vorgerückten Gesprächen jede Erwähnung meiner bewegten Vergangenheit zu vermeiden.

Die ersten Rekruten trafen ein. Sie trugen noch Zivil und wurden instruktionsgemäß energisch beim Wickel genommen, daß ihnen sofort Hören und Sehen verging. Auch Einjährige waren darunter. Die mußten unsere Stiefel putzen, unsere Kleider ausbürsten und unser Bett „bauen". Als ich 1904 Einjähriger war, hatte man uns auch schroffer behandelt als die Gemeinen, und das war eine gute Einrichtung bei der Marine.

Weitere Rekrutenzüge kamen und wurden in schärfsten Drill genommen. Es gab viel komische Situationen. Einer von uns Korporalen, der noch keine Belegschaft in seiner Stube hatte, kam zu Bickenbach. „Können Sie mir einen Mann leihen?"

„Jawohl, so viel Sie wünschen. Einjährige, Elektrotechniker, Schiffer –"

„Na, dann bitte einen Kunstmaler."

„Gut. Und wozu?"

„Er soll meine Seestiefel einfetten."

Meist waren es siebzehnjährige Burschen, entlassene Schüler, die sich freiwillig zur Artillerie gemeldet hatten, weil sie sich dort sicherer vor dem Heldentode wähnten. Sie hatten ihre besten Anzüge an, aber das Beste schmolz bald dahin, denn sie mußten in dieser Kleidung Schränke schleppen und Kohlen schaufeln und Strohsäcke mit Papier ausstopfen. Und sie wurden dauernd von uns angeraunzt, weil sie „Sie" sagten statt „Herr Maat" oder „Herr Obermaat haben". Oder weil sie leise sprachen oder die Stube ohne Erlaubnis verließen. „Ich bitte austreten zu dürfen." – „Ich melde mich vom Austreten zurück."

Dann kam ich auf Stube 79 in einen Verschlag mit dem R.O.A. Momsen zusammen. Wir hatten achtzehn Rekruten auf der Stube und bogen uns vor Lachen über deren naive oder als unmilitärisch komische Reden. Es gab kein Petroleum mehr. Wir mußten uns für eigenes Geld Kerzen kaufen.

„Pech!" rief Teuerkauf, der mir eine Visite abstattete, „jetzt, da wir Offiziere werden wollen, sind durch kaiserlichen Erlaß die Offiziersgehälter herabgesetzt."

In den nächsten Tagen fand ich keine Zeit mehr, in die Stadt zu gehen. Aber ich war zufrieden, weil Pfohl und die Kameraden vorläufig nett zu mir waren. Es gab viel Dienst, um den Rekruten den ersten Schliff beizubringen. Viele von ihnen erkrankten bald. Magenkrampf – Herzstechen – Halsentzündung – Nasenpolypen. Ich selbst war stockheiser vom vielen Instruieren und Anbrüllen.

Ein Rekrut hatte seinen Kameraden bestohlen und wurde dafür mit einundzwanzig Tagen strengen Arrestes bestraft. Das war recht. Aber nicht recht erschien es mir, daß der Korporal oder ein Offizier – ich weiß das nicht mehr – diesen Sünder außerdem von dessen Kameraden verprügeln ließ.

Von den Wällen aus sahen wir die Luftschiffhalle Nordholz. Vier Zeppeline stiegen auf. Und nach Stunden kamen drei zurück. L 31 war über London abgestürzt.

Die Leutnants Hammer und Gebert führten sich ein; Gebert, der auch stellvertretender Kompanieführer für Bertelsmann war, liebte und pflegte den Gesang. Er lehrte uns hübsche Lieder, Marschlieder, Bergmannslieder, Seemannslieder. Es kam ihm darauf an, daß wir den Text vollständig beherrschten und laut heraussangen. Hammer war ein stiller und einfacher Mensch

Von früh bis spät waren wir mit den Jungens beschäftigt. Wir führten sie zum Arzt, zur Einkleidung, zur Kirche, zum Essen, zum Dienst, zum Unterricht und zu den sogenannten Erholungsspielen. Sie mußten militärische Themata vortragen oder abfragen, wie z. B. „Benehmen gegen Vorgesetzte", „Verhalten im Quartier und in der Kaserne". Sie mußten während der Freizeit die Stuben fegen, Spinde und Tische schrubben, schöne Lieder singen, Stiefel putzen, Etiketten schreiben, Zigaretten aus der Kantine holen, sich aufgerufen hinterm Verschlag melden und die Fingernägel oder die Zähne vorzeigen. Ich galt unter ihnen als streng. Ein Rekrut, den ich wegen seiner Unsauberkeit abkanzelte, brach in bittere Tränen aus. Selbstverständlich hielt ich mich selber, seit ich bei den R.O.A.s war, peinlich sauber, manikürte meine Finger und pflegte meine Haare wie ein Dandy.

Gehen durften unsere Rekruten nicht, auch nicht laufen, sie durften nur „spritzen" oder „explodieren". Was nicht klappte, wurde dreißigmal hintereinander wiederholt. Wenn es hieß: „Alle Korporalschaften am Schuppen antreten!" dann stoben diese weißgekleideten Bengels wie Sandwolken über den Platz, und sie fielen komisch übereinander und wälzten sich in den Pfützen. Und wenn ein Unteroffizier eine Stube betrat, so brüllte der erste Rekrut, der ihn sah, mit Donnerstimme: „Aufstehen!" Und dann spritzten die anderen von ihrer Näh- oder Schreibarbeit auf und standen unbeweglich stramm, und das begab sich etwa alle drei Minuten. Und wer beim Ausziehen abends nach der Musterung innerhalb von zwei Minuten nicht schon im

Bett lag, mußte sich noch dreimal hintereinander an- und ausziehen.

Beim nächsten Appell erschien der Abteilungskommandeur, der Korvettenkapitän v. Hippel, und schritt die Front ab. Er sprach mich an, weil ich als einziger in der Kompanie das Eiserne Kreuz trug. Ob ich in Flandern gewesen wäre. – Teuerkauf wollte gehört haben, daß v. Hippel betreffs der Rekruten geäußert hätte, sie sähen durchweg sehr dumm aus. So wirkten sie auch auf mich. Aber sie waren ja so jung und so kahlgeschoren und durch den plötzlichen scharfen Drill ganz verwirrt. Sie machten mir manchen Ärger, aber noch viel mehr Freude. Jeden Abend hielt ich eine Ansprache an sie. Ich ermahnte sie nach meinen Ideen zur Ehrlichkeit, zur Dankbarkeit und zur Gottesfurcht. Dieses Bestreben, bei aller Strenge menschlich und gerecht zu sein, übte Pfohl uns gegenüber in viel konsequenterem Maße.

Als die Rekruten zum Baden nach der Grimmerhörnkaserne geführt wurden, bekam ich als Ältester das Kommando über den Zug. Ich marschierte in diesem stolzen Gefühl vor dem vordersten Gliede und ließ meine Kompanie singen.

„Drei Lilien, drei Lilien,
Die pflanzt ich auf mein Grab . . .“

Immer wieder stieg ich auf der großen Wichtigkeitsleiter ein Sprößchen höher. So wurde ich eines Tages „Deckoffizier vom Dienst“, das besagte, daß ich für diesen Tag das Ansehen und die Befugnisse eines Deckoffiziers hatte. Ich mußte die Wache vergattern und Posten und Stuben sowie die Kantine revidieren. Besonders war darauf zu achten, daß alle Räume nach außen abgeblendet waren.

Die Rekruten sollten kurze Lebensläufe schreiben. Mein Schmerzenskind, der lange, steife, dürre, unsaubere Landwirt Puckhaber, schrieb: „Außer mir habe ich noch sechs Geschwister.“

Gebert rief die R.O.A.s zusammen. Es bestünde die Absicht, sie zu einem Bierabend einzuladen. Er und Pfohl führten uns abends in das Lokal von Baumann zum Bier. Später kam der Vizefeuerwerker Rupprecht und zuletzt Kapitänleutnant Bertelsmann hinzu. Die Unterhaltung blieb zunächst zwischen Bertelsmann und Gebert. Ich richtete mich angestrengt nach den neun jungen Maaten und saß mit gespitzten Ohren steif und schweigend da. Der Kompanieführer hatte mich an seiner rechten Seite Platz nehmen lassen.

„Na, Sie sollen ja so große Reden an Ihre Leute halten“, sagte er spitz zu mir, „ja, ich bekomme alles zu wissen.“ Dann sprach er allgemein über Viel- oder Wenigtrinken. Leutnant Gebert trat gewandt als Verteidiger des Trinkens auf. Er prostete mir auch mehrmals zu und reichte mir einmal die Hand. Aber ich hütete mich wohl, in die Debatte einzugreifen und mehr zu tun, als knapp militärisch zu antworten oder dem Vortrinker vorschriftsmäßig nachzukommen. Denn ich wußte, warum wir Maate dort saßen und warum gerade ich den Platz neben Bertelsmann erhalten hatte. Und genau so wußten meine Kameraden, was dieses abgekartete Spiel zu bedeuten hatte. Ich verglich in Gedanken dieses peinvolle und krampfhafte Beisammensein mit Münchner Künstlerstammtischen.

Als der feldgraue Kellner die Biergläser auf den Tisch brachte, stellte er das erste dem Kompanieführer hin. Dieser sagte dann in seinem langsamen, überlegenen Ton: „Eigentlich ist es nicht in Ordnung, daß dem Kompanieführer das erste Glas vom Faß vorgesetzt wird.“ Darauf sagte ich: „Ich bitte mein Glas Herrn Kapitänleutnant anbieten zu dürfen.“

„Nein“, erwiderte er beleidigt. „Ich wollte Sie nicht ausnutzen. Ich weiß auch, was sich schickt.“

Bautz! Da hatte ich meinen Schlag. Ich war innerlich sehr betrübt und dachte, was wohl dieser *Faux Pas* für weitere Folgen haben würde. Bertelsmann kam dann auf das Berliner Tageblatt und auf den Vorwärts zu sprechen und dann auf unsere U-Boote in amerikanischen Gewässern. Er schien gut unterrichtet und drückte sich klar aus. – Künftig sollten öfters solche Abende veranstaltet werden.

Ich schrie mir auf dem Kasernenhof im Sturmwetter den Kehlkopf wund und jagte mit den Kerls herum, daß die Funken stoben. Schon lagen vier von ihnen im Revier, der eine an schwerer Rippenfellentzündung erkrankt. Und Puckhaber ließ ich in den Pfützen sich niederlegen und wieder aufstehen und niederlegen und aufstehen, und er weinte, der unselige, verwirrte, hagere und eckige Bursche, dieser verwöhnte Bauernsohn mit seinen endlos langen Füßen. Er – fast alle taten mir leid. Aber ich mußte so zu ihnen sein, und ich wußte, wenn ich je Offizier würde, konnte ich sie anders anpacken. Außerdienstlich war ich denn auch netter zu ihnen.

Ich suchte den Schriftsteller Seeliger auf, der in der Minenabteilung Schreibermaat war, ein korpulenter, vergnügter Vierziger, an dem mir sonst nichts auffiel.

Ein Honorar von der „Jugend“ versetzte mich in die Lage, meine Luxusuniform zu vervollständigen. Außerdem lud ich die jungen Maate häufig ein. Mit Jaukens, Müller, Teuerkauf, Momsen und Bickenbach trank ich Brüderschaft.

Leutnant Hammer war zu allen gütig und freundlich. Wir wußten, daß sein Vater Bäcker war.

Bei dem nächsten Gesellschaftsabend bei Baumann ging es ungezwungener und lebhafter zu, weil der Kompanieführer nicht zugegen war.

Alle waren wir heiser vom Kommandieren. Dabei ließ uns Gebert bei jeder Gelegenheit Lieder singen.

„Kehr ich einst zur Heimat wieder,
Vor des Liebchens Haus, da bleib ich stehn –

Ist es denn nun wirklich wahr,
Was man hat vernommen,
Daß so viele tausend Mann
Sind nach Frankreich kommen?“

und vieles andere.

Rekrut Hofmeister sah aus wie ein Osterhase, und er war noch dümmer als Puckhaber. Wenn ich zu ihm sagte: „Was haben Sie denn da Blaues an der Lippe?“ dann machte er stramm und steckte die Zunge heraus. Er war gelernter Friseur. Aber als ich sonntags einmal notgedrungen mich von ihm rasieren ließ, fuhr er mir plötzlich mit drei großen, dreckigen Fingern tief in den Mund, um die Backe von innen auszubuchten. Es machte uns Spaß, ihn und ähnliche Tröpfe mit irgendwelchen komplizierten Aufträgen zu anderen Korporalen zu schicken. „Gehen Sie mal auf Stube 46 zu Maat Teuerkauf und fragen Sie ihn, in welchen Distrikten der Dobrudscha eine panslavistische Agitation zu konstatieren sei.“

Zum Abendbrot gab es Zulagen, und zwar zwei Brote für zweiundzwanzig Mann. – Norwegen protestierte gegen den Aufenthalt von U-Booten in norwegischen Gewässern. – Der österreichische Ministerpräsident Graf Stürgkh war ermordet worden. – Konstanza war genommen. – Wir hatten schon vier Grad Kälte und keinen Ofen und zerbrochene Fensterscheiben.

Eines Abends war ich zu Leutnant Pfohl eingeladen. Er hatte mir am Tage verschiedene Rügen erteilt. Das war nun wieder so ein grauenhafter Besuch, bei dem ich auf Offiziersbefähigung geprüft werden sollte. Jacke, Überzieher, Mütze mußten tadellos sitzen. Ich durfte keinen Gruß mit Worten erwidern und jedes „Danke“ auch nur durch Strammstehen ausdrücken. Pfohl war aber nett, bot mir Zigarren und Schokolade an und erfragte meine Meinung über die Korporale. Dann erzählte er mir, daß es an der Westfront sehr schlimm um die Deutschen stünde.

Auf dem Exerzierplatz herrschte ein gelles Durcheinander von Kommandos und Rufen. Man sah komische Szenen. In einem Winkel abseits, ganz allein, machte ein Mann dauernd Kniebeuge, streckte dabei einen Schemel von sich und brüllte im Takt dazu unaufhörlich: „Jawohl, Herr Kapitän!“ Das war offenbar eine Strafübung für zu leises Sprechen. Nun hatte man aber den Mann vergessen, und von Rechts wegen muß er bis zu seinem Tode dort Kniebeuge machen und Schemel strecken: „Jawohl, Herr Kapitän!“

Die Strafen waren oft sehr hart. So ließ ich Puckhaber, wegen großer Ferkeleien, einmal von seinen Kameraden im Waschraum mit Besen und Bürsten schrubben. Das war eine übliche Erziehungstortur. Das Ganze wurde in der Dienstpause vorgenommen, und die Leute waren sehr böse auf Puckhaber. Nachdem sie durch seine Schuld wieder einmal in einem noch schlimmeren Falle um ihre Freizeit gekommen waren, gab jemand das traditionell bekannte Stichwort aus: „Der heilige Geist kommt“. Und nachts erwartete und hörte ich dann, wie die Stubengenossen plötzlich mit ihren Klopfpeitschen über Puckhaber herfielen, ihn arg verprügelten und zum Schluß noch zwangen, daß er zu mir hinter den Verschlag kam: „Melde: der heilige Geist war da.“ Gegen so alte Gebräuche durfte ich nicht einschreiten.

Dann wurden die Rekruten für die Vereidigung vorbereitet. Sie mußten die Eidesformel auswendig lernen. Ich – (Vor- und Zuname) – schwöre bei ... usw. Hundertmal mußten sie das hersagen, wurde ihnen das erläutert und vorgekaut. Als dann aber in der Grimmerhörnkaserne vor Seiner Exzellenz die feierliche Vereidigung in einem mit Palmen und Flaggen geschmückten Schuppen stattfand und alle Rekruten gleichzeitig die Eidesformel hersagten, hörte man viele Stimmen heraus: „Ich (Vor- und Zuname) schwöre ...“ Trotz der widerlichen Quatschrede des Pfarrers machte die Feier doch einen seltsamen Eindruck. Der Sturm heulte, und während des Eidschwures brach plötzlich ein Wolkenbruch los. Das Dach des Schuppens erzitterte. Ein Mann fiel ohnmächtig um, Exzellenz hielt eine unerschütternde Rede, und die Kapelle des Musikmeisters Stolle (er lieferte alle beste

Musik in Cuxhaven) suchte den Sturm zu überbieten. Nachmittags unternahmen wir einen Ausflug nach dem malerischen Orte Otterndorf. Gebert, von Zivilberuf Jurist, war sehr witzig und mir persönlich gewogen. Die meisten von uns fürchteten ihn. Pfohl, weise, jung und enthaltsam. Gebert hielt eine sehr gewandte Rede mit Hurras auf den Kaiser, und es wurde fidel. Später kehrten wir dann noch bei Baumann ein, wo Bertelsmann erschien mit seinem scharfen Gesicht, seiner Empfindlichkeit und seinen übervernünftigen, klugen Reden, die uns dämpften und beherrschten.

Dann kam ein Tag dicke Luft; der junge Maat und Korporal Ponarth war von Gebert beim Kompanieführer zum Rapport gestellt worden, weil er seine Rekruten in der Freizeit grausam geschunden hatte. Er bekam drei Tage Mittelarrest und wurde von der Liste der R.O.A.s gestrichen. Ich ging zu Leutnant Hammer und bat um Auskunft, ob er oder ob wir Kameraden etwas zugunsten Ponarths unternehmen könnten, denn er tat uns leid, obwohl uns sein verschlossenes und unehrliches Wesen von jeher unsympathisch war. Hammer sagte, da wäre nichts zu ändern. Ponarth hatte aus einer sadistischen Sucht heraus herzlose Schändlichkeiten begangen.

Ich war noch immer nicht legitimer R.O.A. und durfte auch noch nicht die Abzeichen und das Mützenband der Matrosenartilleristen tragen. Aber eines Tages wurde ich endlich zum Oberartilleristenmaat ernannt. Die Abzeichen kosteten mich wieder viel Geld. Ich hatte Sorgen, aber ich nahm mich weiter zusammen und fühlte mich weiter beobachtet. Gewiß wurde auch meine Post revidiert.

Ich hatte zwei Verhandlungen aufgenommen wegen einer zerbrochenen Lampe und eines entwendeten Handtuches und war dann zu Bett gegangen. Da erschien Leutnant Gebert, um mich zu einem Glase Bier mitzunehmen. „Wie lange Zeit brauchen Sie, sich anzuziehen?"

„Zwanzig Minuten."

„Nein, das dauert mir zu lange." Gebert ging. Ich fürchtete, ihn verstimmt zu haben und machte mir darüber noch lange Gedanken.

Wir wurden mit den Rekruten nach Thomsen geschickt, um ein Kaliberschießen anzusehen. Man postierte uns auf den Wall, ganz dicht vor einer 28-Zentimeter-Haubitze und verschwieg uns, daß dieses Geschütz wenige Minuten später feuern sollte. Als dann der

Schuß fiel, klang das bei uns, als würde die Hölle losgelassen, und viele der Rekruten setzten sich vor Schreck auf den Hintern. Man sah einen spritzenden Flammenring, vernahm ein steigendes, sich windendes Sausen, Surren und Heulen, und eine Sekunde lang war die Granate in der Luft sichtbar. Es wurde nach Land zu, acht Kilometer weit geschossen. Die Einschläge wurden telephonisch gemeldet. Obwohl man im ganzen Fort die Fenster vorher ausgehakt, die Bilder von den Wänden genommen und alles Geschirr verstaut hatte, richteten die Detonationen doch mancherlei Schaden an.

Es wurde ein Vortrag für die Korporale gehalten über den grauenhaften Untergang von U 41. Ich durfte nicht teilnehmen, weil ich noch nicht R.O.A. war.

Kapitänleutnant Bertelsmann hielt mir eine lange Rede. Ich sei anfangs als sehr ungeeignet angesehen und hätte allen Offizieren, auch ihm, gar nicht gefallen. Doch hätte ich mich durch große Energie und fast zu viel Eifer zu einem guten Soldaten aufgearbeitet. Auch wäre ich den jüngeren R.O.A.s gegenüber als guter Kamerad aufgetreten. So habe er mich zum R.O.A. vorgeschlagen.

Und der Dienst ging weiter. Auf dem Exerzierplatz im Schneesturm war es lausig kalt, und in den Stuben stanken die Rekruten wie die Waldesel. Bei einem R.O.A.-Abend bei Baumann betraten auf einmal vier angetrunkene Leute der Minenabteilung das Lokal. Sie grüßten unsere Offiziere nicht und da gab mir Leutnant Gebert, weil er merkte, daß ich diese Leute persönlich kannte, den peinlichen Auftrag, sie auszuweisen.

Ein Zeppelin mit Mimikryanstrich überflog uns. – Ich litt sehr an meinem Hühnerauge und auch ein selbsterfundenes Pflaster aus geknetetem Brot und Petroleum brachte keine Erleichterung. Ich war oft wieder traurig, und mich überkam eine Sehnsucht nach den geistigen und leiblichen Genüssen der Friedenszeit. Ich wurde öfters von den Offizieren eingeladen und konnte das leider nicht abschlagen. So gewöhnte ich mich an den steifen Verkehrston, bei dem ich eine langweilige passive Rolle spielte. Einmal lieh Pfohl einen Novellenband von mir. Als er das Buch gelesen, sagte er bescheiden: Für einige der Geschichten sei er noch zu unreif. Dann rief mich einmal Gebert und redete mich also an: „Obermaat Hester, haben Sie Lust, heute bei unserem R.O.A.-Abend die gesamte Zeche zu bezahlen?“

„Jawohl!“ sagte ich ohne Besinnen und gleichzeitig bestürzt. Von dem wenigen Geld, was ich besaß, hatte ich in letzter Zeit öfter meine Kameraden freigehalten, was ich zum Teil in der Berechnung tat, daß mir das als Wohlhabenheit ausgelegt würde.

„Ahnen Sie denn nicht den Zusammenhang?“ fuhr Gebert fort. „Sie sind zum R.O.A. ernannt und können sich auch schon ein wenig mit der Handhabung des Säbels vertraut machen.“

Das war freilich eine schöne Mitteilung, und die Anspielung auf den Säbel ließ mich hoffen, daß ich in nicht allzu langer Zeit auch schon zum Vizefeuerwerker befördert werden sollte, die letzte Stufe vor dem Leutnant. Nun galt es, eine Vizefeuerwerkeruniform anzuschaffen, Mantel, Waffenrock, Mütze, Achselstücke, Ledergamaschen, Koppel usw. Der Säbel allein kostete achtzig Mark. Die Hälfte dieser Unkosten trug zwar der Staat, aber der Rest machte mir Sorgen genug. Und nun mußte ich die ganze R.O.A.-Gesellschaft freihalten, und das kostete mich wieder sechzig Mark.

Briefe aus Leipzig: Meine Mutter schrieb unter anderem: „Ich renne beständig auf der Straße herum, da ich alle Lebensmittel selbst einhole und jedes zu einer anderen Stunde ausgegeben wird. Nach einem halben Liter holländischer Milch – oder Magermilch laufe ich mit einem Topf bis in die Emilienstraße, manchmal zweimal vergebens! Es ist schwer jetzt, den Haushalt zu führen, d. h. für die Bewohner großer Städte; auf dem Lande ist keine Not.“

Vater schrieb unter anderem: „Einer der merkwürdigsten Vorgänge in unserer Zeit ist der Übertritt des griechischen Armeekorps. – Beim vorletzten Leonidenabend erschien der Bildhauer und Maler Carl mit seinem Sohne, einem sehr stattlichen und eleganten Seeoffizier, der mir außerordentlich in seinem ruhigbesonnenen und dabei ganz anspruchslosen Wesen gefiel. Er ist der maschinelle Leiter eines U-Bootes, Ingenieur, und hat in seinem Boot den unglücklichen Casement nach Irland gebracht. Dieser hat ihm unterwegs schon vorausgesagt, daß er den Tod finden werde, aber trotzdem hinüber müsse, der Sache wegen.“

Puckhaber, Hofmeister und noch einige andere Unverbesserliche aus meiner Stube wurden in eine sogenannte Krüppelkorporalschaft abgeschoben. Ich erhielt dafür neue Leute, von denen einer wie der andere aussah. Als die in ein Kino geführt wurden und man dort gerade das Leichenbegängnis des Grafen Stürgkh zeigte, stimmten die Rekruten das Lied an: „Ich schieß’ den Hirsch im wilden Forst“.

Kaiser Franz Joseph war gestorben. Die Offiziere trugen Trauerflors. – Ich las zwei interessante Aufsätze über Paul Krüger und Cecil Rhodes, von Carl Peters „Afrikanische Köpfe". – Momsen und ich erhielten Urlaub nach Otterndorf. Die Mutter Momsens traf sich dort mit ihrem Sohne, und sie traktierte uns mit Gänseklein und Kartoffelsalat. Die Mutter stammte aus Rio Grande do Sul, wo auch ich einmal gewesen war. Sie hatte ihr Söhnchen allzusehr verwöhnt, so daß er ein recht egoistischer Mensch geworden war, der mich oft ärgerte. Ich merkte überhaupt, daß ich auf dem Punkt angelangt war, wo ich die Fehler der Kameraden erkannte und wo sie die meinigen erkannten, daraus sich denn etwas Feindseliges entwickelte. Bedauerlich, aber das unverhinderlich Gesetzmäßige. Übrigens fand sich auch Gebert in Otterndorf ein, um zu kontrollieren, ob der Besuch von Momsens Mutter keine Erfindung sei. – Als wir zum Schießen ausrückten, flogen wieder drei Zeppeline gen England. Nur einer kam zurück. – Morgens und abends aßen wir trocken Brot denn der Kunsthonig war nicht zu genießen. Ich schlich mich deshalb heimlicherweise manchmal in die Sonne, wo man für eine Mark und fünfzig Pfennige eine gebratene Scholle erhielt.

Ich erhielt folgendes Schreiben: „Eisenach, Burgstr. 16. d. 27. 11. 16. Lieber Gustav Hester. Längst wollte ich an Sie schreiben, aber ich konnte den rechten Ton nicht finden. Ich möchte, daß Sie mich recht verstehen. Seitdem Sie zum erstenmal Gast in meinem Hause gewesen sind, hat jede innere Gemeinschaft zwischen uns aufgehört. Sie wissen gar nichts von mir. Ich bin Ihnen noch unbekannter, wie ein ganz fremder Mensch. Das kommt vielleicht daher, daß sich unsere Interessen zu sehr befehden. Sie wollen sich hier amüsieren, so viel es geht, und tun es ohne jede Verantwortlichkeit, ich kann diesen Geist der Unordnung und Revolution nicht dulden. Er bedroht meine Existenz, mehr noch, er vernichtet mich innerlich vollständig. Ich muß Sie darum bitten, nie mehr herzukommen, wenn die jungen Mädchen hier sind. Es wird mir dies ganz furchtbar schwer, Sie sehen, ich habe ein halbes Jahr gebraucht, um die Bitte auszusprechen, daß ich sie dennoch ausspreche, beweist Ihnen, daß es mir um Sein und Nichtsein geht. Ich verstehe Sie auch in Ihren albernsten Stunden und möchte Sie dann manches Mal in den Arm nehmen und Sie bitten: ‚Wüten Sie doch nicht so gegen sich selbst'. Aber was nützt das Ihnen? Mir aber schadet es und läßt sich nicht wieder gutmachen. Ich wollte, wir könnten einmal noch den alten Ton zueinander finden, aber hier im Kreise der jungen Mädchen wird das nie geschehen. Vielleicht können wir einander einmal am dritten Ort begegnen, wenn Ihnen überhaupt etwas an einer Verständigung mit mir liegt. – Wie geht es Ihnen sonst? Tilly sagt, Sie machten einen Offizierskursus durch oder Sie gehen mit dem Gedanken daran um. Schreiben Sie mir doch mal, damit ich sehe, daß Sie wenigstens dieses eine Mal einen Funken von Verständnis für mich haben. Ach, Gustav, wie schlecht sind Sie doch mit meiner warmen Freundschaft für Sie umgegangen! – Herzlichen Gruß Frau Dora Kurs."

Auf Scherz- und Strafwegen sammelten wir R.O.A.s Gelder für die kommende Weihnachtsfeier der Rekruten. Ich hatte die Kasse zu verwalten. Das war nicht sehr erfreulich, denn es gab da Burschen unter uns, die in bezug auf Geld ein sehr merkwürdiges Benehmen an den Tag legten.

Ich schrieb eine Novelle und noch eine und noch eine, aber sie mißlangen, und ich mußte sie wieder vernichten. Ich schrieb sie zu eifrig, weil ich dringend Geld brauchte. Dazwischen war uns R.O.A.s ein schwieriger Aufsatz aufgegeben über das Thema: „Verhaftung – vorläufige Verhaftung – Waffengebrauch."

Der Abteilungskommandeur v. Hippel nahm eine Stubenmusterung vor. Er erkannte mich wieder und frug mich, ob ich R.O.A. geworden sei und welches mein bester Mann wäre. Er sprach sich befriedigt über die Besichtigung aus. Sein gütiges und ruhiges Wesen gefiel mir sehr.

Wir exerzierten öfter an den Geschützen in Thomsen. Dann unternahmen wir wieder einen dienstlich kameradschaftlichen Ausflug nach Otterndorf, wobei sich sogar der sonst so enthaltsame Pfohl einen Schwips holte.

Bukarest war gefallen. Bertelsmann hielt beim Appell wieder eine seiner langsamen, stockenden, lang überdachten Reden. Er sprach blasiert, wippte dabei auf den Fußballen, und er redete sehr sehr gern.

Ich war verschuldet und wurde dabei häufig noch angepumpt. Gebert sprach mich an: „Ihnen liegt doch daran, bald Offizier zu werden?"

„Jawohl."

„Nun, da werde ich Sie zu Weihnachten zur Beförderung zum Vizefeuerwerker vorschlagen und gleichzeitig Ihre Abkommandierung an die Front beantragen. Sie wollen doch gern an die Front?"

„Jawohl."

„Es werden aber noch einige Wochen nach Weihnachten vergehen, ehe Sie Vize werden."

Die große letzte Rekrutenbesichtigung stand vor der Tür. Ich wußte, man würde mir besonders auf die Finger sehen. Ich sollte vor allen Offizieren und in Gegenwart des Abteilungskommandeurs selbständig den dritten Zug vorführen.

Ich verfaßte ein fünfstrophiges – in den Rahmen passen müssendes – Gedicht, das ich bei der Weihnachtsfeier der Rekruten vortragen wollte. Gebert hatte mir diesen Auftrag gegeben. Er ahnte nicht, wie schwer mir das in meiner sorgenvollen Zerrissenheit ankam.

Von einer anstrengenden Schießübung zurückgekehrt, wollten wir hungrig über das Essen herfallen, als man uns und alle Kasernenbewohner auf den Hof pfiff. Laut Telephonspruch sollten sämtliche Mariner um zwölf Uhr angetreten sein, um eine kaiserliche Order anzuhören. Natürlich ließ man uns eine Stunde hungrig und frierend stehen. Dann wurde das Friedensangebot an unsere Feinde verlesen. Gebert teilte anschließend daran gewisse Personalverschiebungen mit und sagte zu mir, ich könnte leider doch nicht so bald zum Vizefeuerwerker befördert werden, wie er gedacht hätte, da ich in meiner artilleristischen Ausbildung noch zu weit zurück sei. Er müsse also seine diesbezüglichen Versprechungen wieder zurücknehmen. Wahrscheinlich würde ich aber bald zur Luftabwehrabteilung abkommandiert. Diese Mitteilungen hüllten meine Vorweihnachtsstimmung in düsteres Grau. Ich war drauf und dran, meine Karriere durch irgendwelche oppositionelle Tat zu zerbrechen, um wieder der kleine, aber freiere Minenobermaat zu werden. Abends saß ich trübselig in der Stadthalle mit Leutnant Hammer, der mir in rührenden Worten sein Beileid ausdrückte. Auch Pfohl bedauerte mich und suchte mich zu trösten. Ich würde glänzend bei der L. A. A. eingeführt werden und sollte froh sein, daß ich nicht wieder nach Thomsen zurück müßte. Denn – im Vertrauen gesagt – der Kompanieführer Bertelsmann könnte mich nicht leiden. Als ich damals von der Minenabteilung nach Thomsen kommandiert worden wäre, hätten die Offiziere einen großen, langlockigen Dichter erwartet, und als mich der Kompanieführer dann erblickte, hätte er geäußert:

„Dieser Kröpel wird auf keinen Fall Offizier." Pfohl fügte noch hinzu, bei der L. A. A. hätte ich Aussicht, in einem Vierteljahr befördert zu werden.

Ich ließ mich nicht trösten. Dann rief mich Bertelsmann, hielt mir ebenfalls eine Trostrede und schloß so: Ich sollte mir bis Weihnachten meine Vizefeuerwerkeruniform bereithalten.

Ich glaubte meinen Ohren nicht zu trauen, dann aber schlug meine Traurigkeit in Seligkeit um. Also wollte man mich doch schon zu Weihnachten befördern. Das wäre ein Fall von selten schnellem Avancieren bei der Artillerie gewesen. Man zog wohl dabei mein Alter in Berücksichtigung.

Ein rosiger Tag. Ich widmete mich freiwillig den Vorbereitungen für die Weihnachtsfeier in eifrigster, aber nervös konfuser Weise. Ich bestellte meine Uniform. Der Säbel sah aus wie alle Marinesäbel. Der Löwenkopf am Knauf hatte ein grünes und ein rotes Auge. Aber das Elfenbein war Knochen und das Gold war nur leicht vergoldetes Eisen. Dafür kostete er allerdings auch weniger als die Friedenssäbel.

Daß mir der Simplizissimus eine Novelle zurückschickte – „die Zensur würde das keinesfalls passieren lassen" – bekümmerte mich diesmal nicht sonderlich. Ich war ja in fieberhafter Stimmung. Nachts schlief ich nicht vor vielen aufgeregten Gedanken.

Die Vorbesichtigung fand statt. Ich führte meinen Zug Rekruten vor. Bertelsmann war einigermaßen mit mir zufrieden. Pfohl aber drehte völlig durch und machte beim Melden eine sehr komische Säbelbewegung.

Beim Ausdenken und Aussuchen der Weihnachtsgeschenke mußte ich immer mit meinem Rat herhalten. Die R.O.A.s hatten auch für die Offiziere kleine lustige Gaben besorgt. Leutnant Gebert hatte sich verlobt, und da galt es nun, ihm ein größeres und in jeder Beziehung passendes Geschenk zu überreichen. Mein Hühnerauge peinigte mich sehr. Meine Stimme war total heiser und sollte doch morgen bei der großen entscheidenden Besichtigung weithin über den Kasernenplatz tönen. Und meine Schulden drückten mich ebenso wie das Hühnerauge. Und wenn ich zu Weihnachten Vize würde und auf Urlaub führe, dann mußte ich meine Bahnfahrt selber bezahlen.

Die große Besichtigung. Wir exerzierten und kommandierten und marschierten vor dem Korvettenkapitän v. Hippel. Ich mußte erst meine Korporalschaft und dann einen ganzen Zug vorführen.

Ich schwitzte in der Kälte vor Aufregung und beging mehrere Fehler. Z. B. ließ ich die Leute (markiert) schießen, ohne daß sie den Mündungsschoner abgenommen hatten. Aber im großen und ganzen machte ich wohl meine Sache gut. Und der gütige v. Hippel äußerte sogar, ich habe das sehr gut gemacht.

Abends bei der R.O.A.-Kneipe verteilten wir unsere Geschenke an die Offiziere. Auch Bertelsmann war zugegen und stichelte anfangs ein wenig gegen mich. Als er aber merkte, daß ich konsequent in korrekter, ernster Reserve blieb, lenkte er freundlicher ein.

Am nächsten Nachmittag wurde den Rekruten beschert. Die Offiziere und Unteroffiziere, zum Teil mit ihren Frauen, waren dabei und als höchste Person der herrlich unbeholfene v. Hippel, für den ich restlos schwärmte, der mein ganzes Herz besaß. Gebert hielt eine staunenswert fließende Rede und trug ein von ihm selbst verfaßtes, schon vielfach umgearbeitetes Gedicht vor. Dann trat ich, als Weihnachtsmann verkleidet, auf. Ursprünglich hatte ich auf einem Esel in den Saal reiten sollen, aber das Tier war dann weder mit Güte noch mit Gewalt eine Treppe hoch zu bringen. Ich verteilte Geschenke mit scherzhaften Versen und trug dann das Gedicht vor, das ich mir so schwierig abgerungen hatte.

An meinen Rekrut, Weihnacht 1916

Matrosenartillerist!
Laß dir noch einmal ins Auge schaun.
Und nimm ein grades Wort nicht krumm:
Ich hätte dich, der du so dumm,
So dumm wie eine Gurke bist,
Gar oft von Herzen gern verhaun
  Und wenn dir manche Träne rann
  Und ich der Tränen lachte,
  Geschah's im Zwang, der dich zum Mann,
  Zum deutschen Manne machte.

Nicht glaube ich, daß du mir grollst,
Ich bog dein Rückgrat und trieb dein Blut.
Nun blick mich an so gradezu,
Wie jedem Freund und Feinde du
Ins Auge ehrlich blicken sollst.
Bedenk: auch ich war einst Rekrut.

Es kommt der Tag, da du erkennst
Dies Muß aus rechter Ferne.
Dein Blick wird leuchten, wenn du nennst
Die Kiautschoukaserne.

Auch ich hab Schemel gestreckt,
Hab mich mit Griffen und Marsch gequält.
Doch heute dank ich tausendmal
Dem groben, starren Korporal –
– Gott weiß, welch fernes Grab ihn deckt –,
Der meine schwache Brust gestählt.
Nur Männer hart und felsengleich,
Nicht Weiber und nicht Knaben,
Will unser giftumkochtes Reich
An seinen Fronten haben.

Sei, Kerl, ein ganzer Soldat,
Dem Kaiser treu und dem Vaterland.
Wenn Flamme dich und Donner einst
Umtobt, daß du zu bersten meinst,
Dann denke an dein Mützenband.
Und fielest du, sei's im Hurra.
Dann soll von einem Helden
Mit Stolz die 4. M. A. A.
An deine Heimat melden.

Heut soll dein Weihnachten sein,
Da uns die Stunde des Scheidens naht.
Lies heute deiner Mutter Brief,
Die um dich bangt. Und fühle tief
Das rauhe Glück, Soldat zu sein
Im großen Krieg, mein Kamerad.
Der Spruch, der auf dem Koppel steht,
Wird rechten Weg uns zeigen.
Bis wir uns einst zum Dankgebet
Für Sieg und Frieden neigen.

Der Korvettenkapitän drückte mir die Hand und sagte: „Ihre Beförderung zum Vizefeuerwerker kommt noch heute abend heraus."

Der Saal war wirklich schön geschmückt. Links und rechts vom Weihnachtsbaum lagen auf langen Tafeln die Gaben für die

Rekruten. Weihnachtslieder wurden gesungen. Ich nahm von meiner Korporalschaft Abschied. Die Leute jubelten mir zu und dankten mir, so jeder auf seine Weise. Und am nächsten Morgen weckten sie mich auf meinen Wunsch mit dem Liede

„Und alle dürren Blätter
Die fallen schwer auf mich –"

und mir war wohl und weh ums Herz.

Zwölftes Kapitel

VIZEFEUERWERKER UND DIE H. M. S. D.

Meine Beförderung kam heraus. Ich mietete sofort in der Villa „Kik in See" zwei Zimmer, die vorher Pfohl bewohnt hatte. Der war nun auf Urlaub gefahren und hinterließ mir warme Worte und eine Flasche Wein.

Ach, und das war ein Gefühl: von Offizieren höflich und von den Mannschaften respektvoll gegrüßt und von den Frauen auf einmal beachtet. Und nachts nicht eingesperrt sein, sondern frei durch die Straßen gehen dürfen. Überdies war ich gleich stellvertretender Kompanieführer, weil Bertelsmann und die anderen Offiziere sofort nach der Bescherung in Urlaub gefahren waren. Als stellvertretender Kompanieführer hatte ich in der Kaserne die Essensprobe vorzunehmen, und das war am ersten Weihnachtsfeiertag meine einzige Nahrung, denn in der Kaserne durfte ich nun nicht mehr essen, und im Offizierskasino war ich noch nicht eingeführt. Ich verlebte den Abend anfangs einsam, aber dankbar und glücklich. Dann ging ich in Dölles Weinrestaurant. Dort saßen nur zwei Leute, ein Leutnant und ein Oberingenieursaspirant. Denen erwies ich meine militärische Ehrenbezeugung, die bei einem Vize so ein Mittelding zwischen Offiziersgruß und Mannschaftsgruß war. „Ach, lassen Sie doch solche Geschichten!" rief mir der Leutnant zu und lud mich an seinen Tisch zum Sekt. Er hieß Conrad Hagitte und war der Kommandant des U-Bootes C 43, das tags zuvor vor einem Orkan in den Hafen flüchten mußte. Wir tranken sehr viel. Es war nicht gerade eine weihnachtliche, aber doch eine sehr reizvolle Feier. Wir torkelten dann über drei oder fünf oder sechs Minensuchboote hinweg an Bord des U-Bootes, wo wir das Gelage fortsetzten. Es war so eng dort, daß, wenn ich das Glas hob, ich mich vor einer Matrosenzehe in acht nehmen mußte, die aus einer Koje heraus bis über den Tisch ragte. Als ich mich schließlich verabschiedete, wurde ich auf den drei oder fünf oder sieben Minensuchbooten von Bekannten zu neuen Zechereien eingefangen.

Mit den Weihnachtsbriefen kamen betrübliche Nachrichten. Das gute Eichhörnchen war sehr krank. Und nun hatte man auch meinen Bruder eingezogen, der bisher unabkömmlicher Bergmann und wegen seiner schlechten Augen vom Dienst befreit war. Es tat mir leid, daß er nun auch nur einen Bruchteil der Strapazen mitmachen müßte, die ich erlebt hatte. Denn er war nicht so zähes Leder wie ich. Außerdem würde ich ihn nun auf Urlaub nicht sehen.

Meine Eltern waren auf meine baldige Beförderung nicht vorbereitet. Nun saß ich mit der Vorfreude der Überraschung im D-Zug in einem Abteil zweiter Klasse. Ich dachte an das arme Eichhörnchen und an Bahre. Der war auch krank, und ich hatte ihn in Cuxhaven noch im Lazarett besucht. Aber ich war eigentlich nicht so nett zu ihm gewesen, wie ich's wünschte und wie es seine schöne Treue zu mir verdiente.

Und verlebte goldene Tage in Leipzig, Merseburg, Halle, Berlin und unerlaubterweise sogar noch in Rostock und Hamburg. Überall bestens aufgenommen und mitunter mit Truthahn, Gänsebraten und Sekt bewirtet. Ich überschritt meinen Urlaub um zwölf Stunden. Bang und fröstelnd kehrte ich zurück. Aber alles fügte sich glatt. Am fünften Januar erhielt ich die telephonische Mitteilung, daß ich zur Hilfs-Minen-Such-Division abkommandiert wäre und mich dort sofort melden sollte. Das war mir sehr recht. Man lebte an Bord billiger als an Land. Ich begab mich also in den Hafen und meldete mich auf dem Führerschiff der H. M. S. D. beim wachehabenden Offizier. Das war Leutnant Bobby. Er begrüßte mich höflich: „Ich heiße Sie im Namen der Division willkommen.“ Dann ging er mit mir zu einem Trunk in das nahebei gelegene Restaurant Fischereihalle. Bobby hatte in München Philosophie studiert. „Sie wohnen, wie wir alle, an Land“, sagte er, „haben Sie schon eine Wohnung? – Wieviel zahlen Sie? – Sechzig Mark?! Das ist nicht allzuviel. – Verpflegt werden wir an Bord. – Ich rate Ihnen übrigens ohne Gepäck, so wie Sie sind, an Bord zu bleiben, denn wir unternehmen heute nacht eine Scheinwerferübung, die Sie vielleicht interessiert."

So ließ ich mich auf das Boot 6 bringen. Während der Fahrt stand ich auf der Brücke neben dem Kommandanten, einem Leutnant, der sehr fror.

Die H. M. S. D. war das Cuxhavener „Filzlausgeschwader".

Ihre Boote, kleine Schlepper, durften sich nicht allzu weit hinauswagen. Sie trugen zum Teil englische Namen, Fairplay I, Fairplay II usw. Zu der Scheinwerferübung liefen vier von diesen Schleppern aus. Sie sollten versuchen, unter dem Schutze der Dunkelheit an den Festungswerken Kugelbake, Grimmerhörn und Alte Liebe vorbei unbemerkt in den Hafen zu gelangen. Aber die Scheinwerfer der Batterien entdeckten uns dann rasch, und auch unsere Gegenblendungen nützten uns nichts.

Als Mutterschiff dieser Schlepper diente der geräumige Luxusdampfer Scharhörn, der in Friedenszeiten dem Hamburger Senat zur Verfügung stand. Er lag meist im Hafen als Wachschiff und Messeschiff. Dort im Salon meldete ich mich am nächsten Morgen beim Divisionschef Kapitänleutnant Reye. Der schnauzte mich hart an, warum ich mich nicht früher gemeldet hätte. Später aber bestellte er Sekt anläßlich der Beförderung eines Vizefeuerwerkers. Und er trank auch einmal zu meiner Begrüßung auf mein Wohl. Etwa fünfzehn Offiziere oder Vizefeuerwerker oder Vizesteuerleute waren dort in der Messe versammelt. Sie knobelten Chartreuse aus, wobei ich mittun mußte. An der Schmalseite der Tafel schrieb der Divisionschef. Ihn schien die laute, mir reichlich zotig und hohl vorkommende Unterhaltung nicht zu stören.

Ich wurde Fairplay IX zugeteilt, dessen Kommandant, Oberleutnant Klinke, ein Mann mit spitzem Gesicht und vielen Schmissen darauf, mich ebenfalls liebenswürdig willkommen hieß. Er führte mich durch sein Boot und durch die Büros, stellte mich verschiedenen Personen vor und übergab mir die Geheimbücherei und Geheiminstruktionen. Dabei erzählte er höflich und freundlich allerlei, was mich interessieren konnte. Ich hätte bei der Division Gelegenheit, Bohnenkaffee, Erbsen, Sahne und anderes zollfrei zu kaufen.

Ich hatte den Eindruck, daß die Offiziere der H. M. S. D. ein ebenso freies wie schwelgerisches Leben führten. Mittags gab es allerdings nur einen Gang, und zwar von demselben Essen, das die Mannschaften bekamen, und da die Messe, wo wir speisten, große

Glasfenster hatte, konnten die Leute von draußen uns beobachten. Natürlich wurde uns auf besserem Geschirr serviert.

Nachmittags war ich in der Privatwohnung bei dem Vizefeuerwerker Otto eingeladen, einem hübschen, frischen Burschen, auch Leutnant Bobby und Oberleutnant Klinke waren dabei. Abends ging ich mit den Offizieren ins Kasino zum Kegeln, und weil ich mich bei dem Spiel sehr ungeschickt anstellte, hatte ich viel zu berappen.

Als ich mich anderen Morgens um elf Uhr im Fischereihafen einfand, war die ganze Division ausgelaufen. Nur mein Fairplay lag an der Pier. Er sollte Postboot sein, konnte aber wegen des Nebels nicht auslaufen. Und des Nebels wegen kehrten denn auch die anderen Boote bald zurück. Die Kommandanten setzten sich auf Scharhörn am Messetisch zusammen, unterschrieben die Divisionsbefehle und erledigten sonstige schriftliche Arbeiten und rauchten dazu und tranken Kaffee und Schnäpse. Ich kaufte zu billigen Preisen Kognak, Rum, Bohnen und mehr, womit ich besonders meine Eltern zu erfreuen gedachte. Und auf Fairplay IX befragte ich die Maate und Leute nach ihren Funktionen, ihrer Ausbildung und besonderen Wünschen.

Meine Wohnung in der Villa „Kik in See“ bei den Geschwistern Rohde bestand aus zwei hübsch möblierten, warmen Zimmern. Ich hatte den Blick auf die See, die derzeit kalt und grau war. Manchmal sah ich Boote meiner Division vorüberfahren. Wenn ich in der Frühe nach dem Hafen ging, mußte ich den Exerzierplatz der Minenabteilung queren, und da präsentierten die Posten, und Maate machten vor mir stramm, die noch kürzlich verträgliche oder bösartige Kameraden von mir gewesen waren. Einmal schlich ich mich abends durch all die einfachen Kneipen, die ich früher besucht hatte, wie z. B. die Sonne.

Und ein Mädchen gefiel mir. Nach und nach fügte es sich so, daß ich bei den Eltern eingeführt wurde. Sie hieß Grete Prüter, ein rundbackiges, schwarzhaariges Mädchen. Ihr Vater besaß die größte Drogerie am Ort und war ein Mann von erfreulichem, norddeutschen Humor. Er plauderte ebenso amüsant über seine Apothekerstudienjahre und über alles, was sein Fach betraf, wie über maritime Sachen und besonders über Cuxhavener Hafenangelegenheiten.

Die ganze Division lief aus, in zwei Gruppen, Scharhörn voran, zusammen zehn Boote. Die See stand hoch. Es war eisig kalt.

Oberleutnant Klinke und ich, in wollene Schals und dicke Mäntel eingehüllt, wurden auf der Brücke von schweren Brechern durchnäßt. Die Kommandanten verständigten sich von Boot zu Boot durch Winksprüche und sonstige Signale. Man war wegen der Rückfahrt besorgt, da wir dann Windstärke neun gegen uns hatten. Helgoland kam in Sicht, als wir wendeten und unser Suchgerät ausbrachten. Der Sturm warf unsere Nußschalen toll umher, daß mitunter die Kiele sichtbar wurden und alles an Bord krachte und zitterte. Oberleutnant Klinke stand am Sprachrohr und rief abwechselnd „Stopp“ und „Äußerste Fahrt“, nach Wellentälern und Wellenbergen. Von Zeit zu Zeit steckten wir uns eine Zigarette an, doch nur für einen Zug, dann ward uns der nasse Tabak weggerissen. Wir empfanden alle das Wetter als höchst bedenklich. Aber ich persönlich freute mich, gleich bei dieser ersten Fahrt meine Seefestigkeit beweisen zu können, und je heftiger die gelbgrauen Wutseen gegen uns anspien, desto vergnügter ward ich.

Leutnant Bobbys Boot blieb zurück. Es war total voll Wasser und drohte unterzuschneiden. Scharhörn kam ihm zu Hilfe und übergab unserem Fairplay die Führung.

Um zwei Uhr trafen alle Boote wieder in Cuxhaven ein. Bei uns war die Kommandantenkammer und die angrenzende Mannschaftskajüte überschwemmt. Das Wasser hatte das Feuer im Ofen gelöscht. Eine Kiste voll Zigarren schwamm aufgequollen umher. Die Kommandanten zogen sich um, und in der Messe wurde dann die wilde Fahrt lebhaft diskutiert, wobei man wieder mit „Schere, Stein, Papier“ Schnäpse ausknobelte. Dann gingen die Offiziere heim, aber ich war Wachhabender und setzte mich müde und zufrieden in die Messe, ließ mir von der Ordonnanz Bohnenkaffee bringen und studierte Geheimbücher und Seekarten. Dann schrieb ich Briefe und Tagebuch. Der Salon auf Scharhörn war sehr bequem eingerichtet. Auf den Schleppern dagegen war es erbärmlich eng, und die Leute, die dort tags und nachts hausten, je siebzehn Mann auf einem Boot, das in Friedenszeiten höchstens 4 Mann geführt hatte, waren in dieser Beziehung zu bedauern. Dafür wurden sie aber sonst gut behandelt, erhielten kräftige und reichliche Kost, erhöhte Löhnung und hatten gewisse sonstige Vergünstigungen. Die meisten waren schon seit Kriegsbeginn in der Division. Das galt auch für die meisten Offiziere. Diese kamen fast alle von der Matrosenartillerie. Berufsseeleute waren nur wenige darunter. Einer von diesen war Vizesteuermann Krommes. Der war etwas bange und leicht seekrank.

Ich besuchte Leutnant Kaiser auf einem Torpedoboot. Wir tauschten beim Kakao Erinnerungen an Vulkan.

Es folgten eisig kalte und manchmal stürmische Fahrten. Ich stand am Ruder oder auf der Brücke. Umschichtig kam jedes Boot einmal an die Reihe, als Prielboot draußen auf Wache zu bleiben. Ich schlief dann dort für eine Nacht mit Klinke in der engen Kammer. Doch mußten wir häufig aufstehen, weil die Gefahr bestand, daß wir auf Groß-Vogelsand abgetrieben würden. Ich kümmerte mich eifrig um Wind und Strömung und Ebbe und Flut und benutzte die Zwischenzeit, um im Signalbuch zu studieren. Es war ein köstliches Gefühl, nach solcher Prielnacht in meine behagliche Wohnung zurückzukehren.

Im Hafen erteilte Leutnant Schütte mir und dem Vize Otto und dem R.-O.-A.-Maat Döring Unterricht in Navigation.

Der D.-Chef war in Hamburg gewesen und hatte einen deutschen Spion gesprochen, der schon mehrmals während des Krieges als holländischer Zigarrenhändler in London gewesen war und seine Nachrichten an Deutschland durch geschlüsselte Zeitungsannoncen übermittelte. – Ich wurde der Frau des Kapitänleutnants Drache vorgestellt. Drache war ein hochgewachsener bedächtiger Herr und Kommandant von Scharhörn, außerdem nahm er dem Divisionschef gewisse Verwaltungssachen, besonders Proviantangelegenheiten, ab.

Oberleutnant Erfling hatte seinen Assessor bestanden. Das gab eine Divisionsfeier im Kasino, die sehr stürmisch verlief. Erfling war keck im Witz und nahm uns Vize gern aufs Korn, aber zu anderen Zeiten genierte er sich wieder vor höheren Offizieren, mit uns Vizes intim zu sein. – Kapitänleutnant Drache hatte einen kleinen Mund. Er war ein guter Kegler. Wenn er mit der Kugel langsam und wohlberechnend ausholte, nahm er eine drollige charakteristische Stellung ein. – Klinke galt als der gutmütigste, zuverlässigste und gewissenhafteste Kommandant. Er stammte aus Braunschweig, war einst Seekadett gewesen und dann Beamter im Baufach geworden. Er hatte, wie man so sagt, eine praktische Ader, und daheim, in seinen Mußestunden, arbeitete er an der Erfindung eines neuartigen Flugzeuges. – Bobby war ein etwas leichtsinniger und liederlicher, aber sehr unterhaltsamer und gesellschaftlicher Offizier. Er spielte gut Musik, interessierte sich für Literatur und

Künste und hatte diesbezüglich eine mich überraschende geschmackvolle Kritik. Ich sollte ihm durchaus ein Buch von mir schenken.

Wir waren nach der Assessor-Feier alle sehr besoffen. Manche von uns fielen unterwegs zu Boden, und es ward viel geschweinigelt. Ich mußte an Eichhörnchen denken, die in einem Seeoffizier nur eine ideale makellose Heldengestalt erblickte, worüber ich oft mit ihr stritt.

Ich geriet noch unter andere sehr animierte Offiziere. Auf irgendeinem Zimmer zechten wir weiter. Die Unterhaltung war sehr frei. Es stellte sich heraus, daß wir alle einmal das Marmorweib kennengelernt hatten. Das war eine sehr häßliche Kokotte, die ihre Opfer in schamloser Weise ausbeutete. Marmorweib wurde sie genannt, weil sie die Kavaliere folgendermaßen ansprach: „Faß mal meine Brüste an. Wie Marmor!"

Danach kam eine Wette zustande betreffs der Dichtigkeit gewisser Gewebe. Herr X. hatte absichtlich das Thema heraufbeschworen und sagte zu Herrn Y.: „Taschenfutter z.B. ist vollkommen wasserdicht. Ich wette mit Ihnen um eine Flasche Sekt, daß ich Ihnen ein Glas Bier in die Hosentasche gießen kann, ohne daß ein Tropfen durch das Futter sickert." Die Wette galt. Das Bier stand schon bereit und ward rasch in die Hosentasche gegossen. Der untere Teil von Herrn Y. war im Nu durchnäßt, und wir lachten alle. Denn eine Flasche Sekt war vom Kasino ganz billig zu beziehen.

Als ich endlich gegen Morgen heimkam, fand ich ein Briefchen vor. Meine Schwester Otti schrieb:

„Lieber Gustav, Väterchen ist seit gestern schwerkrank – Lungen- und Rippenfellentzündung – er ist bei Bewußtsein, hat aber furchtbare Schmerzen und keine Lust am Leben mehr. Es steht sehr ernst um ihn. Ich sprach eben mit Dr. Riemer, er meint, es gäbe nur eine Linderung für seine Schmerzen, und das wäre Morphium, er könne aber nicht dafür garantieren, daß er morgen noch leben wird, wenn er ihm eine Einspritzung heute geben würde. –"

Fünf Tage lang suchte die Gruppe, der Klinkes Boot angehörte, Minen. Nun sollte die andere Gruppe uns für ebenso lange Zeit ablösen. Da kam aber der Befehl: „Morgen läuft die ganze Division aus." Solche Durchquerungen unserer Programme traten häufig ein. Ich als Rangesjüngster mußte auch häufig in Vertretung erkrankter oder sonstwie verhinderter Offiziere die Hafenwache übernehmen. Da hatte ich Parole auszugeben und je nach Situation gewisse Maßnahmen zu veranlassen, z. B. daß bei einem starken Nordost eine Achterleine ausgebracht würde. Man überanstrengte sich nicht. Ich kaufte Schnäpse und Wein und schmuggelte sie *peu à peu* durch den Zoll in meine Wohnung. Denn ich erhielt viel Besuch und ward auch selber viel eingeladen, so daß ich, wenn ich an Land schlief, jede Nacht erst spät ins Bett kam. Mein Bursche und die Schwestern Rohde hatten es nicht leicht, mich morgens zu wecken.

Pfohl kam vom Urlaub zurück. Da ich inzwischen seine Wohnung eingenommen hatte, bezog er im selben Hause ein anderes kleineres Stübchen, doch stellte ich ihm mein Wohnzimmer zur Verfügung und bemühte mich überhaupt, dankbar und aufmerksam zu ihm zu sein, obwohl seine ganze Erscheinung, mit der unserer Divisionsoffiziere verglichen, mir plötzlich recht kleinlich und milchern vorkam.

Die Lebensmittel wurden knapper und knapper. Täglich hatten wir Befehle zu verlesen, wie „über die Ausnutzung der Steckrübe“ oder „Sparsamkeit im Verbrauch von Kerzen“. Die Steckrübe dominierte, gekocht, gedämpft, gebraten, gebacken, gerieben, paniert. Statt Zucker gab es künstlichen Süßstoff. Die Münchner Neuesten Nachrichten priesen einen neuen Kriegskuchen an, zu dessen Herstellung man weder Butter noch Eier benötigte. Eine Probe des Kuchens wäre in der Vorhalle der Redaktion ausgestellt. Auch das Maschinenöl taugte nichts mehr. Künftig sollte es keine Stärke für Hemden und Kragen mehr geben. Durch Prüters erhielt ich manchmal Seife und dergleichen, was von dänischen Schiffen herstammte.

Nach einer Nachtwache mußte ich morgens gleich wieder mit in See. Die meisten Kommandanten waren noch nicht nüchtern und trieben beim Ablegen allerlei Possen. Aber das ging nicht so weit, daß die Pflicht darüber verletzt worden wäre. Im Gegenteil wußten alle die Grenze zwischen Dienst und Vergnügen scharf einzuhalten und entwickelten auf beiden Seiten ihren besten Eifer. Und dieses lebendige Pendeln zwischen beiden Gegensätzen hatte für mich und wohl für alle von uns etwas Berauschendes. Nach der Suchfahrt, bei der uns zweimal die Leinen ausschlippten, ohne daß wir revidierend etwas fanden, blieben wir noch anderthalb Stunden draußen bei Helgoland und brachten ein Fischernetz aus. Aber die

Zeit war nicht günstig zum Fischen. Wir fingen nur ein Dutzend Schollen. Auch hielten wir umsonst unsere Flinten bereit. Nichts zeigte sich, was eines Schusses wert gewesen wäre. Klinke traktierte mich mit Schnäpsen und überhörte mich dabei über Navigatorisches. Auf der Rückfahrt fanden wir leider die Hafeneinfahrt gesperrt, weil das Fort Kugelbake Schießübungen abhielt. So ward es fünf Uhr, bis wir festmachten, und dann hatte ich auch noch Befehle durchzulesen und eine Zeichnung anzufertigen. Meine Uniform wurde vom Schornsteinruß und Öl und Dreck übel mitgenommen.

Eisiger Oststurm. Draußen Eis und Schnee, so daß die zweite Gruppe nicht auslaufen konnte. Vizefeuerwerker Örter, der schon Kommandant war, kam ganz verfroren von Prielwache zurück. – Ein Befehl ordnete an, daß sämtliche Offiziere und Deckoffiziere sich sofort ein Konto auf der Bank anzulegen hätten. Ach du lieber Gott, ich hatte nur Schulden. – Ich übernahm freiwillig für Schütte die Hafenwache, weil Rita Sachetto mit ihren Schülerinnen in Cuxhaven tanzte. Ich hätte das auch gern gesehen; nun mußte ich eine Verhandlung über ein gestohlenes Krabbennetz aufnehmen. – Bei den Vizen hatte ich den Spitznamen Specht. Der Chef der Hafenflottille hatte mir, wie ich hörte, den Namen Lord Grey gegeben, ich sollte Grey ähnlich sehen.

Laut Befehl des Vorpostenkommandeurs lief die H.M.S.D. wieder einmal nicht aus. Das halbe Fahrwasser war zugefroren. Auf dem Minenfeld, das querab von „Kik in See" lag, waren über Nacht fünfzehn Minen durch Eisschollen zur Explosion gebracht. Ich besuchte Prüters, die mich mit gutem Essen und steifen Grogs bewirteten. Auf dem Heimweg durch die unbeleuchteten Straßen stieß ich mich häufig und rutschte mehrmals auf dem Glatteis aus.

Die ganze Division lief aus, mußte sich durch bedenkliche weite Eisfelder durcharbeiten. Nach dem Minensuchen – erfolglos wie immer – ging unser Fairplay achtzehn Strich von B.S.S.W. zur Prielwache vor Anker. Die Kälte zwickte uns abscheulich. Die vielen Kopf- und Pulswärmer, die mir im Laufe des Krieges beschert waren und die mir nun gut zustatten gekommen wären, hatte ich leider in München zurückgelassen. Klinke fror nicht weniger. Wir hatten beide einen ewigen Tropfen an der Nase. Wir tranken Bohnenkaffee, Klinke spendierte eine Dose Sahne. Er war und sprach nett zu mir, wenn er auch von geistigen Dingen keinen Deut verstand. Der Decksposten meldete ein Eisfeld, das mit der

Ebbe herantrieb. Wir eilten an Deck und besahen uns die Wirkung. Mächtige Eisschollen kenterten und ruckten an der Ankerkette. Es war uns sehr angenehm, eine Gefahr zu erkennen. Wir lichteten Anker und dampften heim. Mächtige, übereinandergeschobene Eisschollen. Wildenten. Seehunde und undefinierbare, sich dunkel gegen den Schnee abhebende Gegenstände, vielleicht abgetriebene Minen. Die Seezeichen vereist und verbogen. Jetzt wäre eine Lederjacke, wären pelz-gefütterte Fausthandschuhe das Richtige gewesen. Aber ich war ganz dünn angezogen und zitterte vor Kälte und war trotzdem guten Mutes.

Pfohl holte mich abends ins Kasino. Wir soupierten mit anderen Offizieren. Sie fielen alle wolfshungrig über das Essen her, aber wie sie es taten, rücksichtslos gierig, und dabei nur vom Essen und wieder vom Essen sprachen, nicht anders als die ungebildeten und schlechter verpflegten Mannschaften es taten, ging mir das gegen den Strich und ward mir lästig.

Ein Boot der Sperrfahrzeugdivision war vom Eis überlaufen. – Ich erzürnte mich brieflich mit Tula. Ein Brief von Mucky suchte das tändelnd wieder einzurenken. – Pfohl besuchte mich öfter. Er fing an, mich zu langweilen, und ich war nicht überlegen genug, um zu merken und zu respektieren, daß er sich aus Unzufriedenheit mit dem Bisherigen an mein Älteres und Besseres anklammern wollte. – Ich besuchte Gebert im Lazarett, er hatte eine Blinddarmoperation hinter sich. – Nachts zechte ich mit Örter und Otto und mußte mich wohl dabei sehr betrunken haben. Denn die Schwestern Rohde erzählten mir andern Tages, daß sie mich ohne Mantel in der Kälte schlafend vor der Tür gefunden hätten. Auch lag in meinem Zimmer alles bunt durcheinander.

Man bereitete sich auf die kommende Parade vor. Ich konnte mich an dem Kasino-Essen leider nicht beteiligen, weil ich den vorgeschriebenen Rock nicht besaß.

U 44 brachte drei englische Fischdampfer ein. Die Besatzung wurde abgeführt. Man löschte die Fische. – Um auf Urlaub fahren zu dürfen, mußte ich mich gegen Pocken impfen lassen. – Vize Örter war nicht sehr gesprächig und nicht sehr beweglich. Bei Kneipereien wurde er gewöhnlich zu später Stunde vermißt. Man fand ihn dann in einem dunklen Proviantraum oder in einer Speisekammer, wo er aber nicht etwa naschte, sondern ganz still und steif dastand und nur seine großen Uhu-Augen rollte.

Kaisers Geburtstag. Parade vor dem Admiral Schröder. Dann Frühstück im Kasino, Ragout fin mit Sekt. Die übliche Ansprache mit dem Kaiserhoch. – Ich brachte Gebert Kaffee und Käse ins Lazarett. – Saufereien nachts, fidel und kameradschaftlich. Fortwährendes kreuzweises Zuprosten mit „Heil! Heil!" – Am Tag Fahrten durch Eis und Ostwind. Eisschollen fast bis Helgoland, so daß wir kein Suchgerät ausbringen konnten. Auf Klinkes Boot war nun noch der kleine dicke Oberleutnant Weihrauch gekommen. Das drängte sich auf der engen Brücke zu dritt, besonders weil Herr Assessor Weihrauch, der sehr empfindlich und das Gegenteil von einem Seemann war, sich hundert Mäntel übereinander anzog.

Ich geriet immer tiefer in Schulden. Da eröffnete mir der Zahlmeister, daß die Offiziersgehälter abermals herabgesetzt wären. Die Vize bekämen monatlich hundert Mark weniger, und diese Verordnung gelte sogar für einen Monat zurückwirkend. Örter brummte: „Es wird werden wie im Russisch-Japanischen Kriege, da die Offiziere schließlich Mannschaftslöhnung erhielten." Ich saß verstimmt in der Fischereihalle. Unsere Boote kohlten. Eine Matrosenkapelle spielte das mexikanische Lied „La Golondrina". Ich kam darauf zu denken, daß der größte Teil unserer Offiziere mir innerlich doch nicht näherrückte. Einige, wie Schütte und Brückmann, schienen sogar eine Antipathie gegen mich zu haben. Und wie trüb sah es um die Zukunft aus! Der verschärfte U-Boot-Krieg war in Kraft getreten. England suchte uns durch einen Minengürtel abzusperren. Ich trollte mich nach Hause, bestellte mir starken Kaffee, schlief aber, ohne ihn anzurühren, vor Müdigkeit ein und träumte nur Dienstliches. – Mißweisenden Kurs absetzen – Mittelgrundboje an Backbord und Feuerschiff Elbe zwo an Steuerbord –. Ich wurde durch einen Hustenanfall wach.

Puh, es war kalt. Unsere Boote schoben sich nur noch mit Mühe durch die Eiskrater, und die Schollen knirschten bedrohlich gegen ihre Wände. Fräulein Rohde – es war verabredet, und ich konnte es durchs Glas beobachten – winkte mir vom Fenster meiner Wohnung zu. Große Entenschwärme flohen scheu vor uns. Hinter uns fuhren zwei Schlepper, die sieben auslaufenden U-Booten Bahn brachen. Boje acht war vertrieben. Ich teilte mit Weihrauch und Klinke eine Schildkrötensuppe. Ich hatte in letzter Zeit viel Proviant eingekauft, den ich heimlich an die Eltern und an Tante Michel sandte.

Ich las in einem Schwung „Die Abenteuer des Fliegers von Tsingtau“ von Kapitänleutnant Gunther Plüschow. Auf der Kegelbahn teilte mir der D.-Chef mit, daß mein mehrmals verschobener Urlaub nun endgültig bewilligt sei. Wenn ich mir die Reisekosten zweiter Klasse ersparen wollte, so mußte ich mir Zivilkleider verschaffen, was den Vizes eigentlich verboten war. In fliegender Hast besorgte ich mir die Urlaubspapiere. Klinke lieh mir einen Zivilhut und einen Ulstermantel. Den Säbel verpackte ich. Auf dem Wege zum Bahnhof begegneten mir erstens der böse Maat Burkert aus der Kneis-Zeit und zweitens Oberleutnant Gebert. Die rissen beide die Augen auf, da sie mich in Zivil erblickten. Aber Burkert durfte nichts sagen, und Gebert wollte nichts sagen.

Auf der Bahn ging es wirr und unerfreulich zu. Alle Züge hatten Verspätung, waren schlecht oder gar nicht geheizt, und niemand gab Auskunft über Fahrzeiten und Anschlüsse. In den Wartesälen hockten schweigsame Leute mit bedrückten Mienen. Jeder fühlte, wie ernst die Lage war. Auf irgendeiner Station erregte ich das Mißtrauen des Bahnhofsvorstehers. Er ließ mich als Spion verhaften, weil er unter meinem Ulster ein Stück Uniform bemerkt hatte. Er war nicht leicht zu beruhigen. Tante Michel war für einige Zeit zu ihrem Bruder nach Berlin gezogen. Ich stattete ihr dort einen kurzen Besuch ab. Ihre Münchener Wohnung fand ich aber so kalt, daß ich nur die notwendigsten Sachen auspackte. Auch Eberleins empfingen mich in ungeheizten Zimmern. In München war um zehn Uhr Polizeistunde, waren die Schulen, Theater und Konzertsäle geschlossen. Weil zwei Monate zuvor dort ein Fliegerangriff erfolgt war, hatte man die Laternen und Straßenbahnen blau abgeblendet. Ich besuchte Unold im Lazarett. In den Stammlokalen Fränkische Weinstube, Akropolis und Osteria traf ich Doktor Strich, Professor Braun, Lotte Pritzel, Wölfchen Mewes, den Mirl und andere, die Alten. Aber es war nicht mehr die alte Zeit, und das neue München und die ganze Urlaubsreise deprimierten mich so, daß ich nachdem froh war, wieder bei der lustigen und frischen H. M. S. D. einzutreffen.

Jeden Morgen um elf Uhr war auf Scharhörn Konferenz. Da gab es Monita und Tadel und starke Anschnauzer, wir nannten das leichte oder starke oder dicke Zigarren. Daran anschließend fand das gemeinsame Mittagessen statt. Gewürzt mit vergnügten Gesprächen und Schnäpsen und gelegentlich Wein oder Sekt.

Reye gab zwei wahre Geschichten zum besten:

Ein U-Boot treibt manövrierunfähig mit gebrochener Schraube in der Nordsee. Ein norwegischer Dampfer taucht auf. Das U-Boot feuert ihm einen Schuß vor den Bug, die Aufforderung zu stoppen. Der Dampfer, dem es ein leichtes wäre, das wehrlose U-Boot zu rammen, zögert etwas, aber stoppt dann wirklich. Das U-Boot befiehlt: „Boot zu Wasser! Längsseit kommen!" Das Boot kommt längsseit. Es stellt sich heraus, daß der Dampfer Bannware an Bord hat. „Sie werden eingebracht", sagt der U-Bootskommandant, „und zur Strafe dafür, daß Sie nicht sofort gestoppt haben, werden Sie uns in Schlepp nehmen." Gesagt, getan. Ahnungslos schleppt der große Norweger das hilflose U-Boot in den deutschen Hafen.

Die Flotte legt bei schwerem Seegang mit äußerster Mühe an einem bestimmten Punkt eine schwer verankerte Boje aus. Andern Tags meldet ein einlaufendes Vorpostenboot, es habe da und da – (am selben Punkt) – eine vertriebene Boje gefunden und sie bei schwerem Seegang mit äußerster Mühe an Bord genommen.

Die ganze Division lief aus. Der Flagg-Offizier Kölner hatte das befohlen; er schikanierte gern unsere Division. Es kam, wie wir vorausgesehen. Wir gerieten in Nebel und Treibeis und lagen den ganzen Tag draußen vor Anker. Eine Anzahl U-Boote benutzte die von uns gebrochene Fahrrinne zur Ausfahrt. Schwärme von Schwänen zogen über uns hin, aber hoch überm Schußbereich.

V 56 war auf eine englische Mine gelaufen. – Die Deutschen hatten sich vor Verdun zurückgezogen, wie es hieß, um die Franzosen zum Bewegungskrieg zu veranlassen, und sie hatten große Teile von Elsaß geräumt. – Man erwartete bang eine große Offensive. – Dreißigtausend Pfund erfrorene Kartoffeln wurden in der Zeitung annonciert.

Der Schlepper Simson von einer anderen Division hatte viele Zentner Heringe gefischt und dabei einmal das Netz so voll gehabt, daß er, besorgt, es möchte ihm reißen oder sein Schiff mit in die Tiefe ziehen, schnell rückwärts dampfte und den ganzen Fang wieder freiließ. Die große Fischmenge, die er dennoch in den Hafen brachte, wurde gleich an der Pier für fünfundzwanzig Pfennig pro Pfund verhökert, was die ganze Zivilbevölkerung herbeilockte. Simsons Erfolg stach uns in die Nase, so daß alle Boote meiner Gruppe beim nächsten Freiturn freiwillig zum Fischen auszogen, obwohl draußen beträchtliche Dünung stand. Fairplay IX fing nichts. Wir eilten aber einem Zivildampfer zu

Hilfe, dem von Eisschollen ein Leck geschlagen war. Wir schleppten ihn ein. Unser Koch und Oberleutnant Weihrauch waren schier tot vor Seekrankheit.

Man erzählte folgendes Geschichtchen: Ein Schiffsjunge, zum ersten Male auf Ausguckposten, meldet: „Herr Kapitän, an Backbord voraus schwimmt eine Möwe."

„Dummer Junge, das ist doch eine Boje!"

Nach einer Minute neue Meldung: „Herr Kapitän, Boje ist soeben weggeflogen!"

Auf Scharhörn fand eine Gerichtssitzung statt. Es lag ein Fall von Diebstahl und ein Fall von Fahnenflucht in unserer Division vor. – Ich kaufte abermals viel Proviant ein. Leider wurden keine eingeschriebenen Pakete mehr angenommen, und die einfachen Sendungen wurden jetzt häufig bestohlen oder unterschlagen. – Ich kündigte meine teure Wohnung und siedelte ins Hotel Kaiserhof über, wo ich für ein kleines Zimmer achtunddreißig Mark zahlte. – Schütte gab uns Vizen Unterricht in Deviation und Stromversetzung. – Ein Geheimbefehl ordnete Unterrichtsstunden an, worin den Leuten der Haß gegen unsere Feinde, speziell gegen Amerika, eingehämmert werden sollte. –

Auf Hafenwache sah ich neidisch zu, wie der Schlepper Simson wieder vierzigtausend Pfund Heringe löschte. Und unser Boot „Humor" hatte Balken aufgefischt, die es an einen Holzhändler verkaufte, trotzdem es bekannt wurde, daß diese Balken die Otterndorfer Duckdalben für den Schnelldampfer Imperator waren. – Die Pension Dora Kurs schickte mir ein Liebespaket: Maiglöckchen, Zigaretten und ein Paar Handschuhe, auf deren Fingerspitzen ausgeschnittene Modefiguren genäht waren. – Ich wachte einmal zu meiner Überraschung mit Hals- und Magenschmerzen in Klinkes Wohnung auf dem Diwan auf und besann mich nach und nach auf eine Bowlenfête im Kasino.

Es verlautete, daß wir Scharhörn und vier Boote und von den restlichen Booten je sechs Mann, außerdem einige Offiziere abgeben sollten. Das rief einige Bestürzung hervor. Zunächst liefen wir aber wie bisher aus. Wieder war es eine stürmische Fahrt. „Cuxhaven" schlug sich im Eise ein Leck und mußte umkehren. Sechs U-Boote waren gleichzeitig mit uns ausgelaufen, das letzte war U 86.

Bobby wollte auf Urlaub. Der D.-Chef fragte mich deshalb, ob ich mir getraue, ein Boot zu führen. Ich überlegte mir, welche

Verantwortung das bedeutete und ob meine Augensehkraft genügte, und dann sagte ich zu. Als ich aber am nächsten Morgen das Ablegen von zwei Booten kommandierte und dabei recht unsanft gegen Scharhörn anstieß, war mir das sehr peinlich, und ich fürchtete, daß man mir daraufhin kein Kommando überlassen würde. Ich war tagsüber schlechter Laune und litt an verschiedenen Erkältungserscheinungen. Meine Nase lief wie eine Wasserleitung, und meine Lunge fiepte bei jedem Atemzug.

Alle vierzehn Tage hatten wir Offiziere, bzw. Vize, Gelegenheit, Kaffee, Käse, Zucker, Haferflocken, Bohnen, Erbsen und andere seltene Sachen zu kaufen. Ich schämte mich jedesmal vor den Leuten, die Zeuge solcher Bevorzugung waren. Aber ich kaufte auch und trug die Sachen in meine Wohnung, wo ich sie nicht ohne Schwierigkeiten verpackte und an meine Lieben beförderte. Es mangelte mir an Packpapier und Bindfaden, und mein Bursche war nicht zur Stelle. Dann besuchte mich Leutnant Pfohl und hielt mich lange und langweilig auf. Dann las ich „Geschwister" von Friedrich Huch zu Ende. Dieser Roman interessierte mich nicht sonderlich, aber der Schluß erinnerte mich irgendwie an einen sehr unreifen und durchaus nicht druckreifen Roman, den ich in jungen Jahren einmal geschrieben hatte, und an eine traurige Totenwache in Kurland. Dem schlossen sich andere trübe Gedanken an, und ich mußte auf einmal weinen. Abends ging ich mit Otto und Örter ins Kasino zum Damenabend, wo wir drei ziemlich abgeschlossen einen Tisch für uns hatten.

Eigentlich war der dreiundzwanzigste Februar für Fairplay IX ein Rasttag, wir zogen dennoch in frühester Frühe zum Fischen aus, weil ein Finkenwerder Fischer uns gegen halbe Beute ein besseres Netz herlieh. Das brachten wir an einer Stelle aus, wo kreisende Möwen und zahlreiche, kurz auftauchende Seehunde uns einen guten Fang versprachen. Als wir nach einer Stunde langsamer Fahrt das Netz hochwanden, enthielt es etwa viertausend Pfund zappelnder, perlmutterfarbener Heringe. Beim zweiten Trip kamen noch tausend Pfund hinzu, auch kleine Schollen und Krabben. Hunderte von Möwen folgten uns und stritten sich kreischend um die Abfälle. Todmüde, spät kehrte ich heim und hatte am andern Tag wieder anstrengenden Dienst. Eine starke Influenza befiel mich. Ich mochte mich nicht krank melden, besonders nicht, als ich in Vertretung Bobbys mit dem Kommando des Bootes „Cuxhaven" betraut wurde. Zum ersten Male stand ich als Führer eines Schiffes auf der Brücke, und sogar bei starkem Seegang, aber vor Gesichts-, Kopf- und Muskelschmerzen kam ich zu keinem Glücksempfinden und war nur eifrig. Hinterher übernahm ich noch freiwillig zwölf Stunden Hafenwache für Klinke, dessen Boot ich nun ganz verlassen und gegen „Cuxhaven“ eintauschen sollte.

Mutter schrieb: „Kaum habe ich mich über Deine so überreiche Sendung vom 18. Februar einigermaßen beruhigt, da treffen gestern und heute noch die zwei Eilpakete ein und bringen mir so viele, köstliche Gaben; Sachen, die uns auf viele Wochen versorgen und so kostbar sind.“

Der D.-Chef hatte den Vize Otto ausgefragt, ob ich keine Lust mehr am Dienst hätte oder ob ich nachts zu viel söffe, weil ich am Tage einen so schlappen und vermiesten Eindruck machte. Otto erzählte ihm von meinem Kranksein und beschwichtigte damit die ungünstige Auffassung.

Der U-Boots-Krieg war flott im Gange. Unheimliche Werte, große Schiffe, reiche Ladungen gingen zugrunde. Reye hatte sich eine Tabelle angelegt und trug täglich nach den Zeitungsberichten die Zahl der versenkten Tonnen ein. Reye führte viele Listen und peinlich sauber und genau, wie er überhaupt auf ebenso amüsante wie erfreuliche Art gewissenhaft war. Nicht immer für jeden erfreulich. Sofern nicht besonders wichtige Fahrten unternommen wurden, kam er als Chef später in den Hafen als wir, aber er merkte es dennoch, wenn ein Boot mit Verspätung auslief. Denn die Boote mußten vor dem Hafentor einen langgezogenen Ton mit der Dampfpfeife geben. Das hörte man in der ganzen Stadt, und Reyes musikalische Ohren unterschieden unsere Pfeifen sehr genau. Er lag dann noch im Bett und stellte nach dem Ton fest: „Jetzt läuft Boot soundso aus, und es ist soundsoviel Uhr.“

Als ich meinte, wieder einmal einen freien Tag zu haben, weckte mich der Bursche früh mit dem mißbeliebten Satze: „Ganze Division läuft aus“. Ich erhob mich müde, stieg in die Kleider und schritt fröstelnd dem Hafen zu. Aber die Drehbrücke war auf, und Klinke, Bobby und der Stabsarzt Hartmann standen dort schon und warteten nervös auf die Schließung der Brücke. Denn die Drehbrücke galt bei Reye nicht als Entschuldigung. Schließlich setzten wir mit einem recht kippligen Ruderboot über. Die Division sollte nach der üblichen Fahrt eine Sperre ausbojen. Dabei brachen uns einige Bojen. Der D.-Chef verteilte per Signal und hinterher in der Konferenz direkt an alle Kommandanten dicke Zigarren. Darauf kriegten einige der Kommandanten Differenzen untereinander.

Bobby spielte Schach mit mir und gab mir Stifters Biographie zu lesen. Über dieser Lektüre und reichlichem Aspiringenuß überkam mich plötzlich die Erkenntnis, daß ich, wie Eichhörnchen das oft geäußert hatte, eigentlich niemals richtige Mutterliebe oder Vaterliebe genossen hatte. Meine Eltern und sonderlich mein gütiger Vater hatten sich mir immer wohlmeinend und auch herzlich erwiesen, aber der „unergründliche See von Liebe" war mir doch fremd geblieben. Als ich über Mittag mein Stübchen im Kaiserhof eingerichtet hatte und mich auf den ersten behaglichen Abend freute, den ich dort verbringen würde, da ward ich wieder froh und mutig. Denn dieses Ziehen von Ort zu Ort, dieser dauernde Wechsel von Situationen hatte meinem Leben eine Einsamkeit gegeben, die mich hielt. Wenn sie mich auch manchmal traurig stimmte, wenn ich ihretwegen in Gesellschaft verkannt, verlacht oder gemieden wurde.

Ich besuchte Prüters und brachte ihnen Sprotten. Ihr Geschäft florierte so ausgezeichnet, daß sie sich auch in dieser Zeit keinen Genuß zu versagen brauchten. Sie waren alle auch mehr oder weniger geschickt und fleißig. Prüter berichtete, daß man in Hamburg Bäckerläden gestürmt hatte. Meine Kopfschmerzen hielten an. Ich nahm täglich zehn bis fünfzehn Aspirin. Abends waren Bobby und ich von dem Oberleutnant Klinker eingeladen. Der gehörte einer anderen Minensuchdivision an, die große Hochseeboote hatte, teils ehemalige Torpedoboote, teils Spezialschiffe. Diese Division sah unser Filzlausgeschwader über die Achsel an. Denn die Hochseeboote hatten draußen, weiter in der Nordsee, ernsteren Dienst und mehr Erfolg und Ruhm als wir. Klinker war ein hochgewachsener, kühner und kräftiger Mensch und ein verteufelt begabter und anständiger Kerl. Ich mochte ihn sehr leiden.

Eiskalte Sturmfahrt. Die Seen, die über unser Boot fegten, froren schon in der Luft. Unsere Haare und Bärte waren weiß von Reif und Eis. Bei Elbe A mußten wir des unerträglichen Seeganges wegen wenden und liefen, in Mäntel von Glatteis gehüllt, in Cuxhaven ein.

Ein Leutnant von der Kommandantur verriet mir, daß mich Reye als Kommandant vorgeschlagen hätte, daß das aber nicht durchgegangen sei, weil sich irgend jemand anders bei uns einschmuggeln wollte. – Also Schiebungen, wie sie dort und überall immer wieder vorkamen. Dennoch ließ ich mich oft von solchen Nachrichten, auch wenn sie nur Gerüchte oder erlogen waren, schwer deprimieren.

Ich wurde täglich mit neuen Offizierskreisen bekannt und fiel meistens wegen meiner langen Nase und überhaupt wegen meines Äußeren komisch auf, aber manche fanden Gefallen an meiner erfinderischen Spaßmacherei, und manche hatten mich sichtlich gern. – Reye konnte recht launisch sein. Er war ein verwöhnter Herr. Seine Frau war die kühle Tochter eines reichen Hamburger Senators. – Auch Drache hatte eine reiche Frau. Er selbst war geizig oder knauserig oder meinetwegen sparsam, während Reye eine große Freude daran hatte, Gäste zu bewirten und das ebenso verständnisvoll wie reichlich und mit einem liebenswürdigen Scharm tat.

Im Hotel, im Zimmer neben mir, wohnte ein jähzorniger, offenbar pathologischer Leutnant, namens Lübek. Anfangs wunderte ich mich darüber, daß er niemals ausging, bis mir Leutnant Möbus von der Sperrfahrzeugdivision Cuxhaven mitteilte, daß Lübek einen Stubenarrest absolvierte, weil er einen feldgrauen Unteroffizier verhauen hatte. Er würde wahrscheinlich den Abschied bekommen.

Den Leutnant Wigge lernte ich kennen im Wachtlokal der Nachrichtenstelle am uralten Turm der „Alten Liebe“, wo der Sturm romantisch grausig in den Signalmasten und in dem Antennengewirr heulte. Unsere Freundschaft begann mit einem heftigen Schachturnier, bei dem ich Sieger blieb. Dann erzählten wir uns gruselige Geschichten. Wigge brachte folgendes Erlebnis aus seiner Jugend vor: Wir wohnten in einem ganz einsam gelegenen Hause, Vater, Mutter und drei Kinder. Eines Abends, als wir fünf in der Stube beisammensaßen, vernahmen wir ein langsames, gleichmäßiges Tappen auf der Treppe draußen. Wer konnte zu so später Stunde kommen? Was wollte er? Uns gruselte. Schließlich faßte sich der Vater ein Herz, nahm die Lampe und ging hinaus. Die Mutter und wir Kinder folgten ängstlich. Auf den Stufen der Treppen waren Blutstropfen, frische Blutstropfen. Sonst entdeckten wir nichts. Aber ein Jahr später fanden wir auf dem Speicher hinter Gerümpel eine tote vertrocknete Katze, die sich mit einer Pfote in einer Rattenfalle verklemmt hatte und im

Schmerz oder in Todesahnung sich offenbar dort verkrochen hatte. –

Wir soffen die ganze Nacht durch und sangen und waren kindisch begeistert. Zum Glück lief meine Division am nächsten Morgen wegen Sturmes nicht aus.

Klinke fuhr auf Urlaub. Sein einziger Bruder war in der Türkei gefallen. Dessen Frau hatte gerade eine Frühgeburt gehabt, lag an Diphtheritis erkrankt im Bett und ahnte noch nichts von dem Schicksal ihres Mannes. Ich wurde für Klinke Kommandant auf Fairplay IX und teilte mit den Mannschaften dort meinen neu erworbenen Proviant. – Ich las „Rheinsberg“, ein Bilderbuch für Verliebte von Kurt Tucholsky. – Bobby hatte eine entzückende wehmütige Tiroler Weise aufgebracht, die große Sehnsucht nach Tirol in mir erweckte. – Sturm und Eis. Wir blieben einmal alle im Eis stecken.

Sturm und Eis. Ich stand rauchend auf der Brücke von Fairplay IX, wärmte meine Hände in Klinkes Muff und meine Füße in Klinkes Filzschuhen und gab vergnügt meine Befehle betreffs Ruder, Fahrt, Kompaß, Minensuchen, Signale über Kohlen- und Wasservorrat, Uhrzeit und Tiden. Ich hatte einen Stirnhöhlenkatarrh. Bobby sandte mir folgenden Winkspruch: „K. an K. (das hieß Kommandant an Kommandant). Das hübsche Kinderfräulein im Restaurant X ist wieder zurück, Kapitän Y hatte sie geschwängert. Sie hat inzwischen geboren.“

Ein großes Stück von einem Landungssteg trieb vorüber, und eine fette Ente saß darauf. Aber wir durften weder das Holz bergen noch die Ente schießen, weil wir auslaufend in Kiellinie fuhren. Ein passierendes Fahrzeug erkannte ich als den alten gichtbrüchigen Jadeschlepper „Konkurrenz“ wieder. Abends kohlten die Boote. Dann Divisionsabend in der Nassen Liebe, der aber ziemlich stumpfsinnig verlief. Am nächsten Abend hielten Wigge, Otto, Möbus, Leutnant Axer, Bobby und ich – wir bildeten einen gewissen Konzern von Geistigen – ein wüstes Gelage. Weil wir auf dem Heimwege aus voller Kehle das Pfannenflickerlied brüllten und im Takte dazu die gezogenen Säbel aneinanderschlugen, wurden wir als nächtliche Ruhestörer dem Polizeimeister gemeldet. Infolgedessen war, besonders für uns Vize dicke Luft.

Matrose Petermann auf „Cuxhaven“, ein enthaltsamer, fleißiger Mann und ein ausgezeichneter Rudergänger, erhielt vier Wochen Gefängnis, ich vergaß, wofür. – Staatssekretär Michaelis hatte sehr schwarz über die wirtschaftliche Lage Deutschlands gesprochen. – Graf Zeppelin war gestorben. – Reye trug täglich gewissenhaft seine Zahlen in seine Listen. Aber wir glaubten all den Nachrichten über U-Boote und U-Bootserfolge nur halb. – Bobby schloß sich mir sehr intim an, wenigstens außerdienstlich. Ich konnte mir erlauben, ihn wegen seines Geizes zu beschimpfen und ihn blasiert und feig und eitel zu nennen. Er nahm das sehr tolerant und mit einem hübschen Humor, wenn auch nicht ohne Widerspruch auf.

Unsere nächtliche Ruhestörung war an den Kapitän v. Wedel und von diesem an den Admiral Schaumann weitergemeldet. Otto und Örter, die schon zu Leutnants vorgeschlagen waren, ließen den Kopf hängen. Durch gütige Vermittlung gütiger Vorgesetzter wurde der Fall aber beigelegt.

Beim Preiskegeln gewann ich – blinde Henne ein Korn – ein silbernes Schnapsglas. Kapitän Reeder und Reye hatten sich lobend über mich geäußert. Kurz, an diesem Abend begann der Frühling. Am 12. März hörte ich in Glockes Hotel das Elias-Oratorium.

Die ganze Division lief bei sehr starkem Sturme aus. Bei Elbe A, also an der gefährlichsten Stelle, gab das Führerschiff den Befehl „Signalisieren zur Übung", worüber sämtliche Kommandanten empört waren. Denn diese Übung war bei solchem Seegang kaum möglich. Mein Boot – ich fuhr nun wieder unter Bobby auf „Cuxhaven" – jumpte derart, daß wir bei jeder kommenden See auf Kentern gefaßt waren. So blieb denn auch das Signalisieren zur Übung in den ersten kläglichen Versuchen stecken. Die Division drehte bei und evolutionierte zwischen B und C. Abends Kommers im Kasino. Der immer blasse Wigge mit dem zerhauenen Gesicht und Erfling, beides ehemalige Korpsstudenten, waren die einzigen Kommentfesten. Als Wigge total duhn war, schwur er, daß er seinen Hund schlachten würde, weil er ihn nicht mehr ernähren könnte und weil er, Wigge, einen Bettvorleger brauchte. Darauf schilderte der D.-Chef, wie er als Bub dreihundertfünfunddreißig Katzen gefangen und totgeschlagen hätte. Diese Erzählung mißfiel mir und Bobby sehr. Wir hatten es auch als abscheulich empfunden, als Reye bei einer Suchfahrt ein entzückendes kleines Zugvögelchen, das neben unserem Boote herflog, durch einen Schrotschuß zerfleischte. Im übrigen aber schätzten und verehrten wir Herrn Reye sehr.

Der Divisionschef fuhr mit Brückmann, Otto und mir zur Entenjagd. Wir dampften mit Brückmanns Boot die Oste aufwärts.

Unübersehbare Schwärme von Enten und Gänsen flohen vor uns. Wir versuchten, uns durch den Schlamm und durch das Chaos von phantastischen Eisgebilden an sie heranzupirschen, aber vergeblich. Wir kamen nicht einmal zum Schuß.

Es gab keine Erbsen mehr, sondern nur noch Peluschken, die niemals gar wurden. – Mein Bursche erschrak sehr über eine Kleiderbürste, die ich vom letzten Urlaub mitgebracht hatte und die, wenn man sie aufhob, den Faustwalzer spielte. – Leutnant Nitzschke war ein komischer Kauz. Er liebte es, in seiner Kabine aufs Geratewohl in die Wände zu schießen, und er hielt sich „Moses“, den häßlichsten Hund der Welt. Eines Tages wurden er und Hartwig und Krommes und Schütte abkommandiert, auf M-Boote. Veranlassung zu einer bewegten Abschiedsfeier im Kasino. Ich hatte ein Gedicht dazu verfaßt, das mir allgemeinen Beifall einbrachte. – In einer Woche gingen drei Cuxhavener Boote durch englische Minen in die Luft. – Nach einer Suchfahrt rief mir Otto von seinem Boote aus durch die Flüstertüte zu: „Specht, kennst du den Unterschied zwischen einem leeren Portemonnaie und einem Schweineschwänzchen? – Das eine hindert am Bummeln, und das andere bummelt am Hintern.“

Die zweite Gruppe fuhr zwecks Kesselreinigung für vierzehn Tage nach Hamburg. Schon lange hatten sich alle Beteiligten darauf gefreut. Ich frühstückte auf „Cuxhaven“ in der schrankartigen Kajüte und besah mir eine Seekarte der englischen Küste, darauf sämtliche Kriegswracks verzeichnet waren, und ferner englische Geheimakten über die Tätigkeit der britischen Artillerie bei der Skagerrakschlacht. Dann gesellte sich Bobby zu mir und wir sangen das Jagerlied. Er hatte es eingeführt, und es war unser Leib- und Magenlied geworden. Bobby wußte selbst nicht, woher er dieses Lied kannte und wer der Verfasser war. Um ein Uhr legten wir bei Sankt-Pauli-Landungsbrücken an. Otto, Bobby, Brückmann und ich zogen aus, um uns ins Großstadtleben zu stürzen, wurden aber einer nach dem andern von lieben Mädchen aufgehalten. Unsere Boote verholten indessen nach einer Privatwerft, wo wir uns am nächsten Morgen wieder trafen.

Mein Urlaub war genehmigt, wurde im letzten Moment widerrufen und dann durch Brückmanns eifriges Eintreten neu genehmigt, mit dem Vermerk, daß ich aber nicht nach Hamburg, sondern direkt nach Cuxhaven zurückkehren müßte, um für den abkommandierten Hartwig das Boot „Caroline“ als Kommandant zu übernehmen. Ich fuhr nach Halle und Leipzig und verteilte meine gesammelten Proviantschätze; das war das Hauptziel meiner Reise gewesen. Auch Otto war in Urlaub gefahren, in seinen Heimatsort Hersfeld. Von dort aus besuchte er mich dann in Eisenach, wo ihn die Pension Kurs mit Tänzen und lebenden Bildern feierte. Es waren schöne und lustige und wehmütige Tage in Eisenach. Wir beiden Mariner stellten die ganze Pension auf den Kopf, ohne Rücksicht auf die Pensionsmutter und auf den Ernst des Unterrichts. Nachts kletterten wir heimlich mit den Mädchen über den Gartenzaun und zogen auf die Wartburg zu dem vertrauten alten Wärter, dem wir Lieder zur Gitarre vorsangen, wofür er uns den Rückweg zu Tal durch einen einzigen Knips elektrisch erhellte. Und Lotte Huff und die Madonna Lona Kalk und die Zigeunertilly und die Marburg und sonstige nette Mädels waren dabei, und unsere Vizeuniformen strahlten.

Dreizehntes Kapitel

KOMMANDANT UND LEUTNANT

In Cuxhaven übernahm ich stolzerfüllt das Kommando des Schleppers „Caroline“, wobei ich eine feierliche Ansprache an meine Mannschaft hielt und Zigaretten und Schnaps verteilte.

Das Essen ward auch bei unserer Division immer knapper und schlechter. Als mich jemand fragte: „Was gab's heute bei Ihnen auf Scharhörn zu Mittag?“ konnte ich wahrheitsgemäß antworten: „Steckrüben und Sekt.“

Im Kaiserhof, in meinem nicht allzu sauberen, aber gemütlichen Stübchen hatte ich einen großen Stoß von Briefen und Zeitungen vorgefunden. Das las ich nun behaglich rauchend, während dem unter mir wohnenden Korvettenkapitän Lieber von der Z.V.E. ein Ständchen gebracht wurde. – M 15 war in die Luft geflogen. – „Kurfürst“ und „Kronprinz“ hatten bei einer Kollision fünfzig Tote. – Große U-Boots-Erfolge. Sogar in Südamerika war ein Transportdampfer torpediert. – Das U-Boot „Deutschland“ hatte 15-Zentimeter-Kanonen erhalten. Der oft bewitzelte Kommandant König war nach Wilhelmshaven auf einen Hilfskreuzer versetzt. – Und so weiter, was uns halt interessierte. Dann eilte ich an Bord, wo ich als verantwortlicher Kommandant jetzt doppelt viel zu tun hatte. Papiere ausgestellt für einen meiner Matrosen, der als typhusverdächtig ins Lazarett mußte. Geheimbücher und Geheimkarten studiert. Personallisten, Kleiderlisten geführt. Ganz geheime, geheime und offene Befehle durchgelesen. Führungsbücher abgeschlossen. Logbuch, Maschinentagebuch, Befehlsquittungsbuch und Urlaubszettel unterschrieben. Kriegsartikel verlesen. Musterungen vorgenommen usw. Abends von den Thomsener Offizieren eingeladen. Dann Kegelabend im Kasino. Manchmal war ich dieser Gesellschaften und Saufereien recht überdrüssig. Oft kam ich erst um vier Uhr morgens zu Bett und wurde schon um fünf Uhr wieder geweckt und mußte um sechs Uhr meine „Caroline“ hinausfahren. An der Leuchttonne sammelten sich die Boote, fuhren dann in Toni-Formation bis Tonne VI, wo das Gerät ausgebracht wurde, bis Elbe I, bis Helgoland NNW peilte. Auf der Rückfahrt ward evolutioniert, signalisiert, Räumgerät geübt oder gefischt. Im April blühte der Heringsfang. Wir fingen auch schon die ersten, die kleinen aber besonders wohlschmeckenden Frühlingsschollen. Meine „Caroline“ erbeutete dreißig Schollen und Butts, außerdem viele Seespinnen, Kohlenschlacken, Seesterne, Seeteufel und einen riesigen Taschenkrebs, den ich zum Frühstück verzehrte.

Fahrt in Kiellinie bei Nebel. Als ich für eine Minute die Brücke verlassen hatte, um in meiner Kammer eine Erfrischung zu nehmen, gab es einen Krach und eine Erschütterung. „Caroline“ war auf das vor ihr fahrende Boot des Vizesteuermanns Plappert gestoßen und hatte ihm die steuerbordsche Scheuerleiste zersplittert; meinem Boote war der Steven eingedrückt, wobei eine Niete herausgesprungen war. O weh! Das würde ein schlimmes Nachspiel bei dem D.-Chef geben. Zwischen Plappert und mir und unseren beiderseitigen Leuten entstand sofort der übliche und üble Streit um die Schuld. Aber wahrscheinlich nahmen sich ohne Verabredung beide Parteien vor, die Sache völlig zu verschweigen. Denn es traf sich günstig, daß die erste Gruppe, der wir angehörten, am nächsten Tage zur Kesselreinigung nach Hamburg fahren sollte, und dort konnten wir den Schaden leicht und unbemerkt ausbessern lassen. Als dann andern Tags die Gruppe mit Scharhörn voran zur Werftfahrt auslief, machten Plapperts Boot und mein Boot höchst seltsame Manöver, das eine wollte seine Steuerbordseite und das andere seinen Vordersteven vor dem

Führerboot verbergen. Der D.-Chef merkte auch nichts und war besonders gut aufgelegt. In Hamburg lud er sämtliche Kommandanten auf Scharhörn zu einem Festessen, zu dem auch seine Frau und andere Damen erschienen. Es gab Schinken in Burgunder, und es ging hoch her, wie bei allen Reyeschen Veranstaltungen. Der Chef prostete mir wiederholt zu und animierte mich zu allerlei Scherzen. Nach einer kurzen Abwesenheit winkte er mich dann hinaus an Deck und brüllte mich plötzlich fürchterlich an: „Wenn Sie Schiffe entzweifahren, dann melden Sie mir das gefälligst!" Schinken und Burgunder und zum Dessert diesen Eisguß! Aber Reye war nicht nachträglich, und noch am selben Nachmittage bewilligte er mir fünf Tage Urlaub.

Fünf Tage war nicht viel. Aber ich wußte die Zeit zu nutzen und viele Orte zu berühren. Von Eisenach nach Friedrichroda, von dort nach Milz bei Römhild, einem abgelegenen und von der Zivilisation vergessenen Dörfchen, in dem Marburgs Eltern wohnten. Mit Marburg und Lona Kalk traf ich mich dann in Meiningen. Überall erlebte ich merkwürdige und lustige Anekdoten und manche galante Abenteuerchen, die ich in meiner Hast und Seligkeit zu notieren vergaß. Als ich mit den Mädchen in Meiningen in einem Kaffeehaus saß, ließ mir ein feldgrauer Unteroffizier durch den Kellner sagen, ich möchte mich doch einmal an seinen Tisch verfügen. In meiner Vize-Kommandantenwürde reagierte ich sauer auf diese unmilitärische Zumutung, und da kam der Unteroffizier zu mir und war mein alter, gutmütiger Schulfreund Schrickel. Der hatte, als wir uns nach der Schulzeit trennten, die Kochkarriere erwählt. Nun war er Chefkoch eines Lazarettzuges und als solcher der Begehrteste und daher auch Mächtigste in diesem Zug. Ich besuchte ihn andern Tages dort und er bereitete für mich, den Oberstabsarzt Hennig und einen Sanitätsrat ein fürstliches Friedensmahl, gab mir auch ein großes Paket Fleischernes auf den Weg. In Waltershausen besuchte ich den Geheimrat Trinius oder eigentlich seine schöne Tochter. Der stocktaube, alte Ketten- und Wachhund, den ich bei früheren Besuchen immer erst in den Schwanz kniff, ehe er merkte, daß jemand sich näherte, lebte nicht mehr. Er hatte eines Tages seinen Herrn ungewöhnlich traurig angeblickt und war dann ins Wasser gesprungen und ertrunken. – In Schnepfental besuchte ich Schills, das heißt eigentlich auch wieder ihre Töchter. – Lieblich und wild, warm und toll, boten sich mir damals die Ereignisse in Thüringen.

In Hamburg bezog ich Wohnung in dem komisch wüsten, aber durchaus nicht lieblos unordentlichen Atelier des zufällig auch beurlaubten Bahre. In der Werft, bei meiner Division gab es ein freundschaftliches Wiedersehen, sonst graue Nachrichten. Unserer Mannschaft war für drei Tage der Urlaub gestoppt. Man erwartete Unruhen bei der Hamburger Bevölkerung, weil die Brotration herabgesetzt war. Patrouillen zogen durch alle Straßen. Aber für Offiziere gab es noch Vergnügungsstätten, wo man das Düstere vergaß. Die Trokadero-Diele und Esplanade und die lange, laute Reeperbahn. Und durch Bahre wurde ich bei dem Großkaufmann Lührs eingeführt, wo ich in einer wohlhabenden und steifvornehmen Gesellschaft viel *Black and White* genoß.

Ich inspizierte die Arbeiten auf „Caroline". – Kesselklopfen – Reparaturen – eine Spring war gestohlen.

Die „Caroline" gehörte, ehe sie von der kaiserlichen Marine gechartert wurde, der Reederei Petersen und Alpers. Ich ließ es mir nicht nehmen, einmal den Chef dieser Firma in seinem Büro zu besuchen. Wir sprachen von der „Caroline" und ihren Schwesterschiffen und dann über Politik. In bezug auf England waren wir gleicher Meinung. Der fünfundsechzigjährige Herr hatte kurz zuvor seinen einzigen Sohn im Felde verloren. Er sagte dennoch ernst zu mir: „Ich freue mich auf den Tag, da dort, wo Sie jetzt sitzen, wieder der erste englische Kapitän sitzt."

Ein Geheimschreiben befahl den Kommandanten, darauf zu achten, welche Matrosen an einer bestimmten Stelle ihres Hemdkragens einen unauffälligen roten Faden trügen. Dieser Faden wäre ein Erkennungszeichen gewisser aufwieglerischer Elemente.

Die Zahl unserer U-Boote war eine ganz in Dunkelheit gehüllte Angelegenheit. Es interessierte alle, aber niemand wußte, und den offiziellen Angaben oder Andeutungen glaubte man nicht. Die U-Bootskommandanten selbst waren nicht informiert. Als ich in Hamburg einen Direktor einer Privatwerft kennenlernte, schnitt ich auch diese U-Bootsfrage an. Er antwortete bitter: „Unsere Werft hätte Platz und alle Möglichkeit, um U-Boote zu bauen, aber wir bekommen keine Aufträge."

An den folgenden Abenden war ich bei Herrn Nielsen und bei anderen, wie mir schien, unbegreiflich reichen und mächtigen Handelsherren zu Gast. Whisky und Burgunder flossen in Strömen. Ich tanzte mit der schönen Mrs. Eder und verirrte mich stockbetrunken in dem nächtlich verlassenen Harvestehude. Zu anderer Zeit streifte ich durch die Hafenviertel und ließ wehmütige und glückliche Erinnerungen wach werden – Michaeliskirche – Fleete – Baumwall – Schiffsnachrichten – Freihafen – Kohlenschuten – Meta Seidler.

Ich erhielt folgenden Brief: „Rentwertshausen i. Thür., den 10. April 1917. Lieber Gustav! Mir war so, als ob wir beide uns noch etwas zu sagen hätten, darum kam ich plötzlich auf die Idee, Dir zu telephonieren. Doch es ist besser so. Mir tat es nur auf einmal so leid, daß ich nicht lieber zu Dir war. Doch ich kann so schwer zeigen, was ich fühle. Glaub mir, ich hab Dich auch lieb, sehr lieb und möchte Dir so gern etwas Liebes tun. Ich wünsche Dir, daß es Dir gut gehe, recht, recht gut gehe. Sei auch in Cuxhaven ein wenig froh. Viele Grüße und einen herzlichen Kuß von Lona Kalk."

Was ich täglich dienstlich zu tun hatte, war in einer Stunde abgemacht. Über diese Faulheit tröstete mich der Gedanke, daß die Mannschaften gern auch den freundlichsten Offizier entbehrten und daß die Mäuse spielen sollen, wenn die Katze nicht zugegen ist. Mit den anderen Vize traf ich mich selten. Wir hatten alle in Hamburg Sonderinteressen. Bahre wurde von einer Tante geliebt, und er nutzte diese Liebe sehr aus. Wir speisten manchmal märchenhaft bei der alten Dame.

Bevor wir Hamburg verließen, gab der Chef noch seinen Damen und Freunden und uns Kommandanten ein Essen im Ratskeller. Das nahm insofern keinen guten Ausklang, als Reye plötzlich durch den Genuß von Austern oder Krebsen von einem heftigen Friesel befallen wurde.

Die erste Gruppe dampfte nach Cuxhaven zurück, ein Boot zum andern im Abstand von fünfzehn Minuten. Das war so befohlen, damit die entarteten Kommandanten nicht zwecks weiterer Gelage von Boot zu Boot stiegen. Bei Brunshausen wurde erst kompensiert. Als ich von den Sankt-Pauli-Brücken ablegte, erbrach ich einen zweiten Brief von Lona Kalk. Er begann: „Heil ‚Caroline'!" –

Nach einer ganz geheimen Meldung war in Wilhelmshaven die mit Minen und Sprengmaterial beladene Hulk „Seeadler" vermutlich durch Attentäter in die Luft gesprengt worden, wobei nebst zahlreichen Menschenleben viel Minen und Minensuchmaterial vernichtet wurde. Die Kommandanten wurden deshalb angewiesen, beim Räumen künftig möglichst das schwere Suchgerät und Schneidegreifer anstatt Sprengpatronen zu benutzen. Ferner sollten wir noch früher als bisher auslaufen und außer Such- und Übungsfahrten auch Fischzüge unternehmen. Aha! Man hatte unser Fischen beobachtet und mochte uns nur aus Habsucht und Schulmeisterdünkel die Freude daran verderben, indem man das, was wir freiwillig taten, nun anbefahl. Bisher hatten wir es so gehalten: Von den gewöhnlichen Fischen erhielt jeder Mann genau denselben Anteil wie der Kommandant. Das übrige wurde verkauft und der Erlös dafür ebenso gleichmäßig verteilt. Den Kommandanten gehörte nur, als einziges Vorrecht, das, was an Butts und Seezungen gefangen wurde, und die Hummer, von denen aber nur selten einer ins Netz ging. Wollte nun der Staat den Leuten die Fische und die Gelder wegnehmen? Es wäre doch zu töricht gewesen, denn wir brachten doch die Fische auch unter die Zivilbevölkerung. Und man konnte wohl befehlen, ein Netz auszubringen, aber Fische zu fangen konnte man nicht befehlen. Nun: noch war das letzte Wort darüber nicht gesprochen.

Die nächste Zeit brachte mir wieder angestrengtesten Dienst, zumal man mir die Nebenfunktion eines Artillerieoffiziers der Division gegeben hatte. Außerdem war ich für die Division zum Haßprediger ernannt, wogegen sich alles in mir sträubte. Ich humpelte, mein Hühnerauge schmerzte. Ich goß heißes Harz darauf, aber das nützte auch nichts. Zur See fuhr ich mit großer Lust, nur etwas vorsichtiger, um jede Rammung zu vermeiden. Bobby gab mir folgenden Winkspruch: „K. an K. Während wir uns in Hamburg amüsierten, sind bei der großen Offensive der Engländer und Franzosen im Westen Tausende von Deutschen gefallen."

Der deutsche Vorstoß im Kanal, der uns zwei G.-Boote kostete, ward in Cuxhaven sehr getadelt.

Aus allen Teilen des Landes schrieb man mir um Proviant. Aber wir erhielten nur selten noch und wenig. Ich aß abends manchmal trockenes Brot, weil ich kein Geld hatte, ins Wirtshaus zu gehen, wo auch alles rar und teuer war. Selbst die Preise der Kasinoweine schienen für uns Vizes nicht mehr erschwinglich. Bei der Sperrfahrzeugdivision meldete sich ein Mann, man möge ihn in Schutzhaft nehmen, er wüßte sonst nicht, was er aus Hunger anrichten würde.

Sturmfahrten. – Sturmfahrten. – Unsere überanstrengten, von Regen, Salzwasser und Ruß mitgenommenen Boote sahen schmutzig und verwahrlost aus. Es gab keine Farbe mehr. Seife und

Putzmaterial wurden nur noch selten und in unzulänglichen Mengen verabfolgt. – Ich las „Van Zantens Insel der Verheißung". – Bei Arras sollten wir direkt überrumpelt sein. Der Feind hatte allerdings auch immense Verluste gehabt. – Wenn ich meine seelische Verfassung ehrlich überprüfte, mußte ich mir gestehen, daß ich selbst kriegsmüde war. Was mich trughaft noch hielt, waren kindliche Ruhmsucht und dürftiger Ehrgeiz. Ich wollte Offizier werden, um vor kleinen Leuten damit großzutun, und ich hoffte noch immer, zu einer gefahrvollen Heldentat zu kommen.

Käthe Hyan sang in Cuxhaven geschmackvoll Lieder zur Laute. Sie war mir von München her bekannt. Nach ihrem Vortrag durchbummelte ich mit ihr und Bobby die Nacht, eine schöne, kalte Nacht mit dem Lichtzauber einer großen Scheinwerferübung. Ich konnte Frau Hyan einige neue Soldatenlieder mitteilen.

Sturmfahrt. Plapperts Boot und das meinige machten dabei einige bedenkliche Manöver. Wofür uns später zwei Stunden Straffahrt zudiktiert wurde. Abends lernte ich bei Dölle den einarmigen Amtsrichter Michaelis und seine musikalische Frau kennen.

30. April 1917. Halb fünf Uhr geweckt. Bis abends halb acht Uhr gesucht und gefischt. Zirka 400 Pfund Schollen, einige Butts und Taschenkrebse und zwei Zentner Seesterne, Seetang, Seerosen, Dwarsgänger und anderes schleimige Getier und Geschling, was ich als Dünger verkaufte. Von den Fischen verschenkte ich viel, denn für die Freunde im Binnenlande waren das seltene Delikatessen, und beim D.-Chef, bei Drache und den anderen Offizieren konnte ich mich derart ein wenig für freundliche Bewirtungen revanchieren. Diesmal bekam Pampig (Vize Otto) die größten Butts, denn er hatte Geburtstag. Plappert war am gleichen Tage zum Leutnant ernannt. Das mußte eine sektfeuchte Nacht werden.

Das frühe Gewecktwerden war ein Theater der Qual. Wie ein teuflisches Todesurteil klang die Stimme des Burschen: „Ganze Division läuft aus!" Dann fragte ich mit verzweifelter, schwacher, beinahe flehender Stimme: „Kann ich denn nicht noch zehn Minuten liegenbleiben?" Und mein Bursche Dreyer, im Gefühl seiner diesbezüglichen Machtbefugnis, antwortete streng: „Fünf!" War ich dann einmal auf der Brücke meiner „Caroline", so war alle Müdigkeit wie weggeblasen. Ich wechselte dann mit den Vizes von Bord zu Bord Anfragen über gestern, oder wir gaben ganz ernsthaft groteske Winksprüche auf, um zu beobachten, was die

Signalgäste dazu für Gesichter schnitten. Z. B.: „K. an K. Sind die abgeschnittenen Matrosenfinger der Staatsanwaltschaft übergeben?"

Wigge gab eine nächtliche Gesellschaft in seiner Privatwohnung. Wir tranken aus Zinnkrügen allzuviel Wein und schossen schließlich scharf mit Pistolen. Andern Tags gab es eine verkaterte Fahrt bei diesigem Wetter. Auf meinem Boot platzte ein Wasserstandsglas. Dann meldeten die Decksleute, die Dampfwinde wäre so mürb, daß sie demnächst in die Brüche ginge. Dann fiel mir mein Füllfederhalter über Bord. Beim Fischen zerriß uns das Netz, es hatte sich ein Stück Kabel darin verfangen. Auf der Rückfahrt legte ich bei Elbe A an, um den Kommandanten dieses Feuerschiffs, den Leutnant Axer, zu besuchen. Man zog mich hinterher damit auf, unsere Schraube hätte die Kabelverbindung mit Helgoland zerstört, denn tatsächlich war die Verbindung mit Helgoland unterbrochen.

Unsere Fischerei reüssierte mehr und mehr. Ich konnte die Vorgesetzten und meine Verwandten und alle Freunde in Cuxhaven und auswärts mit Schollen, Kabeljaus und Butts beschenken. Mitunter erreichten diese Sendungen aber verspätet und verdorben ihr Ziel. Es kam eine Meldung: Zwischen Wangeroog und Scharhörn triebe Butter herum.

Ich setzte die Beförderung meines fleißigen Obermatrosen Böttcher zum Bootsmannsmaaten durch. Den Matrosen Ronk ließ ich abkommandieren, er hatte sich übel aufgeführt. Mein Koch erbat und erhielt Urlaub nach Schweden. Es war nicht schwer, einen Vertreter für ihn zu finden. Alle Matrosen rissen sich um den Posten, und die Kocherei war zu einer sehr primitiven Kunst herabgesunken.

Bei einer Übung schiffte sich der Obermaschinist der Division auf meinem Boot ein. Er erschrak über den Zustand der Dampfwinde. Ich fischte eine jener großen Glaskugeln auf, die die Engländer für ihre U-Bootsnetze benutzten. Mittags versprach mir der D.-Chef, mich bald zur Beförderung vorzuschlagen. – M 49 war in die Luft geflogen.

Saufereien. Ausflug mit Bobby und Käthe Hyan nach Otterndorf. Auf Hafenwache in dunkler Nacht kletterte ich, um die Maschinenwachen zu kontrollieren, über die elf Boote, die wie unheimliche schwarze Tiere aneinandergeschmiegt lagen, sich nach dem Atem des Wassers hoben und senkten und nach Ebbe oder Flut bald auf, bald unter der Höhe der Pier schaukelten.

Da mir der Divisionschef abermals versicherte, daß er mich nunmehr zur Beförderung vorschlagen würde, und da ich dann auch die formelle Erklärung unterzeichnen mußte: „Ich habe gegen meine Wahl zum Reserveoffizier nichts einzuwenden", so bestellte ich mir beim Schneider eine Leutnantsuniform. Um die erforderlichen zweihundertdreißig Mark zu beschaffen, hatte ich nun viel Schreibereien und noch mehr Sorgen. Nach dem Kasinokegeln zechten Bobby und ich noch bei Wigge weiter; wiederum schossen wir mit Pistolen große Löcher in die Wand, und zu meiner Verwunderung hatte die Wirtin Hildebrand dagegen nichts einzuwenden.

Krommes und Schütte besuchten uns manchmal. Sie waren auf jene schematisch aus Blech zusammengeschlagenen M-Boote gekommen, von denen viele hergestellt wurden, aber noch mehr in die Luft flogen. Und Schütte erzählte. Draußen wurden massenweise Minen geräumt. Die Nordsee war allerwärts verseucht. Oberassistenzarzt Olivius hatte das Eiserne Kreuz Erster Klasse erhalten. Er stand auf der Brücke, um ein anderes M-Boot zu photographieren, das im Begriffe war, auf eine Mine zu laufen. Da lief aber sein eigenes Boot auf eine Mine. Bei der Explosion wurde Olivius in die Höhe und beinahe in den Schornstein geschleudert. Kaum war er zur Besinnung gekommen, so nahm er sofort seine Tätigkeit als Arzt auf.

Wir suchten den neuen Hafen mit scharfem Gerät ab. Dort war in der Nacht eine Mine detoniert. Ein M-Boot hatte sie überfahren. Es war dicke Luft. Plapperts Boot brachte meines mehrmals in Gefahr.

Maat Döring war Vizefeuerwerker geworden. Otto und Örter warteten nervös auf ihre Beförderung zum Leutnant. Auch ich war verstimmt, weil in meiner Beförderungsangelegenheit sich bürokratische Schwierigkeiten ergaben. Wir wurden jetzt täglich schon um vier Uhr geweckt. Suchen. Wachboot. Prielboot. Postboot.

Am 21. Mai unternahm Scharhörn eine Vergnügungsfahrt nach der Lühe zur Baumblüte. Außer uns Vizen und Offizieren nahmen auch Militärs anderer Divisionen und der Hauptmann Brokhaus und Damen daran teil. Unterwegs spielten zehn Landsturmmusiker auf. Weil wir Vize schüchtern zurückhielten, so nahmen sich die Damen schließlich Matrosen zum Tanz. Es war ein hübsches Bild, das wir photographisch festhielten. Reye bewirtete uns wieder unübertrefflich. Nach der Landung machten Otto und ich uns selbständig. Wir sprachen zwei einfache Mädchen an und wollten sie gerade zum Bier führen, als etwas uns Faszinierendes auftauchte, nämlich drei ungewöhnlich schick und modern gekleidete Mädchen mit ihren distinguierten Eltern. Wir Schufte ließen sofort die einfachen Mädchen los und stiegen den eleganten nach, die auch sofort auf unsere Blicke reagierten. Der Zufall war uns günstig. Die fünf Vornehmen hatten einen hübschen Wolfshund bei sich. Der wurde plötzlich von einer wütenden Dogge angefallen. Die Hunde verbissen sich so ineinander, daß sie auf keinerlei Zurufe mehr hörten. Da ergriff ich einen der Gartenstühle, und sprang äußerlich heldenhaft, innerlich mit Angst auf die Bestien zu. Diese ließen gerade voneinander ab, und es sah noch aus, als hätte ich das bewirkt. Der lange Herr trat auf mich zu und bedankte sich höflich. Die Töchter rückten ihm sofort nach und bedankten sich überhöflich. Ich wehrte sehr höflich ab, aber zähe verweilend. Otto rückte dicht hinter mich und griff ein. Auf der andern Seite nahm die Mutter jetzt das Wort. Und ehe man sich's versah, war man vorgestellt und saß gemeinsam am Kaffeetisch eines Gartenlokals, Herr und Frau Wolke, deren beide Töchter und die Hauslehrerin Grete Timm. Das ward eine reizvolle, charmante Unterhaltung, und weil Frau Wolke Engländerin war, konnte ich meine englischen Sprachkenntnisse anbringen. Wir versprachen vor der Trennung unseren Besuch in Rissen, wo Wolkes ein Haus gemietet hatten.

Örter, die Offiziere und auch die Mannschaften hatten sich derweilen offenbar auch nicht gelangweilt, denn als Scharhörn ablegte, stand am Ufer eine lange Reihe heller, bunter Mädchen. Sie winkten noch lange, und wir alle winkten zurück, Otto und ich auf eine besonders verabredete, bedeutungsvolle Weise.

In der Nacht tobte ein Sturm, bei dem sich unsere Boote losrissen. Meiner „Caroline" wurde die Heckwallschiene zertrümmert. – Bei Nordholz, nahe der Luftschiffhalle, brannte die Heide. – Ein gehobenes halbes deutsches U-Boot wurde nach Cuxhaven gebracht.

Als wir Vizes nach einer Budensauferei zur Maibowle ins Kasino zogen, erregten wir unliebsames Aufsehen. Zunächst grüßte ich in meiner Betrunkenheit den Admiral auf eine ganz phantastische, unmilitärische Weise. Dann fingen wir noch an zu singen, und zwar so laut, daß der D.-Chef zu uns kam und uns dies verwies. Später kränkte Otto den Oberleutnant Ohlenbusch, und ich hatte am andern Tag das wieder einzurenken. Wir soffen viel zu viel. Wir soffen im Kasino und nachts privat weiter, und früh an Bord und jeder Zeit. Es gab auch immer Anlässe. Nun feierte Kapitänleutnant Drache Geburtstag. Dann kam Ottos und Örters Beförderung heraus. Ich war sehr traurig an dem Tag, denn meine Beförderung stand in weitester Ferne. Ich hatte noch anderen Kummer, vor allem Geldnot, was ich mir aber als Vize nicht anmerken lassen durfte. Leider konnte ich mich bei der Jubelfeier für Otto und Örter nicht so weit beherrschen, meine Mißstimmung zu verbergen. Die beiden neugebackenen Leutnants trösteten mich in reizender Art, und alle anderen behandelten mich an diesem Abend besonders nett. Aber mein Mißmut stieg nunmehr und bis zum kindischen Trotz. Ich rührte kein Getränk an und benützte um zwölf Uhr die Gelegenheit, den rührend betrunkenen Klinke heimzubringen und zu entkleiden. Dann schlich ich mich selbst nach Hause und fand auf meinem Tisch einen Blumenstock ohne Begleitworte. Vielleicht von Grete Prüter. Drei Stunden später ward ich schon wieder zum Auslaufen geweckt. Es war ein linder Maienmorgen und Pfingsten. Plappert war nicht erschienen, sein Boot lief ohne Kommandanten aus. Klinke gab mir auf einen dienstlichen Winkspruch hin die gereizte Antwort: „Das K. an K. können Sie sich sparen!" Nach dem Suchen blieb ich mit drei anderen Booten noch lange draußen zum Fischen. Mit großem Erfolg. Wie ich nach Peilung und Lotung plötzlich feststellte, waren wir im Eifer weit auf verbotenes Gebiet geraten. Am Pfingstsonntag erledigte ich die langweiligen schriftlichen Bordgeschäfte und überholte die gesamte Divisionsmunition. Die hatte in erschreckender Weise unter Feuchtigkeit, Rost und Dreck gelitten. Dann fuhr ich „Caroline" zwecks Einbau einer neuen Dampfwinde zum Minendepot. An der Drehbrücke stand, wie er es versprochen hatte, der alte Prüter und reichte mir in einem Catcher eine geräucherte Scholle herüber, ein Scherz, der mit den Zollvorschriften zusammenhing. Es war ein alter und weitergeführter Witz zwischen Prüter und mir, daß er meiner „Caroline" etwas Lächerliches anzuhängen suchte und daß ich „S. M. S. Caroline" als das wichtigste Schiff der Flotte herausstrich.

Ich fuhr für drei Tage auf Urlaub nach Lüneburg, Rissen und Hamburg. Wolkes Haus lag zwischen Nadel- und Laubwald versteckt. Es war mit schönen alten Möbeln eingerichtet. Man empfing mich äußerst liebenswürdig. Der hagere feinfühlende

Wolke, der aussah wie ein edler und guter Jagdhund, spielte Klavier, und seine Töchter und Fräulein Timm sangen dazu. Das Lieblingslied war – es wurde nun mein Lieblingslied – „Wien, Wien, nur du allein". Frau Wolke, formgewandt und charmant, bewirtete uns aufs beste. Wenn trotz meiner gegenteiligen Vorsätze das Gespräch auf Politik geriet, dann stritten wir uns alle ganz sachlich und wie Neutrale, aber die sonst bescheidene und kluge Frau Wolke blieb steif dabei, England würde siegen. Ein Ausflug wurde unternommen, und ich brachte es zustande, daß Kitty Wolke und Grete Timm sich am nächsten Tag in Hamburg mit mir und Tula Reemi im Esplanade trafen. Eine Tafel Schokolade kostete fünfzehn Mark.

Mit Tula unternahm ich eine kleine Reise, um ihr eine Sommerfrische zwischen Hamburg und Cuxhaven zu suchen. Wir fuhren und wanderten nach Därsdorf und nach X-Dorf und Y-Dorf, aber nirgends gab man uns einen Bissen zu essen. Wir sagten, die wollen nicht geben, sie haben. Sie hatten auch, doch nicht genügend und konnten uns wohl nichts geben. Dagegen setzte man uns in einer einfachen Landkneipe einen wundervollen echten Bordeaux vor. Der Wirt ahnte gar nicht, was er daran hatte. Schließlich trieben wir in Stade ein Rumpsteak mit Bratkartoffeln auf. Ich fuhr dann allein nach Otterndorf und übernachtete dort in der Post. In Otterndorf war viel Militär, angeblich, weil die russischen Gefangenen einen Ausbruch planten. In der Post war eine stattliche, breitschultrige Wirtin, und am nächsten Morgen, anläßlich eines Viehmarktes, großer Einstallungsbetrieb. Ich beobachtete, daß die Kühe sich immer Kopf zu Schwanz nebeneinander stellten. Das taten sie, so fand ich heraus, um sich die Fliegen einander abzuwedeln. Ich fuhr nach dem Forsthaus Höfgrube und anderswohin, wo ich ein wenig Ereignis, etwas Abwechslung erhoffte. Ich sah Störche auf den Wiesen, auf See gab es keine. Ich brach meinen Urlaub vorzeitig ab und kehrte ins Minendepot zurück zu meiner „Caroline". Was hatte sich Neues begeben? „Caroline" war einmal beinahe umgefallen. Stabsarzt Hartmann erhielt das Eiserne Kreuz II. Klasse. Der Flieder fing an zu blühen. Asmussen ließ seine Aale im Salz totlaufen. Die Kühe blieben draußen. Waldmeister gab es und Leberblümchen und Butterblümchen und Wiesenschaumkraut. Prüters schenkten mir einen Rasierapparat.

Wenn ich morgens jetzt zum Hafen schritt, lag alles in rosigstem Dunst, und die Amseln sangen, und der Posten am Alten Hafen salutierte und lächelte über den eiligen Vize, der für ihn so komisch aussah.

Ferner Kanonendonner, als wir ausliefen. Bei Wangeroog schossen sie ein neues Geschütz ein, das zweiundsechzig Kilometer weit und dreißig Kilometer hoch schießen sollte.

Im Kasino war Mammiabend. So bezeichneten die Junggesellen die Damenabende. Ich verzog mich in eine entlegene Ecke und ließ die laute Unterhaltung zweier Armeeoffiziere über Pferdesportliches über mich ergehen. „Ein sehr sympathischer Kerl, aber er schlägt mit dem Kopf. Man muß ihn hinten schnallen." Dann hörte ich hinter mir berichten: Ostende wirkungsvoll beschossen. Ein österreichisches und ein deutsches U-Boot beschossen. Die Stimmung in Norwegen noch schärfer gegen uns. Die Flandernschlacht im Gange. Amerika bereitet gewaltige Unterstützungen der Entente vor. Viele Minensucher in letzter Zeit aufgeflogen, und die Engländer warfen noch täglich massenweise Minen in die deutsche Bucht. Nur in Rußland stand unsere Sache besser. – Da vergrübelte ich mich wieder in trübe Gedanken. Meine Beförderung war abermals verschoben. Ein Schreiben vom Hamburger Bezirkskommando verlangte neue Auskünfte von Gewährsleuten über meine Vermögensverhältnisse und eine Erklärung betreffend Ehrenhändel.

Meine Leute merkten mir's an, wieviel Groll und Galle in mir steckte, und in diesem Zustande hatte ich auch ein besseres Augenmerk und ein feineres Gehör für sie. Ich stellte fest, daß sie eigentlich niemals mehr laut sangen oder herzhaft lachten.

Ich machte wieder einen guten Fischfang, viele Zentner Schollen und Steinbutts und Seezungen und Petermännchen. Als die Fische weggeschaufelt wurden, beobachtete ich, wie seit einiger Zeit schon mehrmals, daß mich Obermaat Schürf betrog, indem er Edelfische, die doch mir zukamen, heimlich beiseite schaffte. Als wir zur Prielwache ankerten und ich in meine Koje stieg, nahm ich mir vor, ihn am nächsten Morgen einmal recht drastisch zur Rede zu stellen. Wir schaukelten stark im Seegang, und ich spürte im Schlaf, wie durch die undichten Decks und Wände Wassertropfen mir ins Gesicht rannen, und ich verwischte sie mit instinktiven Gewohnheitsbewegungen, ohne zu ahnen, daß es diesmal nicht Wasser, sondern Tinte war. Beim Rollen des Bootes war die Tintenflasche vom Kojenbord gekippt und hatte sich über mein Gesicht geleert. Beim Erwachen war mein erster Gedanke Schürf.

Und ich rief nach ihm, bevor ich mich wusch. Ich wollte ihn auf der Stelle energisch und so hart, wie ich gerade dachte, anschnauzen, daß es einen nachhaltigen Eindruck auf ihn machen sollte. Es klopfte. – „H'rrein!" Schürf trat ein, machte stramm. Ich brüllte los: „Wenn Sie sich noch einmal unterstehen –", ich brach ab, weil Schürf furchtbar lachte. „Meinen Sie, ich scherze?" brüllte ich noch lauter. Schürf lachte noch mehr, lachte so, daß er's plötzlich nicht mehr aushielt und hinausstürzte. Ich schrie nach meinem Burschen. Der kam und lachte, lachte, lachte.

Am zehnten Juni fand eine große Feier zugunsten einer U-Bootsspende statt. Ich beteiligte mich nicht, sondern fuhr nach Otterndorf, mietete ein Zimmer, legte mich dort auf ein besonntes Bett und träumte wach am Nachmittag von weit entlegenen, friedlichen Dingen. Eine weiche, entsagende Stimmung überfiel mich und blieb und nahm nachts noch zu, als ich im Kasinogarten auf der Terrasse Bowle trank, in einer wonnig kühlen Nacht, da sich bei sanftem Winde die Baumwipfel pantomimisch miteinander unterhielten.

Ich fuhr als Postboot, wurde auf der Brücke zwischen Sonne und Schornsteinhitze gebraten, obwohl ich beinahe nichts anhatte. Die andere Gruppe brachte einen ungeheuren Seeteufel und ein prächtiges Exemplar von Hummer heim. Irgend jemand wollte gehört haben, daß die H. M. S. D. demnächst aufgelöst würde. Wir versuchten das Gerücht zu ignorieren. Die Lebensmittelnot wurde erörtert und dabei ein kleines Witzchen erzählt: Ein Hauptmann gibt seinem Burschen zwanzig Pfennige; der soll versuchen, dafür zwei Brötchen aufzutreiben, eins für ihn und eins für sich. Der Bursche kommt kauend zurück, reicht dem Hauptmann zehn Pfennige und sagt: „Es gab nur noch eins".

Mein Koch verschaffte mir für sieben Mark ein Stück Wasch- und ein Stück Rasierseife. Man wartete auf Regen für den Landmann, so was interessierte uns auf einmal. In Hamburg und Berlin nahm die Lebensmittelnot schlimme Formen an. Es gab immer noch genügend dumme Leute, die den dreisten Lügen der Zeitungen glaubten. Ich verkaufte für hundert Mark Schollen, das Pfund für zwanzig Pfennige, verteilte das Geld, verschenkte fünf Zentner Fische an meine Besatzung, einen Eimer voll an Feuerschiff A, ein paar Hände voll an lungernde Kinder, einen Beutel voll an Oberleutnant Erfling.

Heiße Suchfahrt. Warum suchen? Lächerlich! Wir erhielten uns nur mehr den Humor durch eingebildete Wichtigkeit. Ich war so krankhaft verbittert, daß mich alle flohen. Eines Sonntags beherrschte mich ein seltsames Furchtgefühl. Ich war als einziges Boot nach dem Suchen noch draußen geblieben und fischte. Schwüles Wetter. Der Seespiegel glatt. Tümmler und Seehunde waren auf weite Entfernung zu erkennen, und ich verschoß viel Munition auf sie, wobei ich die Patronen durch Einkerbungen zu Dumdumgeschossen machte. Doch traf ich nicht. Die Luft war diesig, so daß die Schiffe und Bojen trügerisch verrückten. Ich hatte Angst, mich bei den Kursen, die ich angab, zu verirren oder auf Sandbänke zu laufen. Ich hatte ein böses Gewissen wegen der vielen Patronen, die ich verschoß. Einen Taucher hatte ich beim ersten Schuß so seltsam verwundet, daß er sich, solange er auf dem Wasser schwamm, dauernd überschlug. Aber jedesmal, wenn wir hindampften, um ihn aufzufischen, tauchte er plötzlich unter, um ganz woanders wieder aufzukommen. Während dieser hartnäckigen Jagd winkte ein passierender Lotsendampfer uns an. Ich hatte Angst, daß ihm mein Schießen und meine sinnlosen Manöver aufgefallen wären. Mein Signalgast brachte den Spruch „Wie heißt Ihr Kommandant?“ Also, wie ich gefürchtet hatte, man wollte mich melden. Selbstverständlich ließ ich richtig zurückgeben „Vizefeuerwerker Hester“. Da winkte der Lotsendampfer nochmals an „K. an K. Herzlichen Gruß“. Unterschrieben von einem mir wohlgesinnten Offizier. Ich atmete auf und dampfte schleunigst heim, hatte aber unterwegs wieder Angst, daß der Kessel explodierte, weil der Zeiger vom Manometer dicht am roten Strich stand. Ich war krank.

Viel Dienst. Viel Sorgen und lange Zeit kein frohes Ereignis. In meiner Beförderungsangelegenheit ärgerte mich der piepmatzhirnige Generalmajor Körbber, ärgerten mich die Briefe meines Vaters, der sich aus falsch geleitetem Anstand nicht getraute, seine bisherigen Anschauungen zu ändern. Einmal, in einer versöhnlichen Anwandlung im Kasino, schrieb ich an David Rank, den ich einst verehrt hatte und den ich dann als dürftig fett und raffiniert durchschaute: „Wie wir einst so glücklich waren“.

Vergessend, daß ich Postboot fahren sollte, ließ ich die Maschine auseinandernehmen und mußte deshalb am nächsten Tage strafweise Postboot fahren. Der D.-Chef, Klinke und der Stabsarzt fuhren ein Stück mit, und der Stabsarzt zog mich auf, wie er es gern tat, und der D.-Chef erteilte mir eine Rüge, die ich diesmal ganz apathisch einsteckte. Auch bei der nächsten Suchfahrt nahm man mich besonders aufs Korn. Gruppenführer Klinke ließ dauernd manövrieren – Mann über Bord – Seite pfeifen – Oberdeck Ordnung – Flagge E. S. und Öse und Anna und Divisionsstander. Von Scharhörn aus beäugte man das kritisch. Mein Boot kam glimpflich davon, und mittags war der D.-Chef wieder freundlich. Ich wurde dazu verurteilt, dreißig Tassen Kaffee zu spendieren, was keine Kleinigkeit kostete.

Die Kommandanten wurden zu einer außerordentlichen Sitzung zusammengerufen. Alle dachten sofort erschreckt an den jüngst an die Wand gemalten Teufel „Auflösung der H. M. S. D.". Es handelte sich aber um eine Strafrede, weil wir wieder nachts skandaliert und laut gesungen hatten. „Hester sogar englische Lieder!" rief der D.-Chef. Die anderen wurden ernsthaft verwarnt. Ich erhielt vierzehn Tage Bordarrest, d.h., ich mußte solange an Bord schlafen und jedem Dienst der Leute beiwohnen. Ob das nachhaltig auf meine Beförderungsaussichten wirkte, übersah ich noch nicht, aber ich war diesbezüglich gleichgültiger geworden. Häßliche Briefe meiner Eltern hatten dazu beigetragen. Mein Vater wie meine Mutter bedauerten, daß ich die Offizierslaufbahn ergriffen hätte. Sie fürchteten pekuniäre Schwierigkeiten, obwohl sie selbst mich in keiner Weise unterstützten, und sie schrieben mir außerdem, nach dem Kriege müßte ich mir nun endlich einmal eine eigene sichere Position schaffen. Ich überlegte mir daraufhin ernsthaft, ob ich Kitty Wolke heiraten sollte.

Ich hatte in meiner Zurückgezogenheit der letzten Zeit gerade so reizvolle Landschaften und Winkel entdeckt, alte Bäume, unheimlich kahle Zäune mit Wegerich und den düsteren Garten hinter meinem schwarzen Hotelkasten, mit dem Gartengespenst. Nun schlief ich nachts in der abscheulichen Kammer an Bord und las über deutschfeindliche Demonstrationen in der Schweiz. Andern Tags erließ mir allerdings Herr Reye den größten Teil meiner Strafe und abends ging ich wieder mit zum Kegeln, stahl mich jedoch zwischen dem Spiel mehrmals in den Garten. Über diesem stand eine kalte, graue, feuchte Luft, und ich bestaunte, wie schön überall die Rosen blühten und dufteten.

Um drei Uhr morgens auf See. Die Sonne stand wie eine glühende Glocke in dem verschwimmenden Grau von Wasser und Luft. Ich saß, tagebuchschreibend und dennoch scharf ausblickend, auf dem hohen Bock, den ich mir hatte zimmern lassen und von dem ich, wenn das Schiff sich überlegte, jedesmal herunterfiel, so daß der Rudergänger unter mir, wie er mir einmal erzählte, über dem Gepolter jedesmal seinen Spintisierungsfaden verlor. Wär's nur in mir ein wenig heller gewesen. Der Signalgast meldete treibende englische U-Boots-Glaskugeln. Ich benutzte das zum Manöver „Mann über Bord". Im Nu hatten wir die lustigen Dinger an Deck. Ich schenkte sie Leuten, die sie daheim in ihren Gärten aufstellen wollten.

Wieder morgens drei Uhr auf. Langer, anstrengender Räumdienst mit dicken Zigarren. Als ich müde ins Hotel kam, bestellte ich mir eine Schüssel Salat und warf mich im Nachthemd für ein Weilchen aufs Sofa. Als ich erwachte, war es noch hell – nein, ich entdeckte plötzlich, daß der Salat inzwischen greisenhaft in sich zusammengesunken war. Ich hatte rund zwölf Stunden durchgeschlafen. Es klopfte. Mein Bursche meldete: „Auslaufen. Herr Leutnant Örter läßt sagen, der Strom kentert um acht Uhr neunundzwanzig."

Eine große Besichtigung. Vizeadmiral Schaumann inspizierte. Wir ahnten alle, daß von dieser Besichtigung das Bestehen oder Nichtbestehen unserer Division abhing, und eine deplazierte Nervosität bemächtigte sich unsrer, obwohl die Vorübungen vorzüglich geklappt hatten. Legen und Räumen einer Minensperre. Nun versagte alles, besonders das Sprengen. Acht Stunden lang äußerste Nervenanstrengung und trotzdem Versager auf Versager, Kabelstörungen, Kurzschluß und mannigfache unerklärliche Übelstände. Und dann rutschte der schließlich ungeduldig werdende Admiral auf einer Apfelsinenschale aus, die der liederliche Schlawiner Bobby an Deck geworfen hatte. Ich war ziemlich ruhig, besonders, weil mir der D.-Chef leid tat. Ich hatte alle Sinne gespannt, aber ich konnte mich ja persönlich nur um mein Boot kümmern. Zwischendurch betrachtete ich flüchtig die Übung als malerisches Bild. Im Topp von Boot 11 war eine so leuchtende Flaggenzusammenstellung, die Admiralsflagge und darunter der blutige Stander Z. Immer wieder neue Anläufe und neue Greifer und immer wieder Versager. Aber nachdem alles vorüber war, zeigte der Chef eine sehr anständige Ruhe und nahm das ganze Unglück als das, was es war, als *force majeur*. Zum nächtlichen Kegelabend hatten wir ihm einen Strauß Rosen hingestellt, weil er auf dreißig Tage in Heimatsurlaub fuhr, „zwecks Wiederherstellung seiner Gesundheit", und weil er demnächst Geburtstag feierte. Und ich hatte ein H. M. S. D.-Lied gedichtet und noch rasch vervielfältigen lassen. Das klang auf das Wohl des D.-Chefs aus, und wir sangen es begeistert zur Erdbeerbowle. Dennoch war ich verbittert und böse auf den D.-Chef, denn er hatte meinen Wahltermin versäumt. Als er sich verabschiedete, sagte er zu mir: „Na, wenn ich wiederkomme, hoffe ich Sie mit Ärmelstreifen zu sehen."

„Dazu ist es zu spät, Herr Kapitänleutnant."

„Ach, richtig, heute sollte ja Ihre Wahl sein. Nun, dann ein paar Wochen später", sagte der D.-Chef. Er ließ dann den beurlaubten Bobby telegraphisch zurückrufen, weil dieser die übliche Revision der Geheimakten vergessen hatte, vielleicht aber auch wegen der verhängnisvollen Apfelsinenschale.

Wir gerieten bei Tonne v in einen Sturm. „Caroline" stand Kopf. Abends saß ich allein, wie jetzt meist, im Kasinogarten, wo sich der Kälte wegen jetzt niemand mehr aufhielt. Aus dem japanischen Pavillon drang Musik. Dort hielten die Stabsoffiziere ein Fest. Vor mir bogen sich händeringende Pinien im Sturm. Ich Unglücklicher überlegte mir, ob ich nicht besser täte, mich abkommandieren zu lassen. Ich war ganz mit meinen Nerven herunter. Nachts störte mich das Tuten der Dampfer, die vor der Brücke des Öffnungssignal gaben. Ich hatte wilde Träume und wachte in Schweiß gebadet und unter Zuckungen auf.

In Vertretung des abwesenden Chefs hielt Drache eine seiner humorlosen Ansprachen. Der Admiral sei über unser Versagen bei der Besichtigung sehr aufgebracht, besonders auch über das schmutzige Boot des Leutnants Bobby. Es würden bulgarische Offiziere erwartet, die sich über das Minenwesen informieren wollten. Nun würden aber nicht wir, sondern die Sperrfahrzeugdivision die Bulgaren unterrichten. Uns fiele lediglich die bescheidene Aufgabe zu, den ausländischen Herren draußen den Vorpostendienst zu zeigen.

Meine Gruppe erhielt fünf Tage Erholungsurlaub. Ich fuhr indessen nur nach Otterndorf und vergrub mich dort in ein Hotelzimmer. Nur einmal keine Uniformen sehen und nicht an den D.-Chef denken, der meine Wahl versäumt hatte. Ich bestellte Kitty Wolke und Grete Timm heimlich nach Otterndorf. Nun schritt ich durch die Winkelgäßchen mit schiefen Häusern mit schiefen Fensterrahmen, und eine Kuhmagd, mit der ich mich in ein Gespräch einließ, hieß Timm. Als ich ins Hotel zurückkehrte, lag dort ein Brief. Grete Prüter meldete sich und eine Freundin namens

Timm an. Das gab dann viel Wirrwarr und Versteckenspielen. Kittys Eltern hatten herausgebracht, daß ihre Tochter zu mir gefahren war, und nun rief die Mutter mich telephonisch an. Sie war sehr aufgebracht. Nie würde sie zugeben, daß ihre Tochter in Otterndorf übernachtete. Ich mußte ihr heilig versprechen, die beiden Mädchen sofort nach Hause zu bringen. Um zwölf Uhr nachts kam ich in Blankenese an. Am Himmel standen die beiden alten grollenden Wolken. Wir schritten durch den düstern Wald nach Rissen, und es gelang mir, die Eltern zu beschwichtigen und ihre Verzeihung zu erlangen. Aber dann verirrte ich mich schauderhaft in der gott- und menschenverlassenen Gegend, ward einmal von einem Hund gebissen, und als ich nach drei Stunden Umherirrens ein Hotel fand, ließ man mich nicht ein, weil angeblich alles besetzt wäre. Es half auch nichts, daß ich betonte, ich sei ein Offizier, und daß ich später den Säbel zog und wütend gegen die Tür hieb und dabei die unflätigsten Schimpfworte steigerte. Stundenlang noch mußte ich auf dem Bahnhofsperron warten, bis ich einen Zug nach Hamburg erwischte. Es saßen Passagiere mit mir im Kupee, die die Möglichkeit erörterten, daß Seine Majestät abdanken müßte und wir dann bald zu einem Friedensschlusse kämen.

In Cuxhaven tat sich ein Schmierentheater auf, das auch zuweilen in Otterndorf gastierte. Ich sah mir Iphigenie auf Tauris und andermal Sudermanns Ehre an. Das gab mir trotz der komischen Inszenierung doch neue und ablenkende Eindrücke.

Im Kasino ward lebhaft die letzte Krise besprochen. Alle bedauerten, daß die neuen Änderungen erst jetzt, so plötzlich und wie mit einer Verbeugung nach dem revolutionären Osten einsetzten. S. M. war zweifellos bei uns allen sehr unbeliebt.

Kapitänleutnant Berger besuchte uns auf Scharhörn und erzählte von seinen Erlebnissen als U-Bootskommandant. Er hatte in dreißig Tagen achttausend Tonnen versenkt.

Nachts eine Übungsfahrt mit Scheinwerferübung, bei der die Forts und ein Zeppelin mitwirkten. Die Scheinwerfer entdeckten uns und den Zeppelin sehr bald. Es war Humbug. Ich traktierte unterwegs meine Leute mit Schnaps und plauderte vertraulich mit ihnen.

Heiße Suchfahrt. Auf See plötzlich eine Wolke von Tausenden von vertriebenen Kohlweißlingen. Mir schien, daß sie verzweifelte Flügelanstrengungen machten. Doch beobachtete ich, wie sich manche auf die Wasserfläche niederließen und doch wieder aufflogen.

Die Division lief aus mit Kapitän Reeder und vier bulgarischen Offizieren auf Scharhörn. Durch Draches Schuld entstand viel Kuddelmuddel. Es hagelte scharfe Rügen, und besonders Bobby wurde heruntergeputzt. Der steckte das ziemlich gleichgültig ein und veranstaltete abends in seinen Zimmern eine Art ästhetischen Maskenball, bei dem wir, d.h. eine kleine ausgewählte Gemeinde, literarische und herzliche Gespräche führten.

Ich war mit Otto und Örter zu einem Kaffee zu Drache geladen. Um ihm ein ansehnliches Fischgeschenk zu machen, ging ich trotz bedenklicher Dünung zum Fischen, südöstlich fast bis Helgoland. Aber keine Fische waren da. „Sie stehen jetzt bei Amrum", sagte einer meiner Sachverständigen an Bord. Die Kaffeegesellschaft verlief üblich steif. Die jungen Leutnants benahmen sich ebenso ungeschickt wie ich Vize. Die hübsche, junge Frau sagte manches, was ihren Mann in Verlegenheit brachte, z. B.: „Ja, wenn mein Mann heimkommt, ist auch sein erstes: der Dolch." Die Marineoffiziere, die kein Steuermannsexamen hatten, also von der Matrosenartillerie herkamen, durften nämlich keinen Dolch, sondern mußten einen Säbel tragen. Weil nun aber der kurze Marinedolch in höherem Ansehen stand, schnallten sich alle Offiziere der Matrosenartillerie auf Urlaub, besonders im Binnenland, doch heimlich einen Dolch um. Es war Drache auch sicher nicht angenehm, als uns seine Frau die Vorratskammer zeigte, wo er Würste, Speck und Schinken in eigentlich schamloser Weise aufgespeichert hatte.

Ich bekam einen neuen Burschen. Budney hieß er und war früher Bergarbeiter gewesen. Ich hörte ihn gern darüber erzählen, obwohl er oft allzudumm log. Daß sein Vater einen billigen Kanarienvogel kaufte, der trotz wochenlangen Vorpfeifens nur Pieps lernte und sich zuletzt als gelb angepinselter Sperling entpuppte, auch das glaubte ich ihm nur scheinbar. Budney war frisch, aber plump.

Schlechte Nahrung, freudlose Zeit. Dann kam etwas Neues. Erst geriet ich in einen ebenso gefährlichen wie aufregenden Briefwechsel mit einer schönen Frau. Dann sah ich eines Abends ein blauäugiges, interessantes Mädchen in meinem Hotel und folgte ihr unbemerkt. Sie ging ins Theater, wo man das Dreimäderlhaus spielte. Ich erhielt einen Platz dicht hinter ihr. Sie trug eine einfache blaue Bluse, einen braun-karierten Rock, und ihr Haar war straff angeklatscht. Während des Stückes las sie in einem Buch oder machte sich Notizen, und mitunter wandte sie den Kopf mit einem forschenden Blick nach der Zuschauermenge. Sie wohnte in meinem Hotel. Der schlaue und gewandte Geschäftsführer erkannte meine Wünsche und arrangierte es so, daß ich mich vorstellte und Annemarie Schmied zum Kaffee auf der Veranda einlud. Sie war ein Waisenkind, aus Hamburg gebürtig, und nun sollte sie als Schauspielerin in Cuxhaven auftreten.

Zwischen Drache und Bobby spitzte sich die Feindschaft immer mehr zu. – Drei Jahre Krieg waren um. Die Engländer gingen jetzt in Flandern mächtig ins Zeug. Man erwartete Angriffe auf unseren U-Bootsstützpunkt Ostende. – Der D.-Chef kam von Urlaub und erzählte, wie immer, interessant, sachlich und überzeugend. In Warnemünde war unter öffentlichem Schleichhandel Butter zu acht Mark pro Pfund und Schokolade und anderes Kostbare zu haben. „Der kann leicht reden", flüsterte mir jemand zu, „der hat eine Millionenfrau." In Mannheim hatte Reye einen schweren Fliegerangriff erlebt. Von der großen Anilinfabrik stiegen hohe Rauchsäulen auf. Die waren aber von uns künstlich erzeugt, um dem Feinde vorzutäuschen, daß seine Bomben getroffen hätten.

Am dritten August sagte der D.-Chef zu mir: „Herr Hester, Sie sind wirklich ein Pechvogel. Ihre Beförderungspapiere sind infolge eines kleinen Formfehlers nun wieder zurückgekommen, und da sie bis zum fünften August auf der Station sein müssen, wird Ihre Beförderung nun wieder um einen Monat hinausgeschoben." Der D.-Chef machte sich dann wirklich persönlich außerordentlich viel Mühe und Wege, um möglichst noch alles ins Rechtzeitige zu bringen. Ich ging abends ins Theater, um Annemaries Debüt als „Waise von Lowood" zu sehen. Sie spielte ergreifend. Hinterher sah ich Annemarie im Kreise neidischer Kolleginnen. Ich schrieb ihr einen herzlichen Gratulationsbrief. Nachts schlich ich mit einer Flasche Sekt und zwei Gläsern nach ihrer Zimmertür und kratzte vorsichtig, aber ich erhielt weder Einlaß noch Antwort.

Bobby verliebte sich sofort in Annemarie und suchte taktlos mich bei ihr auszustechen. Glücklicherweise kannte ich keine Eifersucht. – Ich schoß zwei Taucher. Sieben andere verwundete ich nur und mußte sie leider aus Mangel an Zeit so zurücklassen. – In Deutschland trafen große Pferdetransporte ein, die angeblich Dänemark liefern mußte, als Strafe dafür, daß es englische U-Boote durchgelassen hatte. Mit diesen Transporten fanden jedesmal auch dänische Butter, Wurst, Kuchen und Seife ihren Weg nach Warnemünde. – Lübek, von einem Ehrengericht abgeurteilt, erhielt den „schlichten Abschied“. – Abends saß ich mit Annemarie in der Laube hinterm Kaiserhof. Der Sekt taute ihr Herz auf. Wir gerieten in verliebteste Stimmung und schrieben an die Laubenwand „Fünfter August 1917“.

Zu meinem Geburtstag ward mir viel beschert. In der Messe brachte man mir drei Heils aus. Abends war ich allein und wieder sehr niedergeschlagen. Wie gut hatten es die hohen Offiziere mit drei und vier Ärmelstreifen. Sie bezogen reiche Gehälter, mit denen sie sich alles leisten konnten, was andere entbehrten. Und sie waren zum Teil noch so gewissenlos, dann alles aufzukaufen, um für schlimmere Zeiten gedeckt zu sein, während geringer bezahlte Offiziere Mangel und die Mannschaften Hunger litten.

Ganze Division lief aus. Ich mußte umkehren. Im Niederdruckzylinder hatte sich die Schraube gelockert, die Kolbenstange mit Kolbendeckel verbindet. Örters Boot schleppte mich nach Elbe A, wo mein Maschinenpersonal den Schaden reparierte.

Ich traf täglich mit Annemarie zusammen, dem lieben, sentimentalen Schulmädchen. Ich hörte ihre Rolle ab. Sie spielte abends in Hans Müllers Könige. Die Aufführung wirkte sehr komisch. Von den beiden Königen sog der eine, der überdies noch taub schien, alles aus dem Souffleurkasten, und den anderen König spielte der jüdische Theaterdirektor Merseburger, der ein Holzbein hatte. Nach der Vorstellung holte ich Annemarie ab. Sie zeigte mir ihre Kleider. Das Gretchenkleid, die blaue Bluse mit den Kinderzähnchen, das bulgarische Kleid mit Vogelbeeren besetzt und mein Lieblingskleid, das Schulmädchenkleid in Blaugrün, das so gut zu ihrem braunen Teint paßte. – Aus der Münchner Künstlerkneipe Simplizissimus ging mir eine Karte zu, von Kathi Kobus und von Bahre unterschrieben.

In meinem Kleiderschrank hing nun schon eine nagelneue Offiziersuniform und der seidengefütterte Mantel und die silberdurchwirkte Schärpe. Ich aber trug eine abgewetzte Vizeuniform und wartete auf die Allerhöchste Kabinettsorder. – Oberleutnant Weihrauch wurde nach Flandern zu einem Eisenbahngeschütz abkommandiert. – Beim Suchen überraschte uns ein Regensturm mit Gewitter. – Ich schoß einige entzückend hübsche Möwen und fischte etwa zweihundert Pfund Krabben. – Die aktive Minensuchdivision fischte draußen eine Menge Fässer auf, die von torpedierten Schiffen herrührten und Wein, Öl, Kakaobutter und Kokosbutter enthielten. Einige dieser Boote hatten ein Gefecht mit englischen Kreuzern gehabt. Dem Boot von Krommes wurde durch einen Treffer der Bug aufgerissen. M 65 wurde schwer getroffen und erhielt unter anderem einen Schuß ins Dampfrohr. Es hatte zehn Tote und vierzehn Verwundete, aber abends waren schon zwölf Särge bestellt. Die anderen M-Boote waren hinter Nebelbomben entkommen. In der Zeitung vom 17. August stand die Sache natürlich völlig entstellt.

In der Konferenz brachte der Chef deprimierende Neuigkeiten und ernste Befehle von oben. Die Leute sollten künftig mit allen Künsten bei guter Laune erhalten werden: durch Ausflüge und sonstige Vergnügungen. Sie sollten gleichzeitig durch Spitzel überwacht werden in bezug auf sozialdemokratische und Anti-Kriegspropaganda. Man rechnete mit einem gewaltigen Fliegerangriff auf Cuxhaven. Am Euphrat sollte demnächst unsere große Offensive einsetzen. Morgen würde der Kaiser nach Cuxhaven kommen. Vor den Mannschaften sollte das möglichst lange geheimgehalten werden.

Meine Gruppe lief am nächsten Morgen aus. Da wir vermutlich Seiner Majestät begegnen würden, hatten alle Boote über die Toppen geflaggt. Wir passierten aber nur die dem Kaiser wie Windhunde vorauslaufenden Hochseetorpedoboote. Es war ein herrliches Bild, wie diese schnellen scharfen Boote mit hoher Bugwelle durch die Dünung schossen. Mittags liefen wir wieder ein. Die andere Gruppe stand schon seit zehn Uhr auf der Pier zum Empfang des Kaisers angetreten. Ich war wegen meiner zerlumpten Vizeuniform in Verlegenheit. Dennoch stellte ich mich heimlich ganz dreist auf die Brücke von Klinkes Boot, das gegenüber der kaiserlichen Anlegestelle und neben dem zerschossenen M 65 festgemacht hatte. Die Cuxhavener Marine war in Aufregung. Jeder wollte voranstehen. Wir behaupteten, daß die Sperrfahrzeugdivision zu viel Platz einnähme, und so entbrannte überall Neid und Eifersucht. An der Pier war auf einer Schiefertafel das Gefecht der Minensucher skizziert. Man wollte dem Kaiser diese Skizze und das zerschossene Boot zeigen.

Es war ein imposanter Anblick, als das große Schlachtschiff „Baden“ mit der Kaiserstandarte im Topp ganz vorsichtig langsam heranglitt. Auf den Decks standen hohe Militärs mit dicken Ärmelstreifen und breiten roten Hosenstreifen allzu noncholant herum. Der Kaiser in Großadmiralsuniform und mit dem Großadmiralsstab in der Hand verließ das Schiff. Er kam mir sehr ernst und sehr eitel vor. Er schritt rasch die aufgestellten Reihen ab und hatte für die Tafel und für das zerschossene Schiff nur einen flüchtigen Blick. „Guten Morgen, Matrosen!“ grüßte er, obwohl es halb acht Uhr abends war, und ich hörte deutlich, wie von den Leuten, die allerdings schon seit morgens dort angetreten standen, viele statt Hurra „Hunger“ riefen. So viel bemerkte ich. Später erfuhr ich dazu, daß der Kaiser wütender Stimmung gewesen wäre, daß er die Reserveoffiziere völlig ignorierte und nur den aktiven die Hand reichte und sich im übrigen sofort in seinen Hofzug zurückzog. Es gab dann noch eine große Aufregung in Cuxhaven, weil Majestät nach einem geräucherten Aal verlangte und ein solcher – wenigstens in kaiserwürdiger Größe – nicht aufzutreiben war. Selbstverständlich wußten alle, daß die Reise des Kaisers mit den jüngsten Meutereien in der Marine zusammenhing. Ich fragte mich nur, warum er statt einer Versöhnungsreise eine Strafreise unternahm.

Der von mir so geschätzte Oberleutnant Klinker hatte auch an dem Seegefecht mit teilgenommen. Er erzählte mir davon, als wir zum Baden gingen. Nachts hatte ich mit ihm und Wigge und Bobby und Riemenschneider und Gebauer ein stimmungsvolles Kasinogelage. Es war ein wonniger Augustabend. Wir saßen im blumenbunten Garten und sangen „Ein Grenadier auf dem Dorfplatz stand“ und „Nicht ich allein hab' so gedacht, Annemarie“, und Bobby prostete mir bedeutungsvoll zu, und ich riß mir zum Symbol die Vizeanker von den Achseln.

Das zwangsweise Fischen wurde nun wirklich eingeführt. Auf Draches und des Stabsarztes Rat. Diese beiden Herren hatten davon keine Mühe, sondern nur Fische. – Als ich mit Bobby an der Alten Liebe badete, wagte ich mich zu weit hinaus und konnte mich nur mit äußerster Anstrengung gegen den Strom zurückarbeiten. – Ein Geheimbefehl besagte, daß ein Maat mit einem modernen Flugzeug desertiert und Richtung Holland genommen hätte. Ferner flöge ein Ballon in der Richtung von Köln nach Bremen; der sei möglichst abzuschießen. – Die neuen Beförderungen kamen heraus, die meinige war nicht dabei. – Zwischen den Pfählen der Pier schwammen, dehnten sich, blähten sich Hunderte von petroleumschillernden Quallen, manche so groß wie ein Kinderkopf. – Ich brachte Annemarie Fische und Milch. Ich wußte, sie hungerte oft. Ich ging in einem geborgten Zivilanzug in Kneipen, die für Offiziere verboten waren, und wenn ich bekannte Matrosen traf, hielt ich sie frei. Am nächsten Morgen ganz früh unternahm ich mit Annemarie einen Ausflug am Wasser entlang nach Brokeswalde. Annemarie trug das grüne Seidenkleid, ich Zivil. Wir hörten eine Zeitlang einem Waldprediger zu, bis Annemarie sich mit Tränen in den Augen abwendete, weil der Prediger von Waisenkindern sprach. Pampig begegnete uns. Er war tags zuvor auf Prielwache in Seenot geraten, hatte ein Beiboot, eine Karte und beinahe einen Mann verloren. Ich lagerte mich mit Annemarie und las ihr den Entwurf zu meinem neuen Drama vor, das „Der Flieger“ heißen sollte.

Im Kasino kondolierten mir die Bekannten. Ich zog mich zurück, saß als einziger noch in dem kühlen Rosengarten und schrieb am „Flieger“. Um andere Anregung zu finden, besuchte ich ein Kino, mußte aber während des an sich törichten Stückes aufbrechen, weil mir die Tränen kamen.

Wegen meiner schwachen Augen pflegte ich auf See doppelt scharf auszuspähen. Es war mir eine Genugtuung, als ich, bei hoher Dünung auslaufend, auf weite Entfernung eine senkrecht schwimmende Stange und zwei undefinierbare treibende Gegenstände sichtete. Ich merkte mir die Stelle, oder vielmehr, ich berechnete mir, wo ich nach der Suchfahrt die Gegenstände wieder treffen könnte, und ich fand und barg sie dann nicht ohne Schwierigkeiten, einen Bootshaken und zwei komplizierte U-Bootsdrachen. Niemand von uns kannte diese Instrumente, die anscheinend eine große Sprengladung enthielten.

Auf „Zieten“ war wieder etwas Revolutionäres vorgekommen. Man hatte Massenverhaftungen vorgenommen. – Lord Grey war gestorben. – Es gab jetzt 69 Minensuchboote in Cuxhaven. – Im Kaiserhof fand ein bunter Abend statt. Wir tanzten mit den Schauspielerinnen, ich mit Annemarie und Bobby mit der Friedrich, die die Hosenrollen spielte.

Der D.-Chef war, wohl aus Mitleid und bösem Gewissen, ausgesucht liebenswürdig zu mir. Er meinte, ich würde für die geborgenen U-Bootsdrachen wahrscheinlich eine Belohnung kriegen. Die Treibgutfischerei wurde ein aufregender und anspornender Sport bei uns. Für Kakaobutter zahlte man uns in Hamburg vierzig Mark pro Pfund. Sie ließ sich vorzüglich zum Kochen wie zur Seifenbereitung verwerten. – Der leitende Ingenieur stellte fest, daß mein Dampfkessel Sprünge hätte und jederzeit platzen könnte. Ich sollte möglichst bald in die Werft laufen. – Wieder fand ein Seegefecht statt. Vier Fischdampfer wurden auf die dänische Küste gejagt.

Riga war gefallen. Wie mochte es dort aussehen? Wie mochte es Wanjka und Fanjka ergehen? Was hätte ich darum gegeben, mit in Riga einmarschieren zu dürfen. Abends auf Hafenwache erhielt ich Besuch von Klinke, Bobby, Pampig, Örter, Plappert, Liebert und einem Leutnant Meyer. Wir begannen eine gewaltige Zecherei. Der Fall von Riga wurde mit Schnaps und Sekt und Tanz und Geschrei gefeiert, als wären wir verrückt geworden. Dann brachte uns Leutnant Meyer auf sein Boot „Baden", wo man uns mit einer ebenso süffigen wie gefährlichen Bowle bewirtete, die aus Sekt, Arrak und Zucker gebraut war und die wir seitdem Rigabowle nannten. Auf der „Baden" setzten wir unsere Tollheiten fort; Tänze, wilde Zweikämpfe, Musik und lautes Gejohle. Schließlich kam Kapitän Reeder hinzu. Er nannte Bobby einen Schafkopf und schickte Klinke heim, der im Suff sehr komisches, aber besonders törichtes Zeug vorbrachte. Allmählich verlief sich auch die andere, wahnsinnig besoffene Gesellschaft. Örter wurde wieder aus einem dunklen Proviantraum gezogen, wo er seine Eulenaugen rollte. Otto hatte auf unerklärliche Weise seine Schuhe „verlegt" und trat den weiten Heimweg in Strümpfen an. Nur Möbus und ich tranken mit Kapitän Reeder weiter bis morgens halb sechs Uhr. Als ich an Bord kam, hieß es, die ganze Division liefe aus. Der Chef war schon da. Er ließ mich rufen und war so zornig wie nie zuvor. Die Messestewards hatten verschlafen, und der D.-Chef fand den Salon, wo wir nachts gehaust hatten, in unbeschreiblich verwüstetem Zustand. Eine dicke Stickluft aus Tabaksqualm und Alkoholdämpfen. Die große polierte Tischplatte von Schnäpsen total zerfressen. Löcher ins Sofa gebrannt. Stühle zerbrochen. Der Fußboden mit Glasscherben besät.

„Was war gestern eigentlich los?" herrschte Reye mich an, aber er wartete gar nicht meine Antwort ab, sondern stieg auf die Brücke. „Auslaufen!" Ich glaube, draußen war kaltes, klares Wetter. Auf den Booten war dickste Luft. Bei der Rigafeier war ich Wachoffizier gewesen, und ich war nur Vize. Ich war auf Schlimmstes gefaßt. Wir hatten uns an der Leuchttonne gesammelt, Scharhörn fuhr nun an uns vorüber, und die Kommandanten pfiffen Seite. Das tat auch ich, als ich an der Reihe war, und rief dazu schneidig und laut: „Oberdeck stillgestanden! Front nach Backbord!“ Aber sofort stieg auf dem Führerschiff ein Signal auf, und mein vertrauter Bursche und Signalgast Budney übersetzte eiligst mit mir nach dem Signalbuch „Achten Sie gefälligst auf Ihre Garderobe!“ Bautz! Das war die erste Zigarre. Ich trug statt eines Kragens einen Wollschal, kam aber gar nicht auf die Idee, daß der D.-Chef daran Anstoß nähme, weil ich täglich so ausfuhr. Ich zerbrach mir also den Kopf über den Sinn des Signals, bis mir einfiel, daß ich nur noch auf der linken Achsel einen Anker trug. Der rechte Anker war mir schon vor Wochen abgefallen, und ich hatte das Messingding aus Scherz oder zur Erinnerung an den Mast meiner „Caroline“ genagelt. Es war inzwischen von Grünspan ganz überzogen. Nun riß ich mit Anstrengung dieses vermeintliche *Corpus delicti* vom Mast, und Budney nähte es mir an, wenn man so sagen darf, denn in Ermangelung von Faden und Nadel benutzte er Draht. Kapitänleutnant Reye verstreute weiter dickste Zigarren, wie Konfetti, und nach dem Suchen hetzte er uns in wilden Manövern noch lange herum. Aber die Hauptsache kam erst im Hafen bei der üblichen Konferenz auf „Scharhörn“. Ein großer Speech und dann ein zweiter von Drache gehalten, der seine Rednergabe gern zeigte und sich wohl einen neuen Stein im Brett bei Reye holen wollte. Sein seriöses Geseire giftete mich viel mehr als die scharfen, aber natürlichen und ehrlichen Anschnauzer Reyes. Der war am andern Tage schon wieder versöhnt.

Ein neuer Befehl verbot der Marine das Lesen von dreißig Zeitungen. Die Leute wurden dadurch erst auf diese Blätter aufmerksam. Ich belauschte einen Mann, der einem anderen diesen Befehl wiederholte und nur das kaiserliche Zitat hinzufügte: „Ich kenne keine Parteien mehr.“

Ich studierte deutsche und englische Zeitungen vom Juni als Vorarbeit zu meinem Drama. Annemarie war verreist, sie schrieb mir reizende Briefe. Wohl merkte ich, daß sie bis zu einem gewissen Grade auch in ihren Reden und Briefen Komödie spielte, aber wenn ich das abzog, blieb immer noch viel Rührendes, Anziehendes und Liebenswertes. Ich hatte Sehnsucht nach ihr.

Nach dem Suchen fischte ich Krabben und kochte sie ab. Diese widerlichen Krabben. Ihr Gestank verpestete ganz Cuxhaven. In der Nähe warf ein Zeppelin übungsweise Bomben ab. Dann stieg ich noch auf einen verankerten, aus Schweden gekommenen Dampfer über und hamsterte zwei Stücke schlechter Seife zu sechs

Mark. Schokolade nahm ich nicht, für die dünnste Tafel forderte man zwölf Mark. – Bei der Mittagstafel wurden zwei Gerüchte serviert: England habe Deutschland ein Friedensangebot gemacht und Kerensky sei ermordet. Nachts hatte ich ein kleines Abenteuer auf dem Zimmer der zurückgekehrten Annemarie. Ich mußte mich in einen Kleiderschrank einschließen lassen und dort ein langes, vertrauliches Gespräch über ein Abenteuer einer anderen Schauspielerin anhören.

Sturmfahrten. Im Hafen Hochwasser. Oberleutnant Frührich besuchte uns zum Mittagessen, ward reizend empfangen und bewirtet und erzählte von U „Deutschland". Dieses Boot fuhr vier Monate lang als Kreuzer im Atlantik, versenkte aber nur fünfzigtausend Tonnen, weil es wegen seiner untauglichen Unterbauten von seinen Geschützen keinen Gebrauch machen konnte. Frührich hatte sächsisch-blaue Augen, sächsische Intelligenz, erzählte sächsisch und verweilte sächsisch lange.

Herr Reye war etwas böse auf mich, weil ich den Kegelabenden fernblieb, doch bei meiner nächsten Hafenwache lud er mich zu einer Gesellschaft auf „Scharhörn", die er einigen Armeeoffizieren und deren Damen gab. Hauptmann Brokhaus war dabei. Dessen Sohn, ein junger, langer Feldartillerist, wohnte am folgenden Tage als mein Gast einer Suchfahrt bei. Die See ging hoch und Herr Brokhaus junior kotzte. Überdampfende Brecher zerschlugen meine Armbanduhr und rissen mir Tassen, Teller, Käse und Butter über Bord. Als ich auf dem Weg nach dem Kaiserhof die Drehbrücke erreichte, trieb dort gerade eine nackte, abscheulich zerfressene Wasserleiche an.

Sturm. Böen. Zwischen Helgoland und Neuwerk war das U-Boot C 43 gesunken. Man hatte nur den ertrunkenen Koch gefunden. Oberleutnant Klinke fischte später außer einem toten Seehund verschiedene Gegenstände auf, die von C 43 stammen mußten. Erst später stellte ich fest, daß C 43 jenes U-Boot war, auf dem ich als frischgebackener Vize Weihnachten gefeiert hatte.

Wigge war abkommandiert. Er gab Bobby, dem Oberleutnant Klinker, dem Oberleutnant Klinke und mir noch eine Abschiedstrinkerei, die noch toller verlief als die Rigafeier. Da Wigge schon seine Sachen verpackt hatte, erlaubte uns die Wirtin, das Zimmer des Leutnants Sch., eines aktiven Offiziers, zu benutzen, der für eine Woche zum Minensuchen in See gegangen war. Der tolle wilde Klinker zeigte eine große Fertigkeit darin, ein Bierglas, das ich mir auf den Kopf stellte, mit einem anderen Bierglas herunterzuwerfen. Das genügte dann nicht mehr, und er fing an, mir Gläser mit dem Revolver vom Kopf zu schießen. Dann griffen wir andern auch zum Revolver und schossen. Schossen zunächst auf die Photographie der Braut des abwesenden und uns durchaus nicht näher bekannten Leutnants Sch. Schossen andere Bilder entzwei. Schossen in die Fenster und in die Gaslampe. Eine unbändige Zerstörungslust überkam uns. Es war so viel entzweigegangen, nun sollte alles entzweigehen. Als wir sämtliche Gläser an der Wand zerschellt hatten, eilte Wigge in sein Zimmer, erbrach die schon vernagelten Kisten und riß heraus, was er an Glas und Porzellan erwischte. Das brachte er zu uns, warf es aber schon auf der Schwelle mit vandalischer Freude zu Boden. Sodann veranstalteten wir Ringkämpfe und begingen sonstige berauschte und uns berauschende Heldentaten, bis wir schließlich mit Lärminstrumenten und das Pfannenflickerlied singend zum Hafen zogen.

Unser Katzenjammer am nächsten Tag war schlimm. Ich hatte gar keinen Humor dafür, daß sich Klinke von seinem Burschen Glasscherben aus dem Rücken ziehen ließ. Die Wirtin Hildebrand war diesmal durchaus nicht mit unserer Schießerei einverstanden gewesen. Sie benutzte den Begriff Schadenersatz zu außerordentlichen Geschäften. Auch hatten sich die Unter- und Nebenmieter beschwert. Von jenem aktiven, von uns so roh beleidigten Minensuchoffizier sei nur gesagt, daß er uns alle durch sein Verhalten beschämte. Aber ich hatte die Hosen gestrichen voll Angst und lief den ganzen Tag herum, um zu beschwichtigen, Abbitte zu tun, zu bezahlen und zu borgen, um wieder zu bezahlen und zu ersetzen. Und gerade zwischen diesen Aufregungen kam meine Beförderung zum Leutnant heraus. Klinke erhielt gleichzeitig das Braunschweigische Verdienstkreuz. So taten wir uns zusammen und gaben zunächst einmal ein intimeres Sektgelage im engen Kreise.

Der D.-Chef war reizend zu mir, und im Kasino, bei Prüters, an Bord, auf der Straße, überall wurde mir gratuliert. Annemarie hatte mir prachtvolle Rosen aufs Zimmer gestellt. Am nächsten Morgen betrat ich, Säbel in der Linken, Mütze in der Rechten, die Messe von „Scharhörn" und sagte mit einer Verbeugung zu Reye vorschriftsmäßig: „Leutnant der Reserve Hester meldet sich gehorsamst laut Allerhöchster Kabinettsorder zum Dienstgrad befördert." Man feierte mich gewaltig. Ich mußte natürlich auch gewaltig blechen. Meinen „Caroline"-Leuten spendierte ich ein

Faß Bier und Tabak und überschwengliche Reden. Die nächsten drei Tage wurde außerhalb des Dienstes nur gefeiert und gesoffen. Dabei traten außer Annemarie auch noch andere Schauspielerinnen in Erscheinung, vor allen Dingen eine besonders intelligente Dame, die wir von vornherein Gürkchen nannten. Dann fand die große Beförderungsfeier für mich im Kasino statt, ein besonders stimmungsvoller und harmonischer Divisionsabend. Ich trug ein eigens dazu verfaßtes Gedicht vor, volltönende Reden wurden geschwungen, die Tafel war geschmackvoll geschmückt, und es sah hübsch aus, wie wir dort in unseren kleidsamen gleichen Uniformen saßen. Ich konnte mich nun freier mit dem D.-Chef unterhalten, und ich war hinterher sehr ergriffen über mein Glück, über den erreichten Leutnantsgrad, über mein ganzes Lebensglück, war auch glücklich über alles Unglück, was ich durchkostet hatte. Glücklich und fromm gestimmt war ich und sagte zu Otto: „Nun bin ich Leutnant. Ich möchte so gern einmal Pastor werden." Eichhörnchen sandte mir ein langes Glückwunschtelegramm. Beim nächsten Auslaufen hißte „Caroline" zum erstenmal meinen Kommandantenwimpel.

Speisezettel der H. M. S. D.
für die Zeit vom 14.–20. Oktober 1917.

Sonntag, den 14.	Fruchtsuppe. Beefsteak, Kartoffeln und Apfelmus
Abends	Dauerwurst 125 gr.
Montag, den 15.	Weißkohl mit frischem Fleisch
Abends	Erbsensuppe mit Speck
Dienstag, den 16.	Griessuppe mit Milch und gefüllte Kartoffelpuffer
Abends	Sülze 125 gr.
Mittwoch, den 17.	Labskaus von konserviertem Rindfleisch und Salzgurken
Abends	Butter 125 gr.
Donnerstag, den 18.	Makkaroni mit Speck
Abends	Gerstengrützsuppe mit konserviertem Fleisch
Freitag, den 19.	Bouillon mit Reis. Gekochtes Rindfleisch mit Kartoffeln und Meerrettich- oder Zwiebeltunke
Abends	Frische Wurst 200 gr.
Sonnabend, den 20.	Mohrrüben und frisches Fleisch
Abends	Käse 125 gr.

Gesehen!
gez. Reye.

Ich sah mir Hedda Gabler an und feierte anschließend Abschied von Annemarie, denn dann fuhr ich mit geliehenem Dolch auf Urlaub, Herr Leutnant zur See Hester.

Das war eine Erholungsreise! Nun brauchte ich nicht mehr aufzuspringen und strammzustehen, ich war bei Geld, war wohlgekleidet, meine Uniform genoß im Binnenlande mehr Ansehen als die feldgraue. Zunächst imponierte ich in Halle meinem Bruder. Von dort aus wollte ich nach München. Als aber der Zug in Probstzella hielt, stieg ich kurz entschlossen aus, weil mich eine Sehnsucht nach der Burg Lauenstein packte, wo ich einmal vor Jahren Fremdenführer gewesen war. Es dämmerte schon, und ich geriet in Zweifel über die Wegrichtung. Deshalb bat ich eine vor mir wandernde Gesellschaft um Auskunft. Eine Dame antwortete mir: Ich sollte nicht nach dem Lauenstein gehen, weil ich dort keinen Platz fände. Denn auf dem Lauenstein tagten für eine Woche zweiundneunzig Koryphäen Deutschlands. Ich dankte der Dame – später erfuhr ich, daß sie die Schriftstellerin Lulu von Strauß und Torney wäre –, aber ich ging dennoch auf die Burg. Tatsächlich tagten dort an jenem Abend an zweiundneunzig Koryphäen, darunter der Verleger Eugen Diederichs, der Dichter Richard Dehmel nebst Frau, Professor Weber aus Heidelberg, Professor Maurenbrecher, Prögler, Winkler und andere Berühmtheiten. Der Burgherr, Doktor Meßmer, hieß mich freundlich willkommen. Auch das schöne Märchenmädchen Lukardes war da. Und die Burg war noch immer so romantisch und verkitscht, und wahrscheinlich blies der Burgherr sonst auch abends noch auf dem Söller das Waldhorn. Aber an diesem Abend fand im Rittersaal die Eröffnung der achttägigen Konferenz statt. Was sie bezweckte, bekam ich nicht heraus, aber vermutlich war es etwas Revolutionäres oder Pazifistisches, das merkte ich an den erstaunten Gesichtern, die man mir zuwarf, weil ich als einzig Unbekannter und obendrein noch Uniformierter im Rittersaal saß. Verleger Diederichs hielt die Begrüßungsrede. Sie begann: „Erlauchte Gesellschaft!" Der Ort für diese Zusammenkunft war nicht übel gewählt, denn auf diese abgelegene und steil gelegene Burg verirrte sich kein Polizist, kein Spitzel. Indessen interessierte mich die Tendenz der Reden und der Zusammenkunft gar nicht. Das kam mir vor wie Seifenblasen. Wenn ich mich nach dem Begrüßungsakt unaufgefordert einer Gesellschaft anschloß, die sich im sogenannten Trompeterstübchen niederließ, so geschah es nur, weil das

Stübchen hübsch und erinnerungsvoll für mich war und weil ich gar zu gern einmal wieder unter Zivilisten saß. Ein Arbeiterdichter trug eigene Verse vor, Frau Dehmel bat ihn dann, abzubrechen, weil sie zu traurig an ihren gefallenen Sohn erinnert würde. Und andere trugen vor, und alle redeten sehr weise, nur ich kleiner Leutnant saß still und verachtet da. Ich beging dennoch die Torheit, eine Karte herumzureichen mit der Bitte um Autographen. Die Anwesenden unterschrieben. Richard Dehmel schrieb in großen Buchstaben: „Notgedrungen Dehmel". Erst um ein Uhr gestand ich mir, wie überflüssig ich dort war, stieg bergab und erwischte den D-Zug nach München, und nach kurzem Stehen – Damen und alte Herren standen todmüde in den Gängen – erhielt ich sogar ein Bett im Schlafwagen.

In München Lotte Pritzel. – Foitzick, Geschäftsführer der Neuen Sezession, die ich feierlich schloß, indem ich – es war kein einziger Besucher da – eine Ansprache hielt und mit meinem Dolch ein Kreuz durch die Luft schlug. – Direktor Falckenberg von den Kammerspielen. – Bildhauer Edwin Scharff. – David Rank. – Die Frau des Malers Seewald. – Künstlerkneipe Simplizissimus. – Akropolis mit dem griechischen Wirt Vaviades, der keine Bezahlung für meine Zechen annahm, aus Verehrung für die deutsche Marine. – Karl Kinndts herrliche Verbrüderungshymne. – Das Figurentheater der Feldgrauen. – Es war soviel Anregendes für mich, und ich meinte, kniehoch in Geistigkeit zu waten. Als ich von München abreiste, sah ich im letzten Moment eine mir bekannte, höchst sympathische Dame auf dem Bahnsteig. Aber ihr Name, ihr Name fiel mir nicht ein, und ich winkte und riß das Fenster auf und – es war fast zu spät – rief noch: „Du! Du!" Und sie winkte, und ich war glücklich.

Ich stieg aufs Geratewohl in Gmünden aus, fand viel Frohsinn, drollige Gassen und Häuser, logierte mich im Hotel Koppen ein und trank der Kellnerin Therese zuliebe fünfzehn Schoppen Wein. Andern Tags besuchte ich meinen ebenfalls beurlaubten Kameraden Pampig in Hersfeld. Er und seine Angehörigen nahmen mich aufs herzlichste auf. Ottos hatten ein Delikatessengeschäft, so erstklassig, wie es in München keins gab. Nachts um vier Uhr speisten wir noch gebratene Hirschzunge, und wir besuchten Kamerad Brückmann auf seiner nahebei gelegenen Domäne Eichhof. Und unser D.-Chef kam noch angereist, so daß wir vier Offiziere der H. M. S. D. im Binnenlande vereint waren. Da hätten wir nicht vergnügt sein sollen! Ottos Hersfelder Freunde, besonders Oberleutnant Andre und Leutnant Kückenthal, waren auch nicht von Pappe. Dann reiste ich – das mußte sich ja alles in wenig Tagen abwickeln – nach Eisenach und eroberte bei Dora Kurs neue Mädchen, traf mich im Rodensteiner mit Doktor Hoefner, besuchte trotz Doras Warnung in Friedrichroda die schöne Frau Marta Elisabeth, wo ich den höchstdekorierten Fliegerleutnant Dalmann kennenlernte. Aber so abwechslungsreich und ungewohnt das alles war, so befriedigte es mich doch nicht. Immer wieder fühlte ich mich einsam. Immer wieder empfand ich, warum es so schrecklich war, daß es hier keine Weine mehr oder keinen Bohnenkaffee gab und daß dort Lokale geschlossen waren, oder daß man zur Beleuchtung nur noch Lichtstümpfchen hatte. Eichhörnchen und ihre Mutter traf ich nicht an. Sie waren verzogen, unbekannt wohin. Warum hatte mir das Eichhörnchen nicht mitgeteilt, die mir doch so ausführliche und regelmäßige Briefe sandte wie niemand anderes.

In Leipzig traf ich unangemeldet und so spät ein, daß ich es vorzog, bei einer Hure zu übernachten, die mir dann in rührendster Weise Proviant aus „Hamsterdam“ aufdrängen wollte. Meinen Vater traf ich krank an. Er hatte ein Lungenemphysem. Wir konnten uns in politischen Gesprächen wieder leider nicht zusammenfinden. Elfriede Musel und Schwester Luise Reichardt erreichte ich nicht. Ich fuhr nochmals zu meinem Bruder nach Halle. Aber der war zu dumm, als daß ich mit ihm über den Krieg oder sonstige die Zeit bewegende Fragen hätte sprechen können. Sein Sohn schrieb mir folgenden Wunschzettel: „Ich wünsche mir eine Eisenbahnbrücke für Nullspur.“ Über Rissen, Kitty, „Wien, Wien, nur du allein“ und Hamburg kam ich dann wieder zu „Caroline“, die in der Werft lag. Wir freuten uns still, daß die Reparaturen sich verzögerten. In der Zeit verkehrte ich wieder in den ersten Bars und Hotels und in reichen Villen bei Reedern und Kaufleuten, von denen die meisten noch alles hatten, was Herz, Magen oder Kehle begehrten. Ich freundete mich mit dem Reeder Carl August John an, der in Blankenese eine stattliche Villa am Wasser bewohnte. Wir hatten abgemacht, daß ich auf der Rückfahrt nach Cuxhaven in Blankenese anlegen sollte. John wollte dann an den Strand kommen und mir einen Trunk reichen. Selbstverständlich konnte das nur heimlich geschehen. Mein Kriegsschifflein durfte keine privaten Abstecher machen. Ich instruierte meine Leute demgemäß, sagte, sie würden sicher in Blankenese etwas zu trinken bekommen. Es wäre Ehrensache, daß jeder im übrigen seine Pflicht täte und niemand sich in Cuxhaven die geringste Trunkenheit anmerken ließe. Nach dem Auslaufen kompensierten wir erst. Dann gings weiter. Als ich Johns Villa erkannte, gab ich mit der Dampfpfeife das verabredete Zeichen und hißte das Flaggensignal seiner Reederei. Dann vollführten wir ein schneidiges Anlegemanöver mit lauten Kommandos und vielen Flaggen- und Pfeifensignalen, die teils überflüssig oder erfunden waren, um John zu imponieren. Der war aber durchaus maritim versiert und lachte sich eins. Ich machte mit ihm und seiner Frau kurzes *Shake hands*. Ein schwerer, mit einer Serviette bedeckter Korb wurde auf meine Brücke gereicht, dann brachten wir drei Hurras auf die Reederei C. A. John aus und dampften winkend weiter. Jetzt besah ich mir das Geschenk und erschrak. Der Korb enthielt nur edelste Weine und teure echte ausländische Schnäpse. Meinen Leuten wäre mit einfachem Korn oder Köm genau so gedient gewesen. Aber da half nun nichts. Während wir durch das gar nicht einfache Fahrwasser der Elbe fuhren, bei heftiger Brise, rief ich einen Mann nach dem andern auf die Brücke und gab jedem zu trinken und stieß mit ihm an. Wenn die Reihe durch war, fing ich wieder von neuem an. So soffen wir die ganzen Kostbarkeiten aus, als wäre es Wasser gewesen. Wenn das auch nicht ohne Wirkung blieb, so nahmen wir uns doch alle beim Einlaufen und Festmachen so krampfhaft zusammen und waren dabei so mäuschenstill, daß wir auf einen Beobachter wie eine verwunschene Besatzung wirken mußten. So kam nichts heraus. Ich fand Berge von dienstlichen und privaten Schreiben vor, und Annemarie bereitete mir einen warmen Empfang.

Die Offensive in Italien begann. – An der Westfront hatten wir große Verluste erlitten.

Vom fünfundzwanzigsten Oktober an wütete ein großer Sturm. Abends stand das Wasser in der Deichstraße, so daß der Weg zur Division abgeschnitten war. Bei Annemarie, dann bei Prüters dachten wir an die Boote, die in See waren; unsere kleinen Schlepper konnten natürlich nicht auslaufen. Nachts tobte ein Gewitter. Wie hatte die sechste Halbflottille gekämpft! Ich sah am andern Tag Boote, die wie blecherne Spielzeuge von Riesenhänden zerknittert und zerschlagen aussahen. Dicke eiserne Pfosten waren wie Rohr geknickt. Herr Nicolaison hatte sich beide Beine schwer verstaucht. Viele Leute waren ertrunken. Ein Boot wurde vermißt, andere irrten noch am siebenundzwanzigsten vertrieben umher und kämpften verzweifelt gegen den furchtbaren Orkan. Manchmal ward ein Funkspruch von ihnen aufgefangen. „Befinde mich da und da in höchster Seenot!“ Aber wie sollte man ihnen helfen. In solcher höchster Gefahr meldete sich M 55, dessen Kommandant der von mir so verehrte Oberleutnant Klinker war. Nachmittags kam dann die Kunde, daß er ertrunken sei. Sein Boot hatte schon die Einfahrt vom Helgoländer Hafen erreicht, war aber wieder von der See zurückgeworfen, und eine Woge hatte die ganze Kommandobrücke mit sechs Mann und dem Kommandanten über Bord geschlagen. Fast alle anderen Boote der Flottille hatten Tote oder Verwundete.

Abends war unser Kegelabend. Wir feierten einen Sieg in Italien. Sechzigtausend Italiener gefangen. Und wir tranken ein stilles Glas auf unseren toten Freund Klinker.

Zu meinem Verhältnis mit Annemarie bildeten sich analoge Beziehungen zwischen Otto und Gürkchen und zwischen Brückmann und der Schauspielerin Dorrit, einer aparten, zarten Erscheinung. Brückmann selbst war groß und breitschultrig und in seinem Wesen sehr geradeaus. Ich begriff es nie, warum er eine gewisse Abneigung gegen mich hatte, während ich ihn doch hochschätzte und gern hatte. Dieser Gegensatz kam allerdings nur selten zur Geltung. Wir drei Paare verbrachten viel lustige und gemeinsam verliebte Kaffeestunden und Abendgelage. Oft nahm Reye daran teil. Wenn Brückmann einen Rausch hatte, benahm er sich sehr komisch. Dann griff er etwa nach einem Besen und fegte wütend damit im Zimmer herum und rief uns anderen beleidigt zu: „Geht weg! Geht alle weit, weit weg! Ihr Zementfürsten!“ Einmal kam er in solchem Zustande zu einem Barbier. „Bitte rasieren.“ Der Barbier wehrte ab: „So kann ich Sie nicht rasieren.“ Brückmann stutzte. „Na, dann scheren Sie mir die Haare.“

Zu den kleinen Sonderheiten, die sich mit unseren Zusammenkünften und wechselseitigen Besuchen verknüpften, gehörte auch der Totenschädel eines polnischen Mädels, den ich immer in meinem Zimmer, manchmal auch im Bett hatte und der aus unwichtigen Gründen „Liberia Tut“ genannt wurde.

Der Sturm hatte sich gelegt. Ich mußte jeden Tag auslaufen, um meine Hamburger Faulzeit wieder auszugleichen. Wir spähten nach Leichen und treibenden Wrackstücken aus. Es wurden nähere

Einzelheiten von dem Unglück bekannt. Bei dem Sturm war ein getöteter Mann eines Bootes ins Logis geschleppt worden. Gleich darauf füllte eine überschlagende See dieses Logis mit Wasser. Ein lebender Matrose, der unten saß, wurde wahnsinnig und bildete sich ein, mit seinem toten Kameraden auf dem Meeresgrunde zu liegen. Manche Leute waren im Wogenanprall durch die Wasserpforten, einer sogar durch die Ankerklüse gespült.

Abends war ich im Faust und beklatschte Annemarie, das braune Gretchen. Nachts ereignete sich im Treppenflur meines Hotels eine Weiberschlacht zwischen der Geliebten des Direktors Merseburger und der Frau des Geschäftsführers. –

„Caroline" und Bobbys „Cuxhaven" mußten abgegeben werden, sollten nach der Ostsee kommen. Als sie zum letzten Male ausliefen, standen wir Offiziere am Molenkopf, und der D.-Chef lächelte mir zu und brachte drei Hurras auf beide Boote aus.

Ich legte all mein Gehalt und darüber hinaus meine Schulden in Proviant an, Vollmilch, Kakao, Käse, Kaffee. Denn wir Ehepaare, Herr und Frau Specht, Herr und Frau Pampig, Herr und Frau Brückmann und dazu immer noch Junggesellen, fanden uns nach jedem Dienst zu gesellschaftlichen Völlereien zusammen. Annemarie aß dabei so gern und so viel, daß ihr der Spitzname Bampf verblieb. Dabei schämten wir uns alle solcher Prassereien und gaben uns wenigstens Mühe, das in irgendwelcher Weise bei den Leuten wieder gutzumachen. Nach einer solchen Nachtsitzung begleitete mich Otto noch auf mein Zimmer. Wir stifteten jeder eine Flasche Sekt, die wir gleichzeitig öffneten. Als wir dabei aber wegen dieser Gleichzeitigkeit oder um sonst eine ähnliche Bagatelle in Meinungsverschiedenheit gerieten, goß Otto eigensinnig seinen Sekt in den Wassereimer. Ich goß meinen Sekt trotzig nach, und darüber lachten wir, waren sofort wieder einig, aber hatten keinen Sekt mehr.

Die Division lief wegen Nebels nicht aus. Kapitänleutnant Drache ließ Otto und mich rufen. Wir beide waren einige Tage vorher aus Jux als Matrosen verkleidet in einer Wirtschaft gewesen, und das war Herrn Drache hinterbracht worden. Nun sagte er: „Meine Herren, das ist eine ernste Angelegenheit. Das kostet Ehrengericht. Ich fürchte um Ihr Offizierspatent." Weil für den Abend gerade sämtliche Kommandanten vom Divisionschef zu einem Essen mit Musik auf Scharhörn eingeladen waren, sagte Herr Drache weiter: „Ich werde dem D.-Chef die Sache erst morgen melden, um ihm bei dem heutigen Fest nicht die Stimmung zu verderben."

Wir waren völlig niedergeschmettert. Erst kürzlich Leutnant geworden, sollten wir nun wieder degradiert werden. Was war es denn Schlimmes gewesen, was wir getan hatten. Ein lustiges Beisammensein. Mit Gürkchen, Bampf und Dorrit. Die Leutnants hatten sich als Matrosen angezogen, und Otto und ich waren für zehn Minuten ins nächste Wirtshaus gegangen. Wir hatten dort nur ein Glas Bier getrunken und waren durchaus nüchtern. Kein Offizier hatte uns bemerkt, und den Unteroffizieren, die wir in der Kneipe antrafen, hatten wir ganz sachlich die für Matrosen vorgeschriebenen Ehrenbezeugungen erwiesen. Und wer mochte uns wohl verraten haben? Zunächst suchten wir Oberleutnant Klinke auf und baten um seinen väterlichen Rat. Er nahm sich der Sache mit dem größten Eifer an, ohne uns vorläufig Hoffnungen zu geben, und machte sich sofort auf, um sich bei juristisch beschlageneren Offizieren über die Rechtslage zu erkundigen. Inzwischen gingen wir zu Örter und erzählten ihm die Angelegenheit, und da erfuhren wir zu unserem maßlosen Erstaunen, daß unser Kamerad Örter es gewesen war, der uns verraten hatte. Wir verließen ihn ohne weitere Worte. Dann lagen wir in Gürkchens Zimmer mit ihr und Bampf auf Sofa, Bett und Klappstühlen. Otto und ich lasen abwechselnd in einem Nachschlagwerk betreffend Offiziersehre und Ehrengerichte und reichten einander inzwischen die Hand, wie im stummen Versprechen, immer Freunde zu bleiben. Und unsere Mädchen weinten und trösteten uns und verwünschten den Schurken Örter. Auch Bobby hatten wir unser Leid geklagt. Der hatte dann mit Brückmann und dieser wieder mit Klinke lange vertrauliche Besprechungen, alle in dem freundschaftlichen und eifrigsten Bestreben, uns beizustehen. Schließlich entschlossen wir uns nach langem Zögern, Herrn Drache einen Besuch abzustatten und ganz kleinlaut zu bitten, von einer Anzeige abzusehen. In peinlichst offiziellem Anzug ließen wir uns bei ihm melden und brachten unsere Bitte vor, wobei wir nochmals betonten, wie kurz und harmlos unsere Entgleisung verlaufen wäre. Drache ließ uns an langen, wohlgesetzten, seriösen Reden rösten, aber der Schluß war: Er könnte leider nichts ändern und uns nicht die geringsten Hoffnungen machen.

Bei der Abendfeier auf Scharhörn ging es außerordentlich lustig zu. Nur Drache zeigte seine kühle brütende Ruhe, und auch Örter war in seinem bösen Gewissen noch stiller als gewöhnlich. Es versteht sich von selbst, daß Otto und ich, mit unserem Blei im Herzen, ganz gedrückt dasaßen. Wenn wir einmal in die Unterhaltung mit eingriffen oder mitlachten, so geschah es mit einer würgenden Gezwungenheit. Das fiel dem D.-Chef auf. Er prostete mir einmal zu: „Prost Hester, was haben Sie denn heute? Ist Ihnen die Petersilie verhagelt? Sie sind doch sonst immer so vergnügt."

Eine schlaflose Nacht. Eine bange lange Suchfahrt. Dann Konferenz auf Scharhörn. Gleich zu Anfang bat der D.-Chef Otto und mich an Deck und beiseite und sagte: „Meine Herren, ich sehe in dem, was Sie getan haben, nichts Schlechtes. Aber ich gebe Ihnen den kameradschaftlichen Rat, derartiges nicht zu wiederholen. Denn Sie merken ja selbst, wie schlimm Ihnen so etwas ausgelegt werden kann." Damit reichte er uns die Hand, und wir hätten ihn am liebsten umarmt und geküßt. Wir stammelten salutierend Worte des Dankes und sparten die Küsse und Umarmungen für Bampf und Gürkchen auf. Kapitänleutnant Drache richtete ein paar sauersüße Redensarten an uns. Er müßte der Auffassung des D.-Chefs beipflichten, und er, Drache, habe sich in diesem Falle mit seiner Meinung verhauen. Alles war erledigt. Nur zwischen Örter und uns war ein tiefer Spalt, der auf Bitten von Drache und Reye und nach einem dafür anberaumten Konvent der Kameraden wenigstens äußerlich überbrückt wurde.

Um so fester waren nun die Bündnisse zwischen Otto, Gürkchen, Bampf und mir. Der D.-Chef nahm gern an unseren Vergnügungen teil, und häufig waren auch Brückmann und Dorrit dabei. Goldene Stunden.

Wir schossen bei Elbe B eine Mine ab und suchten nach weiteren, die bei Lister Tief gesichtet waren. Jeder Tag brachte Stürme. Unsere Boote standen zwischen Dora und Tonne 6 jedesmal Kopf. Der Nordwest bescherte uns Treibgut. So barg der neue Vize Pich ein dreißig Kilo schweres Faß mit Kokosbutter. Ich fischte zehn U-Bootskugeln und fand dann eine große Tonne Benzin. Bei der hohen Dünung gelang es mir aber nicht gleich, sie zu bergen, und ich mußte meine Bemühungen abbrechen und dieses treibende Wertobjekt von mehreren tausend Mark zurücklassen, weil der Gruppenführer mir befahl, wieder Formation aufzunehmen. Andern Tags brachte ich zwei lange Balken im Werte von etwa zweihundert Mark und eine Kiste mit zwölf Kilo Margarine und anderes heim, so einen Lederball (englische U-Boots-Boje). Den Ball schenkte ich Reye für seine liebreizenden Töchterchen. Diesen ging der Ball beim Spielen oder Drücken entzwei, und er enthielt eine greuliche Teermasse.

Abends rief mich Reye oft telephonisch ins Kasino oder zu Dölle oder in den Kaiserhof, wo wir dann lustige oder merkwürdige, manchmal auch fade Gelage hatten. – Mein Vater schrieb: „Leipzig, den 9. November 1917. – Mein geliebter Gustav! Mein langes Schweigen hat einzig mein miserables Befinden zugrunde. Es geht mir recht schlecht. Seit 6 Wochen (ohne ein einziges Mal auszusetzen) bin ich Nacht für Nacht 2–3 furchtbaren Hustenanfällen, deren jeder 1–1½ Stunde anhält, ausgesetzt, wonach ich in Schweiß gebadet und gänzlich erschöpft daliege, ein paar Stunden aus purer Erschöpfung schlafe, um dann von neuem durch den krachenden Husten – den auch Mama kaum auszuhalten vermag – wieder geweckt und gemartert zu werden. – Der Tag ist dagegen noch eine Erlösung auf 8–10 Stunden, da ich alsdann meist vom Husten befreit bin. Aber bleischwer liegt's mir in den Gliedern und todmatt kann ich mich kaum vom Stuhl nach dem Tisch schleppen, nur selten und kurz ausgehen, um 7 gewöhnlich bin ich schon genötigt, mich zu Bett zu legen (ich schlafe auf dem Divan in meinem Zimmer), wo dann 2 Stunden darauf die nächtliche Marter beginnt. Wenn zuweilen noch Atemnot dazutritt, wird es unerträglich, und man ersehnt eine Gabe Morphium – aber wer verschafft einem die? – Alt, schlecht ernährt, durch vorherigen Ruhranfall sehr geschwächt (Ende Juli fand dieser statt) kann man dem gräßlichen Bronchialkatarrh nichts Wirksames entgegensetzen, und so werde ich mich wohl noch lange daran abquälen müssen. Anregende und stärkende Getränke (Wein, Kaffee, Tee) sind entweder nicht mehr zu haben oder unerschwinglich teuer, und doch waren letztere zwei bisher meine letzte und beste Hilfe, um mir wieder für ein paar Stunden Anregung und Halt zu schaffen. (Mit Wein hat mich Wolf ab und zu versorgt, ich genieße ihn homöopathisch, um recht lange damit auszukommen.) – Unter diesen Umständen, geliebter Gustav, magst Du Dir denken, *welche Freude, nein, welch ein dankbares Gefühl Dein eben eintreffendes Paket in mir erregte*, als die wundervollen Gaben: *Tee, Kaffee, Wurst*, Sardinen, Erbsen, Käse zum Vorschein kamen; Du guter lieber Junge hast uns beide, Mama und mich hoch erfreut, und mir geradezu durch Tee und Kaffee *eine große Wohltat* erzeigt. Ich fürchte nur, Du hast dennoch sehr starke Auslagen dafür gehabt, und wäre Dir nochmal so dankbar, wenn Du in solchem Falle sie mir ganz offen mitteilen möchtest, daß ich sie Dir zurückerstatten könnte. Denn schon, daß Du mir (und uns) dergleichen verschaffen kannst, ist ja eine große Wohltat. – Mama pflegt mich treulich, aber hat es natürlich in den Nächten auch recht schwer, da der krachende Husten sie, die Feinhörige, stundenlang wach hält. – Also sei innig bedankt, mein lieber Gustav, und beherzige meine Worte wegen des Nennens Deiner Auslagen! Sei geküßt von Deinem alten, sich ganz in Husten auflösenden Pa."

Der Dichter Karl Kinndt zeigte mir seine Kriegstrauung mit einer Dame an, die ihn als Krankenschwester gepflegt hatte.

Frau Dora Kurs schrieb mir: „Gustav Hester. Schon wiederholt bat ich Sie, nicht wieder zu mir zu kommen, wenn immer die jungen Mädchen bei mir sind. Ich schrieb Ihnen, daß ihre revolutionäre Art meine Existenz bedrohe, und ich meine, wenn Sie mir freundlich, geschweige denn freundschaftlich gesonnen sind, hätte das genügen müssen, um meine Bitte zu erfüllen. Sie aber verlachten dieselbe und meinten, Freundschaft sei dazu da, daß der Eine willkürlich seine Laune ausleben könne, während der Andere sich das – er ist ja befreundet – gefallen zu lassen hat. So kamen Sie und brachen nicht nur die Freundschaft, sondern auch das Gastrecht, indem Sie meine jungen Mädchen zu der unverantwortlich leichtsinnigen Tat veranlaßten, nachts durch die Fenster zu gehen und sich heimlich zu entfernen. Die ganze Burgstraße weiß darum. Wenn das Freundschaft heißt, so muß ich, um nicht gezwungen zu werden, mein Pensionat zu schließen, in Zukunft darauf verzichten. Ich bitte Sie nochmals, mein Haus zu meiden und sich einen andern Schauplatz für Ihre Unternehmungen zu suchen. –"

In Cuxhaven wurde der verschärfte Kriegszustand erklärt. Es waren vierzehn englische Einheiten nordwestlich von Helgoland gesichtet, auch befürchtete man einen Fliegerangriff. Sturm. Wir fischten für zwölfhundert Mark Holz. Es war ein Vergnügen, den Eifer zu sehen, mit dem die Leute die Bretter aus dem Wasser zogen.

Eines Morgens, nach einer schweren Kasinofête, kriegte mich mein Bursche nicht wach. Als ich später von selber munter ward, war es schon spät. Die Division war längst in See und mein neues Boot Fairplay VI ohne Kommandanten ausgelaufen. Ich zog mich erschreckt an und lief zur Sperrfahrzeugdivision. Ich wollte versuchen, mein Boot mit irgendeinem anderen Fahrzeug zu erreichen. Leutnant Möbus nahm mich ein Stück auf seinem Kahn mit. Aber es war ein Tag voll Pech und dicker Luft. Erst hielt uns „Kaiser" auf, der dicht vorm Hafen eine Mine abschoß. Dann begegneten wir zwei aus Schweden kommenden Dampfern, und Möbus hatte oder bekam den Befehl, sie nach Konterbande zu durchsuchen. Ich begleitete ihn. Einer von den Dampfern lag, topplastig, so schräg, daß man an Bord nicht mehr gehen, sondern nur klettern konnte, was bei der Verhandlung und Durchsuchung mit dem Kapitän sich sehr komisch ausnahm. Wir erstanden einige Stück Seife. Durchs Fernglas sah ich meine Division und mein Boot, aber niemand wollte oder konnte mich dorthin bringen. Und so ließ ich mich auf das einlaufende Postboot übersetzen und begab mich zu Annemarie, um ihr mein böses Gewissen auszuschütten. Ich ließ mich telephonisch bei der Division krank melden. Otto erzählte nachmittags, es sei gerade diesmal draußen so viel los gewesen. Mein Boot hatte eine Mine gefischt, und weil ich nicht an Bord war, hatte Brückmann sie entschärft. Schiffe waren festgefahren, losgerissene Leichter trieben herum, und unsere Boote hatten Netze und viel Seife gefischt. Um mein Kranksein noch wahrscheinlicher zu machen, blieb ich noch einen zweiten Tag der Division fern und meldete mich erst am dritten Tage gesund zurück. Der D.-Chef ließ sich nichts anmerken, aber Stabsarzt Hartmann schilderte bei Tisch ironisch, wie er im Kaiserhof den Leutnant Hester besuchen wollte und zu seinem Erstaunen statt des Kranken ein sehr gesundes, braunhäutiges Mädchen im Bett fand.

Tolle Stürme Tag für Tag, die allenthalben Schaden anrichteten und sogar im Hafen unsere Boote gefährdeten. Hunderte von Planken – vielleicht weggespülte Decksladung eines Schiffes – trieben auf der Wasserfläche. Der Holzhändler bot nach langem Feilschen hundertfünfzehn Mark für den Kubikmeter, dafür wollte er angeblich auch für den Zoll aufkommen. – Ein großes Spanferkelessen bei Brückmann, unsere Damen nahmen teil. Zum Schluß biß Brückmann meinen Bampf in den Popo und fegte mit einem Besen einen Kopf Rotkohl durchs Zimmer: „Geht alle weg! Geht weit weit weg! Ihr Zementfürsten!" – Viel Artillerieschreibkram und nachträglich alle Logbücher vom ersten Kriegstage an führen. Mein „Fairplay VI" schöpfte beim Suchen so viel Wasser, daß ich ein Notsignal an „Scharhörn" gab. Ich hatte eine Novelle geschrieben und an den Simplizissimus gesandt. Die ward mir retourniert, was mich sehr verstimmte, weil ich kurzen Kesselurlaub erhielt und kein Geld zum Reisen hatte. Um meine drückendsten Schulden zu decken, verkaufte ich meinen Pelzkragen aus München, den ich zu meiner Uniform tragen durfte und der einem Offizier so etwas „Moltkeartiges" verlieh. – Meinen Urlaub benützte ich nun, um eine Weihnachtsfestschrift zu beginnen, die vervielfältigt werden sollte. Ich versah sie mit Illustrationen, die ich nach eigener Erfindung in Wachsplatten grub. Sie wurden dann ebenso wie der Text mimeographisch kopiert. Der Büroschreiber Haida übernahm das und war mit großem Eifer und viel außerdienstlicher nächtlicher Mühe dabei. Wenn ich auch die übrigen Kameraden zu Beiträgen aufforderte, so sollte doch das Nähere über diese Zeitschrift geheim bleiben. – Wieder fischte die Division viel Treibgut. Von dem Erlös ward ein Teil für den Weihnachtsfond reserviert, das andere gleichmäßig unter die Leute verteilt. – Ich sandte per Eilboten oder per Nachnahme viele Weihnachtspakete nach allen Richtungen ab, war aber darauf gefaßt, daß manches davon unterschlagen oder gestohlen würde, denn die Zustände bei der Bahn wie bei der Post waren nicht mehr friedensdeutsch. – Waffenstillstand mit Rußland. Ich war dennoch jetzt der Meinung, daß wir vor 1920 keinen allgemeinen Frieden erreichen würden. – Mami-Abend im Kasino. Der neu zu uns kommandierte Oberleutnant Freygang wurde eingeweicht. Ein sächsischer Herr, den wir gern litten und über den wir uns amüsierten, wenn er Münchhausensche Balladen ernst vortrug. „Graf Mongpischuh – Wie schön pist du –". Der gab guten Stoff für meine Weihnachtszeitung, der ich nun soviel freie Stunden widmete, daß mein kränkliches Aussehen auffiel. Man wählte mich auch in eine Kommission, der das Einkaufen von Weihnachtsgeschenken und das Festarrangement oblag. Nach einer dreitägigen Seegefangenschaft im Nebel begab sich diese Kommission nach Hamburg und vergaß über Wein, Weib, Gesang nicht, auch allerlei solide und angepaßte und meist geschmacklose Geschenke einzukaufen. Auch Privatgeschenke besorgten wir. Ich kaufte für Annemarie Schirasrose und Briefpapier, für Otto einen Rasierspiegel und für Bobby einen silbernen Becher, in den ich eingravieren ließ „Für Bobby von Specht". Mit Bobby und Brückmann besuchte ich Reemis. Sie spielten uns wundersam

Geige vor. In Cuxhaven fand ich selbst die ersten Weihnachtspakete vor. Von Tante Michel, von Mutter. Lona Kalk und ihre Geschwister hatten mich ebenfalls sinnig bedacht. Ich vollendete in langen Nächten die Weihnachtszeitung. Jedes Exemplar in einen handkolorierten Umschlag gebunden und nach Art alter Urkunden mit einem Siegel versehen.

Weihnachtsbescherung auf „Scharhörn" und dann auf den einzelnen Booten. Flaggendekoration. Weihnachtsbäume. Dann in der Messe die Kommandantenfeier. Leider hatte ich eine ernste Verstimmung mit Brückmann, die mir alle Stimmung nahm, und das bewirkte bei mir wieder einmal einen ganz übertriebenen Trotz, so daß ich mich ungeachtet der freundlichen Vermittlungsversuche von Reye und anderen Offizieren bald zurückzog. Am 25. feierte ich mittags intim mit Annemarie bei Wein und Kuchen. Sie trug das braune Kleid zu braunen Strümpfen und die hübsche ererbte Granatbrosche. Abends bescherten wir bei Brückmann unseren Damen und diese uns. Bampf hatte mir eine leuchtende Decke gestickt. Mir lag jedoch noch das gestrige Zerwürfnis mit Brückmann im Sinn. Deshalb verschwand ich bald. Meine Festzeitung hatte übrigens allgemeinen Beifall gefunden.

Wachen und Fahrten. Wachen und Fahrten. Große Möwenschwärme und Seehunde zeigten an, daß wieder Heringe kamen, das heißt zunächst erst Sprotten. In unserer Kantine wurde aufgefischte Kokosbutter verkauft. Wir fingen an, eifrigst Seife zu kochen. Mit kaustischem Soda, Parfüm usw.; jedes Boot hatte eine andere Methode, und die Resultate waren danach unterschiedlich. Indessen kriegten wir doch alle nicht ganz das Geheimnis der Seifensiederei heraus. – Ich sah ein hübsches Schattenspiel und einen witzigen Trickfilm. – Zu Neujahr gab Brückmann einen umfangreichen Gänseschmaus. Ich übernahm für Bobby freiwillig die Scharhörnwache von elf bis ein Uhr nachts. Aus Gutmütigkeit schickte ich während dieser Stunden den neuen Vize Lange heim. Der kam aber um ein Uhr nicht zurück, und als nun der D.-Chef mich durch einen Burschen zu Brückmann holen wollte, mußte ich melden, daß ich nicht abkömmlich wäre, weil Vize Lange mich im Stich gelassen hätte. Reye ließ mich daraufhin durch Klinke und Dorrit auf seine eigene Verantwortung hin holen. Den Vize Lange steckte er andern Tags für drei Tage ins Loch und beantragte seine Abkommandierung. Dieser Vize gehörte schon der neuen, sozusagen kriegsgeborenen und ebenso verwöhnten wie verwahrlosten Generation an.

Am zweiten Januar war Komplimentier-Vormittag im Kasino, Exzellenz drückte allen Offizieren die Hand. In der nächsten Zeit folgten Gelage und Typhuserscheinungen, so daß wir uns alle dreimal hintereinander impfen lassen mußten, was Hartmann nicht ohne Schadenfreude vollzog. Ich griff mir auf der Straße einen herrenlosen, rehbraunen Pinscher auf, der leider die Räude hatte und das Gegenteil von stubenrein war. Ohne Rücksicht auf seine Männlichkeit taufte ich ihn „Caroline". – Ich mußte meinen sonst tüchtigen Obermaaten X. mit drei Tagen Mittelarrest bestrafen, weil er zu Silvester auf meinen Namen hin Schnaps abgehoben hatte. – Caroline, das goldkäfer-lackschuh-schillernde Edeltier, machte Annemarie und mir viel Scherereien, aber wir liebten es. Budney kam „Ganze Division läuft aus". Es war sehr früh und noch dunkel, und ich hauste im Hotel im vierten Stock. Deshalb sagte ich zu Budney: „Wollen Sie nicht Caroline auf den Arm nehmen, damit er nicht durchs Geländer stürzt."

„Nee, Herr Leutnant, so ein Tier findet seinen Weg."

Gleich darauf hörten wir einen Schrei. Caroline war durchs Geländer in den Treppenschacht gestürzt und mehrmals auf eisernen Querstützen aufgeschlagen. Nun lag er steif und röchelnd auf den untersten Stufen und blickte mich unendlich rührend und hilflos an. Ich ließ ihn durch Budney sofort in dem eiskalten Wasser des Hafens ersäufen. Das schien mir der schnellste Tod für das arme Tier.

Urlaub. Tante Michel hatte mich nach Berlin eingeladen. Sie war äußerst lieb zu mir und schenkte mir praktische Dinge für meinen Landhaushalt und für meinen Bordhaushalt. Im übrigen aber lag über Berlin eine düstere, bange Stimmung. Man meinte, daß Hindenburg und Ludendorff ihren Willen nicht mehr durchsetzen könnten. Man erzählte, daß der Kaiser manchmal stundenlang in der Kirche weinend auf den Knien läge und daß die Österreicher sich so unzuverlässig erwiesen hätten, weshalb wir Deutschen die Offensive in Italien abbrachen. Man hatte befürchtet, daß Österreich, wenn ein Erfolg erzielt würde, einen Sonderfrieden abschlösse. Kohlen und Futtermittel wurden bedenklich knapp. Der Straßenbahnverkehr in Berlin stockte wie bei der Eisenbahn. Hier wie dort gab es keine Verantwortung, keine Disziplin mehr. Es lag hoher Schnee in der Residenz. Tante Michel gab mir eine Karte von meiner Mutter. Sie schrieb, Vater wäre an Lungenspitzenkatarrh erkrankt. Meine Schwester und meine Mutter hielten abwechselnd Wache an seinem Bett, würden nun aber eine Schwester engagieren. Da mein Urlaub ablief und auch nur nach Berlin lautete, ich aber andererseits aus der Karte nichts Klares erkannte, so depeschierte ich meinem Bruder nach Halle, er möchte mich sofort in Berlin anrufen. Nach langen Stunden kam das Ferngespräch zustande. Meine Schwägerin am Apparat fragte: „Weißt Du schon?“ Ich fragte: „Ist Vater sehr krank?“

„Vater ist tot.“

„Was ist er?“

„Tot.“

„Sag's noch einmal!“

„Tot. Gestorben. Um vier Uhr heute morgen.“

Ich fälschte meinen Urlaubsschein nach Leipzig, depeschierte gleichzeitig an mein Kommando um Nachurlaub und reiste ab. Dann saß ich lange Nachtstunden bei Mutter und Schwester und tröstete sie, so gut ich's vermochte. Vater lag schon in der Leichenhalle des Südfriedhofes. Wir fuhren am andern Vormittag hinaus zum Südfriedhof beim Völkerschlachtsdenkmal. Es wehte ein abscheulicher Wind, der die Trauerschleier meiner Schwester verwirrte und meiner Mutter den Schirm umkippte. Vater lag mit wächsernen Zügen im offenen Sarg in der Kühlhalle. Ich legte einen Kranz von Tante Michel nieder. Ich selbst hatte kein Blümchen mitgebracht, aber heimlich, als niemand zuschaute, warf ich einen Groschen in den Sarg. Und ich mußte weinen. Andern Tags wurde Vater eingeäschert. Die Offiziere der H.M.S.D. hatten zu herzlichen Worten einen Kranz gesandt.

In Cuxhaven erwartete mich Bampf mit gedecktem und geschmücktem Tisch. – Ein Sperrbrecher, ein U-Boot, zwei A-Boote und zwei M-Boote waren auf Minen gelaufen. – Als ich zum Kohlen einlief, signalisierte mir Örter, sein Boot habe das Netz in der Schraube, ich möchte ihn einschleppen. Ich bugsierte ihn so weit als möglich im Alten Hafen auf Schlick. Beim nächsten Fischen blieb mein Netz an einem Wrackstück hängen, und ein ansehnlicher Fang Heringe ging mir flöten. Dann rannte ich einmal im dicken Nebel beinahe den Molenkopf um. – Zapfenstreich mit Fackelzug. – Kaisers Geburtstag. Parade von Herrn v. Hippel vorgeführt. Es war ein fataler Anblick, einen so würdigen älteren Herrn solo in Paradeschritten vorausmaschieren zu sehen. – Tagesparole „Es lebe der Kaiser“. Abends Festessen. – Meine Schulden bedrückten mich sehr. – In Berlin streikten vierhunderttausend Arbeiter der Rüstungsindustrie. Auch in den großen Privatwerften in Hamburg und Kiel waren Streiks ausgebrochen.

Am zweiten Februar wurde bekannt, daß die H.M.S.D. aufgelöst würde. Wir saßen bedrückt im Kasino, während neben uns die aktiven Minensucher laut zechten. Ihr Boot M 65 (Kommandant Glimpf) war aufgelaufen, hatte aber dabei nur einen Mann verloren.

Pampig, Gürkchen, Annemarie und ich hielten weiter treue Freundschaft. Wir besuchten einander täglich und oft nächtlich auf unseren Zimmern, beschenkten uns und feierten Feste, einmal unsere Aluminiumhochzeit und andermal Pampig-Gürkchens Zelluloidhochzeit. Häufig kochten wir gemeinsam, und zwar im Klosett auf einer offenen Gasflamme. Die war so hoch angebracht, daß wir auf einen Stuhl steigen und den Kochtopf mit ausgestrecken Händen über die Flamme halten mußten. Das war sehr anstrengend, und wir wechselten uns dabei ab. Später aber schafften wir uns einen kleinen Gaskocher an, den wir heimlich durch einen Schlauch mit unseren Zimmerlampen verbanden. Wir hatten uns immer über die ungerecht hohe Gasrechnung der Hotelwirtin, Frau Bücken, zu beklagen gehabt. Nun betrogen wir die Wirtin mit unserer Kocherei. Nachts war ein geheimnisvoller Betrieb in diesem Hotel. Man hörte schleichen und flüstern. Auch Bampf und ich schlichen manchmal mit Federbetten aus dem zweiten in den vierten Stock oder umgekehrt. Dann hörte man plötzlich Direktor Merseburgers Holzbein auf den Stufen aufstoßen, und etwas später vernahm man ein hysterisches Kreischen. Oder es klang aus irgendwelchem Zimmer Zank. Es spukte allenthalben.

Zwei Fischdampfer waren auf Borkum-Riff aufgelaufen. Die Besatzungen hatten achtundvierzig Stunden lang in den aus dem Wasser ragenden Schornsteinen und Ventilatoren gesteckt und waren darin erfroren. Aus Borkum, das in Sichtweite vor ihnen lag, war keine Rettung gekommen. Auch Holland hatte trotz ihrer Bitten keine Hilfe gesandt. Noch andere Unglücksfälle wurden gemeldet. Und Hartwig sollte tot sein.

Um meine Schulden zu decken, verkaufte ich blaues Uniformtuch und Schuhe und selbstbereitete Seife und Proviant nach dem Binnenlande. Annemarie half mir beim Verpacken. – Ein Telegramm meldete: Der Friede mit der Ukraine sei unterzeichnet. Später hieß es: Friede mit ganz Rußland. – Der erste, der von uns abkommandiert wurde, war Stabsarzt Hartmann. Er kam auf S.M.S. Karlsruhe. Wir andern schlichen sehr geknickt umher und erwarteten Weiteres. Reye sah auf einer Photographie, die um diese Zeit angefertigt wurde, aus, als weinte er und als habe er in die Hosen gemacht. Dennoch brachten wir einen begeisterten Divisionsabend zustande. Ich lernte dabei Dr. Traschinski und Dr. Hanauer kennen. – Im Theater lachte ich mich tot über Merseburger und zog hinterher mit Annemarie zu Büchsenfleisch mit Sekt. Ich war endlich schuldenfrei. – Dann kam die Nachricht, die H.M.S.D. bliebe doch bestehen. Alles schwamm in Glück und Champagner. Dann wurde die Nachricht wieder dementiert. Alles schwamm in Trübsal und Champagner. Ich war genau wie alle anderen der Meinung, daß unsere H.M.S.D.-Zeit eine selten glückliche gewesen war, aber gerade deshalb wollte ich eine Abkommandierung als eine gerechte Schicksalsfügung hinnehmen, hoffte dann auch ein etwas ernsteres Kommando zu bekommen.

Wanjka schrieb aus Riga u. a.: „Hast Du auch manchesmal an mich, an Dachau und an unsere alte Freundschaft gedacht? Ist davon auf Deiner Seite noch etwas übriggeblieben, das würde mich sehr freuen. Wir in Riga haben eine sehr schwere Zeit durchgemacht, jetzt, wo das vorüber ist und man ruhig und sicher unter schwarz-weiß-roten Fahnen lebt, kommt einem das Gewesene furchtbar interessant vor, und ich freue mich, soviel erlebt zu haben, und Glück haben wir gehabt, denn als es ganz furchtbar zu werden drohte, kamen endlich doch die seit drei Jahren sehnlichst erwarteten Befreier, hoffentlich für immer. In den ersten Tagen war ich ganz blödsinnig vor Freude und ging wie in einem Traum durch das plötzlich feldgraue Riga, jetzt ist schon alles selbstverständlich."

Ich warf Annemarie vor, daß sie liederlich wäre. Ich sagte ihr, es würde nie etwas Großes aus ihr werden, weil sie sich gleich nach Wallensteins Tod ins Bett gelegt hätte, statt mit mir zu zechen. Als ich von der nächsten Suchfahrt ins Hotel zurückkehrte, fand ich folgenden Brief vor:

„Cuxhaven, den siebzehnten Februar 1918. Lieber Gustav, solchen Stunden wie der heute nacht bin ich nicht gewachsen. Es ist ein Riß in unsere Freundschaft gekommen. Ich hoffe, daß ich den Weg zu Dir wiederfinde, aber augenblicklich habe ich nur den einen Wunsch, allein zu sein und endlich einmal in meinem Denken und Handeln ganz ich selbst zu sein. Ich komme mir vor, wie eine durcheinandergewühlte Schublade und muß in Ruhe Ordnung machen, um das wieder hineinzutun, was ich nach Überlegung für gut halte. Wenn es soweit ist, werde ich zu Dir kommen, und Du wirst vielleicht, wie schon sooft, sagen, daß ich wertlos bin."

Versöhnung mit Annemarie. – Ich übernahm gern den Auftrag, zwei Leichter nach Wilhelmshaven zu schleppen. Das gab aber von Anfang an Scherereien. Erst traf der Kriegslotse nicht ein. Dann versperrten mir die ein- und auslaufenden Finkenwerder den Weg. Draußen vorm Hafen rissen mir die verrosteten dünnen Stahlleinen. Es gab schon lange weder Hanf noch Manila. Ich stand winterlich eingewickelt mit meinem Muff auf der Brücke und trank Schnaps und Kaffee mit dem Lotsen. Um halb vier Uhr erreichte ich Wilhelmshaven. Um halb sechs wurde ich in die zweite Einfahrt eingeschleust, aber wegen eines vorgemeldeten Torpedobootes erst um halb neun ausgeschleust. Auf meine Beschwerden gab man mir zur Antwort, ich solle mich doch mit zwei lumpigen Schuten nicht so wichtig machen. Ich setzte in der Nähe der Inselbrücke Positionslampen, band die lästigen Schuten im nächsten Winkel fest und meldete sie und mich beim Tenderpark, wie mir's aufgetragen war. Aber kein Mensch wußte Bescheid, und zwölf Telephongespräche brachten kein Licht in dieses Bürodunkel, so daß ich, des Wartens überdrüssig, mit einer provisorischen Quittung davonging. Ich mietete ein Zimmer im Hotel Hohenzollern und suchte dann das Kasino auf, an dem ich in meiner ersten Wilhelmshavener Zeit so oft neidisch vorübergegangen war. Es war hübsch und vornehm eingerichtet. Die Preise waren mäßiger als in Cuxhaven. Im großen Saale hingen zwei imposante Kolossal-Seegemälde. Ich traf viele Bekannte und auch Kapitänleutnant Drache, der abkommandiert war. Er stellte mich Herrn Kapitänleutnant Meißner vor. Als ich neben einem höheren Offizier durch die Straßen schritt, sah ich schon von weitem den pausbackigen Schlachtermeister, Bootsmaat Engel aus Warnemünde, nahen. Was ich fürchtete, geschah. Engel trat plump auf mich zu, ohne den anderen Offizier zu grüßen, schlug mir mit seinen klobigen Tatzen vergnügt auf die Schulter und rief einmal übers andere: „Alter Junge, ist das eine Freude!"

Am nächsten Morgen war Sturm. Sollte ich die Rückfahrt riskieren? Der Lotse wiegte bedenklich den Kopf. Ich lief dennoch aus und begegnete draußen F.M. III, einem neuartigen M-Boot mit geringem Tiefgang, das eine Probefahrt unternahm. Dort war jetzt

Drache an Bord. Ich pfiff Seite. Er winkte mir zu, er müßte des Sturmes wegen umkehren, ich sollte keinesfalls die Ausfahrt wagen. Ich wollte aber weiter, zudem war mir der Proviant ausgegangen. Nach jedem neuen Schnaps tauschte ich mit dem Lotsen Blicke des Bedenkens. Es wehte mordsmäßig. Bei Voslap drehte ich doch um und fand dann in Wilhelmshaven Windstärke 12 angezeigt. Ich ging zum Verpflegungsamt, erhielt aber keinen Proviant, weil ich nicht die nötigen vorgedruckten Formulare fand. Ich lief umsonst von P. zu P. Endlich fiel mir Tante Michels Vetter, der Intendanturrat Bruhn, ein, der ja dafür zuständig war und eine einflußreiche Charge bekleidete. Jedoch der Herr Rat war vormittags nicht zu treffen und nachmittags nicht zu treffen, und am nächsten Vormittag erklärte mir der knöcherne Herr, daß er in diesem schwierigen Fall auch nichts helfen könnte. So legte ich meinen „Fairplay" im Fluthafen fest, neben den Booten der Wilhelmshavener Hilfsminensuchdivision. Die Kommandanten dieser Schiffe nahmen mich freundlich auf und liehen mir auch Proviant für meine schon hungrig murrenden Leute. Aber auch über der Wilhelmshavener H.M.S.D. lag eine düstere Stimmung, denn auch sie wurde aufgelöst. Abends hatten die Kommandanten aus diesem Anlaß eine Feier, zu der sie Prinz Ysenburg erwarteten (Divisionschef Kapitänleutnant Scheuer, Kommandanten Reiche, Münter, Donath, Lochmann, Lohmann und Oberarzt Dr. Keim). Da ich nicht richtig eingeladen war, sandte ich dem D.-Chef Scheuer ein Gedicht und ging ins Kasino, wo ich einem Oberleutnant v. Raichert vorgestellt wurde. Den erinnerte ich daran, daß er dem Minenmaat Hester einmal vor Jahren eine halbe Pulle Sekt geschenkt hatte. Er sagte: „Ja, ich besinne mich, Sie waren der schlimmste Querulant der Division, hatten immer Frontgesuche." Später ward ich dann doch zu der Feier der H.M.S.D. geholt. Andern Tags suchte ich den Adjutanten der zweiten Wasserflugstation auf. Ich wollte fragen, ob ich nicht Flieger werden könnte. Antwort: „Gesuche bitte schriftlich einreichen." Ein ungeheures Geknatter erfüllte dort die Luft. In einem Schuppen wurden gleichzeitig viele Propeller auf Haltbarkeit geprüft, indem man sie stundenlang in rasendem Tempo kreisen lies. – Der Sturm hielt unvermindert an. Ich amüsierte mich gut. Meinen Leuten erging es ebenso. Aber ich war bange, daß man mir mein langes Ausbleiben in Cuxhaven verübelte. Deshalb telephonierte ich. Der Schreiber Haida meldete sich am Apparat. Er erzählte Neuigkeiten. Hartwig sei beerdigt. Die H.M.S.D. läge jetzt im Neuen Hafen. Ich merkte, daß kein Grund zur Beunruhigung vorlag, und besuchte abends die Kriegswohlfahrts-Spiele im Parkhaus. Das war das Theater, an das ich mich als Maat einmal sehnsüchtig beworben hatte. Man gab das äußerst spannende Detektivstück Sherlock Holmes, das gut aufgeführt wurde und mir einen großen Eindruck hinterließ.

Um sechs Uhr morgens lief ich aus, und um zwölf Uhr bei günstigster Tide traf ich in Cuxhaven ein. Annemarie empfing mich mit Blumen und mancherlei Vorbereitungen.

Die Division stand in hellodernder Auflösung. G.G.-Sachen, G.-Sachen, N.D.B.-Sachen, Artillerie- und Torpedo-Sachen und nautische Sachen abgeben. Sicherung für Nicht-mehr-Vorhandenes durch Quittungen, Verlustverhandlungen oder Verbrauchsanweisungen. Während dieser Abrüstung traten Neid, Egoismus, Schiebungen und anderes Häßliche zutage. Zwei von unseren Offizieren baten den Flottillenchef ums Eiserne Kreuz.

Man sprach von der Rückkehr des Hilfskreuzers Wolf, der nach fünfzehn Monaten mit Beute und Gefangenen zurückkam. Man sprach, und sehr offen, von Schiebungen in der Stellung und in der Verpflegung. – In der Operette amüsierte ich mich wieder über Merseburger, der sich in einem ernsten Moment versprach und statt „holde Wesen binden" nun „holde Besen winden" wollte. – Ich bewarb mich um Stellung bei der Presse-Abteilung des Reichs-Marineamtes. – Ich verbrachte einen Abend mit Kapitänleutnant Hofmann, der mit Johanna Geyer und dem Schachspieler Swiderski verwandt war. – Eine Abschiedsfeier bei Brückmann verlief ziemlich lau, weil alle an „Abkommandierung" litten. Andern Tags rückten unsere Leute ab. Der D.-Chef, die beiden Vize Lange und Pich sowie ich wurden der Luftabwehrabteilung überwiesen. Pich und ich fuhren aber erst mit unseren „Fairplays" nach Hamburg, um von dort Schuten nach der Ems zu bringen. Auch „Scharhörn" dampfte mit. Dieses Boot hatte mit M 17, Kommandant Kapitänleutnant Walter, eine Ramming gehabt. Die Fahrt war lustig. Unsere „Fairplays" hatten nur noch je vier Mann, und ich vertrug mich gut mit dem eifrigen und tüchtigen Pich. Es ging mir wieder wie bei der Wilhelmshavener Fahrt: Ich blieb überall länger stecken als geplant. Schon in Hamburg wickelten sich die Geschäfte nur langsam ab. In dieser Zeit besuchte mich Annemarie an Bord. Ich führte sie dann durch ihre Heimatstadt und machte sie mit Lebemännern bekannt wie John, Hauptmann Schabert, Beth, Traber, Herfurt und andere, darunter viele Freunde von Lauterbach. Es wurde wüst gekneipt, und dabei passierte es mir, daß ich in einer Bar Frau John nicht wiedererkannte, sie vielmehr, ohne ihre Erscheinung zu prüfen, und nur, weil sie ohne Herrenbegleitung war, mit „kleines Mäuseschwänzchen" anredete. Ich war sogar an hellem Tag einmal so betrunken und in meiner Kleidung demgemäß derangiert, daß John und der Holländer Hischemöller mich zu seinem Friseur schleppten, und mich dort gewaltsam waschen und massieren ließen. Auch sonst ereignete sich viel Lustiges aus Sekt, Portwein, Übermut und schönen Frauen, und der Stabsingenieur Mulsen wunderte sich außerordentlich über meine Verspätung. Beim Altonaer Fischmarkt händigte man uns dann die uns durchaus nicht interessierenden Schuten und achtzig Meter Stahl und fünfzehn Meter Tauvorlauf ein. Wir dampften zunächst nach Cuxhaven zurück. Dort ereignete sich am nächsten Abend eine öffentliche Schlägerei zwischen Mannschaften und Offizieren. Kapitänleutnant Rote und andere Herren wurden von der Patrouille festgenommen.

Wegen Nebels verzögerte sich mein Auslaufen. So machte ich eine Abschiedsfeier für den abkommandierten Festungskommandanten, Exzellenz Schaumann, mit, ging diesmal aber, um nüchtern zu bleiben, schon frühzeitig heim. Ich weckte Annemarie mit einem Kuß, und sie sagte: „Ich bete oft für Dich". Das rührte mich so, daß ich Sektflaschen öffnete, und wir bezechten uns fürchterlich.

Endlich dampften Pich und ich los. Wunderbare glatte See. Die Schuten lagen brav. Dann kam Nebel auf. Der Lotse verlor den Weg. Wir gerieten zu weit ab auf holländisches Gebiet und scherzten von Internierung. Ich wollte aber nicht ankern und nahm vor Delft einen zweiten Lotsen. Es wurde dunkel. Wir setzten die vorgeschriebenen Lampen, aber die Glaszylinder waren entzwei, und ich hatte keinen Signalgast zum Signalisieren. Ich war so verwöhnt in bezug auf große Besatzung, daß ich nun wetterte, weil mit meinen vier Leuten mir alles zu langsam ging (Obermaat Busch, Maschinistenmaat Sturm, Matrose Welzer und mein guter Obermatrose Quast, der die Dreistigkeit hatte, seinem Kommandanten ähnlich zu sehen).

Im Zentralhotel in Emden logierte ich gut. Früh gab ich bei der Zentralversorgungsstelle der Ems meine Schuten und meinen „Fairplay VI" ab. Zuvor hielt ich eine warme Ansprache an meine vier letzten Getreuen und ließ feierlich meinen Kommandantenwimpel niederholen. Ihn und die sturmverkürzte und rußgeschwärzte Kriegsflagge behielt ich. Meine Leute machten stramm und brachten mir drei Hurras aus. Darauf machte ich vor ihnen stramm, salutierte und gab drei Hurras zurück.

Ich hatte in Emden sofort netten Anschluß gefunden. Oberleutnant Schuler, ein Maler, Leutnant Müller und Leutnant Hammer aus Thomsen, ein Leutnant Schierer und zwei Armeeoffiziere. Wir pokulierten und speisten gut. In Emden bekam man noch Eier für fünfundachtzig Pfennig pro Stück und bekam Beefsteak ohne Fleischmarken, und die Menschen dort waren höflich und freundlich.

Zurückgekehrt nach Cuxhaven mußte ich mich bei Kapitänleutnant Freygang melden und kam zur siebenten Kompanie, deren Führer Oberleutnant Erfling war. Das begann mit viel Sekt und Burgunder, so daß ich nachts im Bett Krämpfe bekam. Mein Bursche kurierte mich durch ein einfaches Aberglaubenmittel. Am nächsten Tage fungierte ich bei einem Feldstandsgericht als zweiter Beisitzer. Drei Fälle Körperverletzung und ein Diebstahl. – Bampf und ich unternahmen Spazier- und Hamstergänge im herrlichsten Frühlingswetter. – Mein Gesuch betreffs Presseabteilung wurde abgeschlagen. „Es sei bereits anders über mich verfügt." – Ein interessanter G.G.-Bericht ging uns zu, darüber, wie die deutschen Gefangenen von den Engländern ausgefragt würden. – Die erste Schlacht der neuen Offensive, die größte Schlacht der Welt, war von uns gewonnen. – Paris wurde aus einer Entfernung von 120 km beschossen, von der „Langen Berta", deren Geschosse 40 000 Meter hoch gingen.

Ich kam zur L.A.A.

Vierzehntes Kapitel

BATTERIE SEEHEIM

Ich hatte mich bei Herrn v. Hippel ab- und bei Herrn Korvettenkapitän Schröder angemeldet und dabei einen siebentägigen Urlaub durchgesetzt. Annemarie fuhr mit mir nach Hamburg und dann weiter nach Berlin, und dann nach Halle, wo wir im Hotel Sachsenhof ehepaarten, und dann nach Leipzig, Hotel Könighof. Überall begrüßten mich liebe Menschen, und wenn ich mich mit ihnen ausgesprochen hatte, zog ich nachts mit Annemarie los. Nach schwerer Trennung von ihr – sie hatte ein Engagement ans Thaliatheater in Chemnitz erhalten – reiste ich weiter nach München. Es gab dort noch Butter und Strichs und Lotte Pritzel und Maler Coester, Horsmann, Foitzick, Dr. Kalser, Falckenberg und Schauspieler G. Schröder. Dieser letztere überredete mich, auf der Rückfahrt mit ihm in Bremen auszusteigen. Er wollte mich in seiner luxuriösen Behausung fürstlich bewirten. Er versetzte mich dann aber am Bahnhof, und ich stand mit zehn Mark in der Tasche da und hatte Galle im Herzen.

Ich fuhr nach Seeheim. Eine Maschinengewehrbatterie, die ebenso wie die in der Nähe gelegene 3,5 Revolverkanonenbatterie Nordheim mir künftig unterstellt sein sollte. Nordheim lag eine Stunde weit von Duhnen ab, Seeheim noch eine Viertelstunde weiter, beide zwischen Sanddünen und Kiefergebüsch versteckt. In Duhnen war jetzt Kapitänleutnant Reye als mein Kompanieführer. Ich stapste mit bangen Gefühlen dorthin und fand Reye noch banger und mißgelaunter. Er übermittelte mir den Befehl des Herrn Schröder, mich schleunigst und intensiv mit dem Maschinengewehr, der Revolverkanone und dem Batteriebetrieb vertraut zu machen. Ich wußte ja schon mancherlei davon, aber viel nicht, und die Materie reizte mich herzlich wenig. So trug ich zunächst einmal dafür Sorge, mein Wohnzimmer und mein Schlafzimmer freundlich einzurichten. Diese Räume befanden sich in einem Steinhaus, sonst gab es nur noch Holzbaracken in Seeheim. Mein Wohnraum lag im Parterre; ein Flügel stand darin, der meinem Vorgänger gehörte, dem musikalischen Sänger und Leutnant de Harde. Der war krank ins Lazarett gekommen. In Seeheim unterstanden mir vorläufig zwei Feldwebel, ein Obermaat und dreiundzwanzig Mann. In Nordheim war ein B.-G.-Entfernungsmesser und ein Horchtrichter. Ich ließ mir alles erklären, ließ mir Meldungen erstatten und hatte den ganzen Tag Befehle zu unterschreiben. Seeheim war vor dem Kriege ein Kindererholungsheim gewesen und mit Bettzeug, Porzellan, Glas usw. reichlich ausgerüstet. Ein hoher eiserner Turm neben den Baracken trug eine Windmühle, die das elektrische Licht speiste und das Brunnenwasser pumpte. Auch ein großes Terrarium fand ich vor, dessen Scheiben zerschlagen waren. Ich ließ es sofort ausbessern von dem geschickten bayrischen Obermaat Brandmeier, der für alles Rat wußte. Es wurde derzeit eine Abteilung von Reserveoffiziersaspiranten in Seeheim ausgebildet. Dafür war Bobby als Kommandant ersehen. Das war mir gar nicht recht, ich wollte am liebsten dort allein herrschen. Der Umstand, daß meine Vorgesetzten mehr als eine Stunde weitab in Duhnen lebten, hatte mir Seeheim sofort sympathisch gemacht. Gerade weil ich allein war, ging ich mit größtem Eifer an meine Arbeit.

Als ich mich mittags zu kurzer Rast auf meinem Diwan ausstreckte, kam mein Bursche Becker gelaufen und rief: „Herr Leutnant! Herr Leutnant! Es kommen Offiziere." Ich wollte mich von meinen Vorgesetzten nicht auf dem Diwan überraschen lassen und beeilte mich also, diesen und meine Uniform in Ordnung zu bringen. Die Neuankommenden waren zwei Offiziere und ein Flugmeister, die im Nebel mit einem Flugzeug abgestürzt waren. Das Flugzeug war aufs Watt gestürzt. Die drei Insassen waren lebend davongekommen und hatten, nur nach dem Kompaß sich richtend, den sechsstündigen, schwierigen und gefährlichen Weg durch Nebel und Priels gefunden. Geradezu ein Wunder, das außerdem nur bei Ebbe möglich war. Nun trafen sie mit Schmutz bedeckt und aus vielen Wunden blutend bei mir ein. Selbstverständlich setzte ich alle Hebel in Bewegung, gab ihnen Waschgelegenheit, ließ ihre Kleider reinigen, und weil unser Sanitätsgast gerade abwesend war, rief ich telephonisch den Stabsarzt Kneise aus Duhnen herbei. Es stellte sich heraus, daß dieser humorvolle und begabte Herr mit mir entfernt verwandt war. Mein Vorgänger de Harde hatte außer dem Flügel auch einen stattlichen Weinvorrat zurückgelassen, und es war mir keine leichte Selbstverständlichkeit gewesen, diesen Privatbestand nicht anzurühren. Nun lag hier aber ein Unglücksfall vor, und so saßen denn die Abgestürzten und der Stabsarzt mit mir bald bei Rührei und Wein, und wir tranken eine Flasche nach der andern, so daß wir in die harmonischste Stimmung gerieten. Sie erzählten, daß das Flugzeug sich tief ins Watt eingebohrt hätte, total zerschmettert und nicht mehr zu brauchen wäre. Sie hatten nur Chronometer und andere wertvolle kleine Gegenstände mitgenommen. Sie hatten Notraketen abgeschossen, die aber von Neuwerk nicht bemerkt waren. Ich ließ ein Auto aus Cuxhaven kommen und die Verwundeten ins Lazarett fahren. Heimlich hatte ich mir in den Kopf gesetzt, das Flugzeug oder wenigstens seinen wertvollen Motor zu bergen. Am siebenten April drei Uhr morgens machte ich mich mit sechs Mann und einem Handwagen auf. Wir liefen im Laufschritt – um vor der Flut noch zurück zu sein – über das Watt, mußten häufig tiefe Priels durchwaten. Manchmal wurden diese so tief, daß wir umkehren und sie in weitem Bogen umgehen mußten. Dann wieder ging es durch tiefen Schlamm, dann über Muschelbänke oder über festen, überrieselten und durch das Rieseln hübsch gemusterten Boden. Vom diesigen Hintergrund hoben sich Reiher und Möwen ab. Indes fanden wir das Flugzeug nicht, und es war ein Glück, daß ich einen kleinen Kompaß bei mir hatte. So konnten wir vor der Flut zurückeilen. Aber nachmittags mit Ebbe zogen wir abermals aus. Obermaat Brandmeier riß mit seiner Begeisterung die anderen mit, die sonst, besonders in den kalten Prielwassern, wohl ihren Mut verloren hätten. Endlich sichteten wir das Wrack in der Ferne, und wenn wir es auch für diesmal nicht erreichen konnten, so merkten wir uns doch Weg und Richtung. Auf dem Rückzug fanden wir eine angeschwemmte, offene Kiste mit Butter, davon allerdings die Hälfte schon von den Möwen ausgepickt war. Den Rest machten wir uns genießbar, indem wir ihn mit Brotstücken ausbrieten. Auch für Seife blieb etwas übrig. Bei der dritten Expedition erreichten wir, die letzte Strecke mit Hurra zurücklegend, das Wrack, ein großes Wasserflugzeug, das sich tief in den harten Grund eingebohrt hatte und so zersplittert war, daß wir gar nicht begriffen, wie die Insassen mit dem Leben davongekommen waren. Wir führten Äxte und Sägen mit uns und machten uns nun geschwind daran, die Trümmer zu zerkleinern und abzutragen und den Motor herauszuhauen, den wir am nächsten Tag mit einem Wagen holen wollten. Denn die Flut kam schon. Wir beeilten uns, nahmen aber jeder etwas „Weggeschwemmtes" zum Andenken mit, ich einen Pelzmantel, ein Lederkissen und einen Kompaß in kardanischer Aufhängung.

Von Annemarie traf ein jammernder Brief ein. Sie fühlte sich an der neuen Schmiere sehr unglücklich. – Das Essen in Seeheim war mäßig, aber der Küchenmaat Sonnen gab sich viel Mühe, wie denn überhaupt alle Leute viel Eifer entwickelten. Mein Bursche Becker, ein Bergmann von Dudweiler, ging nie langsam, wenn er etwas für mich tat, sondern lief im Galopp, und es gelang mir nie, ihm das abzugewöhnen. Er sprach auch nur das Notwendigste, und das leise, wie verlegen, und er war sehr erstaunt, wenn ich ihm von meinem Privatproviant etwas abgab.

Von den nassen Märschen waren meine Beine steif und meine Füße wund. Dennoch zogen wir – diesmal vierzehn Köpfe stark –

wieder übers Watt, und es gelang uns, den schweren Motor auf einen Wagen zu laden. Der Rücktransport war sehr beschwerlich. Immer saß der Wagen bis über die Achsen im Schlick. Dann zogen wir und schoben und schwitzten und mußten in der nächsten Minute die Last durch eiskaltes Prielwasser schleppen, und hinter uns stieg die Flut. Aber schließlich gelang alles Der Motor ward in Seeheim aufgestellt und von Brandmeier sauber gereinigt. Ich sandte meine Berichte an das Kommando und nach der Flugzeugstation Norderney.

Ich trank Apfelwein, denn ich mußte mit meinem Geld in Seeheim sparsam umgehen. – Zwei Offiziere besuchten mich, die Meteorologen Dr. Minstedt und Dr. Alsheim von der Berliner Artillerieversuchskommission. Sie stellten Beobachtungen an, während die „Lange Berta" von Altenwalde her über unsere Köpfe hinwegschoß. Bum! Bum! – Bobby besuchte mich. Er bewunderte mein Zimmer, das ich mir hübsch und behaglich eingerichtet hatte. Bunte Kissen, die schöne rote Decke, die Landschaft von Wanjka, altes Zinngeschirr und Photographien von Lygia Romero, Lona Kalk, Annemarie und Tante Michel.

Mein Terrarium war fertig. Ich hatte es mit viel Tierliebe eingerichtet und alles wohl vorbedacht. Nun fing ich die erste Kreuzotter und die erste Eidechse in dem an Seeheim angrenzenden Wernerwald, der aus niedrigem Nadel- und Laubholz bestand. – Ich stiefelte durch den hohen weichen Sand nach Duhnen, wohin ich zur Geheimbücherrevision der zweiten Kompanie befohlen war. In der 8,8-Batterie suchte ich Reye und Pich auf, und ich ging über Salenburg, um dort meine ehemalige Einstundenliebste Hermine Strohsal wiederzusehen. Sie war inzwischen verheiratet. Es dauerte lange, bis sie sich vor dem Leutnant auf den Maaten Hester besann. Abends hielt ich einen Haßvortrag oder einen Aufklärungsvortrag in Nordheim. Nachts schrieb ich bei starkem Bohnenkaffee an meinem Drama „Der Flieger".

Dreiundzwanzig junge R.-O.-A.s, darunter zwei Maate, trafen ein. Sie sollten einen Maschinengewehrkursus durchmachen. Nun fürchtete ich täglich, daß dazu Leutnant Bobby nach Seeheim kommandiert würde. Ich hatte mich doch so glücklich in meine Einsamkeit eingelebt. Eine meiner Hauptfreuden war das Terrarium. Es wies die verschiedensten Landschaften auf. Harte oder poröse Felsen, Heidelandschaft, Wiesengelände mit Gänseblümchen, feuchten Moosgrund, einen Kletterbaum, unterirdische

Gänge und eine eingegrabene Suppenterrinne als Teich. Täglich mehrmals, aber jedesmal nur auf ein Viertelstündchen, lief ich in den Wald oder auf die Wiesen mit Einmachgläsern und einem Fangnetz. Jedesmal brachte ich Schlangen, Eidechsen oder Insekten zurück. Bald wußte ich genau, wo ich Kupferottern, wo ich Ringelnattern oder Grashüpfer zu suchen hatte. Ich wußte Tümpel mit ganz kleinen Fröschen oder Molchen, und ich baute Fallgruben an den Waldwegen, aus denen ich morgens Fetthennen, Mistkäfer, Sandböcke und Raupen holte. Und ich tat Regenwürmer, ein Stück faules Holz und etwas Kuhfladen in das Terrarium. Später verband ich dieses durch ein Gazerohr mit einer Insektenfalle. Das Lockmittel war Apfelwein. Die Fliegen und Käfer fingen sich, vom Teller aufschwirrend, in einem Glasballon, und der einzige Ausweg von dort führte in das Terrarium, wo nun immer ein weithin hörbares Urwaldgesumme war. Oh, ich war sehr glücklich. Und das ward auch nicht durch den Umstand vermindert, daß ich jetzt weniger Gehalt bekam und manchmal hungrig zu Bett ging. Der Dienst machte mir Freude. Alles war mir eifrig zu Diensten. Nachts schrieb ich am „Flieger“. Ich war ein Fürst. – An Annemarie schrieb ich eine Karte, auf der ich, ganz aus der Luft gegriffen, sagte: „Justizrat Friedemann läßt Dich grüßen, und auch Exzellenz läßt Dir sagen, daß er jederzeit zu Deiner Verfügung stände.“ Bampf teilte mir im nächsten Briefe mit, daß diese Karte bei ihren Kolleginnen und bei dem schikanösen Direktor die gewünschte Wirkung getan hätte.

Auf Befehl Reyes mußte ich mit vielen Leuten durch Sturm und Wolkenbruch nach Duhnen patschen, um dort stehend und durch und durch naß in einem ungeheizten Saal einen Kriegsanleihevortrag von Leutnant Schaumkell anzuhören. Ich trocknete mich dann bei Pich, philosophierte mir meinen Verdruß hinweg und erbeutete auf dem Heimwege viele schöne Kröten, die ich in der Hosentasche heimbrachte. Bobby traf ein, diesmal allerdings immer noch als Besuch. Er war in einem Wagen herausgefahren, der abgemagerte Gaul fiel in Seeheim um.

Selten fuhr ich auf meinem Dienstrad nach Cuxhaven, eigentlich nur, wenn ich dort etwas Dienstliches zu tun hatte. Dann besuchte ich Gürkchen und Dorrit, die betrübt waren, weil sie ihre Männer und den Bampf vermißten. Am siebzehnten April hatte ich einen Matrosen, der in der Villa des Rentiers Schleper Einbruchdiebstähle begangen hatte, vor einem Feldkriegsgericht zu verteidigen.

Vorher ließ ich mir den Mann vorführen und bedeutete ihm, daß er mir vertrauen dürfte, ja, sogar müßte. Ich überzeugte mich bald von seiner völligen Unschuld und arbeitete eine großartige Verteidigungsrede aus, auf deren Effekt ich mich mit Wichtigkeit freute. Aber bei der Verhandlung trat es sofort klar zutage, daß der Angeklagte ein häufig vorbestrafter, raffinierter und auch diesmal ganz offensichlich schuldiger Gauner war. Aus meiner pompösen Rede ward ein klägliches, für mich blamables und gar nichts bedeutendes Gestotter. Ich suchte dann einen Lungenkranken auf, um eine D.-B.-Verhandlung aufzunehmen, der Kranke war aber infolge einer schweren Operation nicht vernehmungsfähig. Ich sprach auch Leutnant de Harde im Lazarett und erzählte und bezahlte ihm die Weinangelegenheit. Bei Prüters aß ich Karnickel, und im Kasino saß ich mit Erfling beim Wein. Ich kehrte nach Seeheim zurück, mit einer Kreuzotter im Taschentuch und einem Nagel im Pneumatik.

Es gab Hühner und Kaninchen in unserer Batterie. Ich fing einen jungen Hasen und tat ihn zu einer zahmen Kaninchenfrau und deren Jungen. Doch ließ ich die Mutter erst nach einiger Zeit hinzu, damit das Häschen erst einmal Stallgeruch bekäme. – In Nordheim wurden meine 3,7-Kanonen-Schüler duch den Kompanieführer besichtigt. Reye richtete während der Vorführung eine sehr fachmännische technische Frage an einen Mann. Ich merkte, daß er diese Frage und ihre Antwort vorher fest eingepaukt hatte und daß er von der Materie sonst nichts weiter wußte. Er besah sich hinterher in Seeheim den geborgenen Flugzeugmotor. Ich benutzte den günstigen Moment, um die Einrichtung einer Schmiede für Brandmeier zu befürworten. – Ich fing viele Wasserkäfer, Frösche und Schlangen, pirschte vergebens einem Fuchs nach, schlug Feuerlärm zur Übung für meine Leute und erlaubte ihnen dann bis zwölf Uhr nachts statt bis zehn Uhr aufzubleiben. Am Sonntag unternahm ich einen Spaziergang über Berensch nach Arensch, zwei Bauernansiedlungen. Ich ging zu Thalmann. Das war ein Soldat meiner Batterie, den man aus landwirtschaftlichen Rücksichten zu dreiviertel vom Dienst befreit hatte. Seine Familie setzte mir Milch und Gebäck aus Buchweizenmehl vor. Im Stall entdeckte ich eine altertümliche geschnitzte Truhe, die ich näher betrachten wollte, aber Thalmanns stellten sich unruhig dazwischen, um sie zu verbergen, und ich merkte endlich, daß die Kiste geheime Vorräte an Speck und Schinken enthielt. Da ich Thalmanns häufig Freundlichkeiten erwiesen hatte, so boten sie mir nun die Truhe zum Geschenk an, unter der Bedingung, daß ich ihnen einen ebenso großen Holzkasten lieferte. Ich hatte Fachleute genug. Die zimmerten mir eine ebenso große, viel solidere und wohlbehobelte Tauschtruhe. – Der Kaffee ging mir aus. Ich konnte deshalb eine Zeitlang nicht mehr am „Flieger“ schreiben. Ich darbte auch sonst, während ich meine R.-O.-A.s in fetten Heimatspaketen wühlen sah. Dann aber bescherte auch mich die Post wieder, und zwar gleichzeitig mit Kaffee, Eßwaren, Wein und Geld. Jemand sandte mir einen Roman, der mich äußerst anregte und begeisterte, „Pan“, von Knut Hamsun. Ich las außerdem „Mademoiselle Clairon“. Im übrigen streifte ich weiter im Wald und in Dünen herum und wurde mit aller Natur so vertraut,wie ich es nur als Kind und damals natürlich gedankenloser gewesen war. Mein Terrarium belebte sich immer mehr und sah romantisch aus. Oft stand ich mitten in der Nacht auf und lief dorthin und betrachtete das Nachtleben meiner Tiere beim Scheine einer Taschenlampe. Aber manchmal, und besonders wenn ich lange nachts bei starkem Kaffee geschrieben hatte, befiel mich eine nervöse, unheimliche Angst vor Motten und Nachtfaltern und sogar vor meinen Giftschlangen, die ich doch größtenteils selbst und meist mit der Hand gefangen hatte.

Nahe bei Nordheim, auch am Strande, nach Duhnen zu, lag das Privathospital Nordheimstiftung. Ich stattete der Oberin einen Besuch ab. Sie war eine ältere, aber frisch aussehende Dame mit blanken Zähnen und einer duftigen Schürze. Sie lud mich ein, sie wieder zu besuchen, um mit ihr Kunst zu pflegen. Da sie dabei aber nur an Musik dachte, ging ich nicht wieder hin. Häufiger als mir lieb war, bekam ich Besuch aus Duhnen oder Cuxhaven. Bickenbach und andere Leute, die offenbar rochen, wie wohl ich mich in Seeheim fühlte, und die selbst nicht mit sich allein auskamen. Ich wies solche Besucher manchmal geradezu schroff und unhöflich ab. Es war so friedlich einsam bei mir in Seeheim und doppelt schön, weil ich viel Dienst hatte. Revolverkanonen in Nordheim, Maschinengewehre in Seeheim und Manöver und Schreibladen, Scheinwerfer, Feldwebel, Horchtrichter, Postenkontrolle, Vorträge, Besichtigung, Windmotor, Küche, Schmiede, Mannschaftsbetreuung, Appells mit allem verantwortlichen Drum und Dran und mit vielen Wegen zwischen Duhnen, Cuxhaven, Nordheim und Seeheim. Da ich der Oberste und allein war, befand ich mich in der Lage, den andern manchmal in ganz unüblicher Weise Vergünstigungen zu erweisen.

Im Tagesbefehl Nummer siebenundneunzig sprach der Admiral mir und den dreizehn Leuten, besonders genannt den Obermaschinistenmaat Brandmeier, seine Anerkennung für die Bergung des Flugzeugmotors aus. Das war für die Betroffenen eine hervorragende Ehre. Bald darauf besichtigte der Admiral auch persönlich meine beiden Batterien. Ich mußte ihm ein 3,7-Schießen mit Leuchtspurgranaten vorführen. Das Ziel waren rote Papierballons, die mit Spiritusflammenhitze aufgetrieben wurden. Reye war zugegen und verlor etwas den Kopf. Es ging aber alles so gut, daß ich abends nach Cuxhaven radelte und mit Reye in Sekt badete. Als ich gegen zwei Uhr nach Seeheim zurückkehrte – das letzte Stück im Dünensand mußte ich mein Rad schieben –, war ich ziemlich erledigt, dennoch, oder gerade deshalb bezwang ich meine Müdigkeit, schnallte meinen Säbel um, zog meinen ölfleckigen, aber warmen Fliegerpelz an und schlich mich nach Nordheim, um den Posten dort zu kontrollieren. Gegen Postenvergehen war ich sehr streng, denn so unkriegerisch es in Seeheim und Nordheim zuging, so konnte es doch auch einmal anders kommen, und ich erlaubte den Posten zu rauchen und wußte selbst aus meiner langen Erfahrung bei der Kriegs- und Handelsmarine, wie beglückend und befriedigend es ist, nachts, und sei es beim schlimmsten Wetter, einsam, mit sich und seinem Gott allein, Wache zu stehen. Der Posten in Nordheim hatte sich von den Dünen entfernt, in einen Schuppen verkrochen und schlief tief. Er bat mich flehend, ihn nicht zu melden. Ich wetterte die Feldwebel heraus und schlug einen mordsmäßigen Krach in die Batterie. Von einer Meldung sah ich aber ab. Mit Hilfe der Taschenlampe fing ich mir noch unterwegs Kröten und Kolbenkäfer.

Der erste heiße Tag. Im Terrarium war Hochbetrieb. Die Kupferottern lagen mit Ringelnattern und Eidechsen verschlungen in der Sonne, andere Eidechsen jagten sich herum. Hummeln und Fliegen summten. Überall kroch und krabbelte etwas. Wenn es einer Ringelnatter einfiel, in den Teich unterzutauchen, kam sofort Willibald heraus und verkroch sich anderwärts. Willibald war ein großer Frosch, der schon mehrmals von Schlangen halb verschlungen war, nur halb, denn er war für sie zu groß, es hatte ihn noch keine ganz hinunterwürgen können, obwohl sich alle bis schier zum Platzen darum bemühten. Manchmal war er gleichzeitig von zwei Seiten von zwei Schlangen angefressen worden. Es war gewiß ein grausiger Anblick, wenn die Nattern, sich vorschnellend, einen Frosch packten, der dann jämmerlich schrie, und sie würgten ihn ganz langsam hinter, etwa erst den Kopf, dann ein Vorderbein, dann langsam das zweite Vorderbein. Der Frosch spreizte in letzter Verzweiflung die Hinterbeine weit auseinander, aber auch die schlossen sich schließlich unter der Muskelkraft des Schlangenmaules und verschwanden in dem Schlund. Man konnte am Umfang verfolgen, wie das Fröschlein in der Schlange weiterglitt. Was die Kupferottern fraßen, wußte ich anfangs nicht, ich hatte gehört, sie lebten von Mäusen, aber das leuchtete mir nicht ein, und außerdem fing ich keine Mäuse. Nun beobachtete ich, wie eine Kupferotter eine Eidechse, mit der sie zuvor friedlich Leib an Leib in der Sonne gelegen hatte, plötzlich am Kopf packte und hinterfraß. Und die Eidechsen wieder schnappten sich behend Fliegen und Mücken und Käferchen. Manchmal stürzten sie, in ihrer Gier sich überschätzend, auf eine Hummel oder auf einen jungen Mistkäfer zu und zogen dann verärgert ab, weil sie damit nichts anfangen konnten. Fetthennen liefen geschäftig umher, und aus dem Kuhfladen lebten Würmerchen und Käferchen auf.

Mit Hilfe der vielen Leute legte ich mir in wenigen Tagen ein Gärtchen an. Hinterm Maschinenhaus wurde ein großes Quadrat mit Draht und Reisig eingezäunt und gegen Sandwehen mit Moos und Steinen geschützt. Aus dem Walde wurde Erde beschafft. Wir legten Beete an, die wir mit gestohlenem Kunstdünger und Kalk düngten. Wir säten Radieschen, Eiszapfen, Sonnenblumen und Kresse. In die Mitte des Gartens grub ich einen großen Waschkessel ein, der ein Teich für Frösche- und Krötenzucht werden sollte. Ich versah ihn mit Sand, Schlamm, Steingrotten, Froschlaich und Wasserpflanzen. Den Teich und ein Stück Wiese und Sand drum rum überzog ich mit engmaschigem Drahtgitter. Ferner wurde ein großer Kasten für Hummel-, Bienen- und Wespenzucht gebaut; denn in meinem Terrarium hatten diese Tiere keine Bedeutung und kamen auch nicht auf ihre Rechnung, während ich den neuen Bau mit einem hohlen Baumstamm und Erdhöhlen versah und ihn täglich mit frischen Blüten, Klee, Zucker, Kunsthonig und Apfelwein versah, ihn außerdem beliebig nach der Sonne umstellen konnte. Mein Bursche und ich brachten es zu einer großen Routine darin, Hummeln und Bienen mit einer leeren Streichholzschachtel zu fangen und sie in eine Selterflasche einzusperren. Wenn wir nur zehn Minuten lang über eine nahe Wiese liefen, kamen wir jedesmal mit reicher Beute zurück, und das Hummelhaus war weithin zu hören. Ich träumte von Waben und Honig. Der Tischler zimmerte mir einen Gartentisch mit einem Bänkchen davor. Brandmeier schmiedete die Angeln zu meinem Gartentor, und vor das Tor pflanzten wir zwei Bäume aus dem Walde ein. Auch das Terrarium wurde in das Gärtchen versetzt.

Die Post traf ein. Briefe von Timmy und Annemarie. Eine Liebesgabe für alle Mann, und zwar Kirschwasser, das aber höheren Orts verwässert zu sein schien. – Richthofen war nach seinem achtzigsten Luftsieg gefallen. – Die Deutschen hatten wieder sechstausendfünfhundert Feinde gefangen. – Ich schrieb von zehn Uhr abends bis vier Uhr morgens am „Flieger" und schritt dann, vom starken Kaffee erregt, nach Nordheim, wo ich den Posten diesmal auf dem Posten fand. Auch den Seeheimer Strandposten kontrollierte ich, und es lockte mich, sein Gewehr zu nehmen und einen Schuß über das stille Watt abzufeuern.

Neben meinem Wohnraume lag die Küche. Wenn ich nachts dort eintrat und plötzlich das Licht anknipste, waren die Wände und Tische schwarz von Tausenden von Kakerlaken. Ich fing sie für meine unersättlichen Eidechsen.

Reye und Hauptmann Brokhaus besuchten mich zu Pferd. Ich mußte lachen, als die Pferde vor meinen Hummeln und Schlangen scheuten. Andermal kam Prüter mit dem Oberinspektor Nürnberg heraus. Dann kam ein Storch nach Seeheim geflogen. Im nahen Walde gurrten die wilden Tauben. Die Jungen waren halb flügge. Nachts schrieb ich am „Flieger", und bevor ich mich schlafen legte, ging ich noch in das Maschinenhaus und leuchtete in mein Terrarium. Da saßen die Kröten mit goldumränderten Augen und unbeweglich und sahen aus wie erstarrte Redner oder verwunschene Könige. Über mir klapperten die eisernen Flügel des Windmotors. Im Bett dankte ich Gott dafür, wie gut es mir ging.

Ich legte mir ein Treibhaus an. Ziegelsteine, Glasscheiben aus Doppelfenstern, Kuhmist, Kürbis, Gartenmohn, Reseda, Kornblumen. Brandmeier richtete mir elektrische Gartenbeleuchtung ein.

Ich unternahm Ausflüge mit meinem Dienstrad oder zu Fuß und manchmal mit meinen Einjährigen nach Sahlenburg, wo Strohsals uns Milch und Butterbrot vorsetzten. Ich fuhr nach Cuxhaven und tauschte von Möbus Kaffee, Käse und Schnaps gegen meinen Flugzeugkompaß ein. Möbus hatte ein Motorboot gekauft. Aber wie froh war ich, als ich wieder in meinem Königreich Seeheim anlangte. Brandmeier spielte Ziehharmonika vor dem Maschinenhaus, und meine Frösche quakten dazu.

Die R.-O.-A.s exerzierten und schossen. Einige von ihnen waren zu Obermatrosen befördert. Sie erbaten die Erlaubnis, ein Faß Bier aufzulegen. Das wurde eine lustige Kneiperei in Seeheim. Meine beiden Feldwebel und der Feuerwerker Becker aus Nordheim nahmen daran teil. Ich war Präses. Spaßmacher trugen Lustiges vor, und als ich mich einmal davonschlich und heimlich meine Uniform mit der des Wachtpostens vertauschte, war zufällig gleichzeitig ein dreister R.-O.-A. auf den ähnlichen Gedanken verfallen, sich meinen bekannten Leutnantspelz anzuziehen und eine Leutnantsmütze aufzusetzen. Das gab dann ein komisches Doppelspiel. Andern Tags mußten die R.-O.-A.s nach Duhnen zu einem Schießen der 8,8-Batterie.

Ich fand einen toten Frosch in meiner Suppe. Vielleicht hatte mir ein Küchenmatrose, den ich als unbrauchbar abkommandiert hatte, einen Schabernack spielen wollen. Ein ekelhafter Sturm überschüttete Seeheim mit Dünensand. Sand in der Suppe, Sand in den Augen, Sand in den Zähnen, auf meinem Aquarium und auf den Gartenbeeten. – Die Eidechsen häuteten sich. Ihre Hüllen lagen da wie ausgeglühte Strümpfe von Gasglühlicht. Ich beobachtete Eidechsen, die ihre Jungen auffraßen oder kleinere Geschwister hinunterwürgten. Die Schlangen fraßen Frösche und bissen die Kröten blutig. Mord allerorts. – Ich las Macbeth. – Die drei Flieger, die über dem Watt abgestürzt waren, sandten mir eine Photographie mit einer freundlichen und dankbaren Widmung. Ich arbeitete bis weit in den Morgen am „Flieger" und radelte dann gegen den kalten, Sand pustenden Ostwind nach Salenburg zu Hermine Strohsal. Sie hieß jetzt Frau Maak. Wieder erhielt ich Milch und weißes Brot. Ich schrieb Hermine etwas in ein Poesiealbum. Aber ihr dummbäurisch modernes Wesen mißfiel mir. In Seeheim fand ich einen Befehl von oben vor, Brandmeier sei abkommandiert, hätte sich „morgen zu gestellen – U-Bootsbau –". Ich fuhr sofort nach Duhnen und weiter nach Cuxhaven und erreichte endlich, daß man mir meine Batterieperle ließ. Ich hing aber auch an den meisten anderen Leuten und konnte ihnen manches Gute und Nützliche erweisen. Manchmal wußte ich ihre Stimmung durch kleine, harmlose Scherze zu heben, für die ich, wenn sie aufgekommen wären, von meinen Vorgesetzten sehr gerügt oder gestraft worden wäre; ich gab beispielsweise einem Mann ein Gewehr und sagte: „Schießen Sie mal in die Windmühlenflügel". Er freute sich zu schießen. Schießen macht ja so viel Vergnügen. Und peng – da sah man ein Loch im Eisenblech des einen Flügels. Die Flügel bekamen mit der Zeit noch viele Löcher, aber sie funktionierten genau so weiter. Ich malte mir aus, daß nach Jahren ein Lehrer auf sie deuten und zu seinen Schulkindern sagen würde: „Seht ihr dort die Spuren des unseligen blutigen Weltkrieges?!" Meine Soldaten waren aber auch nett zu mir. Sie brachten mir unaufgefordert Schlangen, Insekten und Frösche.

Mucky Reemi teilte mir ihre Verlobung mit Dr. med. Hartwig Eggers mit. Ich schickte ihr zur Antwort zwei gepreßte „Tränende Herzen", die ich am selben Tage von Annemarie erhalten hatte. – Die Engländer hatten einen offenbar sehr schneidigen und erfolgreichen Angriff auf Ostende unternommen.

Eine der komischsten Erscheinungen in Seeheim war Feldwebel Dabbert. Er war sozusagen überzählig und überflüssig, denn mein etatsmäßiger Feldwebel Reinhardt versah seinen Dienst mit hervorragender Tüchtigkeit und hatte mein völliges Vertrauen. Weil Dabbert gute Manieren hatte, wohlangezogen war und sichtlich Wert darauf legte, als gebildeter Mensch genommen zu werden, hatte ich von ihm erwartet, daß er sich selbst eine ihm passende Beschäftigung aussuchen und sich der mit Fleiß widmen würde, gerade, weil ich ihn nicht ausdrücklich dazu anhielt. Statt dessen bemerkte ich bald, daß er den ganzen Tag über schamlos faulenzte. Also sprach ich ihn eines Tages an: „Herr Dabbert, was tun Sie eigentlich?"

„Ach, Herr Leutnant," sagte er mit einer gefälligen Stimme, „ich habe leider gar keine Beschäftigung hier."

„Gut, Herr Dabbert, übernehmen Sie doch die Verwaltung der Artillerie- und Gewehrmunition. Lassen Sie sich von Brandmeier die Listen übergeben. Überholen Sie die Bestände und führen Sie künftig, selbstverständlich verantwortlich, die Bücher."

„Jawohl, Herr Leutnant!" sagte Dabbert erfreut, und ich freute mich über ihn. Aber im Laufe der Zeit stellte ich fest, daß er sich absolut nicht um die Munition kümmerte, sondern schlief oder sich sonnte oder sich pflegte. Ich ging zu ihm, um ihn zur Rede zu stellen. „Herr Dabbert, wie steht es nun eigentlich mit Ihrer Verwaltung?"

„Herr Leutnant", sagte Dabbert sehr traurig, „das ist ja doch nichts für mich. Ich möchte richtig arbeiten. Dies bißchen Artillerieverwaltung ist ja in zehn Minuten zu erledigen. Mir fehlt eine ausfüllende Arbeit."

„Sehr brav, Herr Dabbert", sagte ich perplex und sann einen Moment nach. „Übernehmen Sie dann auch die Verwaltung der Materialien und zwar von Seeheim und auch von der Batterie Nordheim. Es ist nur gut, wenn das alles in einer Hand liegt und zumal, wenn ein gebildeter –"

Dabbert schlug die Hacken zusammen. In seinem Gesicht leuchtete Geschmeicheltsein und Dankbarkeit.

Wochen vergingen. Dabbert rührte keinen Finger, sondern faulenzte schamlos weiter. Wutgeladen ließ ich ihn rufen. „Feldwebel Dabbert, Sie reden immer vom Arbeiten. Sie arbeiten ja aber nicht!"

Weiß der Himmel, was und wie er antwortete, aber wieder war der Schluß, daß ich gerührt war über seine Anständigkeit und über seine vornehmen Absichten. Und wieder hatte er mich eingewickelt und faulenzte weiter.

Ich legte mir eine Kakerlakenzucht an und fing drei Aale und zwei Riesenfrösche, von denen jeder die Fläche eines Tellers einnahm. – Otto besuchte mich. Wir sprachen wehmütig von der Kaiserhofzeit. Otto erinnerte mich daran, daß ich einmal in der Betrunkenheit Annemarie gezwungen hatte, Bratkartoffeln mit Ofenruß zu essen. – Eine Eilbotschaft ordnete doppelte Besetzung aller Posten an. Man erwartete einen englischen Angriff. – Es wurde warm. Kresse und Radieschen sproßten. Große Libellen schwirrten umher. Ich unternahm mit den R.O.A.s einen siebenstündigen Ausflug durch Wald und Heide, wobei wir viel heiteren Unsinn trieben. Zu Pfingsten ging ich nach Brokeswalde zu Tanz. An tausend Mariner tanzten dort mit oder ohne Mädchen. Sie hatten sich alle mit grünem Laub geschmückt und waren so vergnügt, wie das bei nur einer Ziehharmonika und ganz dünnem Bier möglich war. Frau Warneke, die schöne Wirtin, begrüßte mich auffallend vertraut. Sie wollte mich demnächst mit Frau Leutnant Engelbrecht in Seeheim besuchen und Kaffee und Kuchen mitbringen; sie hätte von meinem interessanten zoologischen Garten gehört. Ja, das sprach sich leider sehr herum. Schon kamen, besonders sonntags, fremde Leute aus allen benachbarten Ortschaften herausgepilgert, Wandervögel und ganze

Schulklassen. Manchmal war das lästig. Manchmal war es vergnüglich, denn auf diese Weise kriegten wir mitunter auch das eine oder andere hübsche Mädchen zu sehen, wonach wir ein begreifliches Verlangen hatten.

Ein schwüler Tag. Ich saß im Badeanzug im Garten und studierte die Erotik der Schlangen und den Koitus der Eidechsen. Dann spazierte ich am Strande entlang, traf junge Bäuerinnen, die Röhrkohl schnitten und bändelte mit einem Mädchen an, das wie ein Hirtenmädchen aus dem Märchen aussah. Wir verabredeten uns für eine Abendstunde, aber sie ließ mich dann im Stich, und ich wartete lange und war sehr enttäuscht. Nachts um ein Uhr weckte ich die R.O.A.s, ließ sie umschnallen und eröffnete ihnen, daß wir ein Angriffsmanöver auf Nordheim unternehmen wollten. Vorsichtig schlichen wir durch das hohe Heidegras. Die letzten dreihundert Meter krochen wir auf allen vieren. So umzingelten wir die Batterie und, auf ein verabredetes Zeichen hin, stürzten wir mit Hurra vor, besetzten die Geschütze und alle Türen der Gebäude und ich schlug die Alarmglocke. Von den drei Posten hatte uns nur einer und dieser auch viel zu spät angerufen. Die Feldwebel, Unteroffiziere und Leute von Nordheim kamen bestürzt heraus. Ich beschimpfte sie gehörig, bestrafte zwei der Posten und zog dann wieder nach Seeheim, wo ich den R.O.A.s und den Feldwebeln noch ein Faß Bier spendierte. Andern Tags erschien Frau Warneke und Frau Engelbrecht mit drei Kindern. Mein langer Bursche, der hübsche Becker, und mein Koch und andere Leute gaben sich viel Mühe, den Gästen gute Stunden zu bereiten. Frau Warneke sang Lieder von Schumann an meinem Flügel, und ich gab ein großes Schlangenfroschfressen zur Schau. Auch der Schuldirektor Meyer besuchte mich. Er hatte vor dem Kriege das Kindererholungsheim Seeheim geleitet. Aber diese vielen Besuche wurden mir immer verhaßter, sie nahmen mir allzuviel Zeit weg.

Am zwanzigsten Mai, zum Geburtstag meines Vaters, bekränzte ich eine Bronzeplakette, die sein Profil darstellte und die über meinem Diwan hing. Ein Matrose brachte mir eine lange und dicke Ringelnatter, die von einem Wagen überfahren war und offenbar große Schmerzen litt. Ich reinigte ihre Wunden behutsam von Blut und Dreck, badete sie und merkte, wie sie das wohltuend empfand. Aber sie starb bald darauf. Ich zog ihr das Fell ab, zerlegte sie und fand einen halbverdauten Frosch und fünfzehn Eier in ihrem Innern.

Meine Einjährigen hatten eine Feier. Sie waren alle entzückende Burschen, kühn, erfinderisch vergnügt, im Dienste anständig und eifrig und unter sich und mit ihren drei Korporalen Biesewig, Balthasar und Lorenz (der Naturforscher) wechselweise harmonisch kameradschaftlich. Gegen Morgen brachten sie mir vor meinem Fenster ein Ständchen.

Täglich entdeckte ich Neues in meinem zoologischen Garten. Das Wasser im Aquarium war plötzlich mit einer Ölschicht bedeckt und wimmelte von unzähligen Froschmikroben. Die Eidechsen im Terrarium nahmen rohe Fleischbrösel als Nahrung an.

Brandmeier ward nun wirklich nach Seeheim kommandiert, sollte einen Maschinengewehrkursus absolvieren. Mit meinem stillen Glück war es aus. Der liederliche Bobby brachte mir alles in Unordnung. Er lieh sich mein Rad und machte es bei der ersten Fahrt entzwei. Er lieh sich alles von mir, Spiegel, Tassen, meinen Pelzmantel und anderes. Weil er keine dienstliche Beschäftigung hatte, stöberte er überall aufdringlich herum und ward allen lästig. Zudem wußte ich, daß er geizig war, eine Eigenschaft, für die ich nie Verzeihung hatte. Ich ließ vom ersten Tage an meinen Groll offen gegen ihn los, aber in so übertriebener und unberechtigter Weise, daß ich schließlich mich über mich selber schämte; ich wurde wieder freundlich zu ihm, der mir kein böses Wort gesagt, noch irgendeine böse Absicht gegen mich gehegt hatte, sondern nur gern mit mir plauderte. Ich las ihm ein Stück meines Dramas vor, das großen Eindruck auf ihn machte.

Maiglöckchen standen in meinem Zimmer. Die Heide war mit ockergelben Raupen übersät, und Hasenwürstchen und zerfressene Nachtfalter lagen umher. Ein Fuchs oder ein Dieb unter uns hatte fünf von unseren Batteriehühnern gestohlen. Beim Kaffee im ersten Sonnengold aß ich die ersten Radieschen aus meinem Beet. Die Kaulquappen im Teich und die Grashupfer auf der Wiese wuchsen heran. Eine Mädchenschule besichtigte mein Terrarium. Ich schenkte der Lehrerin Schollen, die ein Matrose aus Hamburg besorgt hatte, und ich pflegte und fütterte ein plötzlich erkranktes elfjähriges Mädchen. Die Feldwebel spielten Skat. Brandmeier brachte hundertzwanzig Frösche. Ich erbeutete sechzig Spinnen, viele Hummeln und für den Teich zwei Aale.

Täglich besuchten mich Zivilisten oder Offiziere zur Tierschau. Es war, als hätten sie sich verabredet, mich bei meinen Arbeiten oder in meinem zufriedenen Alleinsein zu stören. Der Adjutant

Ahrens, der Kommandeur Behrend, der Stabsarzt Dr. Theobald, Möbus, Helder, Prüters und andere. Ich bewirtete sie mit dem, was ich gerade besaß, z.B. einmal mit Bier, Salz und Brot.

Als ich nachts den zweiten Akt vom „Flieger“ beendet hatte, warf ich im Übermut eine Rolle Klosettpapier wie eine Faschingspapierschlange aus dem Fenster. Aber der starke Kaffee, die vielen und vielerlei Arbeiten und der Mangel an Schlaf erschütterten meinen Geisteszustand bedenklich. Ich hatte Wahnvorstellungen und war hypernervös.

Man brachte mir einen jungen Seehund, den die Ebbe in einem Priel zurückgelassen hatte. Er schrie laut und hatte wundersam schöne, große, weltfremde Augen. Wir setzten ihn in meine Badewanne. In Ermangelung von Fischen tat ich einen der Riesenfrösche in sein Wasser. Dann saß der Frosch auf dem Rücken des Seehunds, wie auf einer Insel, und der Seehund blickte uns rührend an und gab von Zeit zu Zeit einen kurzen, lautbökenden Ton von sich.

Einmal geschah folgendes: Ein Matrose näherte sich Seeheim, gewiß wieder einer, der ein Anliegen an mich hatte. Ich verständigte mich rasch mit dem Feldwebel zu einem Scherz und verbarg mich hinter einem Vorhang. Der Matrose klopfte, trat ein, machte vor dem Feldwebel stramm und brachte mit der Stimme eines ganz ungebildeten Menschen hervor: „Bitte Herrn Leutnant Hester sprechen zu dürfen.“ Der Feldwebel hatte seine unfreundlichste Miene aufgesetzt. Er deutete auf die Tür des an die Wachtstube grenzenden Badezimmers und sagte barsch: „Der Leutnant badet. Gehen Sie hinein!“ Der Matrose wollte anklopfen. „Gehen Sie nur hinein!“ rief der Feldwebel ungeduldig. Der Matrose verschwand im Badezimmer. Wir hörten ihn mit hackigen militärischen Worten ein Gesuch hersagen. Dann ein Moment Stille. Dann bökte der Seehund einmal laut auf, worauf der Matrose erschrocken herausstürzte.

„Nun, was hat der Leutnant gesagt?“ fragte der Feldwebel unwirsch. Der Matrose drehte verlegen seine Mütze. „Herr Leutnant schimpft, weil ich nicht angeklopft habe.“

Es waren in Seeheim keine Fische aufzutreiben. Deshalb schlachteten wir den Seehund. Ich aß ein Stück von der gebratenen Leber. – Die Thalmannsche Truhe war gereinigt und zierte nun mein Wohnzimmer. Sie trug die Inschrift „D. 29. Maivs 1725.“ – Unter meinen R.O.A.s war einer, der Musik studiert hatte, bevor man ihn einzog. Ich fragte ihn, ob er gern einmal auf meinem Flügel spielen möchte, und als er das bejahte, erlaubte ich ihm, jeden Abend das Instrument zu benutzen, so lange er wollte. Nur dürfte er dabei kein Wort mit mir reden. Und er spielte nun jeden Abend und sehr gut, was mich herrlich anregte, und ich schrieb dabei am „Flieger" und trank Kaffee und, wenn ich hatte, Wein.

Ich konnte weder meine Eidechsen noch meine Schlangen mehr zählen. Sie wimmelten „schwarz, zu scheußlichen Klumpen geballt". Mitunter meldeten mir Matrosen, sie hätten eine Ringelnatter oder eine Kupferotter gefangen und in mein Terrarium eingesetzt. Wenn ich mich dann bedankte, hakten die Betreffenden in meine vergnügte Stimmung ein und baten etwa um drei Tage Urlaub, und ich gewährte ihnen das. Später gestand mir ein R.O.A., daß er und seine Kameraden solche Ringelnattern manchmal gar nicht gefangen, sondern einfach erfunden hätten.

Reye besuchte mich mit Frau und Kind. Ich konnte Bier, Bonbons und Milch vorsetzen. Am folgenden Tage war ich bei ihm in Duhnen zu einer Bowle eingeladen. Krumbhaar und andere waren zugegen.

Matrosen hatten vier ganz kleine Küken von Wildenten in der Heide gefunden. Ich setzte die Tierchen in das frische Gras meines Froschkäfigs, und das war wohl zu feucht für sie, denn ich fand sie nachher steif auf dem Rücken liegend. Indem ich sie auf die warme Herdplatte legte, gewann ich eins von ihnen zum Leben zurück. Ich hatte gar keine Ahnung davon, wie man Küken behandelt und was sie fressen. So nahm ich das eine nachts mit in mein Bett, ließ es in meiner Achselhöhle kuscheln, gab ihm mit meinen Lippen Milchtropfen und Brotkrümel in den Schnabel, achtete auf jede seiner Regungen und war immer darauf bedacht, so zu liegen, daß mein Atem das kleine Wesen traf. Dazu lag ich die ganze Nacht wach und oft sehr unbequem. Aber als ich morgens aufstand, war das Küken ganz zahm, lief mir nach, hörte auf ein leises Zwitschern von mir und sprang immer wieder auf meinen Fuß. Leider war ich zu einer Offizierswahl nach Cuxhaven befohlen. Als ich zurückkam, lag mein Vögelchen erfroren am Boden. Mein dummer Ersatzbursche – Becker war beurlaubt – hatte das Zimmer gelüftet und das Fenster nicht wieder geschlossen. Ich war sehr schlechter Laune darüber und auch weil mein Rad entzwei war und weil ich mit meinen zweihundertzehn Mark Monatsgehalt nicht auskam. Und weil Bobbys schmarotzende Anwesenheit mich störte. Er äußerte eines Tages, die Landschaft in und um Seeheim sei im Grunde doch eigentlich sehr eintönig und langweilig. Ich pflichtete ihm innerlich erfreut bei und bestärkte ihn in seiner Ansicht und fing an, ihm ganz systematisch Seeheim zu verekeln. Ich Ekel. Er und Feldwebel Reinhardt wurden bald darauf für drei Wochen nach Kiel abkommandiert.

Leute von Nordheim hatten sechs Kühe gerettet, die sieben Kilometer weit in die See hinaus vertrieben waren. Ein Hirt holte sie dann ab und schenkte den Matrosen als Trinkgeld eine Mark. Eine Mark für ein Wertobjekt von vielen tausend Mark! Als ich das hörte, ließ ich dem Hirten nachsetzen und ihm das Vieh wieder abnehmen. Er sollte sich vor allem erst einmal ausweisen.

Ich engagierte einen besonders gefräßigen Matrosen dazu, mir auf einer ausgesuchten sonnigen Stelle einen Haufen zu setzen, der als Fliegenköder für meine zahllosen, gar nicht mehr zu sättigenden Eidechsen dienen sollte. – Manchmal spazierte ich nach dem sogenannten, mit Recht sogenannten, Liebeswäldchen. Die Heckenrosen blühten, und die Wasserrosen im Bach blühten. In den Gräben am Wiesenrand wucherten Farnkräuter, und auf der Wiese begann die Saison der Blutstropfen und anderer Schmetterlinge. – Dorrit war ans Stadttheater in Stade engagiert, und Gürkchen wollte sich aus Liebe zu Pampig von ihrem Manne scheiden lassen. Bampf schrieb, sie würde mich im August besuchen. Ich zerbrach mir den Kopf, wie ich ihr Einlaß in die Festung verschaffen, wo ich sie unterbringen und wie ich sie verpflegen könnte.

Zwischen Arensch und Seeheim war eine abscheuliche Leiche angetrieben, ein Mann, der nach seinen Gamaschen und sonstigen Uniformresten dem Fliegerstande angehören mußte. Er hatte einen bloßen Totenschädel und teilweise entfleischte Gliedmaßen. Ich meldete den Fund telephonisch nach Cuxhaven. Antwort: Ich möchte die Leiche nach Cuxhaven fahren lassen. – Ich erwiderte, ich hätte keinen Wagen außer unserem Brotwagen. – Antwort: Dann sollte ich den Brotwagen benutzen. – Ich sagte, das könnte man uns nicht zumuten. Aber meine Einwände halfen nichts. Meine Leute mußten die stinkende Leiche bei Sonnenbrand und gegen den Wind im Brotwagen nach Cuxhaven fahren. Dann bestand ich aber darauf, daß ich einen neuen Brotwagen erhielt.

Wie ich, so gingen natürlich auch meine Leute in ihrer Freizeit gern im Wernerwald spazieren. Dem Festungskommandeur, Admiral Engelhard, war das gar nicht recht, weil er und seine

Tochter dort häufig der Jagd oblagen. Er bat mich höflich, meinen Leuten den Zutritt zum Wernerwald zu untersagen. Und wenn er bat, war das selbstverständlich Befehl.

Meine Nerven waren erregt. Ich träumte, Frau Bücken hätte mein Terrarium in mein Zimmer getragen und geöffnet. Ich wollte die Giftschlangen wieder einfangen, aber ich griff immer daneben, denn ich war erblindet, und ich schämte mich vor meinem Burschen, das zuzugeben. Als ich erwachte, erzählte ich den Traum Becker und sagte: „Paß auf, das bedeutet große kommende Ereignisse."

Abschlußschießen vor Reye. Er schenkte mir ein Pfund Kaffee, mit dem ich im ersten Guß mein Drama vollendete. Ich besuchte Thalmanns in Arensch, die mit den Berenscher Thalmanns verwandt und ebenfalls mir zu Dank verpflichtet waren, weil ich ihnen manchmal Soldaten für landwirtschafliche Arbeiten lieh. Meine Matrosen gingen gern dorthin, denn sie fanden dort Abwechslung vom Dienst und die beste Verpflegung. Fräulein Toni Thalmann zeigte mir den schönen Garten, wo die Bohnen und Erbsen schon hoch standen und sogar schon Kirschen reif waren. Man schenkte mir Zwiebelpflänzchen und Tomatenpflänzchen für mein Gärtchen.

Sturm. Das Wasser wütete hoch nach unserem Lager zu. Mitten im Sturm und Regen schlug ich Alarm zur Übung.

Der neue Kommandeur Schröder sollte demnächst herauskommen und meine Batterien besichtigen. Ihm ging ein unerfreulicher Ruf voraus. Er sollte ein schikanöser, unberechenbarer und strenger Herr sein. – Ich zog früh aus auf Strandräuberei, barg mancherlei, vom Sturm angetriebenes Strandgut, wertvolles oder doch brauchbares von verunglückten oder torpedierten Schiffen. Aber man mußte zeitig aufstehen, wenn einem die Bauernburschen aus Berensch und anderen Orten nicht zuvorkommen sollten. Mittags Ehrenratssitzung in Cuxhaven betreffend Oberleutnant Behrend.

Wieder waren zwei Hühner gestohlen, aber als wir einen Fuchs dabei erwischten, wie er ein drittes wegschleppen wollte, ward ich sehr traurig. Denn ich hatte inzwischen den tüchtigen Küchenmaat Sonnen abkommandieren lassen unter einem dienstlichen Vorwand, im Grunde aber, weil ich ihn in Verdacht hatte, seinerzeit die fünf Batteriehühner auf die Seite gebracht zu haben. Nun erkannte ich seine Unschuld, und die Erinnerung an seinen betrübten und verstehend gekränkten Blick beim Abschied schnitten mir ins

Herz. Uns verblieben nurmehr die Glucke und ein Hahn. Den Hahn ließ ich unter der Mannschaft verlosen.

Nachts gaben Otto und Brückmann eine Gesellschaft mit einem besonderen Zweck. Der neue Direktor des Cuxhavener Theaters, ein Herr Paul Schweiger, war eingeladen. Der sollte überredet werden, Bampf, Gürkchen und Dorrit, wenn auch nur zum Schein, zu engagieren, damit die Damen auf diese Weise Einlaß in die Festung bekämen. Wir tränkten Schweiger mit schweren Weinen und Schnäpsen ein, aber es stellte sich bald heraus, daß er im Gegensatz zu dem früheren Direktor Merseburger ein gebildeter und verständiger Herr war. Als ich im Laufe der Nachtung einmal ein sonderbares Wort fallen ließ, das nur zu mir selber gesprochen war und allen anderen unverständlich sein mußte, antwortete Schweiger aufhorchend mit einem ebenso seltsamen, aber mir verständlichen Wort. Daraus erkannten wir uns wieder als Mitglieder eines geheimen Münchner Vereins, Hermetische Gesellschaft, und im Nu lagen wir uns in den Armen, Vater Auen und Seitenvater Appendix. Die Einlaßerlaubnis der H.M.S.D.-Bräute war damit gesichert.

Fräulein Timm aus Cuxhaven hatte sich bei mir angesagt. Sie wollte mit zwei anderen Damen und dem Oberleutnant Hänsel ihren Geburtstag bei mir verleben. Ich brachte die ganze Batterie in Aufruhr, um der mir durchaus nicht näherstehenden Dame einen aufmerksamen Empfang zu bereiten. Dann erschien aber nur Herr Hänsel. Die Damen hatten mich versetzt.

Ich begrub ein neu aber totgeborenes Kaninchen in die Erde meines Terrariums, und zwar so, daß es mit einer Seite von außen sichtbar an der Glasscheibe lag. Bald konnte ich beobachten, wie sich Maden aus dem Aas entwickelten und durcheinanderwimmelten, bis die Eidechsen sie aufspürten. – Frau Hildebrand, Wigges ehemalige Wirtin, erschreckte mich durch eine Nachtragsrechnung über fünfzig Mark für das seinerzeit zerschossene Zimmer. – In meinem Garten gediehen Kürbis und Sonnenrosen. – Ich stand um vier Uhr auf und wanderte nach Arensch, um dort in dem entzückenden Garten bei Thalmanns zu frühstücken. Der Weg dorthin führte durch hügeliges Heideland und ließ das Meer nicht aus dem Blick. Man kam an einem einsamen Fischergrab vorbei, das nur mit halb eingegrabenen Bierflaschen geschmückt war. Der Wind fegte mir Sand ins Gesicht. Ich pflückte Heidelbeeren und für mein Hummelhaus Taubnesseln. – Auch eine Ameisenzucht legte ich an, wenn sich dieser Ausdruck gebrauchen läßt. Ich versetzte einen Ameisenhügel aus dem Walde in die Nähe meines Gärtchens und grub einen toten Frosch hinein, um dessen Skelett zu gewinnen.

In Salenburg hatte ich bei einer Frau Buck ein Zimmer (mit Küchenbenutzung) für Annemarie gemietet und alles, was ich an eßbaren und erfreulichen Dingen auftreiben konnte, hineingestellt. Annemarie und Gürkchen und Dorrit waren von Schweiger engagiert. Als sie zum ersten Male, in Stade, spielten, fuhr ich dorthin, nachdem ich zuvor Wolkes in Rissen besucht hatte. In Seeheim wurde Annemarie ein pompöser Empfang bereitet. Ein Matrose wartete schon lange auf der höchsten Plattform des Windmotors, und sowie er den Bampf von weitem erblickte, blies er mächtig in eine Trompete. Die Wege waren mit Blumen bestreut und die Tür und ein Stuhl mit Girlanden geziert. Ich zeigte Annemarie alle lieben Plätze, das Gärtchen, das Terrarium, das Liebeswäldchen. Auch Thalmanns besuchten wir, und Toni konnte sich nicht genug tun, um uns alles recht angenehm zu machen. Ihre Schwester, die infolge einer unheilbaren Sehnenerweichung seit Jahren ans Zimmer gebunden war, freute sich, daß wir ihr Unterhaltung brachten. Auch die schon bejahrten Eltern hörten uns gern zu, und was sie selber sagten, klang bedächtig und abgeklärt. Man gab uns Butter, Mohrrüben, Bohnen, Erbsen und Zwiebeln mit. Abends las ich in Frau Bucks Zimmer bei Sekt und nach einem für die Zeit schwelgerischen Diner in zweieinviertel Stunden den „Flieger“ vor. Es ging uns himmlisch gut. Und da sandte mir Tante Michel plötzlich hundert Mark für eine Urlaubsreise. Außerdem wurde mir vom Hamburger Senat das Hanseatenkreuz verliehen. Aber damit mein Glück nicht allzu hoch ins Undankbare stieg, trat um diese Zeit für Reye als stellvertretender Kompanieführer ein Oberleutnant Müller in Erscheinung, den die Leute unter sich den Patronenmüller nannten. Damit wollten sie andeuten, daß, wenn sie einmal mit ihm an die Front kämen, ihre erste Patrone diesem Offizier gelten würde. Herr Müller begann sofort, mich innigst zu drangsalieren. Ich war zu keiner Tages- und Nachtzeit in Seeheim mehr vor ihm sicher. Er drang immer wieder in mich, strenger zu meinen Leuten zu sein, und die liebenswürdigste Behandlung und Bewirtung, die ich ihm anfangs aufrichtig und später berechnend zuteil werden ließ, änderte nichts an seiner sadistischen Quälsucht. Im Zivilberuf war er Oberlehrer gewesen.

Diesbezüglich sickerten mit der Zeit sehr belastende Geschichten durch.

Der Kommandeur Schröder inspizierte meine Batterien. Es gab ein greuliches Tohuwabohu. Keiner dachte an den Ernstfall des Krieges, jedermann war nur darauf bedacht, bei dem provozierenden zanksüchtigen Kompanieführer und bei dem übernervösen Kommandeur kein Mißfallen zu erregen. Ich mußte einen Tadel nach dem andern über mich ergehen lassen.

Ein Ruhranfall zwang Annemarie, eine Zeitlang das Bett zu hüten. Die kleine, dicke Frau Buck pflegte sie ordentlich, und ich vergalt ihr das reichlich, denn sie war nicht wohlhabend. Frau Buck sah nahezu wie eine rote Kugel aus, und sie lachte ohne Unterbrechen.

Zeitungsberichte: Die „Vaterland" versenkt – Generalfeldmarschall Eichhorn ermordet. – In Tondern hatten feindliche Flieger großen Schaden angerichtet. – Ich brachte Annemarie köstliche Leckerbissen, Radieschen, frische Kartoffeln, Beeren, Speck und Eier. Acht Tage lang suchten und aßen wir ahnungslos nur Giftpilze, bis uns ein pilzverständiger Matrose aufklärte. – Der Kommandeur kam häufig angeritten und tadelte und schimpfte. Mein Kürbis hatte drei Knollen angesetzt. – Ich lud Annemarie zu einem kleinen *Souper à deux* ein. Wir erschienen beide in Gala und nahmen an dem mit Blumen garnierten Tisch Platz. Ich gab ein Signal; das bedeutete „Man serviere die Suppe!" Wir hörten die Eilschritte Beckers aus der Küche nahen. Plötzlich ein Bums, ein Klirren, und dann floß aus einem Spalt unter der Tür Champignonsuppe in mein Zimmer.

Wieder erschien, hoch zu Roß, der Kommandeur unversehens in Seeheim. Annemarie flüchtete in ein nahes Gebüsch. Der Korvettenkapitän Schröder schlug Alarm, und als wir neun Minuten danach schußbereit waren, schimpfte er mordsmäßig. Das habe viel zu lange gedauert, ich sollte nachts nochmals Alarm schlagen und dann nach Duhnen kommen und ihm den Erfolg melden. Tags zuvor hatte der Kommandeur dem armen Reye dreiviertel Stunde lang einen Vortrag über ein Thermometer gehalten. Reye fiel plötzlich ohnmächtig um. Als er wieder zu sich kam, fuhr der Kommandeur in seinem Vortrag fort.

Die Sonnenblumen im Gärtchen standen mannshoch. Die Kürbisranken verbreiteten sich üppig. Ein Eichhörnchen hatten wir gefangen, das fütterten wir mit Brot und Tannenzapfen. Die

Kaninchen tranken lieber Kaffee als Wasser. Bampf und ich schwelgten in jungen Gemüsen, Thalmannschen Fettigkeiten und einem Gemisch von Johannisbeeren und bitteren Heidelbeeren, das uns eine Frau aus Hechthausen verehrt hatte. Einmal luden wir Pampig und Gürkchen zu einem außerordentlichen Essen ein. Wir schmückten eine große Tafel mit Vogelbeeren und Seerosen und hielten Quarkkuchen und andere seltene Sachen für diese lieben Gäste bereit. Im letzten Moment sagten sie ab. Das beleidigte uns dermaßen, daß wir den beiden die Freundschaft kündigten. Ähnlich erging es mir mit Annemarie. Ich erwartete sie eines Nachts aus Cuxhaven zurück und hatte ihr bei Frau Buck einen üppigen Tisch gedeckt, mit Seezunge und Steinpilzen. Und nun ging ich ihr weit auf der Salenburger Landstraße entgegen und freute mich darauf, sie unterwegs zu überraschen. Jedoch verfehlte ich sie. Ich wartete Stunde um Stunde auf der einsamen Straße, und als ich endlich nach Salenburg zurückkehrte und Annemarie daheim und schlafend antraf, war ich voll Bitterkeit gegen sie und machte ihr ungerechte Vorwürfe. Am folgenden Tage zum einjährigen Jubiläum unserer Bekanntschaft versöhnten wir uns wieder. Diesmal hatte Annemarie mir heimlich ein Tischlein gedeckt und ein Paar Handschuhe und zwei Kunstmappen darauf gelegt, „Degas“ und „Die Künstler von Montmartre“.

Mein Batterieschuster bat mich um Urlaub. Er zeigte mir zur Begründung einen Brief von seiner Frau vor, der so lautete: „Komm schnell, lieber Heinz. Gib Deinem Vorgesetzten gute Worte. Der Friedrich hat einen gestochen, der ist gestorben. Ich komme unter die Erde.“ Friedrich war ein fünfzehnjähriger Sohn des Schusters.

Der verrückte Kommandeur und der bösartige Oberleutnant teufelten meine Batterien in unsinnigster Weise an. Befehle über Befehle ergingen und wurden nie wieder zurückgezogen. Die meisten Anordnungen waren entweder undurchführbar und wurden daher nur scheinbar befolgt, oder sie waren so pedantisch und überflüssig, daß sie nur persönlichen Haß und unpatriotische Gedanken erzeugten. Sämtliche Offiziere sollten bei sämtlichen Schießen sämtlicher Batterien zugegen sein. Täglich sollten sämtliche Inventarstücke revidiert, sämtliche Räume inspiziert werden. Täglich sollten die Bestimmungen über Verschwiegenheit, ansteckende Krankheiten, Urlaubsgesuche, Kohlenersparnisse, Kriegsanleihe usw. verlesen werden. Täglich – und so weiter und so weiter.

Unser Tag hätte hundert Stunden haben müssen, wenn wir nur die Hälfte davon ausführen wollten. Unsere Leute hatten an sich schon vollauf zu tun. Sie mußten z. B. den Proviant täglich mit einem Handwagen in zweistündiger Fahrt aus Cuxhaven holen. Wenn sie abends halb sechs Uhr nach Cuxhaven beurlaubt wurden, konnten sie sich dort nur bis acht Uhr aufhalten, um noch vor zehn Uhr zurück zu sein. Diese doch meist alten und verheirateten Leute führten ein jämmerlich unfreies Leben, und meine Möglichkeiten, ihnen das zu erleichtern, waren seit Schröders und Müllers Auftreten arg beschnitten.

Zu meinem Geburtstag fand ich meinen Korbstuhl mit Eichenlaub und Vogelbeeren bekränzt, auf dem Tische standen Sträuße von Dahlien, Heidekraut und Glockenblumen und Geschenkpakete von meiner Schwester, von Tante Michel und Annemarie. Der Kommandeur, der Kompanieführer und Oberleutnant Freygang gratulierten mir telephonisch. Meine Leute brachten ein Ständchen.

Der Stabsarzt bescheinigte mir Neurasthenie und Schlaflosigkeit, worauf mir ein zweiwöchiger Urlaub bewilligt wurde. Ich wollte meine Mutter besuchen, die nach dem Tode meines Vaters dessen altem Freunde, dem Kunsthändler Müller in Meran, den Haushalt führte. Schon lange hatte ich ein größeres Proviantpaket für sie zusammengestellt. Zunächst fuhr ich nach Eisenach, fand die Pension Kurs verlassen und verschlossen, besuchte Hoefners, schrieb im Restaurant Rodensteiner meinen Namen an die Wand und fuhr weiter, nach Bamberg, wo ich im Erlanger Hof Zimmer für mich und Eichhörnchen bestellte. Abends bei „Scheinen“ am Katzenberg geriet ich in eine lustige Gesellschaft. Wir tranken Ungarwein. Der Name Kathi Kobus fiel. Jemand sang Lieder zur Laute. Meine hübsche und dort seltene Uniform zog die Blicke der Mädchen auf sich. Gemäß telegraphischer Verabredung traf dann Eichhörnchen ein. Ein Tag Wiedersehen, der leider durch eine Unstimmigkeit zwischen uns zwei Trotzköpfen getrübt wurde. Dann war ich in München mit Wanjka, Erna Krall, Hugo Koppel, Mary Wacker und leider auch einmal mit dem Fürsten Wittgenstein zusammen. Ich fuhr nach Meran in schmutzigem Wagen. Im Kupee wurde ich mit österreichischen Offizieren bekannt. Wenn sie höher im Rang waren als ich, redeten sie mich mit „Du“ an. Sie klagten alle über die Tschechen und über Mangel an Unterstützung von oben. Mein Proviant glitt mit Herzklopfen aber glücklich durch den Zoll und beglückte meine Mutter sehr, besonders ein Kommißbrot. Sie litt an allem bitteren Mangel, und am meisten entbehrte sie Brot. Ich meldete mich sofort auf der Meraner Kommandantur und erlangte durch bluffende Beredsamkeit zwei Brote, die ich strahlend meiner Mutter brachte. Kunsthändler Müller war ein ebenso wunderlicher wie geiziger Kauz, der die Fürsorglichkeit meiner Mutter und die Dienste der Köchin Mirzl aufs äußerste ausnutzte. Er konnte sich nur schwer von einem Heller trennen, obwohl er gar keine Erben besaß. Den ganzen Tag über blieb er hinter Doppeltüren eingeschlossen und pflegte seine wertvollen und mit großem Verständnis gesammelten Antiquitäten. Morgens öffnete er ein wenig die Doppeltür, streckte einen Arm heraus und ließ sich zwei einzelne, nicht zusammenhängende Flanellröhren reichen, das waren seine Unterhosen.

Mutter fuhr mit mir in der Drahtseilbahn nach dem Vigiljoch. Von dort aus gingen wir nach Gampler. Nachts verbrüderte ich mich im Hotel de l'Europe mit Tiroler Sängern, bis mit eins das Licht ausging, weil feindliche Flieger gemeldet wurden, die acht Bomben über Bozen abgeworfen hatten.

Ich wohnte bei netten Leuten in der Villa „Deutsches Landhaus". Mutter hatte dort ein Zimmer für mich gemietet. Sie führte mich schöne Wege durch Weinberge und mit Wein überspannte Gänge an hohen Zedern und Palmen, an Wasserfällen und anderer Romantik vorbei. Überall huschten blaugrüne Eidechsen über die Straße und verschwanden raschelnd in Hecken. Die Sonne brannte. In allen Fernen hörte man schießen, das war aber nur Tiroler Vergnügen. Als ich bei Gilfklamm einmal fragend auf eine hübsch gelegene Villa zeigte, wehrte Mutter verächtlich ab: Das sei ein liederliches Haus. Darauf lief ich, als ich Mutter heimgebracht hatte, sofort in das hübsch gelegene liederliche Bordell.

Abends im Kurhaus Konzert und elegante Welt. Meiner deutschen Marineuniform wiederfuhr viel Ehre, und mein Dolch, meine Freiheit und meine Frechheit stachen nach den schönsten Frauen. Viel Militär lag in Meran. Alle österreichischen Nationalitäten. Aber die Leute sahen verlottert aus. Ich gewahrte einen Posten, der, das Gewehr unterm Arm, auf einer Bank schlief. Bald bekam ich Zutritt in das Haus Mazegger. Dort war das Offizierskasino. Man fand sofort Gefallen an meinen Späßen und zog mich an den sogenannten Regierungstisch, wo der Hauptmann Marisch und manchmal auch der Oberstabsarzt Prünster präsidierte. Alle

Tische hatten besondere Scherznamen. Da gab es einen Bulgarentisch mit sehr sympathischen Gestalten, den Tisch der Konservativen und den Tisch der Bolschewiki. Ich freundete mich besonders mit den Deutsch-Österreichern an. Da waren feine Gesichter dazwischen, schneidige Kaiserschützen, Leute, die von wilden Isonzoschlachten erzählten. Mir imponierte das alles, und meine andere Art schien auch ihnen zu imponieren. Von nun an aß ich alle Mahlzeiten im Kasino, und zwar die ausgesuchtesten und seltensten Leckerbissen, und ich wußte, daß meine Mutter derweilen ein paar Häuser weiter sich aufs kümmerlichste ernährte, und ich hatte oder fand keine Möglichkeit, ihr von meinem Überfluß etwas abzugeben.

Zu Kaisers Geburtstag schloß ich mich österreichischen Offizieren an, die zu einem feierlichen Hochamt in die Kirche gingen. Die höheren Offiziere erschienen in phantastisch bunten und überzierten Uniformen. Im Kasino gab es ein großes Burgundertrinken und abends hatten wir einen geschlossenen Tisch bei einem Feuerwerk im Kurhaus und provozierten danach eine allgemeine Konfettischlacht, wobei ich endlich die bezaubernde Tochter Lele Prünster kennenlernte. Viele Herren- und Damenherzen gewann ich. Nachts zogen wir unter Anführung des Fregattenleutnants Bernadi auf Bergpfaden durch die Mondnacht vor das Restaurant Malpertaus. Das Haus war dunkel, aber wir brachten der Wirtstochter Ika ein Ständchen. Da ward sofort Licht. Ika zog sich an und ließ uns ein und blieb während eines lustigen improvisierten Kommerses bei uns. Die österreichischen Kameraden beherrschten alle deutschen Lieder bis zur letzten Strophe, und es kam eine so begeisterte Stimmung über uns, daß alle mit mir Brüderschaft tranken und ich mein tadelloses Hemd in tausend Fetzen riß, um jedem und auch Ika ein Andenken zu geben. Als einer der Leutnants sich übergab, beobachtete ich etwas, was mir an den Österreichern sehr gefiel. Weil kein Dienstpersonal zur Stelle war, sprangen seine Kameraden sofort auf, holten Eimer, Wasser und Wischlappen und beseitigten die Sudelei eigenhändig und wie ganz selbstverständlich. Schließlich waren wir alle sehr betrunken. Ich hatte mich für sechs Uhr früh mit meiner Mutter zu einem Bergaufstieg nach Schloß Tirol verabredet. Aber ich wachte erst um elf Uhr auf einem fremden Sofa auf.

Noch fröhliche, warme Zeit. Dann kam die Scheidestunde. Mutter brachte mich zur Bahn. Dort hatten sich meine österreichischen Freunde versammelt. Als der Zug abfuhr, riefen sie mir drei Hurras, und meine Mutter winkte.

In Bozen hatte ich Aufenthalt, schrieb in einer Weinkneipe ein Liebesgedicht an die rotlockige Lele und einen Gruß an die Herren vom Hause Mazegger. Ich hatte den Blick auf Schneegipfel. Eine Dame redete mich an, die nur französisch sprach. Nach weiterer träger und ermüdender Fahrt blieb ich in Kufstein hängen, eilte zu Schicketanz, wo mich die Kellnerin nach neun Jahren wiedererkannte und mir gleich das Gästebuch zu einem Eintrag vorlegte. Dann weiter nach München. Strichs, Annemarie Seidel. Besuch bei der Stuttgarter Schauspielerin Frau Remold. Über Tölz nach Bad Heilbrunn. Kurz bei meinem Bruder in Halle und endlich in Salenburg Wiedersehen mit Bampf. Sie war sehr glücklich über ein Engagement nach Konstanz, das so gut wie abgeschlossen war.

Die meisten Schlangen hatten sich bereits zum Winterschlaf verkrochen. Die Sonnenrosen waren fast doppelt so hoch wie ich. Es gab viel Arbeit und gleich ein Abschlußschießen für zwölf einjährige Schüler. Reye beklagte sich bitter bei mir über den Kommandeur, der ihm tags und nachts zusetzte. In aller Frühe ging ich im Nachtanzug ins Freie, um mich von den einjährigen Schülern zu verabschieden. Nachts befahl mich ein Telephongespräch nach Duhnen zum Kommandeur. Große Aufregung dort. Herr Schröder tobte und schimpfte. In der zweiten Kompanie waren Gewehre und Patronen gestohlen. Ich mußte in Duhnen bleiben und abwechselnd mit anderen Offizieren Wache gehen. Man wies mir ein Zimmer an, wo es kein Waschwasser und kein bezogenes Bett gab. Ich kam um mein Abendbrot. Die Straßen waren dunkel und schlammig. Es regnete. Im Büro traf ich alle die nicht an, die ich suchte. Am Telephon bekam ich keinen Anschluß, sämtliche Offiziere, auch Reye, waren verärgert. Mit nassen Kleidern warf ich mich schließlich auf einen Diwan, eine Kerze zur Beleuchtung war mir von Korvettenkapitän Schröder nicht bewilligt worden. Um drei Uhr machte ich meinen Rondegang und hatte Schüttelfrost. Am nächsten Mittag fand ich für kurze Zeit Erholung und Trost bei Annemarie. Sie hatte inzwischen ein Testament verfaßt, worin sie mich zum Erben einsetzte. Ich erzählte ihr von dem Kompaniediebstahl. Sie schälte Pilze und zog sie auf Schnüren zum Trocknen auf.

Ich war über die Behandlung seitens des Herrn Schröder so empört, daß ich mich über ihn beschweren wollte. Den richtigen

Instanzenweg einhaltend, wandte ich mich zunächst an den Kompanieführer Müller, der über mein Wagnis entsetzt, aber andererseits auch schadenfroh lächelte. Es mischten sich dann auch andere Offiziere in die Angelegenheit und bedeuteten mir, daß ich keine Handhabe zu einer Beschwerde hätte, so zog ich diese wieder zurück. Ich mußte ein paar Tage bei der zweiten Kompanie bleiben, wo noch weitere Diebstähle vorkamen. Es lag nahe, daß wir die Leute dort nicht nur schärfstens überwachen, sondern auch drangsalieren mußten. Ein Darmleiden stellte sich bei mir ein. Trüb und trostlos war alles in Duhnen, äußerlich wie innerlich. Man war wie in einem häßlichen Traum befangen. Nur selten konnte ich einmal heimlich auf ein Stündchen zu Annemarie entwischen. Wir tranken dann Milch von dem Bauer Bartolizius und strichen uns Thalmannsche Butter aufs Brot.

Als gutes Erlebnis fiel mir plötzlich eine Kriegsteuerungszulage von dreihundert Mark in mein Dasein. Damit beglich ich meine Schulden. Ich schenkte Annemarie den Kater Asmus, der sehr drollig war, aber dreimal in der Woche entfloh, wonach ich jedesmal mit zehn bis zwanzig Leuten die Heide nach ihm absuchen ließ.

Die Offiziere in Duhnen hatten zwar so etwas wie ein Kasino, aber es ging dort äußerst trübselig zu. Ihrem Wesen nach paßten die Herren nicht zusammen, und sie hatten kein Geld oder ließen ihr Geld nicht rollen. Man spielte Schach und Skat und schimpfte dumpf über den Kommandeur. Wenn ich Zeit hatte, wanderte oder fuhr ich nach Salenburg zu Annemarie. Wir pflückten Brombeeren, brieten Pilze und butterten selbst, indem wir Milch in einer Flasche schüttelten. Bampf lernte dabei ihre Heldenrolle aus „Des Meeres und der Liebe Wellen" für Konstanz. Reye lud uns beide zu Kaffee, Kuchen und Asbach-Uralt ein. Er selbst trank nicht mit, weil sein Herz das nicht mehr vertrug. Er hatte eine lange Aussprache mit dem Kommandeur gehabt, der dann ihm versprach, uns Offiziere künftig besser zu behandeln. Reye sollte auch sein beschlagnahmtes Reitpferd wiederbekommen.

Ich nahm wieder meinen gewohnten Dienst in Seeheim auf. Der Sturm zerschmetterte einen Eisenflügel des Windmotors. Da dieser nicht zu bremsen war, schlug eine nur noch lose hängende, herumwirbelnde Eisenplatte einen tollen Lärm durch die Nacht. – Nach einem letzten Rausch aus Aßmannshäuser Sekt nahm Annemarie Abschied von Frau Buck, von Thalmanns, von Becker, von meinen Tieren und von Seeheim. – Man las oder hörte: In zwei Tagen sechsundachtzig feindliche Flieger abgeschossen. – An der Front gingen wir planmäßig zurück. – Metz sollte geräumt sein. – Das Friedensangebot fand wenig Vertrauen. Wir hielten es für ein verabredetes Manöver innerer Politik, dazu bestimmt, das österreichische Volk zu beruhigen. – Mein Rad war wieder entzwei. An Stelle der Pneumatiks, die nicht mehr zu haben waren, brachte man eiserne Reifen an, die durch kleine Spiralfedern elastisch gemacht waren. Aber man fuhr sehr hart darauf. Und beim Fahren klapperte die Bereifung lächerlich.

Besichtigungsschießen meiner 3,7-Schüler in Nordheim durch den Kommandeur und in Gegenwart eines österreichischen Kapitäns. Herr Schröder ließ alle erdenklichen Zwischenfälle eintreten. Mannschaften tot, Maate vor! – Ausfallangriff mit Gewehren. – Feuerlärm usw. – Als ich heiser vom Kommandieren nach Seeheim zurückkehrte, schlug ich dort sofort Feuerlärm, nicht zur Übung, sondern weil ich am Dachrand des einen Schuppens Flammen bemerkte. Infolge Kurzschluß war ein Schwalbennest in Brand geraten. Wir löschten das Feuer im Nu.

Es wurde kahl und kalt in Seeheim. Annemarie fehlte mir sehr. Ich las Grillparzers „Sappho", Ibsens „Gespenster" und „Der Bund der Jugend". Auch schrieb ich an einer neuen Arbeit. Auf meinem Schoß lag Asmus und sog wie ein Bär an seinen Pfoten. Ich hüllte mich in meinen kurzen zerfledderten Pelz, den ich sehr liebte, weil ich ihn sozusagen erbeutet hatte und ihn nicht zu schonen brauchte, und so ging ich bei Vollmond traurig durch die Dünen. Es folgten regenreiche Septembertage, die eine ungewöhliche Menge von Pilzen hervorbrachten. Der Kommandeur benahm sich um eine Wenigkeit freundlicher als vorher. Desto mehr schikanierte uns der holzschädelige und wulstlippige Patronenmüller. – Das Saisonfutter für meine streitsüchtigen Eidechsen waren Kreuzspinnen. – Nachts um dreieinhalb Uhr erhob ich mich, um abrückenden Nordheimschülern Adieu zu sagen. Sie standen, zwei schwarze Reihen, im Sande angetreten, in einer sonderbaren Dreibeleuchtung von Mondlicht, Tagesdämmer und dem Widerschein der Glühbirnen einer Baracke. Ich vermochte ihre Gesichter nicht zu erkennen, doch hielt ich ihnen eine kurze Ansprache, und sie brachten mir üblicherweise drei Hurras aus. Das war eins wie das andere herzlich gemeint und klang dennoch so unfrei und stimmte zu dem Dreilicht. Die Schritte der

Abziehenden knirschten im Sand. Ich legte mich nochmals zu Bett und drückte den weichen Asmus, der nur an seinem Lager und seinem Futter, aber gar nicht an mir hing, wie etwas Teures, Liebes an mich.

Meine neue literarische Arbeit war mehr eine Quälerei. Ich merkte, daß sie mißlang und führte sie trotzdem weiter. Gelegentlich schrieb ich ein Gedicht zu Reyes zwanzigjährigem Militärjubiläum und ein anderes zu Koppels sechzigstem Geburtstag. In der Zeitung stand: Die Sozialdemokraten wollten unter gewissen, aber strengen Bedingungen in die Regierung eintreten. – Annemarie erbat sich im ersten Konstanzer Brief eine Unterhose von mir als Trikotersatz. – Ich las Ibsens „Brand", Kleists „Penthesilea" und „Die drei Schmiede ihres Schicksals" von Adalbert Stifter.

Hagelböen setzten ein. Tiefe kalte Wolken zogen um meine zerfetzte Windmühle. Das elektrische Licht zuckte. In meinem Terrarium zeigte sich nurmehr ein einziges Schlangenpaar. Ich kochte meine klein und grün gebliebenen Tomaten in gezuckertem Wein. Aber das Gericht schmeckte mir nicht. Ich las „Gullivers Reisen nach Liliput", „Der blinde Passagier" von Max Eyth und den adligen Roman „Basilla" von Wolzogen. Es kamen neue Nachrichten über unsere schlimme Lage und über ein Friedensangebot Bulgariens.

Ich sah stundenlang Asmus zu, wenn er in komischen oder graziösen Kampfsprüngen oder geduckten Kopfes schleichend gegen Brandmeiers große Muschi oder gegen einen imaginären Feind vorging. Ich fertigte ihm ein Spielzeug an aus Möwenfedern und Flaschenkorken. Am Dienst hatte ich nur noch wenig Freude. Müller und Schröder hatten ihn mir vergällt. Es regnete. Ich kroch im Pelzmantel und mit meinem Fangnetz durch dichtes Nadelgebüsch, durch Spinnengewebe und über feuchtes Moos und brachte Pfifferlinge heim. Meine nassen Schuhe und Kleider bedeckte eine Sandkruste. Ich hatte Krammetsvogelfallen aufgestellt, doch fing sich nichts darin, was mich halb freute. Ich las Bertha von Suttners „Die Waffen nieder", „Aus dem Leben eines Taugenichts" von Eichendorff, „Die Reise des Herrn Wenzel" von Alice Berend, Fritz Mauthner „Totengespräche", Heinrich von Treitschke „Die Freiheit", „Antigone" von Sophokles, „Der Heiligen Kind" von Ernst Clausen und mehrere Erzählungen von E.T.A. Hoffmann. Ich las viel, aber wie verschieden es auch war oder auf mich wirkte, ich seufzte häufig dabei. Einer meiner

Schüler, ein langer Bursche mit einem hellen, ehrlichen Gesicht, meldete sich bei mir. Er würde nicht mehr satt. Das Essen wäre ja gut, aber zu wenig. Ich machte ihm klar, daß er doch sechshundert Gramm Brot täglich bekäme, also viel mehr als Zivilisten erhielten, daß auch ich nur Mannschaftskost bezöge und anderes. Als er wieder Dienst hatte, sandte ich ihm auf einem Servierbrett ein Brot und leckere Thalmannsche Genüsse in die Wachtstube.

Aber einmal gab ich folgende Meldung an meine vorgesetzte Dienststelle:

„Masch.W.Gruppe der 1. Kp.Luft-Abw.-Abtlg. B. Nr. 1266. Seeheim, 14. September 1918. – M. – Zur hiesigen Buchnummer 1154 bitte ich um Vorbewilligung der Mannschaftsbrotration, da es mir nicht möglich ist, meinen Appetit bis zu der in Aussicht gestellten Entscheidung auszuschalten. – Hester, Ltnt. d. R. u. Gr. F."

Die Meldung kam zurück. Reye hatte darauf bemerkt:

„1. Komp. Luftabwehrabteilung. Cuxhaven, den 14. September 1918. – Herrn Leutnant Hester, Hochwohlgeboren. – Ich bitte, die beiden letzten Zeilen etwas anders fassen zu wollen. Reye."

Mein Gärtchen war windzerzaust und sandverweht. Ein paar Dahlien und Levkoien blühten noch. An den müde schaukelnden Sonnenrosen hatten sich sterbende Brummfliegen angesaugt.

Der Kaiser wollte, daß das Volk sich mehr an der Regierung beteiligte.

Es hieß, Max von Baden würde Kanzler werden.

Ich mußte im Regen zur Stadt zu einer Offizierswahl, die dann aber wegen Übungsalarm verschoben wurde. Prüters waren krank. Bobby war schwer erkrankt. In den Lazaretten waren viele Rekruten gestorben. Die Familie des Lazarettinspektors Nürnberg war erkrankt.

In meiner Batterie Nordheim starb der Obermaat Kallenberg. Eine große Seuche griff um sich, Lungenpest, allmählich kam der Name Grippe auf.

Die Luftabwehrabteilung führte regelmäßige Offiziersabende ein. Ich wurde von mehreren Seiten aufgefordert, bei der ersten Zusammenkunft zu erscheinen. Ich erklärte aber, daß ich keinesfalls in eine Gesellschaft ginge, an der Oberleutnant Müller teilnähme.

Fünf Katzen hatten sich mittlerweile an meine Stube und an mein Bett gewöhnt. – Oberleutnant Wigge zeigte mir seine Verheiratung an. Er schrieb dazu: „Ich sende und vermache Dir aus diesem Anlaß meine Sammlung von Schweinebildern." Er schickte dazu einige harmlose Aktstudien aus Kunstzeitschriften. Meine gratulierende Antwort begann mit der Anrede „Lieber harmloser Anfänger". – In der Nacht erkrankte einer meiner Leute an einer schweren Grippe. Kein Arzt, kein Sanitätsgast war in der Nähe. Ich pflegte den Kranken, so gut ich es verstand, gab ihm vor allem Tee mit viel Schnaps. – Der König von Bulgarien entsagte zugunsten des Kronprinzen Boris. Also Bulgarien ergab sich der Entente. Diese Verblendeten! sagten wir, sagte ich. Wir kleinen Offiziere da draußen hatten aber gar keinen Überblick mehr. Wir waren jahrelang systematisch und einseitig bearbeitet, kannten die führenden Politiker nicht und sahen nichts als das eigene Milieu. Was man auffing, ob echt, ob unecht, war eben nur Aufgefangenes.

Leutnant Bösig brachte mir die Kunde: Der Reichstag habe beschlossen, den Feinden den Frieden zu den Wilsonschen Bedingungen anzubieten. O Schmach! O furchtbares Ende! dachten wir Offiziere.

Toni Thalmanns Geburtstag. Große Gesellschaft mit reicher Bewirtung. – Der Drei-Masken-Verlag lehnte den „Flieger" ab und sandte das Manuskript ganz zerknittert zurück. Sehr deprimierend. – Ich verlebte eine Kneiperei bei der Sperrfahrzeug-Division, hatte üble Auseinandersetzungen mit Schröder und Reye, bewarb mich in einem Privatschreiben an Kapitän Bade um einen Posten bei der sechsten Räumflottille. – Kapitänleutnant Behrend kam von der Front zurück. Er schilderte, wie dort alles überstürzt abgebrochen und gesprengt würde. Es machte den Eindruck, als wollte man Belgien preisgeben.

Ich mußte die Batterie Nordheim abgeben und dafür außer Seeheim noch die Land- und Bordausbildung einer Maschinengewehrgruppe übernehmen. – Dem Feldwebel Reinhardt brachten wir zu seinem Geburtstag ein Ständchen. – Abends ein Wohltätigkeitsfest in Cuxhaven. Dem mitwirkenden Leutnant de Harde waren im letzten Moment die Noten gestohlen worden. Ich trieb mich auf verschiedenen Fahrzeugen herum, trank viel Schnaps.

In Seeheim schrieb ich noch bis zum grauenden Morgen. Dann deckte ich meinen Tisch mit sauberem Laken und blankem Besteck und Gläsern und stellte alles darauf, was ich noch an Trinkbarem und Eßbarem besaß: Wein, Bier, Brot, Butter, Speck usw., und schrieb einen Zettel dazu, den ich auf den Teller legte. Danach wanderte ich leise nach den Dünen, um dort den Posten zu kontrollieren. Schon von weitem hob sich seine Silhouette gegen den Himmel ab. Er ging auf und ab, rauchte und spähte offenbar sehr aufmerksam aus, denn er entdeckte mich aus großer Entfernung und forderte vorschriftsmäßig mir die Parole ab. Ich nahm eine möglichst unfreundliche Stimme an und sagte: „Gehen Sie in mein Zimmer. Da liegt auf dem Tisch ein Zettel mit einem Befehl. Diesen Befehl führen Sie sofort aus. Ich vertrete Sie so lange." Ich ließ mir Gewehr und Wachtmantel geben, und der Matrose lief ins Lager, um den Zettel zu lesen. Darauf hatte ich geschrieben: „Setzen Sie sich gemütlich nieder, essen und trinken Sie, so viel sie mögen und gehen Sie dann schlafen. Ich gehe für Sie Wache." Ich ging die zwei Stunden auf und ab. Es war für mich ein Erholungsspaziergang, und der Mann hatte eine freudige Überraschung. Gewiß würde er das nicht sonderlich zeigen, mir auch nicht danken, dafür gab es keine rechte militärische Ausdrucksform.

Wenige Tage später schlich ich einmal bei Dunkelheit um die Baracken, weil seit einiger Zeit immer wieder Handtücher verschwanden. Da zog mich ein Mannschaftsgespräch an, das aus einem Schlafraum drang. Ich lauschte. Man redete von den Vorgesetzten. Jemand sagte gerade: „Ja, Leutnant Hester ist ein ganz anständiger Kerl." Da schlich ich davon und war nachdenklich und betrübt, jedoch nicht lange.

Unter meinen dienstlichen Postsachen trafen folgende zwei Schreiben ein:

„Ruhla, den 18. Oktober 1918. Sehr geehrter Herr Leutnant! Für die mir beim Hinscheiden meines lieben Mannes bewiesene Aufmerksamkeit sage ich Ihnen auch im Namen meines Kindes meinen herzlichsten Dank. Mögen Sie vor gleichem Schicksal bewahrt bleiben. – Mit ergebenstem Gruß bin ich Olga Kallenberg nebst Kind."

„Brüssel, Avenue Princesse Elisabeth 11. – Sehr geehrter Herr Leutnant! Anläßlich meiner Anwesenheit in Cuxhaven hätte ich gern die Gelegenheit benutzt, Ihnen persönlich für den meinem Sohn bewilligten Urlaub zu danken, leider aber war die Zeit zu kurz, um einen Abstecher nach Seeheim machen zu können, und telephonisch konnte ich sie gleichfalls nicht erreichen. Gestatten Sie mir deshalb, Ihnen hierdurch meinen verbindlichsten Dank für Ihre Liebenswürdigkeit auszusprechen. – Aufrichtig freuen würden wir uns im übrigen, wenn es sich ermöglichen ließe, meinen

Sohn nochmals auf ein paar Tage nach Brüssel zu beurlauben: Ich wage nicht zu hoffen, daß diese Bitte sich erfüllen läßt, aber bejahendenfalls würde ich Sie gern mit einer weiteren Anleihezeichnung von 5–10 000 M quittieren, die gegebenenfalls mein Sohn sofort in meinem Namen dort eintragen könnte. – Genehmigen Sie, sehr geehrter Herr Leutnant, die Versicherung meiner besonderen Hochachtung Ihr ergebener Eugen Blasberg."

Es besuchten mich Herr und Frau Ekolt, Herr und Frau Haueisen mit Mutter und Oberleutnant Nippe. Die suchten die Pilze, die nicht mehr da waren. – Die Zeitung brachte die deutsche Antwort auf Wilsons Note, betreffend Räumung der besetzten Gebiete. Um diese Antwort wurde heftig bei uns gestritten. – – Auf Wunsch des Admirals beurlaubte ich Brandmeier nach Altenwalde, wo er private Arbeiten leisten sollte. Auch meinen Soldaten Bartolizius mußte ich häufig beurlauben, wenn der Kommandeur Privatwünsche an ihn hatte. Überall Begünstigungen und Schiebungen. – Ich las Shakespeares „König Heinrich VI.", Gorkis „Nachtasyl", „Das Amulett" von Conrad Ferdinand Meyer und „Der Vater" von Strindberg.

Kanzlerkrise. Der Brief des Prinzen Max von Baden an den Prinzen von Hohenlohe. Zum ersten Male sprach eine Zeitung es aus: Wir seien verbrecherisch geführt. – Ich sandte heimlich ein Gesuch an Prinz Max von Baden. – Asmus war entwichen. Ich lief stundenlang durch den Wernerwald und rief traurig: „Asmus! Asmus!"

Krumbhaar brachte mir die Antwort Wilsons: Ergeben auf Gnade oder Ungnade und Absetzung des Kaisers. „Der Kaiser wird sicher inzwischen abgedankt haben," sagte ich. Es lastete ein dumpfes Gefühl auf uns allen. Die Offiziere, die Feldwebel, die meisten Leute schlichen bedrückt einher. Es war eine schwefelgelbe Gewitterstimmung. Im Feindesland jubelte man. In Dänemark jubelte man.

Asmus hatte sich wieder eingestellt. Ich erwachte davon, daß er mein Haar über und über naßgeleckt hatte. „Asmus," redete ich ihn an, „es geht weiter mit dem Kriege. Um Tod und Leben. Eine G.G.-Nachricht sagt, daß wir demnächst zweihundert neue U-Boote hätten. Wenn das wahr ist, wäre es herrlich. Aber weiß man heute, was wahr ist? Sind wir nicht sündhaft belogen? Jetzt ist es vielleicht schon zu spät, noch Wahrheiten zu sagen. Asmus, ich fürchte –" Aber Asmus war hochmütig. Er stellte sich an, als wäre er mit der Zunge unabkömmlich beschäftigt, und er blinzelte dabei geringschätzig mit seinen bernsteingelben Augen. – Wieder mußte ich mich aus dem Bett reißen, um abziehenden Schülern die Hand zu drücken, wieder brachten sie mir drei Hurras, aber die Stimmung war noch trauriger als beim letzten Male.

Ein richtiger Instinkt trieb mich dazu, meinen Leuten nach meiner Weise Frohes zu bereiten. Mit Hilfe der Mannschaftskantinengelder gab ich ihnen ein großes Fest und erlaubte ihnen, dazu Mädchen mitzubringen. Um die größte unserer Baracken zu schmücken, holzten wir Tannenbäume im Wernerwald ab. Lampions und Papierkappen wurden angeschafft und eine Musikkapelle zusammengestellt. In meinem Zimmer stülpte ich über meine Lampe einen der großen, roten Luftballons aus Papier, die uns beim Schießen als Übungsziel dienten. Der hing dort nun wie ein riesiger glühender Pfirsich und warf einen glutroten Schein aus dem Fenster. Zu dem Fest erschien ich als Tiroler verkleidet. Fünfzehn Mädchen, meist Bauerndirnen oder Dienstmädchen, waren erschienen. Nachts fuhr ich dann noch auf meinem Klapperrad nach Cuxhaven und saß im Kasino mit Kapitänleutnant Hoffmann und anderen Offizieren zusammen. Wir sprachen über die schlappe deutsche Antwort und über unsere lumpige Diplomatie. Aber wir sprachen darüber selber schlapp und halb und dumm und stumpf. „Die Bauern sind jetzt auch fürs Weiterkämpfen. Sie sagen: Haben wir für diese Schmach unsere Söhne hergegeben?“

Strohsals aber meinten: Es wäre nur gut, wenn wir nicht siegten, wir würden sonst zu militärisch. – Ich las „Fräulein Julie“ von Strindberg, „Der Dieb“ von H. Bernstein und Hebbels „Maria Magdalene“. – Mit dem gottesfürchtigen und mildtätigen Schreiber Wedder hatte ich ein sehr erquickliches Gespräch. – Beim Adjutanten der L.A.A. gab es eine lange Sitzung und erregte Debatten über das Thema „Vaterländischer Unterricht“. Ich trat scharf gegen den Unterrichtszwang ein. – Im Reichstag trübselige Uneinigkeit. Aber es ward endlich offiziell die Abdankung des Kaisers verlangt. – Ich wartete von Tag zu Tag auf irgendwelche frohere Nachricht. Es trafen Briefe von Mutter, Eichhörnchen, Annemarie und anderen ein. Aber meine Stimmung blieb tief unter Null. Und alles um mich herum ward düster. Die Wiesen kahl, das Wetter trüb, kein Vogelsang, kein Lachen, kein Zivilist, keine Frau. Sonntags eine Totenstille, daß ich manchmal meinen

Revolver abschoß, um nur etwas zu vernehmen. – Es gingen mir viel Bittgesuche zu. Ich erfüllte sie, soweit ich's vermochte. – Mein Matrose Monsky starb an Grippe.

Ludendorff war zurückgetreten. Österreich wollte Sonderfrieden. Wir wagten keine Offensive mehr. Das Hamburger Fremdenblatt schrieb offen: „Wir haben den Krieg verloren." – Täglich baten mich Leute um Urlaub, weil Angehörige von ihnen an Grippe gestorben waren.

Leichenparade für unseren Kameraden Werner. Die Leiche des braven Matrosen, den die Grippe rasch hingerafft hatte, sollte nach der Heimat befördert werden. Als wir in der Quarantäne-Anstalt den Sarg abholen wollten, stand dort eine ganze Menge gleich aussehender, geschlossener Särge mit Verstorbenen. Der diensttuende Unteroffizier konnte den von mir geforderten Sarg lange nicht herausfinden, und vielleicht gab er mir dann aufs Geratewohl einen fremden. Wir trugen den Sarg im geschlossenen Zug und im langsamen Trauerschritt zum Bahnhof, wo wir eine feierliche Aufstellung nahmen. Die Frau des Toten und der Vater waren eingetroffen. Ich drückte ihnen die Hand und stützte die ganz gebrochene Frau während der Rede des Pastors, der an diesem Tage schon fünf ähnliche Reden gehalten hatte. Dem Vater Werner war nun schon der zweite Sohn gestorben. Dem dritten fehlte ein Auge, dem vierten ein Bein. Und es war nach der Trauerfeier für mich so schmerzlich, zu sehen, wie dieser Vater am Bahnschalter sein Billett forderte und der rohe Beamte ihm Schwierigkeiten machte wegen der Sargbeförderungsgebühr. Als wir heimmarschierten, begegneten uns Seeheimer Matrosen, die meinen inzwischen schwer erkrankten Maat Ohls fortbrachten. Und in selber Nacht mußte ich abermals einen Mann fortschaffen lassen. Mir war selbst zum Sterben zumute. Auf meinem Tisch lag eine Todesanzeige. Frau Lührs war an Grippe gestorben.

Ich stellte fest, daß in einer meiner Baracken die Leute verlaust waren, und ließ den Raum ausschwefeln. – In Cuxhaven, an Bord eines Sperrfahrzeuges, kaufte ich von Leutnant Reese für zwanzig Mark eine weiße junge Terrierhündin. Man hatte sie an Bord mit Schnaps betrunken gemacht und belustigte sich darüber, wie das kleine Wesen sich auf der Kajütentreppe überpurzelte. Ich nahm die Hündin als Gespielin für Asmus nach Seeheim, und weil ihr der angrenzende Wernerwald gehören sollte, taufte ich sie „Frau Werner". Nun hatte ich in der niederdrückenden Zeit doch etwas um mich, was mich beglückte und wenigstens für Momente erheiterte.

Matrose Friedlmeier reiste beurlaubt nach München. Ich gab ihm ein Proviantpaket mit, das er dort in einem Hotel für meine Mutter abgeben sollte, die wegen der wilden österreichischen Zustände eiligst Meran verlassen mußte. – Im Hafen lagen Kreuzer. Man holte vierzig Heizer von Bord, die gemeutert hatten. – Vierzehn Grippekranke in Seeheim. Ich mußte mir zwei Sanitätshandwagen anschaffen. – Frau Werner und Asmus schliefen enganeinandergeschmiegt. Aber manchmal fiel es dem Kater ein, der stillhaltenden Hündin so anhaltend in den Kopf zu beißen, daß ich eingreifen mußte, weil ich um Frau Werners treuherzige Augen besorgt war. Reese hatte die Hündin von einem Barbier billig als Promenadenmischung erstanden. Weder er noch ich ahnten, daß das Tier von edelster Rasse war. Leider hatte ein tölpelhafter Sanitätsgast ihm nicht nur den Schwanz, sondern auch die Ohren kupiert, und zwar viel zu kurz, so daß das arme Geschöpf in Seeheim dauernd die Ohrmuscheln voll Sand hatte. Frau Werner wurde in ungewöhnlicher und vornehmer Art von mir dressiert. Man redete sie nur per „Sie" an. „Erwarten Sie mich dort" hieß: Kusch dich dort nieder, wo ich hinzeige. Wenn sie Männchen machen sollte, so sagte ich: „Wie denken Sie über Spanien?" Das war ein Kompliment für die wohlwollende Neutralität Spaniens Deutschland gegenüber.

Der mir bekannte Fürst in Schlesien hatte im Herrenhause einen Antrag durchgesetzt, betreffs Bekundung der Treue zum Herrscherhaus. – Frau Werner war nicht stubenrein zu kriegen. – Revolution in Österreich-Ungarn. – Was die Friedensforderungen unserer Feinde betraf, so schien die Angst vor der Ausbreitung bolschewistischer Ideen doch einige Mäßigung aufzuerlegen. – Auch bei uns gärte es mehr und mehr, besonders auf den großen faulen Schiffen. Durch Meuterei war ein Vorstoß der gesamten Flotte, der von der Regierung, nicht vom Marinekommando angesetzt war, zunichte geworden. Hinter Helgoland hatte ein Teil der Mannschaften, besonders Heizer, den Dienst verweigert. Auch in Kiel Meutereien. In der Kanonenbatterie weigerten sich die Leute, Infanteriedienst zu tun. Mein Herz war schwer.

Es meldete sich der Vizefeuerwerker Ponarth bei mir als nach Seeheim kommandiert. Er war einer der jungen Einjährigen gewesen, mit denen ich meine erste und strenge R.O.A.-

Ausbildung genossen hatte. Und er war derjenige, den man später in der Kiautschou-Kaserne wegen sadistischer Leuteschinderei von der Offizierslaufbahn ausschloß. Nun hatte man ihn also wieder von neuem zugelassen, und er war inzwischen zum Vize avanciert und nun mein Untergebener. Ich nahm mir vor, ihn das Peinliche der Situation nicht empfinden zu lassen.

Fünfzehntes Kapitel

REVOLUTION

Es war der fünfte November achtzehn, als mich abends Oberleutnant Müller aus Duhnen antelephonierte: Seine Leute wären mit Waffen davongelaufen. Im Gasthaus „Zur Sonne" in Cuxhaven wollten sie so etwas wie einen Soldatenrat gründen oder hätten ähnlichen Unsinn vor. Was ich zu tun gedächte?

Ich antwortete ziemlich kurz: Ich würde nach der Situation schon wissen, was ich zu tun hätte.

Zunächst nahm ich die Schlüssel zu den Munitionsräumen an mich. Von meinen Leuten hatte sich, so viel ich wußte, niemand mit Waffen entfernt. Wohl sprachen die Leute unter sich davon, daß in der Sonne etwas im Gange wäre. Ich rief sie zusammen. „Habt ihr Vertrauen zu mir?"

„Ja, wir haben Vertrauen."

„Dann rate ich euch: Seid mäßig und prüft lange und möglichst vernünftig, bevor ihr etwas beginnt. Nur mit Ordnung kommt man zu Freiheit. Bloße Revolution, also rein plumpes Umstürzenwollen ist der Untergang für alle."

Ich schrieb an Tante Michel. Ich war besorgt um meine alte Mutter und um meinen Bruder, dessen allzu korpsstudentische Allüren in solcher Zeit verhängnisvoll werden konnten.

In vorgerückter Nachtstunde traf plötzlich folgender Telephonspruch ein:

„Es hat sich hier in Cuxhaven der Arbeiter- und Soldatenrat gebildet. Morgen neun Uhr Versammlung auf dem Exerzierplatz Grimmerhörn. Jeder militärische Dienst hört auf. Waffen sind mitzubringen. Unterschrift: Arbeiter- und Soldatenrat."

Ich winkte den Vize Ponarth herbei. Wir gingen in den

Schlafraum der Leute, weckten diese, und ich gab ihnen den Telephonspruch bekannt. Ich war sehr erregt. „Geht hin,“ sagte ich, „aber nehmt möglichst keine Waffen mit. Besprecht euch jetzt ohne mich.“

Das taten sie und bestanden dann darauf, Waffen mitzunehmen, verlangten auch sofortige Auszahlung ihrer Löhnung. Im übrigen waren sie freundlich und respektvoll zu mir.

Ich saß mit Ponarth in meinem Zimmer, das noch von jenem Fest her von dem blutroten Papierballon beleuchtet war. Und ich redete herzlich auf den jungen stillen Mann ein, sagte: „Wir wollen in dieser ernsten Stunde Duzfreunde werden und wollen zusammenhalten.“

Plötzlich wurde die Tür mit lautem Gepolter aufgestoßen. Zwei große Matrosen, mit Gewehren in der Hand und mit totbleichen Gesichtern standen auf der Schwelle. Der eine rief: „Wir sind Delegierte des Soldatenrates. Es gibt keine Vorgesetzten mehr! Es gibt keinen Gruß mehr!“ Ich lieferte ihnen die Schlüssel aus, auch die zu den Munitionsräumen und setzte ihnen zu essen vor. Denn sie kamen einen weiten Weg und waren auch von innerer Erregung erschöpft. Nun nahmen sie an meinem Tisch Platz. Einige Seeheimer Leute gesellten sich hinzu. Die Delegierten machten einen sympathischen Eindruck, besonders der Zimmermann Kraus aus Stickenbüttel. Ruhig erzählten sie, wie alles in der Sonne verlaufen wäre. Der Soldatenrat gedächte auf strengste Ordnung zu halten. Man wollte sofort einen Frieden um jeden Preis eingehen. Morgen zur Versammlung dürften auch Offiziere erscheinen, aber es wäre diesen verboten, Waffen mitzubringen. Von einigen Offizieren, zum Beispiel von Patronenmüller, hätte man in der Sonne sehr drohend gesprochen. Sie müßten sofort die Stadt verlassen.

Als meine Leute erwähnten, ich hätte sie gut behandelt, sagte Kraus: „Dann kommen Sie doch morgen mit und führen Sie Ihre Leute.“

„Nein,“ gab ich zurück, „wenn ich keine Waffen tragen darf, gehe ich nicht mit. Ich will nicht mehr, aber auch nicht weniger als ihr sein.“ Die Delegierten versprachen darauf, mir die Erlaubnis zum Waffentragen zu verschaffen. Als sie abzogen, sagte ich: „Wenn ihr eure Sache mit Gott und ganzem Gewissen haltet, dann wünsche ich euch Glück.“

Ponarth legte sich schlafen, ich durchwachte die Nacht. Um sechs Uhr standen die Leute auf, frühstückten, bewaffneten sich mit Gewehren, Seitengewehren und Pistolen und formierten sich zu einem Zug. Sie grüßten mich teils leger, teils gar nicht, einige noch stramm militärisch. Obermaat Struhmann führte sie. Den hatten sie zu ihrem Vertrauensmann gewählt. Ich ersuchte ihn, mich noch ein paar Worte sprechen zu lassen, und dann verabschiedete ich mich von den Leuten als ihr bisheriger Vorgesetzter. Sie rückten ab. Außer mir blieben zurück Ponarth, Feldwebel Reinhardt, der gottesfürchtige Wedder, ein Obermatrose, der Koch, der Schuster und vier Kranke. Wir hingen gespannt am Telephon und waren alle aufgeregt. Einmal tauchte ein Flieger am Himmel auf. Ich eilte sofort zum Strand an die Geschütze, aber es war ein deutsches Flugzeug. Dann machte ich mir den Scherz und telephonierte an den Roten Rat: „Hier Leutnant Hester, Seeheim. Meine Leute sind, wie Sie befohlen haben, bewaffnet nach Grimmerhörn abgezogen. Sie haben aber die Maschinengewehre mit Munition zurückgelassen. Die sind also in meiner Gewalt. Es wäre mir und meinen Feldwebeln zum Beispiel eine Kleinigkeit, die Leute, wenn sie zurückkehren, wie Spatzen abzuschießen."

„Verflucht nochmal!" rief der Revoluzzer am jenseitigen Telephon, „ja, Herr Leutnant, was machen wir denn da?"

Ich lachte: „Machen wir beide nichts!"

Ponarth war voller Unruhe. Da er in Seeheim nichts weiter verloren hatte, veranlaßte ich ihn, sich sofort mit seinem Gepäck nach Cuxhaven und von dort aus möglichst weiterzubegeben. Ich ging zur Batterie Nordheim. Dort war nur der Feuerwerker Schulz zurückgeblieben. Am Batteriemast wehte eine rote Flagge.

Meine Hoffnung war, daß auch auf feindlicher Seite sich die Revolution entwickeln würde. Eilige Befehle und Meldungen, wirre, sonderbare Gerüchte kamen durchs Telephon zu uns. Der Bahnhof, das Telephon- und Telegraphenamt, die Signalstellen, alle öffentlichen Gebäude und auch die Zeitungen waren von den Aufständischen besetzt. Kein Offizier durfte das Festungsgebiet Cuxhaven verlassen. Es hieß weiter: Der Rote Rat hätte mich als Vertrauensmann gewählt. Ferner: Es rücke ein Heer von Hamburg an, man wüßte noch nicht, ob für, ob gegen die Revolutionäre.

Abends wurde ich zu Reye nach Duhnen gerufen. Todmüde schleppte ich mich durch den Regen und durch den Sand. Reye war nicht mehr da, war nach Cuxhaven geeilt. Aber Ahrens und einen Leutnant Müller und andere Offiziere traf ich an. Sie saßen bleich und angstvoll in ihren Zimmern. Nur Krumbhaar, Mundloß und Pich spielten sachlich Skat. Auch der verhaßte Patronenmüller war da. Ich drang darauf, daß er sofort in Zivilkleidern am Strande entlang entfliehen sollte. Das tat er auch. Als ich ihn und die anderen Offiziere dort gesehen hatte, ward ich noch deprimierter denn zuvor. Dann überkam mich aber eine plötzliche Energie. Ich schleppte mich wieder eine Stunde weit nach Cuxhaven und ging dort direkt ins Offizierskasino, wo die Aufständischen unter dem Vorsitz eines gewissen Baier ihr Hauptquatier eingerichtet hatten und eine bienenemsige Tätigkeit entfalteten. Ich trug meinen verwegenen Pelzmantel und in der Hand einen Spazierstock. Meine Offiziersmütze rief dort großes Erstaunen hervor. Am Hauptsaal stieß ich auf Widerstand. Ein radikaler Matrose stürzte auf mich zu: „Wir haben nichts mit Offizieren zu tun. Unsere Parole ist Liebknecht."

„Nein," sagte ich, „ihr müßt mich anhören und aufnehmen. Ihr braucht Offiziere und Intelligenzen und gebildete Leute. Ihr dürft eure Bewegung nicht gegen alle Offiziere, höchstens gegen dumme und schlechte richten. Ich komme mit meinem ganzen Herzen zu euch. Ich bin allerdings auch kein Verräter am Offiziersstand." – Sie horchten auf. Aber es lastete zu viel Arbeit auf ihnen, und sie waren von den Ereignissen und Aussichten noch allzu verwirrt und in Anspruch genommen. Ich sollte morgen wiederkommen.

Um neun Uhr ging ich auch wieder hin. In den Korridoren drängten sich bewaffnete Matrosen herum. Viele davon, ehemalige Kameraden oder Untergebene von mir, streckten mir die Hand entgegen. Ein intelligenter Obermaat versicherte mir, daß ich ihm sehr imponierte. Er bat mich, mit ihm an Bord zu kommen und mit seinem Kapitänleutnant, dem Astronomen Steinhausen, zu sprechen. Das tat ich. Dann ging ich zur Sonne. Das Lokal war voll besetzt. Meine Offiziersmütze wurde mit feindseligen Blicken und Scharfmacherrufen empfangen. Doch setzte ich mich ruhig nieder und trank ein Bier. Sieben grimmige, bewaffnete Matrosen kamen herein. Einer von ihnen rief: „Kameraden! Die Soldaten von Hamburg sind aufgehalten worden. Aber es naht ein anderer Zug aus Duhnen. Haltet euch auf Hornruf bereit. Da ist Verrat im Spiel, und das kostet Blut!" Die letzten Worte schrie er laut. Und sie zündeten. Alles sprang auf und griff nach den Gewehren. Aber auch ich sprang auf und mahnte zur Besonnenheit. Und sie stutzten und hießen mich auf den Tisch klettern, von wo aus ich ihnen eine sie wenigstens für den Moment beruhigende Rede hielt, mit dem Schluß: „Wenn eure Ziele wirklich edel und frei von Selbstsucht sind, dann rufe ich gern: Es lebe der Arbeiter- und Soldatenrat!"

Nach vielen Gespächen allerwärts suchte ich Reye aufzuspüren und traf ihn und Kapitänleutnant Behrend bei Otto. Auch Gürkchen war dort. Ich versöhnte mich zunächst mit ihr und Pampig. Dann erzählten wir unsere Erlebnisse. Es wurde halblaut gesprochen. Alle wußten nur Halbes und Ungenaues. Unter den Offizieren bestand keine Verbindung mehr. Sie saßen einzeln oder höchstens in kleinen Grüppchen in ihren Buden und warteten und bangten. Nur wenige getrauten sich über die Straßen. Sie brachten tolle Gerüchte mit. Hauptmann Brokhaus hatte als erster versucht, sich in Zivil aus Cuxhaven zu stehlen. Er war aber auf dem Bahnhof erkannt und zurückgewiesen worden.

Ich übernachtete bei Otto und ging am nächsten Morgen abermals zum Roten Rat. Dort war Hochbetrieb. Ein mich seltsam berührendes Bild. In unseren hübsch eingerichteten Vergnügungsräumen klapperten Schreibmaschinen, klingelten dauernd Telephone, wurden Befehle und Nachrichten empfangen und weitergegeben, und bewaffnete Patrouillen kamen und gingen. Manche Leute hatten sich statt der üblichen schwarzen Mützenbänder breite, leuchtende, rote Seidenstreifen eingezogen. Aber ich bemerkte, daß alle die Leute dort im Kasino Mannschaftskost aßen, und eine alte, dort verbliebene Ordonnanz teilte mir mit, daß die Weinvorräte vom Kasino bisher noch nicht angetastet wären. In den mir so vertrauten Klubsesseln saßen die Leute vom revolutionären Ausschuß. Draußen ertönte Musik. Ein wohlgeordneter Zug von zweitausend Mann zog mit roten Fahnen vorbei. Korvettenkapitän Schröder marschierte mit. Er hatte Krone und Eichenlaub von der Mütze entfernt und trug nur noch die Mannschaftskokarde. Es war ersichtlich, daß dieser Schuft nur aus Angst um sein persönliches Leben sich den Aufständischen anschloß. Sein Bruder, ein höherer Gerichtsoffizier, war auch zu den Roten übergetreten. Aber vom ersten Moment an und offenbar aus ehrlicher Überzeugung. Manche Offiziere wußten und verbreiteten jetzt, daß er schon seit Jahren revolutionäre Gedichte geschrieben und Freiheitsideen gepflegt hatte. Er war der einzige Offizier, der mir im Roten Hauptquartier begegnete. Er schrieb dort ernst und emsig, und wir taten so, als sähen wir einander nicht.

Ich ging zur Minenabteilung und hielt dort den Leuten eine Rede mit der Grundidee, mäßig, ehrlich und vernünftig zu bleiben. Ich sprach beim Stab der L. A. A. zu den Offizieren und sprach auf der Straße vor gemischten Menschenversammlungen und sprach in verschiedenen Batterien. Und ich merkte, daß man aufmerksam zuhörte, daß viele Leute nach den Worten anderer dürsteten, und meine Reden bogen manche törichte Unternehmung ab und brachten viele Hetzer und Lügner zum Schweigen. Um diesen Einfluß zu verstärken, wäre ich so gerne in den Roten Rat eingetreten, und dieser hätte zweifellos auch meine Dienste gern angenommen. Aber die diesbezüglichen Verhandlungen scheiterten daran, daß ich es zur strengsten Bedingung machte, wenn einmal, dann auch gleich mit an die äußerste Spitze gewählt zu werden. Darauf gingen die Roten nicht ein. Ich war ihnen nicht radikal genug. Manche trauten mir auch nicht, weil ich nach wie vor meine Offiziersmütze mit dem aufgestickten Eichenlaub und der Krone beibehielt.

Es waren bisher nur wenige Übergriffe und Plünderungen vorgekommen. Man hatte in allen Fällen die Schuldigen gefaßt und bestraft. Wenn die Revolutionäre damals nicht weitergegangen wären, wenn sie den Dienst wieder aufgenommen und sich nur ausbedungen hätten, daß die und die Offiziere und die und die Gebräuche wegbleiben müßten, – mir deuchte – es wäre alles gut oder besser gewesen. Sie hatten ja moralisch alles erreicht. Die häßlichen Elemente des Militärs oder der Marine waren geduckt und wären nicht wieder hochgekommen. Meinte ich, aber ich war mir gleichzeitig darüber klar, daß eine so riesige, elementare Bewegung nicht plötzlich abzustellen oder aufzuhalten war. Es galt, höchstens, sie einzudämmen. Und ich sah niemanden, der dabei half. Der Admiral Engelhard versagte völlig. Er ließ uns Offizieren weder Instruktionen zugehen, noch versuchte er, persönlich mit uns in Fühlung zu bleiben.

Aufhetzende Flugschriften wurden verteilt. Schlagworte wie „Gleichheit“ und „Freiheit“ richteten viel Schaden an und verwirrten die Leute. Ich hielt zahllose Reden und machte es ganz zu meiner Aufgabe, Soldaten und Zivilisten, auch blindblöde und stolzdumme Offiziere aufzuklären. Andererseits kamen auch viele zu mir, sich Rat oder Auskunft holen. Dabei erlebte ich manches Betrübende, manches Seltsame und manches Komische. Mit Prüters stand ich dauernd in Verbindung. Auch sie waren besorgt.

Aber Prüters herrlicher Humor dominierte, und er, der Stadtbekannte und Allbeliebte wußte außer ernsten und tatsächlichen Ereignissen auch viele komische Anekdoten von den Aufständischen zu erzählen.

Als ich nach Seeheim zurückeilte, begegnete mir vor Duhnen der Matrose Hermann und sagte: „Man wird Freudenschüsse loslassen, wenn Herr Leutnant zurückkommen. Wir dachten schon, Herr Leutnant hätte uns verlassen. Dann hörten wir aber, daß Herr Leutnant im Soldatenrat waren."

Ich wurde in Duhnen, Nordheim und Seeheim neugierig von den Leuten ausgefragt und redete mich heiser. Es gab übrigens viele unter ihnen, die am Erfolg der Revolution zweifelten. Brandmeier, der noch immer eine bevorzugte und vertrauliche Stellung zu mir einnahm, berichtete über den Verlauf der Versammlungen und über die Stimmung der Matrosen. „Herrn Leutnant haben alle gern", sagte er, „aber den Vizefeuerwerker Ponarth hätten sie totgeschlagen, wenn er hiergeblieben wäre. Der hat in den wenigen Tagen hier die Leute hundsgemein gepiesackt." – Und das hatte ich gar nicht bemerkt. –

Meine Nerven waren arg herunter. Dennoch begann ich nachts eine lange Rede niederzuschreiben, an die Zivilbevölkerung und an das Militär beider Lager. Diese Rede wollte ich öffentlich halten und versprach mir viel davon. In einer Art Fieberzustand machte ich mich dann noch auf den Weg nach Arensch. Ich wollte Thalmanns raten, ihre Wertsachen zu vergraben. Wie ich durch die dunkle Heide schritt, überkam mich eine krankhafte Gespensterfurcht. Ich schlug einen Umweg ein, weil es mir davor grauste, in solchem Zustande an dem Fischergrab vorbeizukommen. Und plötzlich stolperte ich und fiel gerade über dieses Grab.

Als die Rede fertig war, gab ich einen offiziellen Telephonspruch auf: ob ich, der Leutnant und Schriftsteller Hester, in Cuxhaven eine öffentliche Rede halten dürfte. Ob der Arbeiter- und Soldatenrat seine Mitglieder dazu einladen würde. Ob der Admiral sämtliche Offiziere und alle ernsten Zivilpersonen dazu einladen würde. Die Versammlung wäre gedacht, daß man ohne Waffen erschiene und daß möglichst alle unreifen Elemente ferngehalten würden.

Vom Soldatenrat erhielt ich keine Antwort. Der Admiral befahl mich in sein Büro. Er saß mit hochrotem Kopf dort und unterschrieb, wie mir schien, notgedrungen, Schriftstücke, die ihm ein Matrose vom Soldatenrat hinreichte. Er donnerte mich mit äußerster Wut an: „Ich bin empört über Sie! Sie schicken das mir und gleichzeitig dem Soldatenrat?! Sie muten das mir zu! Sie wollen uns ohne Waffen hinstellen! Sie! – Sie!" Er hatte sozusagen Schaum vorm Mund und schrie immer lauter: „Ich reiße Ihnen die Uniform vom Leibe! Wollen Sie mir gehorchen oder nicht?"

„Herr Admiral," setzte ich ein, „ich bitte, mich einmal zu Wort kommen zu lassen –". Aber der Admiral hörte mich nicht an. „Ich danke!" sagte er, drehte mir den Rücken, und damit war ich entlassen.

Ich ging verbittert fort. Über hundert Ansprachen hatte ich an die Leute gehalten. Ich hatte ihnen klarzumachen versucht, wieviel Gutes und Gütiges, wieviel unentbehrliche Erfahrung auch im Offizierskorps steckte und daß man über den schlimmen Erlebnissen nicht die Guten vergessen dürfte. Ich war zu vielen verständnislosen Offizieren gegangen und hatte ihnen bedeutet, daß es töricht und leichtfertig wäre, jetzt in den Buden herumzuhocken und auf die Aufständischen zu schimpfen. Sie sollten, wenn sie sonst kein Einsehen hätten und nichts zu tun gedächten, wenigstens jetzt ihre Schnapspullen vor den Leuten verbergen; und so weiter. Manche Offiziere hetzten gegen mich, zum Beispiel Oberleutnant Hänsel; sie wollten mich als einen Verräter ihrer Sache hinstellen. Aber glücklicherweise fand ich bei den intelligentesten und ehrlichsten Vertrauen und Verständnis. Reye, Otto und fast alle aus diesem Kreis bewahrten das richtige Taktgefühl. Auch sie beklagten sich darüber, daß der Admiral bisher keinerlei Fühlung mit ihnen genommen hätte. Wir berichteten einander, oft mehrmals am Tag, was wir erlebt oder erfahren hatten. Auf den Schiffen war von den Aufständischen statt der Kriegsflagge die rote Flagge gehißt. Darüber war es auf verschiedenen Fahrzeugen zu blutigen Kämpfen gekommen. Einige Offiziere hatte ihre bisherige Flagge bis zum Tode verteidigt.

Am 9. November versammelte der Admiral endlich einmal seine sämtlichen Offiziere in einem Kasernenschuppen und verlas in Gegenwart des Roten Rates folgende Bekanntmachung:

„Cuxhaven, den 9. November 1918. Ich habe am 7. November durch die Kommandeure folgenden Befehl übermitteln lassen. Jedem Widerstreben der Offiziere gegen die augenblickliche Lage ist energisch entgegenzutreten.

Wir betrachten es als unsere Aufgabe, unsere Kräfte zur Aufrechterhaltung des Betriebes einzusetzen.

Ich füge heute hinzu:

Die Mitarbeit aller derjenigen Offiziere, Beamten und Deckoffiziere, die sich hiermit aus freiem Entschluß einverstanden erklären, wird vom Soldatenrat begrüßt.

Alle übrigen haben keinen Anspruch auf Verpflegung und Versorgung von seiten der Marineteile.

Sie dürfen sich in Cuxhaven bzw. ihrem Standort in bürgerlicher Kleidung oder in Uniform, jedoch ohne Waffen frei bewegen. Jeder einzelne hat seine Entscheidung bis heute mittag 12 Uhr zu treffen, und falls er sich zur Mitarbeit nicht bereit erklärt, dieses seinem Marineteil bzw. seiner Behörde zu melden. Die Marineteile und Behörden reichen Listen dieser Namen bis heute abend 6 Uhr bei der Kommandantur ein.

Ich habe bisher mitgearbeitet und werde auch weiterhin mitarbeiten.

Ich danke den Herren.

gez. Engelhard."

Ich saß abends im Hotelzimmer (Prinz Adalbert) bei Otto und mit Gürkchen, Reye und dem verblüffend oder bluffend redesicheren Zahlmeister Engeland. Wir sprachen im Flüsterton über die Lage. Eine uns treu gebliebene Ordonnanz schenkte uns Kognak ein, den wir vorsichtigerweise aus Kaffeetassen tranken. Plötzlich draußen Stimmengewirr und Tritte. Matrosen eines Kriegsschiffes brachten zweiunddreißig Offiziere, die im Hotel interniert werden sollten. Wir gingen einer nach dem andern hinaus und fragten die Herren, ob sie Wünsche hätten. Ich sprach einen Kapitänleutnant, der sich sehr sehr besorgt äußerte. Man hatte ihn und seine Kameraden zuvor eine Zeitlang in der Kegelbahn des Kasinos eingesperrt gehalten. Das Kriegsschiff sollte ohne Offiziere nach Hamburg weiterfahren. „Wo sich dann die Leute wahrscheinlich heimlich an Land verkrümeln werden", sagte Reye. Ein anderer von den internierten Offizieren frug mich, wie er am besten fliehen könnte. Ich riet ihm, im Interesse seiner Mitgefangenen, lieber zu bleiben.

Ich fuhr nach Seeheim. Höfels, Böttger und Pfennigwert waren zu Vertrauensleuten erwählt. Sie und der Obermaat Struhmann holten sich zweimal täglich neue Informationen beim Roten Hauptquartier und hatten dann die Aufgabe, in Seeheim den Leuten das plausibel zu machen. Wenn sie mit ihrer ordinären Sprache und in schlechtem Deutsch von den Fortschritten in Berlin oder von schneidigen Husarenstückchen der Revolutionäre in der Provinz erzählten, konnte ich mir oft das Lachen nicht verbeißen. Es wirkte so kläglich, aber vielleicht war es doch die richtige Methode, um diese primitiven Menschen bei Interesse zu halten. Ich fragte Struhmann, was unter dem „Mitarbeiten der Offiziere" zu verstehen wäre. Er konnte das nicht beantworten, versuchte aber, mir die politische Lage nach dem, was er aufgeschnappt hatte, klarzumachen, und redete sehr geschwollen, überideal über völlig Unverdautes. Und mitten in seine Ausführungen kam der telephonische Befehl, daß alle Rangabzeichen sofort zu entfernen wären. Damit war Herr Obermaat auf einmal auf dieselbe Stufe herabgedrückt, auf der der jüngste Rekrut stand. Offiziere, die noch keinen Ausweis hätten, sollten sich den sofort holen.

Ich radelte nach Cuxhaven, holte mir aber keinen Ausweis, sondern suchte meine Freunde Reye, Pampig und Gürkchen auf. Nachmittags raste ich nach Seeheim zurück, weil die Nachricht aufkam, englische Schiffe seien im Anzug. Das stimmte dann aber nicht. Es handelte sich offenbar um einen Trick oder einen Scherz von Unbekannten. Dadurch, daß ich nach Seeheim fuhr, entging ich aber dem Schicksal der anderen Offiziere, die noch am selben Tage zusammengetrieben und über Nacht unwürdig in der Kegelbahn gefangengehalten wurden, weil der Admiral den Befehl zum Widerstand gegen die Engländer ohne Gegenzeichnung des Roten Rates erlassen hatte. Das Standrecht wurde erklärt. Andern Tags erzählte mir Pampig von der abscheulichen Situation in der Kegelbahn. Die Offiziere hatten auf Wolldecken schlafen müssen, ein aktiver Offizier hatte eine äußerst peinliche Ansprache an die Revolutionäre gehalten, in der er nicht etwa gegen die schmachvolle Haft protestierte, sondern in kleinlicher Weise persönlich die Auszahlung der ihm noch zustehenden Tafelgelder verlangte. Ein großer Umzug war wieder angesagt. Da ich die Absicht hatte, Cuxhaven bald zu verlassen, fuhr ich zum Roten Rat ins Kasino und ließ mir eine Legitimation ausstellen. Ich sprach verschiedene Leute vom Ausschuß. Der Vorsitzende Baier sagte mir: „Wir sind nicht unabhängige Sozialdemokraten. Wir sind auch nicht gemäßigte. Wir sind ganz rot, ganz scharf, alleräußerste Linke." – Neben mir saß das Ausschußmitglied Lieby, ein Matrose, der ehemals bei der H. M. S. D. auf „Humor" gewesen war und sich damals viele Strafen zugezogen hatte. Ob Lieby inzwischen ein Gefecht mitgemacht hatte oder ob ihm ein Unfall begegnet war, jedenfalls hinkte er stark und ging an einer Krücke. Und plötzlich sprang er auf, weil draußen Musik ertönte und rief seinen Kameraden zu: „Sie kommen! Das müssen wir sehen!" Und wie er nun ans Fenster hinkte und auf seinem zerknitterten Gesicht eine helle Begeisterung lag, prägte sich mir diese Szene fest ins Gedächtnis. Ein malerischer Zug mit leuchtenden und wehenden roten Fahnen bewegte sich durch die Stadt. Allerdings lösten sich überall einzelne Leute aus den Reihen und verschwanden eiligst in Haustüren, um eventuellen Unannehmlichkeiten zu entgehen. Ich holte Reye und Behrend ab, und wir gingen zu Pampigs. Auch Engeland kam hinzu. Ich hatte Frau Werner mitgebracht, die übergab sich dauernd und legte überall Würstchen auf den Teppich, während wir politische Reden führten und Schnaps tranken und witzelten. Ich mußte unwillkürlich an die französischen Gesellschaften zur Zeit des Thermidors denken.

Ich wurde zur politischen Abteilung des Roten Rates bestellt. Matrose Jost wollte mich zur Mitarbeit gewinnen. Wir kannten uns von der Minenabteilung her. Er las mir einige Statuten der Internationale vor und fragte, ob die mit meiner politischen Meinung übereinstimmten. Indessen schien er es mehr auf die Ausbeutung meiner besseren Stilgewandheit und meiner Belesenheit abgesehen zu haben. Und auf meine Forderung, in den engsten Ausschuß gewählt zu werden, ging er nicht ein. Also zog ich wieder ab. Die Stimmung im Arbeiter- und Soldatenrat war mir drohender und erbitterter vorgekommen als das letztemal. Auch in der Stadt waren die Gesichter noch ernster. Man raunte und munkelte. Die meisten Offiziere und Bürger verbargen sich in den Häusern. Ich wanderte nach Duhnen zurück. Es war Abend und diesiges Wetter. Von Zeit zu Zeit klangen einzelne, ferne Schüsse durch die Stille. Dann vernahm ich einen unheimlichen Schrei, und dieser Schrei wiederholte sich, kam immer näher und klang wie von der Stimme eines wahnsinnig Gewordenen. Dann klärte sich das zwar auf. Ein Knecht trieb Kühe heim und stieß dabei diesen unheimlichen Laut aus. Meine Nerven waren überreizt. In meinem Hirn jagten sich furchtsame Gedanken. Was würde geschehen. Es ballte sich etwas zusammen, was sich in einem Blutbad entladen mußte. Ich packte in Seeheim meine Habseligkeiten zusammen und ging noch weiter zu Thalmanns, die äußerst besorgt waren. Marthas

Krankheit hatte sich noch verschlimmert. Ich suchte zu trösten, doch mir war selbst bleiern zumut. Die Zeitungen hatten die grausamen Waffenstillstandsbedingungen der Entente veröffentlicht. Darunter stand ein Artikel „Reichskanzler Ebert nimmt die Bedingungen an". Daneben Schilderungen über die entsetzlichen und auch blutigen Vorgänge in Berlin, wo die Linksparteien sich in den Haaren lagen.

Es kam die Kunde: Der Kaiser und Hindenburg seien nach Holland geflüchtet. Das rief bei allen tiefste Empörung hervor. Von meinen Soldaten verschafften sich verschiedene, wie Brandmeier und Senf, Zivilanzüge. Sie wollten nicht mehr mittun, sondern sich heimlich auf und davon machen. Andere weigerten sich, künftig am Wacht- und Arbeitsdienst teilzunehmen. Sie wären Bayern, und Bayern wäre jetzt ein eigener Staat und eine freie Republik. Wieder andere Leute liefen von Batterie zu Batterie und verbreiteten den dümmsten und schädlichsten Unsinn und stifteten lauter Unfug an. Noch andere, wie Rohrsen, ließen sich nirgends blicken, sondern schliefen oder aßen in einer Baracke, und man nahm ihnen dieses neutrale Verhalten sehr übel. Autos mit roten Flaggen verkehrten zwischen Cuxhaven und den Vororten. Matrosen saßen darin, manchmal mit Mädchen. Gerüchte wuchsen wie Pilze hervor. Beim Admiral hätte man sechs Zentner Mehl beschlagnahmt.

Die Seeheimer wurden sich nicht einig, wen sie zum Batteriekommandeur wählen sollten. In Duhnen, in der ersten Kompanie, war Obermaat Richmüller zum Kompanieführer gewählt. Der eignete sich dafür am besten. Er war aber derselbe Obermaat, der mit den gemeinen Soldaten stets besonders scharf umgegangen war.

Ich brachte Thalmannsche Butter und Zwiebeln zu Pampig. Dort saß die alte Gesellschaft beisammen. Ich brachte Neuigkeiten aus dem Kasino, wo ich im Vorbeigehen vorgesprochen hatte. Es war eine Uneinigkeit im Roten Rat eingetreten. Eine Halbflottille wollte gegen den Willen Baiers auslaufen. Baier war in einer zahlreichen Versammlung von der Mehrheit niedergeschrien worden. „Der wird heute wieder eine schlaflose Nacht verbringen", meinte Behrend. Uns war äußerst unbehaglich zumut. Wie würden sich diese verwirrten Zustände erst gestalten, wenn die Frontsoldaten mit ihren Handgranaten und Gaswaffen zurückkehrten! Wir waren voll Verachtung gegen den Kaiser, der in der Stunde der

Not sein Vaterland verließ, anstatt sich einmal an die Spitze des Heeres zu stellen. „Er ist mit zwölf Automobilen nach Holland geflüchtet." – „Nein, Hindenburg ist nicht mitgeflohen, aber der Schnösel, der Kronprinz, ist geflohen." –

Am 12. November wurden dreitausend Matrosen von Cuxhaven und Umgebung mit Maschinengewehren nach Berlin geschickt, davon dreißig Mann und vier Maschinengewehre aus Seeheim. – Es lief eine Flottille aus Kiel ein, und zwar noch unter der Kriegsflagge. Der Arbeiter- und Soldatenrat forderte die sofortige Ausschiffung der Offiziere und Deckoffiziere. Die Flottille drohte aber mit ihren Geschützen und dampfte dann unbehelligt weiter.

Am 13. November Versammlungen in Duhnen und auf dem Grimmerhörnplatz. Ich ging aber nach Seeheim und fand endlich wieder Post vor. Ein Brief von Mutter trug die Überschrift: „Am schrecklichsten Tag seit hundert Jahren – 9. November 1918." Mutter war vor der österreichischen Revolution nach München geflohen. Im Hotel Kaiserhof hatte man nichts von dem Proviantpaket gewußt, das der Matrose Friedlmeier dort auf meine Bitte abgeben wollte. Mutter schrieb unter anderem: „Ach, mein Gustav, so etwas Fürchterliches hätten wir beide wohl nie vorausgesehen, trotzdem auch ich – seit dem Eintritt Amerikas – keine Minute an einen für uns siegreichen Ausgang glaubte. Das Schlimmste ist nun der Zusammenbruch im Land – ich stehe nun ganz arm da, denn die kleinen Ersparnisse Papas sind ja hauptsächlich in deutschen Reichsanleihen angelegt. Nun will ich sehen, sobald als möglich eine bezahlte Stellung zu finden – nur ein paar Wochen muß ich ruhen und meine Kleider ausbessern. Der schmutzige Geizhals Müller hat mir nichts zur Reise gegeben; ich bat ihn um ein altes, warmes Kleid, das noch von seiner Frau dahing, bot ihm 50 Mark dafür, aber er schlug mir's ab und sagte: Wenn du bis Ostern dableibst, kannst du es kriegen! – Das Erschreckendste wird wohl die Bekanntgabe der Friedensbedingungen sein. – Ach, unsere schöne Flotte! – Alles bricht zusammen – ja, es ist gut, daß Papa es nicht mehr erlebt! Ich denke an die Stimmung, als 1871 Frieden geschlossen wurde – und heute!!" –

Eichhörnchen schrieb unter anderem: „In Politik sind mir freilich viele Ideale zertrümmert, und wir würden uns heute besser verstehen, denn in manchem habe ich mich zu Deinen Ansichten bekehrt. Du sahst da in vielem weiter als andere Menschen, das gebe ich heute zu."

Und Bampf schrieb aus Konstanz am Bodensee: „Hier herrscht ein fabelhafter Betrieb. Lauter bekränzte und beflaggte Straßen, denn täglich kommen Truppen durch und zurück. Sogar 200 Bolschewisten haben wir hier gehabt, und in den nächsten Tagen werden aus der Schweiz amerikanische Offiziere erwartet."

Von den Seeheimer Leuten waren schon viele ausgerissen, andere rüsteten sich zum Verschwinden. Sie besorgten sich gefälschte Urlaubsscheine oder ließen sich von einer Scheinbehörde reklamieren. Viele nahmen sich von dem ehemaligen kaiserlichen Gut kleine Andenken mit, Wolldecken, Handtücher, Pistolen. Von den Zurückbleibenden waren viele mit dem A.- und S.-Rat unzufrieden, besonders die Verheirateten und die Unteroffiziere. Von der Ordnung der ersten zwei Revolutionstage war wenig geblieben. Die Anarchie stand vor der Tür. Dazu erwarteten wir stündlich das Eintreffen englischer Schiffe. Ich fragte die Obmänner, was sie in diesem Falle zu tun gedächten. Sie waren sich selbst nicht darüber klar. Sollte man die rote Flagge hissen, oder sollte man die weiße hissen und sich ergeben?

Meine Seeheimer Soldaten benahmen sich nicht feindselig gegen mich, aber keiner hing mehr mit Herzlichkeit an mir. Alle feineren Gefühle stumpften ab in den bösen Tagen, in der öden Landschaft da draußen. Ich war dort ganz einsam, und mit der Dunkelheit wurde ich manchmal verzagt. In solcher Stimmung packte ich eines Nachts meinen Siegelring, die Uhr und ein paar andere, mir teure Andenken in einen Blechkasten und wanderte in die Heide und grub den Kasten fünf Handspannen weit vom Fußende des Fischergrabes in die Erde.

In Italien, in Schweden sollte es gären. Es hieß, auch in Holland machten sich demokratische Gelüste breit, und man sagte: „Dort wär's recht, dann käme der Kaiser vom Regen in die Traufe." – Der Obmann Struhmann hielt wieder eine seiner verworrenen Ansprachen. Er stichelte gegen die Einjährigen. Er hetzte gegen die gemäßigten Sozialdemokraten, gegen Scheidemann und gegen den Kieler Gouverneur Noske. Die allgemeine Stimmung in Cuxhaven neigte gegen den Willen des Arbeiterrates schon mehr zur Mäßigung. Zum Beispiel stand in der Zeitung, die Rangabzeichen sollten wieder angelegt werden. Aber es waren große und tiefe Spaltungen im Lager der neuen Machthaber. So morsch und faul auch die alte Macht sich erwiesen hatte, so zeigte sich doch, daß der Umsturz, anfangs edel und groß, nun entartete und daß er aus den Schleusen, die er geöffnet hatte, nun überflutet wurde. Ordinäre Gelüste, egoistische Triebe wahren entfesselt und wollten gleich herrschen. Den wahren bösen Buben hatte man nichts angetan. Patronenmüller war leicht entkommen. Es war alles zum Verzweifeln.

Wir verlosten die Seeheimer Batteriehühner und Kaninchen. Ich gewann den Hahn und brachte ihn zu Pampigs. Wir speisten noch einmal schön und sagten, es wird vielleicht das letztemal sein. Wir tranken Wein und viel Schnaps. Die im Hotel Prinz Adalbert internierten Offiziere fuhren nach Hamburg, um die Minensuchdivision nach Holland zu bringen. Ich lief ins Kasino, um Neuigkeiten zu sammeln, denn man ließ mich dort noch immer frei aus und ein gehen. Das Reichsmarineamt hatte den Dampfer „Senator H." angefordert. Baier verweigerte aber die Ablieferung dieses Dampfers. – Wilhelmshaven und Warnemünde sollten von den Engländern besetzt sein.

Die Seeheimer teilten mir telephonisch mit: Es würden morgen zehn von ihnen in Marsch gesetzt, und zwar ausgesuchte Leute aus der Rheingegend, darunter auch mein Bursche Becker. Ich schlief bei Otto. Am folgenden Tag kam die übliche Gesellschaft dort zusammen, Reye brachte Kaffeebohnen, Behrend eine letzte Flasche Kognak mit. Wir sprachen über den radikalen Cuxhavener Soldatenrat, der sich offen der Reichsregierung widersetzte. Wir sprachen über das Mögliche und Unmögliche der Internationale und des Völkerbundes und über das Übergreifen der Revolution auf Holland, auf die Schweiz und auf Feindesland. Bei Mondschein radelte und rasselte ich nach Seeheim zurück. Frau Werner hetzte neben mir her. Bei jeder Telegraphenstange vermeinte ich Volkshurras zu hören. Um drei Uhr nachts sagte ich den Rheinleuten Lebewohl und drückte Becker besonders herzlich die Hand. Ich mußte ihm leider fünf Mark schuldig bleiben, denn ich hatte kein Geld mehr. Von nun an wusch ich mir meine Wäsche selbst, machte selber mein Bett, und es war recht trüb um mich. Aber ich mußte wohl dort noch aushalten, denn wo sollte ich hingehen. In den Städten ging es zweifellos noch schlimmer zu. Dort trafen jetzt die zurückflutenden Frontsoldaten ein und verstärkten die Nöte und Gefahren.

Über Nacht war bei uns eingebrochen. Die Diebe hatten Kleidersäcke aufgeschnitten und beraubt. – Zehn Mann wurden nach Neufrankreich entlassen. Man gab ihnen weder Löhnung noch Verpflegung mit, obwohl auf ihrem Fahrschein vermerkt wurde: „Bis zum dreißigsten November gelöhnt und verpflegt". – Die Ahlhorner Leute waren geflohen. – Ich ging durch die verlassenen Mannschaftsbaracken. Verstreute Patronen und zerschnittene Patronentaschen lagen herum. Die Leute hatten sich die Lederteile zum Stiefelbesohlen mitgenommen. Viele Inventarstücke waren von den Matrosen an die Bauern verkauft. Ich hatte auch Brandmeier im Verdacht, an diesen Geschäften stark beteiligt zu sein. Der einzige, ganz Zuverlässige, war eigentlich nur noch Wedder. Er verschloß alles, was er herumliegen sah, und legte immer wieder neue Inventarverzeichnisse an, wobei sich sogar einmal ein Plus von eingeschleppten Gewehren herausstellte.

In Cuxhaven waren die Offiziere sehr verbittert, weil man ihnen alle Waffen konfisziert hatte. Denjenigen, die aus privaten Quellen noch Geld hatten, ging es durchaus nicht schlecht. Sie saßen in Zivilkleidern noch in der Stadthalle beim Wein, und von den Bauern kauften sie Lebensmittel auf. Manche machten Schiebergeschäfte. Vielleicht nahm ich es zu Unrecht Herrn Reye übel, daß er seiner Frau durch einen Eisenbahner eine Gans zuschickte, oder nahm es der Frau Prüter übel, daß sie alles aufkaufte, was ihr erreichbar war. Wir geldlosen Offiziere, also besonders die jüngeren Leutnants, waren natürlich übel dran. Wir bekamen nur Mannschaftskost, und auf manchen Schiffen mußten die Leutnants mittags mit dem Eßnapf zwischen den Leuten an der Kombüse anstehen. Mir persönlich halfen Thalmanns Gaben, von denen ich regelmäßig etwas für den Kreis Pampig mitnahm. Thalmanns hatten mir von Vieh- und Pferdediebstählen in der Nachbarschaft erzählt. Sie sagten: Es kämen viele Leute zu ihnen, die wollene Decken und andere Sachen anböten. Toni steckte mir heimlich ein Kuvert zu, das ich in einer Stunde der Not öffnen sollte.

18. November 1918. Was noch an Schiffen im Hafen lag, lief aus; denn bis heute mußten alle Schiffe abgeliefert werden. – Nachts veranstalteten die letzten Stammleute von Seeheim ein Biergelage. Ich mußte wohl oder übel einmal hinübergehen. Diese etwa acht Mann waren rohe oder verrohte Burschen. Man sah ihnen das Vergnügen an dem Drunter und Drüber an. Wohl freuten sie sich auch über die Aussicht, bald heimzukommen. Ich saß eine Weile bei ihnen in dem verrauchten Raum mit den

farblosen Spinden und Bildern. Frischgewaschene Exerzierkragen hingen an Wäscheleinen. Die Gewehre lagen in einen Winkel hingeworfen. Viel dünnes Bier macht auch besoffen. Das Lied wurde gegrölt: „Die Gesänge der Matrosen, sie zerreißen mir das Herz". Nachts hörte ich diese Leute in Richtung Wernerwald wie wahnsinnig lärmen und schießen. Ich konnte ihnen allen nicht mehr trauen. Der Matrose Jäger hatte mir versprochen, eine Lampe zum Adjutanten Ahrens zu bringen, hielt aber nicht Wort. Es wurde in ordinärster Weise gestohlen, Öl, Benzin, Maschinenteile, Teller und Bestecke, alles. Kalt war es in Seeheim geworden. Mein Gärtchen lag verwüstet und versandet. Im Froschteich und im Hummelhaus kein Leben mehr. Auch das Terrarium war verödet. Irgendwelche Schufte hatten eine Glasscheibe zertrümmert. Ich fand überall in der Nähe tote oder verendende Schlangen und Eidechsen. – Wieder wurde ein Transport Matrosen für Berlin zusammengestellt. Ich bat einen der Abziehenden, den Maaten Paul Zimmermann, wohnhaft in Danzig, Dinagasse 46 11, meinen Kleidersack nach Berlin mitzunehmen und gegen ein Entgelt bei Tante Michel abzuliefern. In den Sack hatte ich die entbehrlichsten Kleidungsstücke und Liberia Tut und meinen Säbel gepackt. Ferner gab ich dem Batterieschneider Heller aus Gelsenkirchen ein Postpaket zur Beförderung mit. Das war ebenfalls an Tante Michel gerichtet und enthielt schmutzige Wäsche und ein Kommißbrot. Damit es nicht unterschlagen würde, schrieb ich auf den Abschnitt „Anbei die alten Bücher zurück. Was soll ich mit dem Dreck!" Meinen Rohrplattenkoffer mit den letzten Sachen und die geschnitzte Truhe fuhr ich nicht ohne Schwierigkeiten nach Cuxhaven zu Prüters. Thalmann half mir dabei.

Ich fragte bei John schriftlich an, ob er mir einen Rat geben könnte, was ich beginnen sollte. Offiziere dürften das Festungsgebiet nicht verlassen, und selbst, wenn es mir durch einen Trick gelänge, zu entkommen, wüßte ich eigentlich nicht, wohin. Da Tante Michel jetzt in Berlin bei ihrem Bruder lebte, hätte ja ich auch in München kein rechtes Heim mehr, und meine Sachen wären überall verstreut. Ich fragte bezüglich meiner Zukunftsaussichten bei dem demokratischen Büro, Berlin, Kurfürstenstraße 107 und bei Herrn W. Jackson, Vorsitzender des Rates geistiger Arbeiter in Hamburg, an. Ich wollte wenigstens erst einmal nach Cuxhaven in die Nähe meiner Freunde ziehen. Ich mußte fort aus dem Seeheim, das ich so lange geliebt hatte. Ich konnte die Korruption der

Soldaten, konnte meine unglückliche Einsamkeit dort nicht länger ertragen. Es fehlte mir auch an Kaffee und Alkohol. Ich riß in meinem nun schmucklosen Zimmer die rote Pfirsichhülle herab und rief dem Terrier zu: „Erwarten Sie mich dort!“ und: „Hierher!“ und: „Wie denken Sie über Spanien?“ Dann kauerte ich mich am Fußboden nieder und mußte so seufzen, daß Frau Werner hinzusprang und mir mit der Zunge wie tröstend übers Gesicht fuhr.

Schluß

HEIMKEHR

Der Rest der Leute verteilte die letzten Bestände der Mannschaftskantine. Auch ich bekam meinen Teil, Briefpapier, Bleistifte, sehr viel Schuhschmiere und Lederfett. Das brachte ich Thalmanns als Abschiedsgeschenk. Ich grub den Blechkasten am Fischergrab wieder aus.

Ich trank den letzten Kaffee in meinem Zimmer und schrieb mit Kohle einen sentimentalen Vers an die Wand:

Fror mein Herz in dieser Einsamkeit,
Hab ich warm geschrieben und gelesen.
Und dann sah ich deutsche Kraft verwesen,
Dünger werden einer bessren Zeit.

Blinde trugen Schmach und Leid.
Euch nur, Wald und See, hab ich zu danken,
Die ihr, als die Menschen häßlich sanken,
Immer treu und gleich geblieben seid.

Leutnant a. D. Gustav Hester,
21. November 1918.

Dann fuhr ich auf dem Dienstrad davon. Ich trug den geliebten, verlotterten Pelzmantel, Rucksack, Handtasche, Spazierstock, und Frau Werner lief rührend übermütig nebenher. Im Hotel Adalbert, wo Pampigs und Möbus wohnten, bezog auch ich ein Zimmer. Nun war ich häufiger mit Reye, Clausen, Hühne, Behrend und anderen Offizieren zusammen, verbrachte auch viele Stunden bei Prüters. Man tauschte Neugehörtes und Neuerlebtes aus. Der Rote Rat stand noch immer auf dem radikalen Boden der Spartakus-Gruppe. Die Verhältnisse komplizierten sich immer mehr. Sonderparteien, Sonderbehörden, Sondergruppen und Vereine bildeten sich. Ein plötzlich inszeniertes Massaker schien ebenso möglich wie ein kontrarevolutionäres Eingreifen des Militärs. Es hieß, der Kaiser gedächte nach Potsdam zurückzukehren. Und: Die unerbittlich rachelüsternen Franzosen schürten heimlich die bolschewistischen Bestrebungen in Deutschland, um Grund zum Einmarschieren zu haben. Post traf sehr unregelmäßig ein. Endlich erhielt ich einen Brief von Tante Michel. Sie lud mich gütig ein, nach Berlin zu ihr, beziehungsweise zu ihrem Bruder zu kommen.

Reye klagte mir seinen Kummer. Er hatte vor der Revolution der Kasinoverwaltung dreißigtausend Mark für Weinkäufe geliehen. Dieses Geld war nun futsch. Was ihn aber am meisten betrübte, war, daß man außer seinem Dolch auch seinen Revolver beschlagnahmt hatte, der ein teures Andenken an seinen Bruder war. Ich bemühte mich sofort um die Wiederbeschaffung des Revolvers, ging deswegen mehrmals zum Roten Rat und setzte dem Ausschußmitglied Lieby so lange zu, bis er mich in den Kellerraum führte, wo man die konfiszierten Offizierswaffen aufgestapelt hatte. Reyes Revolver war nicht dabei. Es stellte sich heraus, daß der Vorsitzende des Roten Rates, Baier, der zu einer Generalsitzung nach Berlin gefahren war, gerade diesen Revolver mitgenommen hatte. Lieby schwor mir hoch und teuer, daß er mir den Revolver später zusenden würde.

Pampig kam froh erregt ins Zimmer gestürzt. Er und ein Teil der Offiziere dürften Cuxhaven verlassen. Aber Ottos Freude war verfrüht. Denn gleich darauf wurde berichtigt, daß nur Offiziere der Jahresklasse 1883 abreisen dürften. Das betraf nun mich. Ich war also frei. Aber es erforderte viele Abmeldungen, Formalitäten und Gänge, über deren Erledigung gewiß noch ein paar Tage vergingen. Da erhielt ich aus Hamburg zur rechten Zeit ein Telegramm: „Leutnant Hester Seeheim sind zur Nachrichten- und Presseabteilung des Hamburger Arbeiter- und Soldatenrates Mönckebergstraße 5 kommandiert Telegramm dient gleichzeitig als Urlaubsschein und Fahrtausweis Briefnummer 227“. Ob das nun vom Arbeiterrat oder vom Rat geistiger Arbeiter oder von John ausging, wußte ich nicht. Aber jedenfalls ebnete mir das den

Weg. Ich telegraphierte mein morgiges Eintreffen an John und Reemis, erledigte alles Notwendige und setzte beim Zahlmeister Groth sogar noch die Auszahlung von 45 Mark durch. Dann ein Abschiedstrinken mit Pampigs, Reye und Möbus, und in aller Frühe fuhr ich mit Frau Werner nach Hamburg.

Das Telegramm war von Herrn Jackson und John erfunden und hatte nur den Zweck, mich aus Cuxhaven loszueisen. Frau John lachte, als ich in dem kurzen Pelzmantel, mit dem Spazierstock, Gepäck und Frau Werner am Strick bei ihr einrückte. Ich traf ein ganzes Heerlager von geflüchteten Offizieren, die dort alle freundschaftlichste Aufnahme und sogar noch eine ungewöhnlich gute Verpflegung fanden. John wußte noch Alkoholquellen, und wir waren zwischen allgemeinen und persönlichen Erregungen sehr vergnügt. Die großen Reedereien und Kaufmannshäuser erhofften – es hieß von manchen „betrieben" – das baldige Einrücken der Engländer, weil man davon Wiederherstellung der öffentlichen Ordnung und Sicherheit erwartete.

Ich suchte noch einmal Hischemöller, Hauptmann Schabert, Reemis und andere Freunde auf. Dann bestieg ich den Zug nach Berlin. Eine schauderhafte Fahrt. Alle Plätze waren sozusagen doppelt besetzt, viele Fensterscheiben eingeschlagen, die Fensterbügel und Ledergriffe abgeschnitten. Als ich nicht mehr stehen konnte, warf ich mich einfach zwischen zwei Sitzreihen auf den schmutzigen Boden und suchte nach Möglichkeit Frau Werner vor den schweren Soldatenstiefeln zu schützen, die mich rücksichtslos stießen. Tante Michels Bruder, Herr Alfred Dunsky, wohnte in einem vornehmen Haus in der Halleschen Straße. Als ich in meinem allerdings auffallenden und schmutzigen Kostüm die Treppe erstieg, stürzte ein kleiner bissiger Portier hervor und fauchte mich an: „Packen Sie sich fort! Hier ist nur Aufgang für Herrschaften!" Ich sagte: „Verzeihen Sie, Herr Dunsky erwartet mich. Ich bin ein Offizier."

„Ach was, es gibt keine Offiziere mehr!"

Da wurde ich zornig und fragte den Zwerg, ob ich ihm einmal mit der Faust die Nase verbiegen sollte, worauf er giftig heulend verschwand.

Herr Dunsky und seine Schwester empfingen mich freundlich. Aber doch nicht so herzlich, wie ich das erwartet hatte. Sie waren beide von Sorgen ganz benommen, waren deprimiert über die schrecklichen, gefährlichen und hoffnungslosen Verhältnisse in der Hauptstadt, wo alles drunter und drüber ging und größte Not und Grippe und alles Schlimme herrschte.

Mit meiner Tante besprach ich dann meine Zukunftspläne. Ich wollte mir eine Stellung bei einer Zeitung oder bei einem der vielen neugegründeten Ämter suchen. Die Tante hatte mir bei einem Angestellten ihres Bruders in der Königgrätzer Straße ein behagliches Stübchen eingerichtet. Die Wirtsleute, sie hießen Oertner, nahmen mich und Frau Werner mit großer Herzlichkeit auf. Zunächst sollte ich aber noch einmal nach München fahren, um für die Tante wegen der Aufgabe ihrer dortigen Wohnung gewisse Schritte zu unternehmen. Ich selbst hatte dort auch noch einige Sachen stehen. So machte ich abermals solche zermürbende und beschämende Eisenbahnfahrt durch, die ich nur kurz in Leipzig unterbrach, um Mutter und Schwester zu besuchen. Auch in Leipzig war alles niedergeschlagen und erwartete blutige Ereignisse. Meine arme kleine Mutter war von der Meraner Revolution in die Münchener und dann wieder in die Leipziger Revolution geraten. Von den Freunden und Bekannten waren viele tot, im Kriege gefallen, an Grippe gestorben. Die noch lebten, hatten keine freien, frohen Gedanken mehr.

Ich nahm Abschied und mußte wieder bis München stehen. Die Soldaten schimpften unflätig auf die Offiziere und auf die Juden.

Am Freitag, dem 29. November 1918, traf ich in München ein. Der Hauptbahnhof war mit weißen Fähnchen geschmückt, aber ich empfand es bitter, daß diese Ehrung mir nicht galt. „Es gibt keine Offiziere mehr!"

Auch in München dasselbe Bild wie überall. Ernste, niedergeschlagene Mienen. Viel Krüppel. Viel Kranke. Viel Arbeitslose. Mißtrauen. Angst vor dem drohenden Bürgerkrieg. Hunger. Unbeleuchtete Straßen. Schießereien. Raubüberfälle. Diebstähle.

Ich saß in Tante Michels bisheriger Wohnung in der Arcisstraße in meinem altvertrauten Stübchen und sah meine Bücher wieder und manche Gegenstände, die ich ganz vergessen hatte. Und ich öffnete das von mir vor viereinviertel Jahren zurückgelassene Testament und mußte weinen. Weil niemand zu mir gesagt hatte: „Willkommen nach dem Kriege in der Heimat."

Nachweis

Im Berliner *8-Uhr-Abendblatt. Nationalzeitung* erschien in 36 täglichen Fortsetzungen ein sehr stark gekürzter Vorabdruck des Kriegstagebuches, dort „Roman" genannt: Jg. 81 (1928) Nr. 135 vom 12.6. bis Nr. 170 vom 23.7.1928.
Die ungekürzte Fassung erschien erstmals bei Rowohlt unter einem Pseudonym: Gustav Hester: Als Mariner im Krieg. Hrsg. von Joachim Ringelnatz. Berlin 1928.

Ein ausführlicher Kommentar zum Text sowie ein Personenregister finden sich in: Joachim Ringelnatz: Das Gesamtwerk in sieben Bänden. Herausgegeben von Walter Pape. Bd. 7: Als Mariner im Krieg. Zürich 1994. Die vorliegende Ausgabe folgt diesem Band.